本成果受到中国人民大学"中央高校建设世界一流大学（学科）和特色发展引导专项资金"支持，项目批准号：15XNLG09

大国学研究文库

国学视野下的历史秩序

Ancient Political and Social Order in Perspective of Chinese Classics

中国人民大学国学院国史教研室◎编

中国社会科学出版社

图书在版编目（CIP）数据

国学视野下的历史秩序／中国人民大学国学院国史教研室编.—北京：
中国社会科学出版社，2016.11
（大国学研究文库）
ISBN 978-7-5161-8587-2

Ⅰ.①国… Ⅱ.①中… Ⅲ.①中国历史—文集 Ⅳ.①K207-53

中国版本图书馆 CIP 数据核字（2016）第 170161 号

出 版 人　赵剑英
责任编辑　史慕鸿
责任校对　石春梅
责任印制　戴　宽

出　　版　中国社会科学出版社
社　　址　北京鼓楼西大街甲 158 号
邮　　编　100720
网　　址　http://www.csspw.cn
发 行 部　010-84083685
门 市 部　010-84029450
经　　销　新华书店及其他书店

印　　刷　北京君升印刷有限公司
装　　订　廊坊市广阳区广增装订厂
版　　次　2016 年 11 月第 1 版
印　　次　2016 年 11 月第 1 次印刷

开　　本　710×1000　1/16
印　　张　26.5
插　　页　2
字　　数　451 千字
定　　价　96.00 元

凡购买中国社会科学出版社图书,如有质量问题请与本社营销中心联系调换
电话:010-84083683

目　　录

商周时期合葬墓的考察

张明东

商周墓葬在诸多方面存在着差别，考察这些现象并分析其原因，无疑可以加深我们对于商周社会历史文化的理解。① 商周王朝更替带来了文化的革新与融合，这种情形在墓葬中有较为充分的反映。本文所讨论的商周时期合葬墓就是其一。所谓合葬墓，通常包括两种情况。一是同穴合葬，即在同一墓穴内埋葬一人以上，多位墓主同椁，甚至同棺。② 一是异穴合葬，或称为并穴合葬，即在墓地中两个墓穴相距较近、并行分布。有学者认为，合葬"指的是夫妻（妾）及家庭内部成员同墓（或同域）的埋葬方式"。虽然大体上行得通，但不是很完全，有些合葬墓的性质就不能用夫妻（妾）或家庭内部成员来概括，"同域"的限制也显然过于宽泛。③

商周时期的合葬墓性质比较复杂，需要进行认真的辨析，学者们就商周时期合葬墓的形式、性质还没有达成一致意见，特别是没有将商周时期的合葬墓进行对比研究，区别其异同，因此，对于商周时期历史文化的认识也有不同。④ 我们拟在以往学者研究的基础上，重新考察晚商与西周时期合葬墓的情况，并将两时期合葬墓进行比较分析，进而讨论商周之间葬制的异同及其所反映的相关问题。

---

① 本文讨论的商周时期合葬墓是指晚商、西周时期的墓葬，为行文方便，一律使用商周时期。

② 指出这一点较为重要，特别在商周时期，葬于二层台、腰坑中的死者，学术界一致认为属于殉与牲。而葬于同穴、同棺椁者则需辨析其身份。本文讨论商周时期同穴合葬墓，系指后者，即同穴同棺椁葬者。

③ 韩国河：《试论汉晋时期合葬礼俗的渊源及发展》，《考古》1999 年第 10 期。

④ 李贵昌、李守庆：《先秦合葬墓刍议》，《华夏考古》1997 年第 2 期；孟宪武：《试析殷墟墓地异穴并葬墓的性质——附论殷商社会的婚姻形态》，《华夏考古》1993 年第 1 期。

一

首先讨论商周时期的同穴合葬墓。我们把晚商时期同穴合葬墓统计如下表（表 1）。据表中所见，晚商时期的同穴合葬墓有同性合葬与异性合葬的区别，并有二人乃至多人合葬的情况，说明同穴合葬墓的性质是相当复杂的。发现的地点以安阳殷墟、藁城台西、灵石旌介三地为代表，三地的合葬墓情况有别，性质亦有所不同。

表 1　　　　　　　　　　　　商代晚期同穴合葬墓

墓葬	分期	埋葬情况
刘家庄 M13	二期	异性双人，椁室内置两棺。南棺内老年女性，仰身直肢；北棺内青年男性，侧身直肢。两者头向相反。
刘家庄 M9	四期	异性双人，椁室内置两棺。北棺内仰身直肢，随葬较多兵器，似为男性；南棺内女性。
西区 M2686	不明	异性双人。墓室中部一道南北向土梁，将墓室分隔成东西两个小坑，坑内未见木质葬具，且无任何随葬品。东坑男性，俯身直肢；西坑女性，仰身直肢。
藁城台西 M35	一期	异性双人，棺内人架两具。南侧人架男性，50 多岁，仰身直肢；北侧女性，侧身直肢，双脚捆绑面向前者。两具人骨架朱红色。
藁城台西 M36	一期	同性双人，男，棺内用木板隔成两室。一室内人架一具俯身直肢，年龄 45—50 岁；另一室内人架一具，侧身屈肢，手脚捆绑，面向前者，年龄相仿。
藁城台西 M85	一期	同性双人，男。棺内人架两具，人骨朱红色。西侧人骨架俯身直肢，男性，年龄在 25 岁左右；东侧人架侧身面向东，手脚捆绑，年龄 20 岁，男性。
藁城台西 M102	一期	双人。棺内人架两具，南北并列。北侧人骨架仰身直肢，男，年龄 30—35 岁；南侧人架侧身屈肢，面向北侧，下肢捆绑，年龄 30 岁，性别不明。

续表

墓葬	分期	埋葬情况
安阳范家庄 M36	一期	同性4人,男。葬具仅见苇席,铺朱砂。4具人骨架皆中年男性,其中两具仰身直肢,两具侧身直肢,每具人骨架头侧随葬铜戈1件。
安阳范家庄 M37	一期	同性3人,男。葬具仅见苇席,铺朱砂。三具人骨架均俯身直肢,两具为老年男性,一具为中年男性,一人随葬一件铜戈。
灵石旌介 M1	商周之际	异性3人。椁室内三棺并列,一男居中,仰身直肢;两女居侧,侧身直肢,面向男子。
灵石旌介 M2	商周之际	异性双人。椁室内两棺并列。男子居中,仰身直肢;女性居右,侧身直肢,面向男子。

注：1. 因晚商同穴合葬成员复杂,地位相差悬殊,表中所列不仅是与墓主同穴,而且是同棺椁者,身份不是很低。虽如此,统计也未必准确。

2. 安阳范家庄另有三墓,情况不详。

殷墟墓葬中发现的同穴合葬的墓葬共有8例。在已经发现的上万座殷墟墓葬中所占比例非常小,属于一种特别的现象,这8例墓葬的性质也有所不同。

其中范家庄的5座同性多人合葬墓,墓主均为成年男性,并都随葬有一件兵器,学者推测为阵亡战士之合葬墓,有一定的道理。①

此外,在殷墟西区与刘家庄有3例异性同穴合葬墓,下面对这3例墓葬略作分析。在殷墟西区 M2686 的墓底中部,有一道南北向的土隔梁,将墓室分为东、西两个小坑,男性俯身葬于东坑,女性仰身葬于西坑,均无随葬品。该墓形制特殊,埋葬简陋,而且仅此一例,学者推测,这可能是一座夫妻合葬墓。②

刘家庄 M9 墓室口大底小,墓室内一椁双棺,椁室长 2.6 米、宽 1.13 米,椁外髹红、黑色漆,椁盖绘有图案。两棺并列置于椁内。北棺大,髹红漆,长 1.97 米、宽 0.64 米。骨架已朽,仰身直肢,从棺内随葬较多的青铜兵器来看,似应为男性。南棺小,髹黑漆,长 1.62 米、宽 0.4 米。

---

① 李贵昌、李守庆：《先秦合葬墓刍议》,《华夏考古》1997年第2期。

② 中国社会科学院考古研究所安阳工作队：《殷墟的发现与研究》,科学出版社1994年版,第125页。

死者为女性，骨架散乱。在西二层台殉一成年男子，二层台及椁盖板上殉狗一只，牛头、狗头、羊头各一个，牛腿一条。发掘者判断，M9 可能是一座夫妻同穴合葬墓。不过，从女性面向男性、棺体略小等现象分析，女性的从属地位是十分明显的，不排除女性殉葬的可能。①

刘家庄南 M13 椁室内并列两棺。南棺稍大，长 2.04 米、宽 0.54 米，髹红漆。墓主为老年女性，仰身直肢，头向东，随葬有青铜礼器等。北棺小，长 2 米、宽 0.32 米，髹黑漆。墓主为青年男性，侧身直肢，头向西，无任何随葬品。从上述现象来看，该墓合葬的二人表现出强烈的人身依附关系，且二者年龄悬殊，不似夫妻。北棺墓主很可能是殉葬人，不过殉葬者有一棺，表明其身份较为特殊。②

藁城台西所见合葬墓共有 4 例（M35、M36、M85、M102），墓中均埋葬两人，有的是共用一棺，有的则是在棺内用木板分隔两室。棺内均可见其中的一具人架四肢或者下肢有捆绑痕迹，为从死殉葬之情形，是典型的殉葬墓。不过，由于其中的 M35、M102 内所葬为一男一女，有学者认为，属于一夫一妻同穴合葬墓，是商代一夫一妻婚制的反映。③ 我们认为并不能这样认识。在 M35 中，老年男性仰身直肢，青年女性侧身面向男性，双脚捆绑，虽然随葬青铜器等都放置在女性一侧，似不能说明这些器物为女性所有，而很可能是把这些器物和青年女子都作为男子的随葬品埋葬的。M102 的情形与此类似。这表明，其中必有一人为殉葬，由于特殊的原因，他们与其主人共用一棺。

至于灵石旌介所见二墓，均是异性合葬。其中 M1 椁室内三棺并列，男子居中，仰身直肢；两女一左一右，侧身直肢，面向男子。M2 葬异性双人，椁室内两棺并列。男子居中，仰身直肢；女性居右，侧身直肢，面向男子。从上述情形判断，他们与藁城台西的殉葬墓类似，两墓也应属于殉葬。④

综上所述，晚商时期的合葬墓不仅数量有限，而且合葬墓的性质也十

---

① 安阳市文物工作队：《1983—1986 年安阳刘家庄殷代墓葬发掘报告》，《华夏考古》1997年第 2 期。

② 安阳市博物馆：《安阳铁西刘家庄南殷代墓葬发掘简报》，《中原文物》1986 年第 3 期。

③ 宋镇豪：《夏商社会生活史》（增订本），中国社会科学出版社 2005 年版，第 222 页。M102 所葬两人，其一经鉴定为男性，另一人未经鉴定，宋镇豪推测为女性。

④ 灵石旌介墓葬的年代尚有争议，或认为已经进入西周。

分复杂。可以看出，晚商时期的同穴合葬墓主体上是殉葬墓。异性合葬以异性双人为主，个别为三人（一男二女），多数女子为男子殉葬，个别也可能相反。殉葬而有棺在商代墓葬中并不多见，可能表示殉葬者与墓主的关系特殊，如妻妾或贴身侍从之类。除此之外，还有阵亡战士多人同性合葬墓。至于殷墟西区的 M2686，则较为特殊，看不出何主何从，学者普遍认为，最有可能是夫妻合葬。不过，埋葬的一男一女没有任何葬具，仅以土坑容身，而且墓中没有一件随葬品，这的确是比较奇怪的现象。这对夫妻何以穷困潦倒以至于没有随葬品的地步？可惜殷墟墓葬中仅此一见，希望将来有更多的资料可以讨论。

西周时期的同穴合葬较为少见①，我们把西周同穴合葬墓统计如下表（表2）。

表2   **西周时期同穴合葬墓**

墓葬	分期	埋葬情况
67 张家坡 M158	早期	成人、婴儿合葬，无棺。成人女性，侧身屈肢；婴儿置于成人腹前，头向一致。随葬陶鬲1件。
67 张家坡 M162	早期	成人、婴儿合葬，无棺，仅有席痕。成人仰身直肢，婴儿置于成人之右脚旁边。随葬陶罐1件，贝1枚。
琉璃河 I M53	早期	三人。棺内1人。东侧内外椁间2人，头1南1北，下肢叠压。
琉璃河 I M21	早期	双人。棺内骨架已朽，仅余头骨。南部棺椁间1人。
琉璃河 I M22	早期	双人。棺内骨架已朽。东侧棺椁间1人，男性少年约13—14岁。
琉璃河 I M54	早期	双人。棺内1人。西侧棺椁间1人，青年女性约17岁。
琉璃河 I M105	早期	三人。棺内1人。东侧棺椁间2人，叠压在一起。
琉璃河 95F15M2	早期	四人。棺内1人。棺椁间3人均为少年女性。
琉璃河 I M51	中期	双人。棺内1人。东侧棺椁间1人。
竹园沟 M13	早期	异性二人？墓主葬具为一椁二棺，墓主直肢而葬，身上铺满朱砂。二层台上置一椁一棺，墓主葬式不明。

① 西周时期的殉葬墓较为少见，有殉人或殉牲的墓主多为殷遗民或东方部族，姬姓周人基本不用殉人。参见韩巍《西周墓葬的殉人与殉牲》，硕士学位论文，北京大学，2003年。

续表

墓葬	分期	埋葬情况
竹园沟 M7	早期	异性二人？墓主葬具一椁二棺，仰身直肢。二层台上置一椁一棺，墓主侧身屈肢，面向前者。
竹园沟 M4	早期	异性二人？椁室内并列置二棺。一为重棺，墓主仰身直肢，铺满朱砂；一为单棺，墓主仰身直肢，头部撒少量朱砂。
茹家庄 M1	中期	异性二人？椁室内用木板隔成甲乙两室。甲室一棺，乙室内双棺，两墓主均仰身直肢，头部、胸部撒满朱砂。

注：本表仍以同棺椁葬者为标准。

从表2可以看出，张家坡墓地的两例成人婴儿合葬墓十分奇特，不仅没有葬具，而且随葬品也稀少，这是比较奇怪的现象。琉璃河7例，除棺内一人外，余皆置于棺椁间，最有可能属于从死的殉人。而且这类墓皆有腰坑殉狗，一般认为属殷遗民墓葬。至于竹园沟与茹家庄墓地，均不属于姬姓周人的墓地，其存在妾属从死或殉葬的现象自然不是西周时期典型的状况。

总体来看，晚商西周可以确认的同穴合葬墓数量都极少。这几座合葬墓的性质可能有几种情况，包括阵亡战士合葬墓、殉葬墓（包括妻或妾属殉葬）、母子合葬等，谈不上是当时的一种比较流行的葬俗。其中多数显然属于殉葬墓，这主要是因为商时期的部分殉人由于特殊原因而得以厚葬，因而出现了与墓主同棺椁的情况。西周时期目前所见类似的现象，其墓主多为非姬姓氏族，而且以殷遗民为主。可以说，目前所见的商周时期的同穴合葬墓（如果把殉葬墓排除在外）都是一些特殊的现象，并不是当时的主要埋葬方式。

二

最先注意到晚商时期存在异穴合葬现象并且详加讨论的是孟宪武，他不仅指出晚商时期存在大量的异穴合葬墓，而且推定，异穴合葬墓的墓主均是夫妻，是商代一夫一妻制的埋葬形式。[1] 他的研究得到了不少学者的

---

① 孟宪武：《试析殷墟墓地"异穴并葬"墓的性质——附论殷商社会的婚姻形态》，《华夏考古》1993年第1期。

赞成，如李贵昌与李守庆认为，异穴合葬是晚商时期流行的夫妻合葬形式。[①] 韩国河也认为，"商代盛行夫妻异穴合葬墓，这是一夫一妻制为主的家庭形式在丧葬中的反映，这种习俗还在王陵区的葬制上有所反映"。[②] 唐际根曾经认为，异穴合葬墓可能是商代一夫一妻制婚姻的反映，最近他指出，异穴合葬的墓主的关系比较复杂，可能包含夫妇、父子、母女、兄弟、姐妹等等。[③] 也有学者发表了不同的意见，如杨宝成认为，异穴合葬在殷墟时期非常少见，单人葬才是晚商最主要的形式。[④] 那么，在晚商时期，究竟是异穴合葬还是单人葬才是一种普遍的葬制？王陵区是否存在异穴合葬葬制呢？异穴合葬的墓主是否一定是夫妻？我们试作进一步的分析。

　　首先，我们将分析晚商时期贵族墓葬的状况。侯家庄西北冈墓地经过多次勘探与发掘，已经初步掌握了墓地的范围，其北界约在 M1500 和武官大墓北 20 多米处，西界在 M1500 和 M1217 西墓道之西，南界不太整齐，墓葬分布较散，约在传出司母戊大鼎南墓道以南 50—60 米处，东界尚待进一步工作，但其东北部大约在武官大墓东 50 米处。整个墓地东西长约 450 米、南北宽约 250 米，它可分为东西两区，西区有 7 座四条墓道的大墓和 1 座未完成的大墓，还有 1 座单墓道墓葬和少量小墓，东区有 1 座四墓道大墓和 3 座双墓道大墓及 1 座一条墓道的墓葬，并有大量的祭祀坑。[⑤] 西北冈是晚商最高规格的墓地，普遍认为是晚商王陵区之所在。根据西北冈墓葬的分布可以看出，西区诸墓中无法辨别哪一组墓葬为异穴合葬。这表明，至少在西区没有夫妻异穴合葬的现象；在西北冈东区，也很难指认哪一组为异穴合葬。有学者曾经认为，武官大墓和 M260 可能为武丁配偶的墓葬。且不说在墓主骨骼尽失、随葬品几乎全部被盗的情况下作出的此种推测是否合理，即便如论者所认

　　① 李贵昌、李守庆：《先秦合葬墓刍议》，《华夏考古》1997 年第 2 期。

　　② 韩国河：《试论汉晋时期合葬礼俗的渊源及发展》，《考古》1999 年第 10 期。

　　③ 唐际根：《殷墟家族墓地初探》，《中国商文化国际学术讨论会论文集》，中国大百科全书出版社 1998 年版，第 201—207 页；Tang Jigen, *The Social Organization of Late Shang China—A Mortuary Perspective*, A Thesis Submitted to the University of London for the Degree of Doctor of Philosophy, 2004.

　　④ 杨宝成：《殷墟文化研究》，武汉大学出版社 2002 年版，第 80—83 页。

　　⑤ 中国社会科学院考古研究所：《殷墟的发现与研究》，科学出版社 1994 年版。

为的是属于某一王后之墓，从墓葬布局的情况看，上述二墓不与商王异穴合葬也是很明显的事实。退一步讲，即便西北冈有个别墓葬可能属于后妃，然其数量甚少，即使按照一夫一妻的最少配置推算，王与"妃"之墓也不能匹配，王墓远远多于"妃"墓。其实，此前郑振香先生曾经指出，商王和王后很可能是分别埋葬在各自的族墓地，我们认为是非常正确的。[①]

其他高等级贵族墓地情形与西北冈类似，从目前的考古发现丝毫见不到异穴合葬的情形。在后冈墓地，目前发现带有墓道的大墓共有 6 座，虽然相对集中分布，但是其布局没有明显的异穴合葬的现象。[②] 在小屯墓葬区中，妇好墓周围尽管也有墓葬分布，但是没有证据表明，有哪座墓葬是与妇好墓异穴合葬的。假如按照多数学者的意见，认为妇好墓的主人极有可能是武丁的配偶，那么，商王如果采取夫妻异穴合葬的形式，妇好是不应该葬于小屯。近年新发现的花园庄东地 M54 是一座规格很高的墓葬，根据发掘者提供的信息，附近并无规格与之接近、并行排列的墓葬。郭家庄 M160 是殷墟南区墓葬中保存完好、规格较高的墓葬，郭家庄墓地的钻探发掘也较为充分，从发表的墓葬分布图看，也没有一座墓可以与 M160 构成异穴合葬。

总之，从目前考古发掘来看，晚商时期贵族墓葬中不见异穴合葬墓，这是毋庸置疑的。也就是说，包括商王在内的高级贵族没有采取夫妻异穴合葬的形式。

那么，众多的族墓地的情况如何呢？有学者认为，在殷墟大司空村、殷墟西区、南区墓地中，异穴合葬墓的数量占墓葬总数近二分之一，而且均为夫妻合葬。[③] 其实，在缺乏性别鉴定、墓葬所属期别不明的情况下，这些两两相近的墓葬，特别是有前后相错分布的墓葬，不能说就一定是夫

① 中国社会科学院考古研究所安阳工作队：《1976 年安阳小屯西北地发掘简报》，《考古》1987 年第 4 期。

② 刘一曼、徐广德：《论安阳后冈殷墓》，《中国商文化国际学术讨论会论文集》，中国大百科全书出版社 1998 年版。

③ 孟宪武：《试析殷墟墓地"异穴并葬"墓的性质——附论殷商社会的婚姻形态》，《华夏考古》1993 年第 1 期。

妻异穴合葬墓，也不能据此推测夫妻异穴合葬就是晚商墓葬的主要形式。①

在论述夫妻异穴并葬的论文中讨论的几例，有明确性别鉴定的墓葬少之又少，其他证据皆是根据墓葬平面图给出的推测。下面就孟宪武先生在论文中所介绍的 12 组典型的夫妻异穴并葬略作分析。从墓主性别来看，其中 8 组墓葬的墓主人未经鉴定，或者性别不明，占到了 66.7%。况且殷墟南区戚家庄东的 M162 与 M163 组，不仅性别不明，而且经鉴定均是儿童，不应算是夫妻异穴合葬的典型墓例。在经过鉴定两墓主为异性的 4 组墓葬中，有 3 组资料未见发表，均出自戚家庄东墓地。可以复核的一组出自殷墟西区，即第一墓区的 M525 与 M527 组。从分布图可以看出，两墓穴并非紧并在一起，而是一北一南前后相错排列。两墓尽管规模相近，但是差别也很大。M527 男性墓主，葬具仅有一棺，没有任何的随葬品，没有腰坑，年龄在 25—30 岁。M525 的女性墓主，葬具也为一棺，却随葬陶制的瓯、爵、簋以及贝 7 枚，有腰坑，年龄在 50—55 岁。二者的随葬品及年龄如此悬殊，二者的差异是很明显的，不能必然推定两墓就是夫妻异穴合葬。② 殷墟的墓葬往往延续时间较长，难免会存在某些墓葬位置相对靠近的现象。其实，唐际根先生的研究已经表明，殷商时期本族人死后，"大体只要进入本家族茔地范围内即可"。在这种情况下，很可能会形成一些墓葬彼此靠近的现象。最近，唐际根在其博士论文中主张，异穴合葬的墓主关系十分复杂，可能是夫妇、父子、母女、兄弟、姐妹等等，实际上也否定了一夫一妻合葬制在晚商时期的流行。③

西周时期则又是另外一种情况，夫妻异穴合葬现象在贵族墓中十分普遍。刘绪、徐天进先生对西周时期夫妻异穴合葬墓进行过深入研究，他们认为："在已发掘的西周墓葬中，夫妇墓异穴并列而葬的现象主要限于随

---

① 据报道，在殷墟孝民屯的发掘中，也有二墓或三墓集中排列的现象，从布局上看，恰似异穴合葬的形式，其具体形式及性质未见说明，各墓墓主之间的关系很值得关注，我们期待这些资料的早日发表。参见王学荣、何毓灵《安阳殷墟孝民屯遗址的考古新发现及相关认识》，《考古》2007 年第 1 期。

② 中国社会科学院考古研究所安阳队：《1969—1977 年殷墟西区墓葬发掘报告》，《考古学报》1979 年第 1 期。

③ Tang Jigen, *The Social Organization of Late Shang China—A Mortuary Perspective*, A Thesis Submitted to the University of London for the Degree of Doctor of Philosophy, 2004.

葬青铜礼器的大中型墓。"天马—曲村晋侯墓地较为典型。晋侯墓地经过六次发掘，获得九组19座晋侯及其夫人的异穴合葬墓，墓葬年代从西周早中期之际延续到春秋早期。可见，从西周早期开始，夫妻异穴合葬墓形式在晋国就开始流行，并且其排列方式也有了一定的准则。墓地中最早的早中期的两组墓葬（M114、M113组和M9、M13组），都是男右女左，而从中期的M6、M7组开始，一般是男左女右的排位。这说明，至少从西周中期开始，不仅夫妇异穴并葬成为一种制度，而且男左女右的位置安排也成为一种制度（M91、M92组特别）。不过，他们同时指出："这种现象在各地已发掘的数以千计的西周小型墓中却极少见。我们曾对曲村遗址发掘的六百余座小型墓的分布进行过仔细的分析，发现男、女性的墓葬虽相间分布，但真正可以像晋侯夫妇墓那样能够确定为夫妇异穴并列合葬者微乎其微。其他墓地亦如是。"[①] 可见，在小型墓葬中依然非常少见异穴合葬墓，不仅在曲村晋国墓地如是，在其他西周封国墓地也罕见。

综上所述，在西北冈、小屯、后冈等高级贵族墓地中，不存在异穴合葬之俗，更不见夫妻异穴合葬的现象。在殷墟众多的族墓地中，一夫一妻异穴合葬也比较少见，更不是一种盛行的葬制。可以认为，在商代晚期，无论高等级贵族还是普通的族众，都不流行夫妻异穴合葬。在西周时期，大中型墓葬则从西周早期就开始流行夫妻异穴并列合葬，这种埋葬方式似乎在姬姓贵族中比较流行，与晚商贵族墓葬有着明显的不同。至于小型墓葬，则两时期都比较少见夫妻异穴合葬的葬制，学者据此讨论商周婚姻制度则不可不慎。

三

根据前面的讨论，我们对商周时期夫妻合葬的葬制有如下几点认识。

首先，商周时期都不流行夫妻同穴合葬的埋葬方式。商周时期的同穴合葬墓数量较少，而且性质比较复杂。晚商时期的同穴合葬的性质多数属于妻或妾殉葬，还有同性多人合葬。而西周时期同穴合葬更加少见，仅有的几例合葬墓的墓主也可能属于殷遗民。我们认为，无论殷商或者西周，

---

① 刘绪、徐天进：《关于天马—曲村晋国墓地的几个问题》，《晋侯墓地出土青铜器国际学术研讨会论文集》，上海书画出版社2002年版。

同穴合葬的性质大多属于殉葬，不过殉葬人身份略高，或由于某种特殊的原因，而与墓主人同棺椁而已。以人为殉是殷商的习俗，这已经是学界普遍赞同的观点。因此，所谓同穴合葬并非是商周时期的常见的葬俗，夫妻同穴合葬更是罕见。①

其次，夫妻异穴合葬的埋葬方式在西周时期的贵族墓葬比较流行，而殷商时期则不见。西周时期，在高级贵族中盛行的夫妻异穴合葬形式，较少见于小型墓葬；而在殷商时期，则无论哪个等级都不流行夫妻异穴合葬。此前有学者曾经指出，夫妻异穴合葬的采用，很可能与墓主生前的身份地位有关。② 这一认识相当富于启发性。我们认为，夫妻异穴合葬的葬制可能首先是在西周时期的高等级贵族中开始实行，然后慢慢地在中下层民众中普及开来，至东周秦汉则已经成为非常普遍的葬制。商周时期夫妻合葬葬制的这种不同，不仅是商周墓葬制度方面的重大差异，更是商周社会文化变迁的反映。因此，我们拟结合有关文献记载，对于发生在商周之间的葬制的变化及其原因略作推测。

如前所述，夫妻异穴合葬是西周以来形成的一种丧葬礼俗，那么，这项内容是一项严格的规定，或者仅仅是约定俗成？有文献记载表明，自周公以来，在葬制方面出现了新的变化。《礼记·檀弓上》云："季武子成寝，杜氏之葬在西阶之下，请合葬焉，许之。入宫而不敢哭。武子曰：'合葬非古也，自周公以来，未之有改也。吾许之大而不许其细，何居？'命之哭。"郑注："自见夷人冢墓以为寝，欲文过之。"孔疏曰："武子自云合葬之礼非古昔之法，从周公以来始有合葬，至今未改。"③ 如果把这段记载中的合葬理解为异穴合葬的话，那么与我们前面根据考古发现所作的讨论就非常一致，此虽为季武子之言，必定有所依据，尽管西周以来的夫妻合葬形式以异穴合葬为主，而非同穴合葬。《礼记·檀弓下》又云："孔子曰：'卫人之祔也，离之。鲁人之祔也，合之，善夫。'"郑注："祔谓合葬也。离之，有以间其椁中。"孔疏："祔谓合葬也。离之，谓以一物隔二棺之间于椁中也。所以然者，明合葬犹生时男女须隔居处也。鲁人

---

① 实际上，夫妻同穴合葬在秦汉以后才逐渐流行，一方面与家族制度的变化有关，另一方面与墓葬形制的变化有关。

② 邹衡主编：《天马—曲村》，科学出版社 2000 年版，第 1274 页。

③ 《礼记正义》，十三经注疏本，中华书局影印 1980 年版，第 1274 页。

之祔也，合之，善夫者，鲁人则合并两棺置椁中，无别物隔之，言异生不须复隔，穀则异室，死则同穴，故善鲁之祔也。"① 祔葬即为合葬，郑注与孔疏均以同穴合葬来解释。如按照郑注和孔疏理解，卫人之祔似乎是在木椁内分隔两室，分别置棺，鲁人之祔则是在同一木椁内并列两棺而不再分室。与商周考古发现之情形不符，而与秦汉以来的丧葬习俗有所契合。历来学者对于合葬和祔葬的理解有所不同，不过，两段文字都记述了西周以来丧葬礼俗有新的变化，而且与考古发现的情况一致，那就是西周以来，夫妻异穴合葬的葬制在贵族中开始出现并且流行了。

众所周知，商周时期的家族墓地都是以男性为中心，女子处于从属地位，特别是西周时期，把异族异姓的女子与其夫同葬一地而又称之为族墓地，显然是以男子为标准的。不同的是，殷商时期的女子很可能是葬于本族的族墓地里，西周时期的女子则从其夫而葬，这似乎表明，西周时期女性的附属地位越来越明显。有学者曾经指出，商周时期女子享祭地位也有不同。在商代，母、妣、妇、姑都有单独享祭的情形，而且所占比重较高，合祭非常少见，表明女子的地位尚有较高的独立性。而在西周时期则不同，单祭急剧减少，仅有母、妣、姑可以单祭，而妇已不再享受单祭，合祭的比重迅速上升，女性的附属地位越来越明显。② 这对于我们的上述推测是有力的支持。

商周时期夫妻合葬葬制的这种变化，我们怀疑与商周时期的婚姻形态、婚姻制度有关系。商代的婚姻形态和婚姻制度一直是学界讨论的热点和难点。不少学者指出，商代的婚姻制度可能属于内婚制，所谓内婚，是指在部族内几个不同氏族之间的通婚，在整个部族而言属于内婚，对通婚的氏族而言，则属于外婚了。姬姓周人则奉行同姓不婚，《礼记·丧服小记》郑注："殷无世系，六世而昏，故妇人有不知姓者。周则不然，有宗伯掌定系世，百世昏姻不通，故必知姓也。"③ 商周婚姻制度的不同，必然影响其婚姻形态和家族制度。而在丧葬礼俗方面的影响之一，很可能就是商时期的女子归葬于自己的氏族墓地，西周女子从夫而葬于夫家的族墓地。商代女子归葬于本氏族墓地，还有一个原因或许也需要考虑，那就是

---

① 《礼记正义》，十三经注疏本，第 1317 页。
② 曹兆兰：《金文与殷周女性文化》，北京大学出版社 2004 年版。
③ 《礼记正义》，十三经注疏本，第 1499 页。

由于商代内婚制，女子本族之居地与葬地不应过于遥远，因此归葬才变得可能。而西周时期的同姓不婚，女子夫家离女子本家的路途有时过于遥远，使得归葬本族墓地非常不现实，或许这也是影响丧葬礼俗变化的原因之一。①

　　总结本文，我们有以下几点认识：

　　（1）商周时期的同穴合葬墓比较少见，不是当时流行的葬制。目前所见同穴合葬墓的性质有阵亡战士合葬、殉葬、母子合葬等，而以殉葬为多。这种形式多见于晚商以及西周的非姬姓贵族墓中，主要是由于某种特殊原因，殉人与主人同椁或者同棺而葬，这样的墓葬当然不是夫妻合葬。

　　（2）商周时期的族墓地中，特别是晚商时期的家族墓地中，彼此靠近、前后相错或者并行排列的墓葬，其墓主的关系可能是夫妻、父子、母女、兄弟、姐妹等等。夫妻异穴合葬不是一种盛行的葬制，甚至在西周时期，身份地位较低的人群中也不流行夫妻异穴合葬。夫妻异穴合葬制最早是从西周贵族中开始的。

　　（3）晚商时期，包括商王在内的贵族阶层不使用夫妻异穴合葬制，夫妻很可能分别埋葬在各自的族墓地中；西周时期，贵族阶层开始使用并逐渐流行夫妻异穴合葬，在族墓地中成组平行排列构成一组。这是商周贵族葬制方面的一项重大区别。商周贵族夫妻葬制方面的区别，可能有其深刻的历史文化背景，与商周时期家族制度、婚姻制度、祭祀制度等有密切的联系。根据《礼记》的有关记载，不排除可能与西周建国后周公的礼制改革有关。

　　（4）商周文化之异同是学术界长期关注的重要课题，商周时期丧葬礼俗中夫妻葬制差异，正是商周王朝更替、文化变迁在葬制上的反映。

---

①　徐天进先生在讲课时，曾经提及这种可能性。

三次刺杀行为对秦始皇
地域政策失误的影响

孙家洲

　　秦王朝的短祚而亡及其原因，自汉初以来，就成为政治家、思想家、史学家讨论的重要话题。其中，从秦始皇的心理特征入手来讨论相关问题，是一个令人关注的角度。郭沫若先生较早利用了《史记·秦始皇本纪》关于秦始皇"病态"的体型特征的描述，分析其病态的心理特征，"秦始皇在幼时一定是一位可怜的孩子，相当受了人的歧视"，"精神发育自难正常"，"很容易发展向残忍的一路"①。此后，凡是分析秦始皇的猜忌、残暴、报复心强烈等负面心理特征的论著，大都注重秦始皇儿时被离弃于赵国，归国后又要承受太后淫乱的尴尬等方面的心理路程。如：张文立先生在《秦始皇帝的性格》一文中推论："从儿童时起，他便生活在这个富贵而又荒唐的环境中，权势的角逐，淫奢的生活，疯狂的迫害，残酷的杀戮，对他幼小的心灵是有影响的。……病态的生理特征，畸形的心理状态，权贵的生活环境，法术势的思想启蒙，加上种族的传统习性，培养了秦始皇帝的独特的性格特征。"② 王绍东的近作《秦朝兴亡的文化探讨》，专设"秦始皇的性格特点及其影响"一节来讨论问题，他把秦始皇的性格归纳为："崇尚权力，迷信权力；刚愎自用，敏感猜忌；自傲自负，惧怕议论；好大喜功，欲壑难填；自卑孤僻，残忍狠毒。"并且依据心理学"一个人的童年生活与经历对性格的形成至关重要，在每个人的性格中，都能从童年往事中找到它的底蕴和心理潜影"的理论，具体分

---

　　① 郭沫若：《十批判书·秦王政与吕不韦批判》，科学出版社1957年版，第460页。
　　② 张文立：《秦始皇帝评传》，陕西人民教育出版社1996年版，第52页。

析"这种病态性格的产生，与他所生活的文化环境、家庭背景、个人经历都息息相关。笔者认为，他的性格主要形成于 25 岁之前，也就是从出生到他亲政后的两三年间"①。这些推论和探索，导入了心理学的相关理论与视角，确实加深了讨论秦史的深度。在关注秦始皇童年经历对其性格的重大影响的同时，我们还应该注重考察另外一个方面：秦始皇成年之后某些突发事件，对秦始皇性格乃至于制定政策的影响。笔者认为，秦始皇在统一六国前后所遭遇的三次刺杀事件，即：荆轲"图穷匕见"的秦宫搏杀、高渐离筑击、张良主导的博浪沙椎击，都曾经对秦始皇的生命形成直接的威胁，从而影响到他对"关东人"的基本判断，并且进一步对他制定关东地域政策产生了直接的影响。

一　三次刺杀案件及其影响

荆轲"刺秦"案，在刺杀秦始皇的三案之中影响最大。此案发生在秦王政二十年（前 227 年）。《战国策·燕策三》"燕太子丹质于秦亡归"一条，对荆轲的这次刺杀行动，给予重彩浓墨的描述；司马迁在《史记·刺客列传》中对荆轲更是充满了推崇之意；还有古小说《燕丹子》②一书刻意渲染其事。以下笔者以《史记·刺客列传》为主要取材范围，梳理其事。

司马迁对荆轲充满着敬重痛惜之情。一首易水送行的悲歌，"风萧萧兮易水寒，壮士一去兮不复还！"已经流传千古。荆轲在行刺时和失手之后都被塑造为视死如归的英雄，"荆轲逐秦王，秦王环柱而走。群臣皆愕，卒起不意，尽失其度。而秦法，群臣侍殿上者，不得持尺寸之兵；诸郎中执兵，皆陈殿下，非有诏召，不得上。方急时，不及召下兵，以故荆轲乃逐秦王。而卒惶急，无以击轲，而以手共搏之。是时，侍医夏无且以其所奉药囊提荆轲也。秦王方环柱走，卒惶急，不知所为，左右乃曰：'王负剑！'负剑，遂拔，以击荆轲，断其左股。荆轲废，乃引其匕首以

---

① 王绍东：《秦朝兴亡的文化探讨》，内蒙古大学出版社 2004 年版，第 105、112 页。

② 《燕丹子》，古小说。作者不详。《汉书·艺文志》未载此书，《隋书·经籍志》始见著录。明朝永乐年间之后亡佚。清朝乾隆时四库馆臣从《永乐大典》中辑出为《燕丹子》上、中、下三篇。鲁迅《中国小说史略》推测《燕丹子》是汉代之前的作品。也有人推测此书的成书年代或晚于汉代。现在传世版本较多，一般以为中华书局出版程毅中校点本为佳（1985 年）。

摘秦王；不中，中桐柱。秦王复击轲，轲被八创。轲自知事不就，倚柱而笑，箕踞以骂曰：'事所以不成者，以欲生劫之，必得约契以报太子也。'"在左右卫士杀死荆轲之后，"秦王不怡者良久"①。司马迁在这里强调的是，荆轲行刺对秦王嬴政的巨大心理影响。

秦王政的应对反应是：除了肢解荆轲之外，立即调集精兵强将，对燕国发起连年进攻，直到把幕后策划者燕太子丹诛杀为止。"二十年……使王翦、辛胜攻燕。……二十一年，王贲攻蓟。乃益发卒诣王翦军，遂破燕太子军，取燕蓟城，得太子丹之首。"②王翦、王贲父子，是当时秦军中的一流名将，秦王政把他们集中投入攻伐燕国的战场，就是要显示对于荆轲刺杀行为的雷霆回击。

直到统一天下之后，秦始皇还以诏书的形式，表达他当年下定灭燕的决心，就是要严惩荆轲行刺的幕后主使："燕王昏乱，其太子丹乃阴令荆轲为贼，兵吏诛，灭其国。"③显然，荆轲刺杀之举，对于秦始皇造成的心理阴影，在历经六年之后依然无法消除。

后世论史者，特别是其中文人骚客，对荆轲的"失手"，颇多遗憾，其实是在表达憎恨秦始皇的情绪。如：《汉书·艺文志》的"杂家"之中，列有《荆轲论》五篇。其文有"轲为燕刺秦王，不成而死，司马相如等论之"。司马相如等人的所论文字，其立意可知。东汉思想家王充就曾经借用"天下之士"的名义来表达对于荆轲的敬意。"人之举事，或意至而功不成，事不立而势贯山……当荆轲之逐秦王，秦王环柱而走……既而天下名轲为烈士……天下之士不以荆轲功不成不称其义。"④最为"极端"的场景描述，还是要首推《燕丹子》了。它甚至描述荆轲已经得手了："秦王发图，图穷而匕首出。轲左手把秦王袖，右手揾其胸，数之曰"⑤云云，只是又被秦王政狡猾逃脱了。在唐诗中，也有许多遗憾刺杀失败的情感。如："一旦秦皇马角生，燕丹归北送荆卿。行人欲识无穷恨，听取东流易水声。"⑥再如："荆卿重虚死，节烈书前史。我叹方寸

①　《史记》卷八六《刺客列传》。
②　《史记》卷六《秦始皇本纪》。
③　同上。
④　黄晖：《论衡校释》卷第二七《定贤篇》，新编诸子集成本，中华书局1990年版。
⑤　《燕丹子》卷下。
⑥　胡曾：《易水》，载《全唐诗》卷六四七。

心，谁论一时事？至今易水桥，寒风兮萧萧。易水流得尽，荆卿名不
消。"① 出于对秦始皇的极度痛恨，唐代的诗人还曾经对荆轲表示不满和
批判："秦灭燕丹怨正深，古来豪客尽沾襟。荆卿不了真闲事，辜负田光
一片心。"②

高渐离"筑击"行刺案，发生在一个特殊的年份，是在秦国灭六国
而统一天下之年的秦王政二十六年（前221年）。此案与荆轲"刺秦"有
着内在的关联性，甚至称之为"余波"也无不可。高渐离是荆轲的密友，
参加了"易水壮别"，是荆轲入秦行刺的积极支持者。"荆轲既至燕，爱
燕之狗屠及善击筑者高渐离。荆轲嗜酒，日与狗屠及高渐离饮于燕市。酒
酣以往，高渐离击筑，荆轲和而歌于市中，相乐也。已而相泣，旁若无人
者。……太子及宾客知其事者，皆白衣冠以送之。至易水之上，既祖，取
道，高渐离击筑，荆轲和而歌，为变徵之声。士皆垂泪涕泣。"③ 汉代人
对此津津乐道："荆轲西刺秦王，高渐离、宋意为击筑，而歌于易水之
上，闻者莫不瞋目裂眦。"④ 在"秦并天下"之后，秦始皇下令逐捕太子
丹、荆轲之客，迫使高渐离"变名姓，为人庸保，匿作于宋子"，其后因
为显露击筑技艺而被人所知。"闻于秦始皇，秦始皇召见，人有识者，乃
曰：'高渐离也。'秦皇帝惜其善击筑，重赦之，乃矐其目，使击筑，未
尝不称善。稍益近之。高渐离乃以铅置筑中，复进得近，举筑扑秦皇帝，
不中。于是遂诛高渐离，终身不复近诸侯之人。"⑤ 在这里，我要特别强
调，司马迁所说的（秦始皇）"终身不复近诸侯之人"的记载，对于分析
此案对秦始皇心态与行为的影响，极富价值。

高渐离的冒死行刺，对秦始皇心理上的影响之大，似乎还在荆轲行刺
之上。秦始皇承受的心理震撼之大，有可以探索的路径：荆轲行刺之时，
天下依然是战国分裂之局，荆轲受命于燕太子丹，可以说是"各为其
主"；而高渐离行刺，则是发生在六国已经被灭、秦始皇已经是天下独尊
的唯一君主，在秦始皇的心目中，他正在努力地把自己想象为"天下之
主"，在经历着由"征服者"向"统治者"的心路变化。恰在此时，高渐

---

① 贾岛：《易水怀古》，载《全唐诗》卷五七一。
② 李远：《读田光传》，载《全唐诗》卷五一九。
③ 《史记》卷八六《刺客列传》。
④ 《淮南子》卷二〇《泰族训》。
⑤ 《史记》卷八六《刺客列传》。

离的拼死一击，让秦始皇真切地感受到——六国之人是绝不会接受他的统治的！所以，他"终身不复近诸侯之人"了！

针对秦始皇的第三次刺杀，就是张良所组织的"博浪沙狙击"。此案发生在秦始皇二十八年（前219年）。史称："良尝学礼淮阳。东见仓海君。得力士，为铁椎，重百二十斤。秦皇帝东游，良与客狙击秦皇帝博浪沙中，误中副车。秦皇帝大怒，大索天下，求贼甚急，为张良故也。良乃更名姓，亡匿下邳。"① 此次刺杀行为，引发了秦始皇的剧烈的报复，"大索天下，求贼甚急"，这种大规模缉捕，充分说明秦始皇的震怒。他的内心世界最不能承受的是：在统一天下两年之后，还会有六国的贵族子弟，继续在为了"故国之仇"而与当今天子生死相搏。

以上三次失败了的刺杀行为，在时间跨度上长达八年，横跨在秦始皇统一六国的前后，而主谋者、刺杀者都是山东六国人士，都曾经对秦始皇的人身安全形成极大的威胁！它们对于秦始皇心理上产生了何等巨大的冲击？对秦始皇的个人情感以及政策走向的影响如何？实在值得我们认真分析。

二　秦始皇"关中本位"政策的分析

秦朝的统一大业，是以关中的秦国为根据地、吞并六国而告完成的。在统一告成之后，秦始皇是怎样看待"关中秦地"与"山东六国故地"的关系？换言之，在他的心目中，他是"天下之主"，还是"关中秦地之主"，对于他制定相关政策，无疑影响巨大。系统地考察秦始皇的言行，不得不说，外表强势的秦始皇，在其内心深处其实很纠结。

秦始皇作为一个君临天下的统治者，曾经努力地显示他是天下之主。他所推行的若干制度和政治性举措，都带有故意渲染这种政治意识的色彩。秦始皇自定尊号为"皇帝"，修筑"驰道"、"直道"的交通干线以控制天下，南平岭南、北伐匈奴以巩固统一并扩大疆土，都是他以"天下之主"自居的标志。秦廷群臣对秦始皇的心态把握很准，歌颂他的要害说辞就是"海内为郡县，法令由一统"②。秦始皇的五次巡游天下与泰

---

① 《史记》卷五五《留侯世家》。
② 《史记》卷六《秦始皇本纪》。

山"封禅"盛典，也是要向四海之内宣传始皇帝为天下之主。据《史记·秦始皇本纪》记载，秦始皇于荡平六国、建立起"大一统"帝国之后，曾经有过五次大规模的出巡活动。其中的四次出巡，都是前往战国时代的六国故地。秦始皇的东巡，带有可以炫耀武力的扈从军队，所到名山又多有刻石铭功之举，由此而言，秦始皇的东巡，带有明显的政治意图：向六国故地的吏民显示兵威慑人、国势鼎盛。最值得我们注意的是：在完成了"封禅"泰山的旷世盛典之后，秦始皇还有一个涉及文化心态的标志性举动："始皇遂东游海上，行礼祠名山大川及八神。"① 这里出现的"八神"是齐地的神祇系统，即：天主、地主、兵主、阴主、阳主、月主、日主、四时主。秦始皇在东方巡游中，做出了礼敬齐地"八神"的重大举动，这标志着"蓬莱仙山"的东方古老传说、燕齐方士之学对秦始皇的影响已经是相当深刻。

但是，从另外的一个角度来考察，笔者敢于断言，"关中本位"政策与秦朝伴随始终而未曾改变。

秦始皇在统一天下之初、确定官方的山川祭祀体系时，"重关中、轻关东"的倾向，非常明显。然而，秦国之地，毕竟地处西陲，在上古历史文化的大格局中，又非政治文化的重心所在地。秦朝定都咸阳，就不得不面对与"东方"相对比而相形见绌的不利局面。

《史记·封禅书》把秦始皇无法回避的尴尬局面一语道破："昔三代之君皆在河洛之间。故嵩高为中岳，而四岳各如其方，四渎咸在山东。至秦称帝，都咸阳，则五岳四渎皆并在东方。"如何应对，才能够使得帝都所在的"关中"之地，在祭祀山川的体系中不再处于劣势？秦始皇的选择是以国家祭祀典礼的形式，提升关中山川在国家祭祀的地位。"及秦并天下，令祠官所常奉天地名山大川鬼神可得而序也。于是自殽以东，名山五，大川祠二。……自华以西，名山七，名川四。"所谓"自殽以东"和"自华以西"的地域之分，就是指代"六国旧境"与"秦国本土"。这些得以"享受"国家祭祀的名山大川，分布在东方六国境内的，本来都有全国性的影响；而分布于西部秦地的，其中一部分的知名度则明显要小得多。它们是借了秦始皇的祀典新规定才得以提升其身价的。而且，最有意思的是：秦始皇在确定国家山川祀典的过程

---

① 《史记》卷二八《封禅书》。

中，还特意把关中的地方性神祇和河川，都升格为国家祀典所及。对此种做法的原因，司马迁以历史学家的洞察力，给以非常明确的论断："（陈宝神祠）此皆在雍州之域，近天子之都"；"霸、产、长水、沣、涝、泾、渭，皆非大川，以近咸阳，尽得比山川祠"①。因为国家祭祀典礼兼容了政治文化—神秘文化的多种因素。提升秦地山川神祇在其中的地位，就是在提升秦国本土的地位。

由此可见，在"政治文化—神秘文化"兼备的领域，秦始皇的"关中本位"思想，是更为本源的，是根深蒂固的。后来他在东巡天下的过程之中，在追求"成仙"和"长生不老"的欲望之下，接受了以"泰山封禅"、"蓬莱仙山"、"齐地八神"为代表的东方神秘文化。在某种程度上，可以解读为他把自己定位于"天下之主"的一种宣示之举。

其实，任何一个朝代，都会重视和强调自己的"龙兴之地"、"根据地"的重要性。这里存在的政治因素、心理文化因素，都是可以得到理解的。但是，在完成了统一大业之后，如果还长期把"龙兴之地"之外的其他地区，视为不可信任的地区，并且还把这种"地域歧视"明白无误地显示给社会大众，使之成为社会性"共识"，就是一种统治政策失误了。

秦始皇的地域文化政策，最大的失误就是，在完成了统一天下使命之后，却未曾摆正自己是天下之主的地位，在他的内心深处，山东六国故地的吏民，似乎不是他真正的臣民，而是他潜在的敌人。因此，他还只是秦国旧地的真正统治者。对于广大的东方地区而言，他还只能是"征服者"。所以，他对于东方民众的高压政策，就来自这种无法破解的心理状态。

秦始皇的"关中本位"政策是建立在对"关东"的敌视和防范心态之上的，于是，就出现了在统一的秦帝国内部两大地域之间的不平等。"关中"秦人，上至统治集团的高层，下到一般吏民，均以征服者自居，对关东吏民多有欺凌奴役之举。而关东之人，对这种地域歧视和高压奴役，在秦朝的统治高压有效之时，只能是"敢怒不敢言"；而一旦秦人的统治秩序受到冲击，就会产生可怕的"报复"行为。秦朝错误的地域政策，所产生的负面效果，在秦汉之交的历史巨变中留下了明显印记。下面

---

① 《史记》卷二八《封禅书》。

的两个案例，向我们揭示了这一历史奥秘：

其一，项羽坑杀秦朝的投降将士，历来是被批评为"残暴"的例证。但是，项羽"新安坑降"却有复杂的背景。在巨鹿大战之后，秦将章邯统领二十多万大军投降项羽，进军到新安，发生了"楚军夜击坑秦卒二十余万人新安城南"的惨变。其中的缘由，史籍记载得很是清楚："诸侯吏卒异时故徭使屯戍过秦中，秦中吏卒遇之多无状，及秦军降诸侯，诸侯吏卒乘胜多奴虏使之，轻折辱秦吏卒。秦卒多窃言曰：'章将军等诈吾属降诸侯，今能入关破秦，大善；即不能，诸侯虏吾属而东，秦必尽诛吾父母妻子。'诸将微闻其计，以告项羽。项羽乃召黥布、蒲将军计曰：'秦吏卒尚众，其心不服，至关中不听，事必危，不如击杀之，而独与章邯、长史欣、都尉翳入秦。'"① 于是，坑杀降卒二十万人的惨剧随即发生。追寻这场惨剧发生的深层原因，就是秦朝错误的地域政策，产生了在秦朝统治有效期内"秦中吏卒"对"诸侯吏卒"的奴役，及至秦军被迫投降，"诸侯吏卒"的报复行为就出现了——"轻折辱秦吏卒"，降兵则因此而心怀不满。项羽担心降兵生变，才决意坑杀降兵。秦始皇的地域歧视政策的负面影响，显然是这次惨剧发生的根源性因素。

对这次"坑降"事件的起因，王子今先生已有分析。他说："事件起由在于项羽率领的关东诸侯联军对秦人持怀疑和歧视，而最初则又与诸侯军吏卒早时曾经徭役屯戍经过秦中，受到秦中人的歧视有关。秦人由于不负担繁重徭役，与关东人形成鲜明的对比，以及基于类似因素而产生的显著的地方优越感和特权观念，进一步激发了关东人的复仇心理。"② 王子今先生的这个论断，笔者完全赞同。

其二，在"楚汉之争"的正面战场上，双方在荥阳激战。"楚骑来众，汉王乃择军中可为车骑将者，皆推故秦骑士重泉人李必、骆甲习骑兵，今为校尉，可为骑将。汉王欲拜之，必、甲曰：'臣故秦民，恐军不信臣，臣愿得大王左右善骑者傅之。'灌婴虽少，然数力战，乃拜灌婴为中大夫，令李必、骆甲为左右校尉，将郎中骑兵击楚骑于荥阳东，大破

---

① 《史记》卷七《项羽本纪》。

② 王子今：《秦汉史——帝国的成立》，台北：三民书局 2009 年版，第 61 页。

之。"① 这个记载所反映的历史信息，值得认真分析。刘邦在部将中推选精通指挥骑兵作战的人才，最应该当选的是李必、骆甲两位校尉。他们两位原来的身份是"故秦骑士"，当刘邦要封拜他们为骑将时，两人却明智地拒绝了，出自他们口中的"臣故秦民，恐军不信臣"一句话，反映出由秦朝错误的地域政策导致的关中秦地与关东六国故地之间的地域对立情结，是何等严重。

由以上两个案例，可以推论：秦朝的统一形态，在政治制度、法律制度、军事控御等"硬件方面"，应该是明确有效的；但是，在文化与心理层面的"软件"，远远没有达到统一的基本要求，特别是在地域文化和地域心理方面，甚至还一直存在着两大板块之间无法弥合的对立与仇视。就此而言，秦朝的统一形态，是不完善、不完备的。而造成这种局面的原因，除了战国时期就存在的"关中"与"关东"两大板块之间的敌对情绪之外②，秦始皇在统一战争的过程中过度使用暴力，以及在建立了统一国家之后，在治国思想、统治政策等方面，依然存在着对关东吏民的歧视、防范、威慑、镇压，无疑是最为直接的原因。

秦始皇作为大一统政权的最高统治者，为何在心理层面，不能堂堂正正地做"天下之主"，始终无法摆脱"故地"概念的束缚，似乎是自我设限一般。他并非低智商的人，那么，最大的可能性，就是秦始皇遭受的心理创伤，一直没有得到恢复，并且一直在有意无意之间，影响着他的地域政策走向偏狭和偏执。而这种心理状态形成的原因，后世论史者，固然可以从他一生的多种阅历加以解析，而笔者在经过对相关史实的考索和分析之后，愿意提供如下讨论问题的视角和结论：在统一天下过程中发生的三次刺杀行动，对秦始皇的心理影响极为巨大。大到了他对山东六国臣民的恐惧意识和由此而来的敌意，始终无法消歇。在"秦国之君"与"天下

① 《史记》卷九五《樊郦滕灌列传》。

② 仅《战国策》一书中，就多见六国君臣激烈斥责秦国的言论。如："今秦者，虎狼之国也。"（《战国策》卷二《西周策》，"秦令樗里疾以车百乘入周"条，游腾之语。）"夫秦，虎狼之国也，有吞天下之心。秦，天下之仇雠也"，"秦，虎狼之国，不可亲也"（《战国策》卷一四《楚策一》"苏秦为赵合从说楚威王"条，苏秦、楚威王之语）。"秦虎狼之国也，无礼义之心。"（《战国策》卷二〇《赵策三》，"秦攻赵于长平"条，虞卿之语）"彼秦者，弃礼义而上首功之国也。权使其士，虏使其民。彼则肆然而为帝，过而遂正于天下，则连有赴东海而死矣。吾不忍为之民也！"（《战国策》卷二〇《赵策三》，"秦围赵之邯郸"条，鲁仲连之语）

之主"心理定位上，不是秦始皇不愿意实现"角色转化"，而是客观现实让他感觉到来自山东六国之人无法消失的敌意，迫使他无法实现"角色转化"。暴力与敌意的恶性循环，在这里呈现出历史的繁复与多变。

论汉代"不奉诏"的类型及其内涵

孙家洲

随着皇帝制度的建立，皇帝颁下的文书，被冠以"制书"、"诏书"等尊美之称，以显示其至尊地位。君主专制制度要求臣子对皇帝的诏书必须无条件地贯彻执行。"谨奉诏"成为常见的文书用语①，因为它体现了合乎规范的君臣伦理。臣子"不奉诏书"、"奉诏不谨"、"奉诏不敬"，则是相关政令，乃至于国家法律明文规定的罪名。在汉代的历史记载中，类似材料可以说不胜枚举。汉武帝设置十三部刺史，规定其执掌为"以六条问事"，其中的第一条是针对"强宗豪右"而设，而第二条就是整肃吏治的首要规定——"二千石不奉诏书遵承典制，倍公向私，旁诏守利，侵渔百姓，聚敛为奸"②。显然，郡守一级地方大员"不奉诏书"是监察制度的重点所在。上至朝廷大臣，下至地方大员，以此坐罪者，皆可能被免官。③ 汉武帝时期，还有如此规定："不奉诏，当以不敬论。"④ 事涉"不敬"之罪，就可能被逮捕下狱。甚至朝廷出动大军征讨半割据的边境

---

① 如，《汉书》卷二三《刑法志》载：汉文帝下诏议废收孥相坐之法，丞相陈平、周勃回奏："臣等谨奉诏，尽除收律相坐法。"可见，"谨奉诏"才是臣子对皇帝旨意应持的基本态度。

② 《汉官典职仪式选用》，见孙星衍等辑《汉官六种》，中华书局1990年版，第208页。

③ 西汉后期，翟方进弹劾政敌司隶校尉陈庆"奉诏不谨，皆不敬，臣谨以劾"，结果是陈庆"坐免官"。见《汉书》卷八四《翟方进传》。另外，辅政大臣王凤指令他人劾奏潜在的政敌冯野王"奉诏不敬"，虽然有人为冯野王出面求情，冯野王还是难免被免官的厄运。参见《汉书》卷七九《冯奉世传附子野王传》。东汉末年，名臣钟繇在自劾文书中列举自己的失职之罪，就有"轻慢宪度，不畏诏令"、"不承用诏书，奉诏不谨"之说。参见《三国志》卷一三《魏书·钟繇传》注引《魏略》。汉律对"奉诏不谨"有惩治的规定，还有其他文献可证。《晋书》卷三〇《刑法志》有"旧典有奉诏不谨、不承用诏书"之说，从其上下文判断，此处所谓的"旧典"，就是指汉家法典。

④ 《汉书》卷六《武帝纪》。

大藩，也可以借"不奉诏"的罪名而行事。① 汉代的思想家董仲舒，还曾经借解释"公羊学"的原理而对惩治"不奉诏"的合理性加以阐述，有"臣不奉君命，虽善，以叛言"之说。②

因此，我们可以说，在汉代，不论是国家的政令，还是法律条文以及政治理论，"不奉诏"都构成了犯罪。但是，在具体的政治运行之中，往往存在着与规定、理论相悖却可以获得"合理化"生存空间的情况。汉代的"不奉诏"也是如此。本文将致力于条述其不同类型，借以探索其背后的社会内涵。

一　"军中权宜"型

临敌决战，往往有战机稍纵即逝、胜负决于须臾的时刻，由军中将帅独立地作出判断，对于争取胜算而言是十分必要的。特别是在信息交流极不便利的古代，如果君主对前敌指挥干预过多（即所谓"兵自上御"、"兵自内御"），往往会贻误战机，甚至造成全军失利。因此，"将在军，君命有所不受"，不仅是兵家受命统兵时所坚持的前提要求③，也是专制君主不得不"割爱"放权而必须接受的特殊原则。请看汉代名臣冯唐对汉文帝论君主御将之道："臣闻上古王者之遣将也，跪而推毂，曰：'阃以内者，寡人制之；阃以外者，将军制之。'军功爵赏皆决于外，归而奏之。此非虚言也。"④ 所谓的"阃内"、"阃外"之制，是司马迁感叹"冯公之论将率，有味哉，有味哉！"的精华之所在，但自秦汉以下的专制君主是没有人真正可以做到的。因为对于军权的控制，始终是君主梦寐以求的。但是，当大战在即，君主既然已经命将出兵，他就不得不承认前线高级将领临机决断的权力——"阵前不奉诏"就成为"君命有所不受"的具体内容。

在平定"吴楚七国之乱"的用兵过程中，大将周亚夫就有过一次

---

① 淮南王刘安上书谏阻武帝出兵征讨闽越，就有如此表述："越人名为藩臣……壹不奉诏，举兵诛之，臣恐后兵革无时得息也。"《汉书》卷六四上《严助传》。

② 《春秋繁露》卷一五《顺命》。

③ 孙子对吴王阖庐说："臣既已受命为将，将在军，君命有所不受。"毅然将阖庐的两位宠妃斩杀以立军威。参见《史记》卷六五《孙子吴起列传》。

④ 《史记》卷一○二《张释之冯唐列传》。

"不奉诏"之举。当时，梁孝王刘武是汉景帝的弟弟，在诸侯王中抵御叛军的态度也是最为坚定的。梁国又地处叛军的必经之地，因此受到吴军主力的围攻。梁国形势危急，先向大将周亚夫求救。周亚夫却根据自己的用兵方略，抢占要地，而后"深壁而守"，对梁国的遣使求救，"亚夫守便宜，不往"。梁孝王刘武只好直接上书向皇帝求救，景帝下诏给周亚夫让他尽速发兵救援梁国，但是"亚夫不奉诏，坚壁不出，而使轻骑兵弓高侯等绝吴楚兵后食道。吴楚兵乏粮，饥，欲退，数挑战，终不出"。经过三个月的攻防战，周亚夫的预期目标实现了，吴楚叛军被平定。诸将纷纷赞赏周亚夫当时"不奉诏"的做法是高明的决策。但是，"由此梁孝王与亚夫有隙"。① 恐怕汉景帝对周亚夫的疑忌，也未尝不是开始于此。

如果说，汉景帝对周亚夫军中"不奉诏"的行为，表现出的态度是一种不得不然的宽容；那么，东汉初年的光武帝刘秀对待部将王梁的态度，则要严峻得多了。

建武二年（26 年）春，发生了汉军镇压"檀乡"军事集团的大战。② 光武帝刘秀命令大司马吴汉"率大司空王梁，建义大将军朱祐，大将军杜茂，执金吾贾复，扬化将军坚镡，偏将军王霸，骑都尉刘隆、马武、阴识，共击檀乡贼于邺东漳水上，大破之，降者十余万人"③。从汉军参战将领地位之高、数量之多以及受降人数之众，都可以看出，这是一场大战、恶战。此役对于刘秀政权的稳固意义重大，据《后汉书》卷二六《伏湛传》，伏湛在上疏中有如下文字："陛下承大乱之极，受命而帝，兴明祖宗，出入四年，而灭檀乡，制五校，降铜马，破赤眉，诛邓奉之属，不为无功。"此处列举的均是与刘秀"受命而帝"直接相关的重大战役，"灭檀乡"赫然居其首位。

参与此役的汉军将领，除了统帅吴汉之外，地位显赫而且贡献特殊的就是王梁了。王梁"从平河北，拜野王令"，又擢拜为大司空，封武强

---

① 《汉书》卷四〇《周勃传附子周亚夫传》。

② "檀乡"之号及东汉对之镇压的过程，《后汉书》卷二一《任光传》的记载简明扼要：在徐、兖交界拥兵自重的力子都，归降更始皇帝，受拜为徐州牧。稍后，力子都为其部曲所杀，"余党复相聚，与诸贼会于檀乡，因号为檀乡。檀乡渠帅董次仲，始起茌平，遂渡河入魏郡、清河，与五校合，众十余万。建武元年，世祖入洛阳，遣大司马吴汉等击檀乡，明年春，大破降之"。

③ 《后汉书》卷一八《吴汉传》。

侯。刘秀对他有特殊的倚重之心。在进击"檀乡"之时，刘秀特意下诏，军事指挥权完全归属大司马吴汉。而王梁为了取得战争的主动权，既不禀报大司马吴汉，也不向朝廷请命，就多次征发野王境内的军队参战，"（光武）帝以其不奉诏，敕令止在所县，而（王）梁复以便宜进军。帝以梁前后违命，大怒，遣尚书宗广持节军中斩梁。广不忍，乃槛车送京师。既至，赦之。月余，以为中郎将，行执金吾事"①。因为王梁在一役之中多次"不奉诏"、"前后违命"，光武帝刘秀对其恼怒到遣使斩首的程度。幸亏所派使者宗广意存宽恕，王梁才逃过一劫。笔者还有一个猜测：刘秀对王梁的"痛下杀手"，可能有安抚统帅大司马吴汉的用意。"有诏军事一属大司马"在先，王梁的擅自调兵在后，首先冒犯的就是军前统帅吴汉的权威。假设王梁是此次战役的最高统帅，刘秀必定会容忍他"不奉诏"的擅自行动。所以，刘秀的"天威难测"，应该同时含有伸张君权、伸张统帅之权的两个意义。而在"天威"得以彰显之后，王梁不仅被赦免，还继续得到重用。

由此看来，军阵之中的"不奉诏"行为还是容易得到宽赦的。其原因，主要不在于君主的"开明"，而在于指挥战争所需要的特殊权力，在于君主对统兵将领依赖与笼络并存的心态。

二　"拒绝任命与赐予"型

皇帝任命某位臣子出任某一官职，通常情况之下必须应命赴任，即便是对新任命有所不满，也不能有所表露。反之，即便是用委婉的方式表达不愿意就职的想法，也都成为需要说明的"问题"了。如汉宣帝认定时任少府的萧望之"材任宰相"，为了考察其政事能力，任命他为左冯翊。萧望之根据一般惯例，认为从少府出为左冯翊属于贬职"左迁"，推测自己有不合皇帝心意之处，立即移书称病。汉宣帝得知，猜透了萧望之的心事，派人前来解释本意，萧望之这才放心地就职视事。② 这个事例说明，如果没有特殊原因，臣子是不能拒绝皇帝所任命的新职务的。

如果有臣子公开表示拒绝接受新职，那么，在行为的定性上，就属于

---

① 《后汉书》卷二二《王梁传》。
② 《汉书》卷七八《萧望之传》。

"不奉诏"了。汉武帝时期的耿直大臣汲黯,就是此类不多见的代表性人物。

在创立五铢钱之初,民间的"盗铸"现象严重,其中尤以楚地为甚。汉武帝以为淮阳是楚地的要害之处,必得名臣就职才可以有所作为。于是,召拜汲黯为淮阳太守。不料,汲黯并不了解武帝的用意,也以为由朝臣改任地方官是外放受贬,所以出现了汲黯抗命的一幕:"(汲)黯伏谢不受印绶,诏数强予,然后奉诏。"在殿上,君臣二人还有一番推心置腹的交谈。武帝宽慰汲黯:"君薄淮阳邪?……吾徒得君重,卧而治之。"①汲黯这才到淮阳郡赴任。两汉时期,以隐士身份而抗命于皇帝征召的名士不在少数,但是身入仕途之后,敢于抵制皇帝任命者,确实不多。汲黯此举,不应该简单地视为留恋中央官职,更重要的是,他表达了这样的信息:在改变大臣的职务时,皇帝也应该对臣子的意愿有一定程度的尊重。

按照常规,皇帝赏赐臣子礼物,不论价值高低,均是表示欣赏、信任、宠幸,是一件荣耀的事情,被赐予者是要感恩戴德的。偏偏汉代就有面拒皇帝赏赐的大臣,这就构成了一种特殊的"不奉诏"行为。汉文帝时期的名臣卫绾,以谨慎守礼而得到皇帝的信任。文帝决定赏赐他宝剑。不料,质朴的卫绾却直截了当地拒绝了,他说:"先帝赐臣剑凡六,不敢奉诏。"②此举使得汉文帝感觉十分意外。

此类的"不奉诏",主要表现当事人的谦逊自守、处事有度,在意外降临的"皇恩"面前,保持着难得的清醒。它以个人的道德修养而引人注目,但在政治运作方面却不具备太多的意义,故存而不论。

三 "为国持正"型

自战国以降,"尊君卑臣"不仅凝化为制度规定,同时也熔融为政治伦理。现实的问题在于:如果群臣必须唯君主的意旨是听,一旦君主的决断出现失误而群臣不加以阻止,那么国家的利益岂不是要遭受伤害?明于治国大道的政治家和思想家,确实在这一方面颇多匠心设计。于是,出现了辅政制度、职在谏诤之官、草诏与封驳之制等等,其用意都在于防范皇

---

① 《汉书》卷五○《汲黯传》。
② 《汉书》卷四六《卫绾传》。

帝个人的错误意旨破坏国家的根本大计。然而，在皇帝（特别是有雄心、有能力而又敢于独断专行的皇帝）执意要做某件事情，并且带有"即时"性质的场合，上述预设的制度就会失效。当皇帝敢于置制度于不顾而强行发号施令的时刻，好像只能仰赖有大臣挺身而出，大喊一声："不奉诏！"形势才有可能得以扭转。这是地地道道的"触逆鳞"之举，其危险性战国时期的法家代表人物韩非就已经说得十分透彻。如果没有为了国家利益而不惜牺牲身家性命的境界，是做不了这样的事情的。因此，这种类型的"不奉诏"，是最具有社会意义，从而最值得研究的，当然也是最令人钦佩的。

试举汉代的几个显例，借以展示当事人的铮铮铁骨、大丈夫气概。

汉初的耿直大臣周昌，可当得起直谏第一人之称。汉高祖刘邦欲废太子，而改立戚姬所生之子如意为太子，"大臣固争莫能得"，其中以周昌的面折廷争最为激烈。周昌为人口吃，又在盛怒之下，他对刘邦声明："臣口不能言，然臣期期知其不可。陛下欲废太子，臣期期不奉诏。"① 好一个"期期不奉诏"！为此，刘邦对他油然而生敬意。稍后，刘邦不得不改变初衷，保留太子地位而封如意为赵王。为了保证自己身后赵王如意不至于被人杀害，刘邦留意为赵王寻求一位可以信赖的丞相，结果周昌当选。在刘邦死后，大权在握的吕太后开始了她的复仇举措，囚禁了戚夫人，随即宣召赵王入京。传宣诏命的使者多次往返，赵相周昌拒不应命，他对使者说："高帝属臣赵王，赵王年少，窃闻太后怨戚夫人，欲召赵王并诛之，臣不敢遣王。王且亦病，不能奉诏。"② 吕太后大怒，只好先征召周昌入朝，她的计划才得以实现。周昌先后两次声明"不能奉诏"，公开对抗汉高祖与吕太后两位专制统治者，是冒着相当风险的；从他的用意而言，不带有任何利己的因素，他比在位的最高统治者更在乎国家的根本利益。

汉景帝时期的大臣窦婴，也以"不奉诏"之举而赢得了声誉。梁孝王刘武是景帝的胞弟，也是窦太后的少子。窦太后不脱老妇人常态，因为喜爱少子的缘故，欲令梁王为景帝的继承人，即按照"兄终弟及"的方式安排继统序列。一次，景帝与梁王按照家人之礼，共同奉陪太后宴饮，

---

① 《汉书》卷四二《周昌传》。
② 《史记》卷九《吕太后本纪》。

景帝可能是出于安慰母亲的考虑，对梁王说："千秋万岁之后传王。"窦太后果然面露喜悦之色。当时虽然不是在朝会的场合，没有形成正式的诏旨，但是景帝一语既出，就应该为"君无戏言"而承荷起许诺。窦婴也在场，当即对景帝的失言提出批评："汉法之约，传子适孙，今帝何以得传弟，擅乱高帝约乎！"①此话一出，实际上就是"不奉诏"的公开表态，也是一种驳议，取消了景帝言论的合法性。景帝以"默然无声"承认了窦婴的批评是正确的，也就撤销了方才的许诺。

西汉后期的名臣史丹，以朝廷公卿"不奉诏"的潜在可能性，阻止了汉元帝晚年废立太子的打算。竟宁元年（前33年），汉元帝重病缠身，傅昭仪及定陶王常在左右，而王皇后、太子刘骜却难以得到进见的机会。元帝病情稍为缓和，竟然对王皇后、太子产生了更多的不满。他多次向尚书询问景帝时改立胶东王为太子的故事，皇帝有废立太子之心，在宫廷之中已经不再是秘密。为此，太子长舅王凤与王皇后、太子皆忧心忡忡，不知如何应对。说当时的政治高层疑云密布绝非危言耸听。史丹凭借有元帝的特殊信任而得以陪伴在侧，他在与元帝单独相处之时，涕泣跪奏：皇太子之立长达十余年，"名号系于百姓，天下莫不归心"；但是，定陶王得到皇帝爱幸却广为人知，近来更有道路流言，以为太子位置有动摇之议。言谈至此，史丹极力强调："审若此，公卿以下必以死争，不奉诏。臣愿先赐死以示群臣！"②元帝有感于史丹的涕泣极谏，特别是他所分析的改立太子的诏旨一旦公布，就可能出现朝廷公卿共同抗旨的紧张局面，这使得元帝不得不明确表态：不会有改立太子之举。一场政治危机得以消弭。史丹所言公卿"以死争，不奉诏"的局面尽管没有出现，但从元帝的反应可以想见，一旦形成事实，只要皇帝不是肆行无羁的暴君，就不得不作出让步。因此，如果官僚集团群体性"不奉诏"见诸实行，对于纠正皇帝个人的错误决策，是可以发挥相当作用的。

还有一种情况：皇帝的言论不属于原则性错误，而只是一时失言，耿直的臣子也可以用"不奉诏"的方式表示抗旨。东汉初年的循吏任延，对光武帝刘秀的驳论，可称为一段历史佳话。建武初年，任延为九真太守四年，深得民心，离任之时当地吏民"生为立祠"。后转任武威

----

① 《史记》卷五八《梁孝王世家》"褚先生曰"。
② 《汉书》卷八二《史丹传》。

太守，光武帝亲自接见，戒之曰："善事上官，无失名誉。"任延却毫不客气地反驳："臣闻忠臣不私，私臣不忠。履正奉公，臣子之节。上下雷同，非陛下之福。善事上官，臣不敢奉诏。"光武帝之言，本来就是现实生活中的为官之道，务实却难免俗气，特别此话出自皇帝之口，更为有失体统，在听到了任延坦荡无私的批驳之后，他只好叹息认错："卿言是也。"①

在以上所举四例中，我们可以发现这样的共性：公开声称"不奉诏"、"不敢奉诏"的臣子，其见识均在皇帝之上，他们的态度一旦表达，就会光明磊落地坚持下去；而皇帝则因为意识到自己的失误或失言，还需要通过尊重抗旨者的方式，借以完成纠正错误的过程。

公开宣称"不奉诏"而抗旨者，也并非都能够体面"收场"，毕竟这是"触逆鳞"的行为，万一"真龙天子"动怒，当事人受到迫害也是难免的。东汉延光三年（124年），安帝受人蛊惑，下诏命令公卿以下朝官集会讨论废立太子。大将军耿宝等人秉承皇帝旨意，以为太子当废。时任太仆的大臣来历，却持不同意见。他与太常桓焉、廷尉张皓联名上奏，请求皇帝收回成命。安帝在盛怒之下不予采纳，是日遂废太子为济阴王。来历认定太子无罪，皇帝的旨意应该纠正，于是邀约了光禄勋祋讽、宗正刘玮、将作大匠薛皓、持书御史龚调等十余位大小臣僚，"俱诣鸿都门证太子无过"。他们援引法律来证明，即便是太子的属官确实犯罪，皇太子也不该坐罪被废。安帝对来历等人的举动极度恼火，派中常侍奉诏威胁他们："父子一体，天性自然。以义割恩，为天下也。历、讽等不识大典，而与群小共为讙哗，外见忠直而内希后福，饰邪违义，岂事君之礼？……若怀迷不反，当显明刑书。"面对安帝要治罪的强硬表态，参与进谏者莫不失色。将作大匠薛皓率先改变态度，表示"固宜如明诏"。这是见好就收的聪明人。来历却瞧不起薛皓的见风使舵而出言相讥："大臣乘朝车，处国事，固得辗转若此乎！"其他人先后退走，只有来历"独守阙，连日不肯去"。安帝大怒，竟然下旨罢免了来历兄弟的官职。② 值得注意的是，来历的愤然抗旨之举，本来出自维持政局稳定的公正体国之心，与上述周昌等人的"不奉诏"本来别无二致，但是竟然被安帝加以"与群小共为

① 《后汉书》卷七六《循吏列传·任延传》。
② 《后汉书》卷一五《来歙传附曾孙来历传》。

譁哗，外见忠直而内希后福，饰邪违义"的政治罪名。可见，"不奉诏"的处置结果，包括当事人的命运，其实是掌握在皇帝手中。这是君主专制体制之下，"人治"占据压倒性优势的体现之一。

秉持正义而"不奉诏"者遭受迫害的事例，在历史上屡见不鲜，出于维护国家根本利益的长远考虑，部分思想家不得不设计出某些理论，借以对君主滥用权力实施约束。西汉后期的学者刘向，假借他人口吻，就臣子应该如何对待君命的问题，说出了一番语重心长的话："从命利君谓之顺，从命病君谓之谀，逆命利君谓之忠，逆命病君谓之乱。"其中，他把"逆命利君"作为忠臣本质特征的表述，是大有深意的。他还对"辅弼之臣"寄予特殊的期望："有能比和同力，率群下相与强矫君，君虽不安，不能不听，遂解国之大患，除国之大害，成于尊君安国，谓之辅；有能亢君之命，反君之事，窃君之重，以安国之危，除主之辱，攻伐足以成国之大利，谓之弼。"① 稍加思量，其实所谓的"忠臣"、"辅弼之臣"，他们的共同点恰恰在于——为了国家的根本利益，也是为了君主的长远利益，他们应该有"不奉诏"乃至于强迫君主按照正道行事的意识和能力。

四　"政令失御"型

在正常情况之下，皇帝的诏旨，不仅仅是其个人意旨的表达，更是国家政令的体现。在这个意义上说来，皇帝的诏旨，如果在下达执行的过程中被以各种方式所搁置，那就意味着出现了"政令失御"的问题。此类的"不奉诏"行为，大概有两个特点：一是没有人公开表态，抵制是在暗中进行的；二是"不奉诏"者自身不是公正的化身，恰恰相反，他们代表了官僚集团中的黑暗势力。

"山高皇帝远"的俗语，是对此类"不奉诏"行为成因的最好说明。在边远地区，一直存在着"鞭长莫及"的实际问题。地方军政长官对中央的离心离德往往也从此开始。"今者刺史、守相，率多急慢，违背法律，废忽诏令，专情务利，不恤公事。细民冤结，无所控告，下土边远，

---

① 《说苑》卷二《臣术》。

能诣阙者，万无数人，其得省治，不能百一。"① 这一分析，还道出了其危害性：地方官"废忽诏令"得不到惩治，百姓就难免蒙受劫难了。

这种现象已经是司空见惯，有时候最高统治者实在不愿意"装糊涂"了，也会在诏书中把这一官场"潜规则"予以揭破。和帝逝世之后，殇帝即位之初，临朝称制的邓皇太后下诏大赦天下。为了避免大赦令形同虚设，她在诏书中强调："自建武以来诸犯禁锢，诏书虽解，有司持重，多不奉行，其皆复为平民。"② 邓氏是高明的政治家，把政令受阻的严重问题表述为官员的"持重"之举，但遮羞布掩盖不了这样的事实：许多以皇帝名义下达的诏书，在实际执行过程中，被各级官员打折扣是半公开的秘密。汉安帝曾经借着大雨成灾，在救灾的诏书中，指责"武吏以威暴下，文吏妄行苛刻，乡吏因公生奸，为百姓所患苦"，进而指出，朝廷虽有"养老令"和赈济贫困的规定，但"郡县多不奉行，虽有糜粥，糠秕相半。长吏怠事，莫有躬亲，甚违诏书养老之意"③。明知国家的法令、皇帝的旨意，被地方官吏大打折扣，朝廷除了下诏谴责之外，并没有实际的制裁措施、纠正之策，这里透露出多少无奈。

这一类型的"不奉诏"，折射出政令不畅的政治弊端，是吏治昏暗的表现形式之一。在集权制的体制体系之内，"令行禁止"一旦成为官样文章，那么任何立意高远的法律、制度、政策，都会归于名存实亡。不论在哪一个历史时期，一个讲究效率的政府，一个想维持社会公信度的政府，都应该设法避免此类现象的出现。

以上列举的四种类型的"不奉诏"行为，各有其特定的内涵与社会意义。分析这一现象，有助于了解古代政治的实际运作状况。应该强调指出的是，其中"为国持正"型的内涵是最为丰富的，作用与影响也是最值得肯定的。"不奉诏"问题的关键在于：当皇帝的意旨明显有失误的时候，朝臣的反对意见能否得到事实上的合法存在权。如果我们要对古代的"开明政治"加以界定，恐怕在很大程度上要考量当政者对"异议"的宽容度。如果一个皇帝不允许"不奉诏"有事实上的生存空间，那就是专

① 王符：《潜夫论》卷四《班禄》。
② 《后汉书》卷四《孝殇帝纪》。
③ 《后汉书》卷五《孝安帝纪》。

制独裁到极点了。在政治运作层面，如果将缓冲区间和调适空间压缩得过小，就会造成缺乏机动性和调控性的困境，减少了从容回旋的余地，这绝非国家之福。

论汉代执法思想中的理性因素

孙家洲

在"不别亲疏，不殊贵贱，一断于法"① 的法家政治理论的影响之下，秦王朝的法律体系表现出"严而少恩"的特色。以"尊主"为核心的法律，被推崇为规范一切社会行为、协调所有社会关系的唯一准则，导致法律的刚性化以至于僵化。法律的威严固然确立起来了，但是它与人情（人之常情）、民心的截然对立也同步形成。法律的国家镇压功能，被有意彰显，结果是震慑力严重过剩，亲和力明显不足。其积弊所在，仅从上下两个方面稍加注意就可以洞察无疑：就君臣关系而言，与君主专制体制相适应，秦相李斯为邀宠固权，竟然上书秦二世劝其"行督责之术"，公开鼓吹君主应该"独制于天下而无所制"，"荦然独行恣睢之心而莫之敢逆"，使得"群臣百姓救过不给"②，造就了君臣离心的局面；就国家与民众的关系而言，百姓只能感受到法律对自己的控制和统治，却无从体悟保护和保障功能的存在，以至于陈胜在动员同行戍卒揭竿而起的时候，只需要确认戍守途中"失期，法皆斩"③ 的硬性规定，就足以形成铤而走险、死中求生的共识。这可以说明，过于刚性、刻板而缺乏柔润、变通的法律，与人性、人情存在着太大的距离，难以使人心归向。其实，秦朝政治被汉人屡屡指责为"暴政"，在很大程度上根源于秦律的酷苛。

汉朝的当政者，不乏借鉴历史教训而调整统治政策的智慧。在立法领

---

① 《史记》卷一三〇《太史公自序》。
② 《史记》卷八七《李斯列传》。
③ 《史记》卷四八《陈涉世家》。

域的"汉承秦制"是明确无误的①，而在执法实践中，汉人则非常重视法律与人情、人心之间的谐调，力争使法律的威严，不仅仅是来自国家暴力的高压之下，而且建立于多数人赞同的基础之上。特别是对"法律与民心的谐调"、"法律与皇帝诏旨的制衡"、"执法宽平、议法从轻"等问题的讨论，都表现出与秦人大为不同的思路与选择。这些出现在汉代执法思想中的"理性因素"，值得认真加以讨论。

一　法缘人情而制，"安民"成为评价法律优劣的依据

包括法律在内的治国制度与政策，是否应该适应民心？法家给予了否定的答复。韩非斥责那些主张为政必须"得民之心"的人根本不懂得治国之道，他毫不掩饰地说"为政而期适民"，是"乱之端，未可与为治也"②。与这种政治理论相一致，秦朝统治者简单地把法律视为治民的工具，以暴力胁迫百姓"奉法"、"守法"、"顺令"，根本不在意法律与民心需要调适的问题；甚至对待民间风俗，秦朝当政者也迷信单纯依靠法律政令就足以移风易俗。秦始皇的《会稽刻石》中就有一段充满了霸气的文字："大治濯俗，天下承风，蒙被休经。皆遵度轨，和安敦勉，莫不顺令。黔首修洁，人乐同则，嘉保太平。后敬奉法，常治无极，舆舟不倾。"③秦的一位郡守在颁布给属下官员的文告中，也对法度改造民心、风俗的作用津津乐道："圣王作为法度，以矫端民心，去其邪避（僻），除其恶俗。"④整个官场充斥着法律无所不能的崇拜意识。

进入汉代，关于法律的政治舆论顿然改观，以人情和民心论礼制、论法律，成为一代成规。

汉高祖开国之初，儒者叔孙通自请拟定"朝仪"。他对"礼"的要义表述为："礼者，因时世人情为之节文者也。"⑤汉文帝以"明于国家之大

---

① 除去传世文献的相关记载之外，张家山二四七号汉墓所出土的《二年律令》、《奏谳书》等汉初法律文献，把秦汉法律之间的继承关系，充分地显示出来。

② 梁启雄：《韩子浅解》第五十篇《显学》，新编诸子集成续编本，中华书局2011年版。

③ 《史记》卷六《秦始皇本纪》。

④ 《语书》，见《睡虎地秦墓竹简》，文物出版社1978年版，第15页。

⑤ 《汉书》卷四三《叔孙通传》。

体，通于人事之终始，及能直言极谏”三项要求，策试所举贤良文学之士，晁错在“对策”中回答：“其为法令也，合于人情而后行之；其动众使民也，本于人事然后为之。取人以己，内恕及人。情之所恶，不以强人；情之所欲，不以禁民。……其立法也，非以苦民伤众而为之机陷也，以之兴利除害，尊主安民而救暴乱也。”① 汉昭帝时期在著名的“盐铁会议”上，文学宣称：“法者，缘人情而制，非设罪以陷人也。故春秋之治狱，论心定罪。志善而违于法者免，志恶而合于法者诛。”② 东汉的思想家王符，总结了人情与礼制、法禁之间的渊源关系：“先王因人情喜怒之所不能已者，则为之立礼制而崇德让；人所可已者，则为之设法禁而明赏罚。”③ 上述诸人，不论其为儒学之士，还是具有法家情结的经世学者，在论及法律之时，均表达了对“人情”的重视，称之为汉代的学林风气当不为过。

　　“循吏”的话题，同样直接涉及“法律”与“人情”的关系问题。循吏在汉代的出现，以及《史记》、《汉书》各立《循吏传》，成为后世“正史”的既定模式，对此早有学者予以重视和研究。特别是余英时的名文《汉代循吏与文化传播》，更是得到了广泛好评。值得注意的是，关于“循吏”概念的变迁，余英时设专节加以讨论。他的结论是：“司马迁所谓‘循吏’是指文、景时代黄老无为式的人物。”“‘因循’两字即是《史记》‘循吏’之‘循’的确估。”④ 此说固有新意，但依然还有可以从容讨论的余地。在我看来，《史记》和《汉书》的“循吏”概念即便有些许差异的存在，但在根本之处是相一致的：循吏的主要特征是在国家法律与“人情”之间维持着微妙的平衡。唐代学者颜师古对“循吏”的一个解释最为妥当：“循，顺也，上顺公法，下顺人情也。”⑤ 这一解释与司马迁的“循吏观”有着内在的一致性。《太史公自序》自言《循吏列传》

---

　　① 《汉书》卷四九《晁错传》。

　　② 《盐铁论》卷一〇《刑德》。

　　③ 王符著，汪继培笺证：《潜夫论笺校正》卷五《断讼》，新编诸子集成本，中华书局1985年版。

　　④ 余英时：《汉代循吏与文化传播》，《士与中国文化》，上海人民出版社1987年版，第155页。

　　⑤ 《汉书》卷八九《循吏传》颜师古注。《史记索隐》对循吏的解释是：“谓本法循理之吏也。”亦有相通之处。

的著述缘由"奉法循理之吏,不伐功矜能,百姓无称,亦无过行"。①《循吏列传》开篇称"法令,所以导民也;刑罚,所以禁奸也。……奉职循理亦可以为治,何必威严哉?"② 余英时先生也征引过这两段文字,但没有深加考究。笔者认为,"奉法循理"与"奉职循理"实在是理解"循吏"概念的关键。其中的"奉法"与"奉职"同义,是指居官者以遵行法律为职责所在;而"循理"则是指顺守人情之理。③ 司马迁两论循吏,都是在"法令"、"百姓"的语境之中讨论问题的,恰恰可以证明颜师古的注释深得司马迁"循吏观"的要义。与"酷吏"相对照,来理解"循吏"无疑是可取的思路。如果有人把两类官吏的区别表述为执法的"酷重"和"从轻",恐怕未得确解。应该说,是否重视"执法平",才是两者之间的分水岭。酷吏唯君主命是从,把国家的法律视为贯彻君主个人意旨的工具,为此,他们可以不惜曲解法律,出入人罪,轻重由己,而完全不顾及"人情"——这是酷吏执法给人以"酷重"印象的真正原因。循吏则致力于维持法律自身的尊严和稳定,并且在执法过程中尽量兼顾合乎人情——这同样是循吏有"轻刑"之誉的成因。

　　从人情出发讨论立法和执法的得失,在汉代是常见的现象。西汉中期,针对京兆尹张敞允许有罪者入谷边郡以赎罪的奏请,萧望之等人提出反驳:"道民不可不慎也。今欲令民量粟以赎罪,如此则富者得生,贫者独死,是贫富异刑而法不壹也。人情,贫穷,父兄囚执,闻出财得以生活,为人子弟者将不顾死亡之患,败乱之行,以赴财利,求救亲戚。"④ 又如,主张"尚德缓刑"的路温舒,曾经批评治狱之吏以严刑罗织罪名而造成冤案泛滥:"夫人情安则乐生,痛则思死。箠楚之下,何求而不得? 故囚人不胜痛,则饰辞以视之;吏治者利其然,则指道以明之;上奏畏却,则锻练而周内之。盖奏当之成,虽咎由听之,犹以为死有余辜。何

---

　　① 《史记》卷一三〇《太史公自序》。

　　② 《史记》卷一一九《循吏列传》。

　　③ 在《史记》、《汉书》中出现的"循理",可以理解为顺守人情之理的至少还有以下两例:《史记》卷一一二《平津侯主父列传》引徐乐上书之语:"间者,关东五谷不登,年岁未复,民多穷困,重之以边境之事,推数循理而观之,则民且有不安其处者矣。"(着重号为引者所加)《汉书》卷九一《货殖传·序》:"其为编户齐民,同列而以财力相君,虽为仆虏,犹亡愠色。故夫饰变诈为奸轨者,自足乎一世之间;守道循理者,不免于饥寒之患。"

　　④ 《汉书》卷七八《萧望之传》。

则？成练者众，文致之罪明也。是以狱吏专为深刻，残贼而亡极，偷为一切，不顾国患，此世之大贼也。"① 他们讨论问题的思路各有不同，而把人之常情作为估测法律实效的出发点则是相同的。

在汉代的执法实践中，人情时常作为判刑量罪的一个参考。如，汉初，赵国大臣贯高极力辩白赵王张敖没有参与刺杀汉高祖刘邦的密谋，刘邦命人以私交身份核实贯高供词的真伪，贯高答以："人情岂不各爱其父母妻子哉？今吾三族皆以论死，岂以王易吾亲哉！顾为王实不反，独吾等为之。" 刘邦据此认定贯高证词为实，"乃赦赵王"②。

汉代的一种现象，尤其具备研究的特殊价值：某些本身不精通法律的官员，却可以出任廷尉，并且竟然"大胆"到可以凭借洞晓人情的优势而试断狱案。朱博堪称为典型。"复征为光禄大夫，迁廷尉，职典决疑，当谳平天下狱。博恐为官属所诬，视事，召见正监典法掾史，谓曰：'廷尉本起于武吏，不通法律，幸有众贤，亦何忧！然廷尉治郡断狱以来且二十年，亦独耳剽日久，三尺律令，人事出其中。掾史试与正监共撰前世决事吏议难知者数十事，持以问廷尉，得为诸君覆意之。'正监以为博苟强，意未必能然，即共条白焉。博皆召掾史，并坐而问，为平处其轻重，十中八九。"③ 朱博所谓的"三尺律令，人事出其中"之说，强调的是法律可以通过人情而测知。朱博和他的属吏的举动，尽管是官场游戏，而非真正的审案。但是这一"游戏"的进行以及最终的结论，可以证明即便是在专职的司法官员内部，人们也相信，法律与人情有内在的一致性。

把法律与人情的相关性，上升到执法理论的高度，就是在汉代颇具影响的"原心定罪"之说。"原心定罪"（又称"论心定罪"）是儒家的一种政治理念，经过董仲舒的解释与发挥，在汉代广为人知，而且成为量刑判案时常加引用的原则。董仲舒说："《春秋》之听狱也，必本其事而原其志。志邪者不待成，首恶者罪特重，本直者其论轻。"④ 这一主张的核心是，执法者在断案时，不仅要弄清犯罪的事实，更要追索涉案人的动机。只要有邪恶的犯罪动机，不必待其犯罪行为实际发生，就应当加以惩

---

① 《汉书》卷五一《路温舒传》。
② 《汉书》卷三二《张耳传附子敖传》。
③ 《汉书》卷八三《朱博传》。
④ 《春秋繁露》卷三《精华》。

罚；对首犯必须从重论处；对虽有犯罪行为但动机出于善良或情有可原的人，则应当从轻论处。参加盐铁会议的儒生，把这种"动机论"表述得更为明确，"《春秋》之治狱，论心定罪。志善而违于法者免，志恶而合于法者诛"①，就是把"人情"渗透法律之中，甚至置于法律之上，以涉案人的动机善恶作为量刑的首位标准，而把客观的犯罪行为和危害结果置于次要地位考量。

这一原则，在执法中的有效性是无需质疑的。西汉后期，发生了一场围绕着前丞相薛宣涉及权力之争的"毁容"案件，在讨论量刑时，出现了御史中丞、廷尉两种处置方案之争，丞相孔光、大司空师丹和将军、博士、议郎各自支持一说。在这场"高规格"的刑事案件讨论中，廷尉等人就是高标"《春秋》之义，原心定罪"②之说而得以占据优势。在另一场涉及收捕在职丞相王嘉的"诏狱"之案中，还有永信少府等十位朝臣出面，巧妙地缓解皇帝的"邪火"，争取为王嘉保留一丝人格尊严，他们借重的名义是"圣王断狱，必先原心定罪，探意立情，故死者不抱恨而入地，生者不衔怨而受罪"③。面对此说，皇帝也不得不有所收敛。东汉中期的一个政治性案件的处置也可以说明问题。少年儒生霍谞的舅父宋光受人诬告，大将军梁商以宋光"妄刊章文，坐系洛阳诏狱，掠考困极"。霍谞上奏记于梁商，为舅父宋光洗刷冤屈，同样引用"《春秋》之义，原情定过，赦事诛意"之说，并且进一步以"人情"证明宋光的冤情："谞与光骨肉，义有相隐，言其冤滥，未必可谅，且以人情平论其理。光衣冠子孙，径路平易，位极州郡，日望征辟，亦无瑕秽纤介之累，无故刊定诏书，欲以何名？就有所疑，当求其便安，岂有触冒死祸，以解细微？譬犹疗饥于附子，止渴于鸩毒，未入肠胃，已绝咽喉，岂可为哉！"大将军梁商被霍谞的才志所打动，"即为奏原光罪"④。

汉代士人对"原心定罪"的一片喝彩之声，除了它是儒家理论、符合常人心态之外，可能还有一个原因——在执法实践中有援救善人的实效。对此，思想家王符表述为"先王议谳狱以制，原情论意，以救善

---

① 《盐铁论》卷一〇《刑德》。

② 《汉书》卷八三《薛宣传》。

③ 《汉书》卷八六《王嘉传》。

④ 《后汉书》卷四八《霍谞传》。

人"①。以上所举事例，确实可以证明它有这样的功效。

当代学者对汉代"原心定罪"的批评，主要集中在执法依据的不确定性、非客观性上。李泽厚先生对此所表现的担忧颇值得玩味："'原心论罪'的原则给法律判决留下了极为宽泛的伸缩余地，大为削减了法的理性形式所要求的普遍性。"② 如果对李泽厚先生的话题"接着说"，大可以设问：在法律判决中存有"极为宽泛的伸缩余地"，是否对保持法的理性有特殊作用？力求把人们的一切社会活动都纳入成文法律的管辖之下，这样的追求，不仅见之于秦朝，也见之于王莽"新政"，但它们都以失败而告终。任何时代的法律条文，只能是针对社会的一般状况作出规定，法律的确定性自然带来了它的僵化性；而任何一个案件所涉及的法律问题，都可能带有特殊性、复杂性。针对这个永存的矛盾，现代法律学尝试以赋予法官"自由裁量的权力"来加以解决。即在法律没有规定，或按法律规定不能恰当处理案件时，法官有权力根据公平、正义原则以及自己的良心自由地裁判案件。③ 汉代的"原心定罪"，所赋予法官的权利，似乎与"自由裁量的权力"颇为相通。它以执法的灵活性，力图兼顾"个案公正"和"社会公正"的一致性（至于如何防范执法者借机故意出入人罪等枉法行为，那是另外的话题了）。在这个意义上说来，"原心定罪"体现了法律实质上的理性，这远比形式上的理性更为重要。

重视法与"人情"、民心的内在一致性，对理性立法的影响也是极为明显的。

汉文帝为了敦促废除"收孥相坐法"，特旨晓喻大臣："朕闻之，法正则民悫，罪当则民从。且夫牧民而道之以善者，吏也；既不能道，又以不正之法罪之，是法反害于民，为暴者也。朕未见其便，宜孰计之。"④（着重号为引者所加，下同）汉文帝大胆承认"不正之法"的存在，并且

---

① 《潜夫论笺校正》卷四《述赦》。

② 李泽厚：《说儒法互用》，《己卯五说》，中国电影出版社1999年版，第91页。

③ 王春华《刑事审判自由裁量权探析》一文称："刑事审判工作中的自由裁量权，是法官所拥有的基于自己的判断而裁判的权力。自由心证制度，也称之为内心确信制度，是指证据的取舍和证明力的大小，以及案件事实的认定，均由法官根据自己的良心、理性自由判断，形成确信的一种证据制度。……自由裁量权正是为了寻求司法公正，而鼓励法官在查明犯罪事实，认定犯罪性质的基础上，考察所有的量刑情节而做出正确裁判。"转引自"依法治市综合网"（http：//www.yfzs.gov.cn/）。

④ 《汉书》卷二三《刑法志》。

把害民之法斥之为暴政暴法，其理性精神是值得充分肯定的。汉宣帝有诏曰："律令有可蠲除以安百姓，条奏。"① 元帝初立，下诏："夫法令者，所以抑暴扶弱，欲其难犯而易避也。……其议律令可蠲除轻减者，条奏，惟在便安万姓而已。"② 这些以"安民"为宗旨的议法诏书，或许有"政治作秀"的成分在内，指望让皇帝真正代表民意也难免有幼稚之嫌，但它确实可以使得政治运作在理性的框架内进行。

二　法律与皇帝诏旨的制衡

应该如何看待法律与皇帝诏旨之间的关系？汉代一直存在着以酷吏、循吏为代表的两种不同观点的对立。

如下一段文字，是治秦汉史的学者耳熟能详的："（杜）周为廷尉，其治大抵放张汤，而善候司。上所欲挤者，因而陷之；上所欲释，久系待问而微见其冤状。客有谓周曰：'君为天下决平，不循三尺法，专以人主意指为狱，狱者固如是乎？'周曰：'三尺安出哉？前主所是著为律，后主所是疏为令，当时为是，何古之法乎！'"③ 杜周之说，集中代表了酷吏惟皇帝之命是从的执法思想，把皇帝的诏令当作国家法律的直接来源，将诏令的法律效力置于国家法律之上，身为执法官则甘当皇帝的鹰犬。这样的理念，确实可以得到皇帝的青睐，酷吏的得宠在很大程度上受益于此。然而，问题在于，这样的观点是否代表了当时执法观点的主流？答案应该是否定的。

得到主流舆论肯定的观点是：对国家有责任感的执法官员，首先要尊重和维持法律的尊严，在面对法律与君主旨意相冲突的场合，执法官员不可曲法阿主。

被尊为汉代执法良吏的张释之，在这一方面做出了表率。汉文帝出行，有一人无意中惊扰乘舆马。文帝使人捕之，押送廷尉张释之审判。不久，张释之奏报审案结论：按照"犯跸"之法处以罚金。汉文帝大怒："此人亲惊吾马，吾马赖柔和，令他马，固不败伤我乎？而廷尉乃当之罚

---

① 《汉书》卷八《宣帝纪》。
② 《汉书》卷二三《刑法志》。
③ 《汉书》卷六〇《杜周传》。

金!"张释之从容解释:"法者,天子所与天下公共也。今法如此而更重之,是法不信于民也。且方其时,上使立诛之则已。今既下廷尉,廷尉,天下之平也,一倾而天下用法皆为轻重,民安所错其手足?唯陛下察之。"① 至此,汉文帝也不得不承认张释之是依法断案。张释之的"执法观"有两点最为重要:其一,法律是天子与天下人共同拥有,应该共同遵守的;其二,廷尉作为最高的专职司法官,一旦经手案件,就只能依法办事,而不能顺从皇帝个人的意旨。张释之的观点当然有其局限性②,但在要求皇帝尊重执法官的独立办案权力上,他无疑走在了当时人的前列。

汉武帝时期的名臣汲黯对酷吏张汤的批判,正是集中于此流人物的阿谀皇帝、玩弄法律:"御史大夫汤智足以距谏,诈足以饰非,非肯正为天下言,专阿主意。主意所不欲,因而毁之;主意所欲,因而誉之。好兴事,舞文法,内怀诈以御主心,外挟贼吏以为重。"③ 张汤、杜周之流酷吏,固然可以官场得势,但永远得不到舆论的好评,倒是张释之和汲黯这样尊重法律、敢于面折廷争的官员,才能够得到人们(包括皇帝在内)真正的尊重。

最为难得的是,汉代的智者,非常理智地将某些根据皇帝个人意旨而制定的法规,赋予临时性、权宜性的界定,使之与作为治国大法的律令之间的法律效力呈现出明显的高低之别。东汉中期的张敏就是此类智者的翘楚。

章帝建初年间,有一位孝子杀死了侮辱其父的仇人,按照"杀人者死"的法律规定,孝子应该受诛。章帝垂怜其孝心,特旨宽宥免其死刑。此后执法官审案遇到类似事件多引以为判案的依据。稍后,以章帝的诏旨和案例为基础,制定了《轻侮法》。到汉和帝时,时任尚书的张敏,针对《轻侮法》滋长了为"复仇"而私相杀人之风的积弊,两度提出驳议:

---

① 《史记》卷一〇二《张释之传》。

② 张释之论执法的主要欠缺在于:他承认了皇帝在执法官经手之前,有不顾法律规定而任意处置当事人的特权,从而使得皇帝居于国家法律之上。如果真正要保持法律的尊严不使失衡,首先应该要求皇帝遵法守法。最早意识到张释之的理论欠缺,并给予公开批评的是魏晋之际的学者王肃。他针对张释之"方其时,上使诛之则已"的说法,加以抨击:"臣以为大失其义,非忠臣所宜陈也。廷尉者,天子之吏也,犹不可以失平,而天子之身,反可以惑谬乎?斯重于为己,而轻于为君,不忠之甚也。"参见《三国志》卷一三《魏书·王朗传附子肃传》。

③ 《汉书》卷五〇《汲黯传》。

"夫《轻侮》之法，先帝一切之恩，不有成科班之律令也。夫死生之决，宜从上下，犹天之四时，有生有杀。若开相容恕，著为定法者，则是故设奸萌，生长罪隙。……《春秋》之义，子不报仇，非子也。而法令不为之减者，以相杀之路不可开故也。今托义者得减，妄杀者有差，使执宪之吏得设巧诈，非所以导'在丑不争'之义。又《轻侮》之比，浸以繁滋，至有四五百科，转相顾望，弥复增甚，难以垂之万载。""臣伏见孔子垂经典，皋陶造法律，原其本意，皆欲禁民为非也。未晓《轻侮》之法将以何禁？"① 史称汉和帝采纳了他的建议，《轻侮》之法即便没有废止，至少滥加援引的现象应该是被制止了的。张敏把《轻侮》之法定性为"先帝一切之恩，不有成科班之律令"，最应该引起研究者的注意。此处的"一切"绝非寻常所理解的"全部"、"所有"之意，在汉代"一切"有个特定的含义——"权时"②，即根据时势需要而作出的权宜性、临时性规定。在张敏的语言环境之中，与"先帝一切之恩"相对的"成科班之律令"，应该是指更为根本、更为恒久、更为尊崇的国家律令体系。可以理解为习惯上所泛称的"汉律六十篇"③。关于"成科班之律令"，两汉史籍仅此一见，但它的存在是不必质疑的。笔者认为，"正法"的概念，应该就是"成科班之律令"的标准表达，张敏所用的表述则有一定的通俗性、描述性。

"正法"是代指国家的主体性法律体系，至少可举出以下例证。

淮南厉王刘长骄恣违法，汉文帝指使薄昭出面，致书刘长加以切谏，

---

① 《后汉书》卷四四《张敏传》。

② "一切"的特定含义为"权时"，在对汉代史籍的名家注释中，多次出现，可谓言之凿凿。如，《汉书》卷一二《平帝纪》"一切满秩如真"，颜师古注："一切者，权时之事，非经常也。犹如以刀切物，苟取整齐，不顾长短纵横，故言一切。"所论最为明晰。其他还有：《汉书》卷五一《路温舒传》"偷为一切"，如淳注："一切，权时也。"《汉书》卷八四《翟方进传》"奏请一切增赋"，张晏注："一切，权时也。"《汉书》卷二二《礼乐志》"以意穿凿，各取一切"，颜师古注："苟顺一时，非正道。"《后汉书》卷二〇《王霸传》"以徼一切之胜"，李贤注"一切犹权时也"。

③ 《晋书》卷三〇《刑法志》所列"汉律六十篇"为：萧何定律，合为九篇。叔孙通益律所不及，《傍章》十八篇，张汤《越宫律》二十七篇，赵禹《朝律》六篇，合六十篇。近年间，学者根据对新出《张家山汉墓竹简》的研究，对《晋书·刑法志》关于《傍章》、《越宫律》、《朝律》篇目的记载是否有误，展开过极有新意的讨论，参见张建国《帝制时代所中国法》，法律出版社1999年版，第59—67页。当然，笔者认为，"汉律六十篇"，作为一般泛称，依然可以沿用。

其中有谓"汉法,二千石缺,辄言汉补,大王逐汉所置,而请自置相、二千石。皇帝骪天下正法而许大王,甚厚"①。

汉武帝崩,昭帝初立,燕王刘旦谋为叛逆,朝廷派遣吏员前往处置。"侍御史乃复见王,责之以正法,问:'王欲发兵罪名明白,当坐之。汉家有正法,王犯纤介小罪过,即行法直断耳,安能宽王!'惊动以文法。"②

翟方进为丞相司直,弹劾司隶校尉涓勋,要求加以罢免。时为太中大夫、给事中的平当,上奏揭露翟方进弹劾涓勋是出于排斥异己的目的,并表彰涓勋"素行公直,奸人所恶",请求加以留任,但皇帝的判断却是:即便平当所言为实,但只要翟方进弹劾涓勋的罪名于法有据,涓勋就应该受到处理,不能因为推测翟方进的弹劾可能另有不当意图,就对涓勋不加以追究。于是,就出现这样的结果,"上以方进所举应科,不得用逆诈废正法,遂贬勋为昌陵令"③。

京兆尹王章借日食弹劾王凤专权,得罪屈死,舆论对王凤颇多批评。杜钦对王凤有如此一段分析:"京兆尹章所坐事密,吏民见章素好言事,以为不坐官职,疑其以日蚀见对有所言也。假令章内有所犯,虽陷正法,事不暴扬,自京师不晓,况于远方。恐天下不知章实有罪,而以为坐言事也。"④

不论是"成科班之律令",还是"正法",这些概念的提出,都是为了提高正式的国家法律的地位,而与之同步呈现的是皇帝意旨和据以追加的临时性法条的法律效力被有意贬低。其意义实在不下于张释之对循吏执法观的阐述、杜周之客对酷吏执法观的抨击。生活在帝制时代的人们,根本不可能设计出使皇帝诏旨"屈尊"于国家法律之下的制度和政治伦理,排除了这种苛求之后,我们就应该承认,汉代士人在现实环境所提供的既定框架之内,为了保持法律与皇帝诏旨之间微妙的制衡,他们做出了各种形式的努力,提出了含有深意的论说,其成就实在值得后人钦佩。

---

① 《汉书》卷四四《淮南厉王长传》。

② 《史记》卷六〇《三王世家》。

③ 《汉书》卷八四《翟方进传》。

④ 《汉书》卷六〇《杜周传附杜钦传》。其他相关材料还有:《汉书·陈汤传》"不道无正法";《汉书·王尊传》"猥历奏大臣,无正法,饰成小过";《后汉书·冯绲传》"罪无正法,不合致纠"。可见,"正法"是指国家的基本法律体系无疑。

三　执法宽平，议法从轻

秦朝法律的酷苛无情，一直是汉人批评秦政的中心话题之一。而对执法宽平的推崇和褒奖，则是汉代官场的主流舆论。

一批以执法宽平为其标志的官员，被奉为吏治的楷模。除去前述张释之之外，西汉的于定国父子、东汉的郭躬父子，最为著名。

于定国，东海郡人。其父于公官职不过县狱史、郡决曹，但却盛名满天下。"（于公）决狱平，罗文法者于公所决皆不恨。郡中为之生立祠，号曰于公祠。"于定国"为人谦恭，尤重经术士"，官至廷尉、御史大夫、丞相，"其决疑平，法务在哀鳏寡，罪疑从轻，加审慎之心。朝廷称之曰：'张释之为廷尉，天下无冤民；于定国为廷尉，民自以不冤。'"① 这一对比之语，实际上褒奖于定国更超过了张释之。颜师古的两个注释可以说明其间的区别：对张释之的称赞在于"言决罪皆当"，而对于定国的称赞则是"言知其宽平，皆无冤枉之虑"。可见执法的"宽平"，较之于"明断"，更为得人心。

郭躬，颍川郡人。其父郭弘，"太守寇恂以弘为决曹掾，断狱至三十年，用法平。诸为弘所决者，退无怨情，郡内比之东海于公"。郭躬少传父业，官至廷尉。史称"家世掌法，务在宽平，及典理官，决狱断刑，多依矜恕，乃条诸重文可从轻者四十一事奏之，事皆施行，著于令"。郭躬在尚未腾达之前，就因为"明法律"而多次奉命参与疑难案件的审理，多有依法断案、宽平为本的表现。仅录一事，以见其风范。"有兄弟共杀人者，而罪未有所归。帝以兄不训弟，故报兄重而减弟死。中常侍孙章宣诏，误言两报重，尚书奏（孙）章矫制，罪当腰斩。帝复召躬问之，（郭）躬对'章应罚金'。帝曰：'章矫诏杀人，何谓罚金？'躬曰：'法令有故、误，章传命之谬，于事为误，误者其文则轻。'帝曰：'章与囚同县，疑其故也。'躬曰：'……君王法天，刑不可以委曲生意。'帝曰：'善。'"② 在这个案件的审理中，郭躬与汉明帝从容讨论法理，强调了两个观点：其一，法令中有关故意犯罪、过失犯罪在量刑上有所区别的规定

---

① 《汉书》卷七一《于定国传》。
② 《后汉书》卷四六《郭躬传》。

（"法令有故、误"，"误者其文则轻"），在判案时一定要加以落实。这就为从轻发落于无意中触犯法禁的涉案人找到了直接的法理依据。其二，执法量刑只能以已经查明的事实为依据，而不可将不利于涉案人的某些推论（即便这些推论有可能成立）作为判案加刑的因素加以考量。郭躬的"刑不可以委曲生意"的执法原则，与上引"不得用逆诈废正法"之说，递相呼应，表明宁可失之于错纵也不可失之于滥杀的"慎刑"思想，在汉代的执法实践中是客观存在的。

"为吏赏罚明，用法平而必行，所居皆有条教可纪，多仁恕爱利。"可以换来官场上下的交口称誉。① "案法平允，务存宽恕"，可以成为居官者引以自豪的仕宦声誉，甚至可以作为福佑子孙仕途腾达的自信所在。② 在汉宣帝的诏书中，我们可以看到，"能使生者不怨，死者不恨"的执法官得到表彰，而那些"用法或持巧心，析律贰端，深浅不平"③ 的执法官受到申斥。

上述诸端，足以说明，在汉代的官场中，虽有酷吏出入其间，但崇尚"宽平"的执法精神依然是稳居主流地位的。

执法宽平的舆情，对改善当时刑罚体系所发生的积极作用，集中体现在运用"恶恶止其身"④ 的儒家政治理论，反对株连之法的存在。"秦政酷烈，违牾天心，一人有罪，延及三族。"⑤ 汉人类似对秦政的批判所在多有，表明了他们对包括"灭族"在内的株连刑的深恶痛绝。汉文帝废止收孥相坐之律，作为汉家推行仁政的典型而一再被强调、被歌颂。我们同样应该知道，各种形式的株连刑，实际上是终两汉之世而没有根本绝迹的。即便是在政风较为宽缓的时期，由各级官吏舞文弄法而导致的株连之祸，就足以使百姓无容身之地。在盐铁会议上，文学之士揭露当时所谓"良吏"的行径："不本法之所由生，而专己之残心，文诛假法，以陷不

---

① 《汉书》卷八三《薛宣传》。

② 《后汉书》卷五八《虞诩传》："虞诩……祖父经，为郡县狱吏，案法平允，务存宽恕，每冬月止其状，恒流涕随之。尝称曰：'东海于公高为里门，而其子定国卒至丞相。吾决狱六十年矣，虽不及于公，其庶几乎！子孙何必不为九卿邪？'故字诩曰升卿。"

③ 《汉书》卷八《宣帝纪》。

④ 《春秋公羊传·昭公二十年》："君子之善善也长，恶恶也短。恶恶止其身，善善及子孙。"

⑤ 《后汉书》卷四八《杨终传》。

辜，累无罪，以子及父，以弟及兄，一人有罪，州里惊骇，十家奔亡，若痛疝之相泞，色淫之相连，一节动而百枝摇。"① 这是何等可怕的局面。由此而言，我们对史书所见关于汉代"慎刑"、"省刑"的歌颂之辞，在其实际效果究竟如何的层面上，当然应该保持质疑的态度。但同时，我们也应该肯定，"恶恶止其身"确实产生过轻刑之效。"刑罚务于得中，恶恶止其身"②，是汉代朝廷对执法官员的原则性要求。而一旦出现了株连之刑，即便主持其事的是独断朝政的权臣，乃至于皇帝，也会有耿直大臣出面提出尖锐的批评。对这些批评，当政者确实既可以采纳，也可以置之不理③，但是，作为一种舆论存在，还是能够在不同的层面上发挥牵制作用，甚至使得某些案件的处理结果，发生根本性的变化。④

还有一个很有意思的现象也值得注意：东汉安帝时期新立法规，对于犯有贪赃之罪的官员，禁锢父子两代。这本来是一种加大惩治贪官力度的举措，同时也对其他官员带有预警、震慑的意义。只是，它的株连属性是明确无误的。就一般的社会舆论而言，出于对贪官的痛恨，人们可以理解，乃至于拥戴这样的立法；但是，从法理的角度而言，它确实与"恶恶止其身"的理念相悖。不久，就有太尉刘恺这样的重臣对此公开质疑，"《春秋》之义，'善善及子孙，恶恶止其身，'所以进人于善也。《尚书》曰：'上刑挟轻，下刑挟重。'如今使赃吏禁锢子孙，以轻从重，惧及善人，非先王详刑之意也"。而且皇帝接受了他的见解。⑤ 这足以说明，汉代君臣讨论法理之得失时，已经理智到"论理而不论人"的程度，不因为事涉贪官就杜口裹足。这种超越了道德范畴而进行的法理学的讨论，是

---

① 《盐铁论》卷第十《申韩》。

② 卫宏：《汉旧仪》卷上，《汉官六种》，中华书局1990年版，第74页。

③ 参见《汉书》卷六七《梅福传》。梅福论王章一案的株连之非："及至陛下，戮及妻子。且恶恶止其身，王章非有畔之辜，而殃及家。折直士之节，结谏臣之舌，群臣皆知其非，然不敢争，天下以言为戒，最国家之大患也。"但却不获采纳。

④ 请看下列两证：汉章帝建初元年（76年），杨终针对此前发生的广陵、楚、淮阳、济南等诸侯王国的案狱，"徙者万数，又远屯绝域，吏民怨旷"的情况，上疏纵论"'善善及子孙，恶恶止其身'，百王常典，不易之道也"。建议停止株连，章帝立即加以采纳，"听还徙者，悉罢边屯"（《后汉书》卷四八《杨终传》）。赵憙出任平原太守时，当地"多盗贼，憙与诸郡讨捕，斩其渠帅，余党当坐者数千人。憙上言'恶恶止其身，可一切徙京师近郡'。帝从之，乃悉移置颍川、陈留"（《后汉书》卷二六《赵憙传》）。

⑤ 《后汉书》卷三九《刘般传附刘恺传》。

如此地纯粹，它以典型个案的方式证明，"恶恶止其身"的执法理念，确实是得到相当普遍的认可了。

议法从轻的主张，同样在汉代的执法思想中，闪耀出它的理性光彩。

西汉后期的杜钦，虽然依托于秉权外戚王凤门下，但遇事多有自己的独立判断，希望以其学识，对王凤的失当之举有所规谏和补益。针对王凤寻衅贬抑意在罢免贤臣冯野王的举动，杜钦明确提出了反对意见。他援引古训，主张"罚疑从去"①。颜师古对此有个极好的解释："疑当罚不当罚则赦之，疑轻重则从轻。"就是在某种行为处于难以判断是否属于犯罪的临界点上，就加以赦免，不予以治罪；如果在轻罚与重罚之间难以判明时，就从轻处理。据此我们得以知晓，杜钦的"罚疑从去"之说，与现代法学理论的"疑罪从无"原则，应该有着内在的一致性。

东汉中期与郭躬齐名的陈宠，同样官至廷尉，同样有世传法律之学的家族文化背景。其曾祖父陈咸是两汉之际的法学名家，他留给子孙的规诫就是："为人议法，当依于轻，虽有百金之利，慎无与人重比。"陈宠本人"及为理官，数议疑狱，常亲自为奏，每附经典，务从宽恕，帝辄从之，济活者甚众。其深文刻敝，于此少衰"②。史家此说可以证明，议法从轻的思想及其指导下的执法实践，确实有效地缓和了急苛之政的负面影响。

通过以上讨论，可以廓清令人感到困惑的一个问题：汉人津津乐道其"轻刑"、"省禁"之功，历代论史者似乎也没有谁指责汉代存在暴政；但是，汉末的大政治家曹操在考虑法律改革时却"嫌汉律太重"③。那么，汉代的法律究竟是轻是重？现在是否可以循此思路回答：汉朝的法律，从立法层面而言，是根源于秦律，因而也就带有其酷苛繁重的本质属性（当然，汉朝时期经历的几次法律改革，有"轻刑"的主观意图，也收到了一定的客观效果），因此曹操的判断是准确无误的；但是，在执法的层面上，汉代士人表现出高度的智慧和理性，在具体的法律程序的运作之中，他们把僵硬的法律规定赋予了人性化的解释，缓和了专制皇权对法律

---

① 《汉书》卷七九《冯奉世传附冯野王传》。
② 《后汉书》卷四六《陈宠传》。
③ 《晋书》卷三〇《刑法志》

的非良性操控，减轻了法律残酷无情的色彩。由于这一重要的"修补"，使得原本苛重的汉律，演变为刚柔兼济、变通有度的"社会形象"。汉代统治者从中所表现出的理性，对于维系民心、维持稳定，是发挥了积极作用的。

汉代谏议制度的文化解读

——从李云"露布谏帝"获罪谈起

孙家洲

  汉代谏议制度，立意深远，确有足资镜鉴者。[①] 在如实肯定它有集思广益、纠正皇帝错误决策之功的同时，更应当从实际政治运作的具体案例入手，仔细分析，详加讨论。廖伯源先生讨论《秦汉朝廷之论议制度》的结论："汉廷之决策，往往反复讨论，而皇帝咨询，群臣论议之型式，常因人因事而变化运用。臣下得以各进其言，奏上供皇帝采择。皇帝的决策能取众智之长，此为皇帝专制政治下之一些合理成分。然臣下之论议，决不可视为民主之议事制度，盖议定之意见只提供皇帝决策之参考，合意者，皇帝采用之；若不合意，虽群臣皆议是，皇帝则以为非而不取。臣下且有以议不合意而得罪下狱乃至丧命者。因此，在皇朝时期，朝廷论议之功能，往往视皇帝不同而异。"[②] 此论不仅与本文的讨论问题直接相关，而且这一论述的基点，笔者由衷服膺、高度认同。朝廷论议是否可以发挥

---

  ① 仅以职官设置而言，有谏大夫（或谏议大夫）之设。出任此职者，多为博学之士，后为名臣者不乏其人。其职掌则以谏诤为主。西汉晚期的直谏名臣鲍宣，曾经两度出任谏大夫，"每居位，常上书谏争，其言少文多实"。他对哀帝的著名谏奏有"民有七亡而无一得"、"民有七死而无一生"之说。他解释自己不得不犯颜直谏的原因是"官以谏争为职，不敢不竭愚"（《汉书》卷七二《鲍宣传》）。东汉政论家王符也有论断"侍中、大夫、博士、议郎，以言语为职，谏诤为官"。他批评汉末政治昏乱的表现之一就是"侍中、博士谏议之官，或处位历年，终无进贤嫉恶拾遗补阙之语"（《潜夫论》卷二《考绩》）。东汉名臣韦彪对汉章帝有言"谏议之职，应用公直之士，通才谞正，有补益于朝者"（《后汉书》卷二六《韦彪传》）。

  ② 廖伯源：《秦汉朝廷之论议制度》，见氏著《秦汉史论丛》，台北：五南图书出版公司2003年版，第200页。

济世功能，当然首先要看皇帝是否确有求谏纳谏的诚意与能力，同时朝臣进谏的方式方法是否得当，也是不可忽视的因素。胸怀济世之心的大臣，参与廷议的目的，在于解决实际问题。但是，如果论议方式伤害到了专制君主的权威，初衷在于济世安民的进谏行为也会被扣上"不道"的帽子，在这种情况下，非但需要解决的问题无从解决，谏议者也不免落入危境。本文所要讨论的深得官场奥妙的"五谏"之说，其文化价值也由此而得到彰显。

如上所说，应该重视利用典型案例，深入讨论"谏议制度"在汉代的运作实态，那么，李云"露布谏帝"而获罪处死的案例，就值得论史者反复推敲、深入研究。

一　李云"露布谏帝"获罪本事

李云，东汉桓帝时，官居白马令。延熹二年（159 年），桓帝在中常侍单超等五人的襄助之下，诛杀秉持朝政多年的大将军梁冀。随后，桓帝"论功行赏"，造成宦官专权、外戚势盛的局面。史称"中常侍单超等五人皆以诛冀功并封列侯，专权选举。又立掖庭民女亳氏为皇后，数月间，后家封者四人，赏赐巨万。是时地数震裂，众灾频降"。素称刚直的李云，"忧国将危，心不能忍，乃露布上书，移副三府"，以激烈的语言，对皇帝的不当行为进行批评："臣闻皇后天下母，德配坤灵，得其人则五氏来备，不得其人则地动摇宫。比年灾异，可谓多矣；皇天之戒，可谓至矣。……举厝至重，不可不慎。班功行赏，宜应其实。梁冀虽持权专擅，虐流天下，今以罪行诛，犹召家臣扼杀之耳。而猥封谋臣万户以上，高祖闻之，得无见非？西北列将，得无解体？孔子曰：'帝者，谛也。'今官位错乱，小人谄进，财货公行，政化日损，尺一拜用，不经御省。是帝欲不谛乎？"桓帝得奏，勃然大怒，下令有司逮捕李云，"诏尚书都护剑戟送黄门北寺狱，使中常侍管霸与御史、廷尉杂考之。时弘农五官掾杜众伤云以忠谏获罪，上书愿与云同日死。帝愈怒，遂并下廷尉"①。汉桓帝对李云必欲置之死地而后快，除去李云的谏辞过于切直之外，一个重要的原因是他上书的方式——露布，并以副本上三公府。两种方式并用，充分显示李云的动机就

---

① 《后汉书》卷五七《李云传》。《东观汉记》卷一七《李云传》略同。

是要公之于众，不给皇帝以"保密"处理（亦即"不处理"）的机会。

　　此处所谓的"露布"①，是指李云对上奏的文书，不加任何箴封处理，使之在文书传递的过程中有机会接触者均可以阅读其内容。这显然是不符合臣子上书的一般规定的。"露布"的使用范围，在汉代的官文书制度中，有明确规定：皇帝下行文书中的"制书"与"赦赎令"，均"露布州郡"②。魏晋以下出军征伐获胜，向朝廷报捷之"露布"，在汉代似乎另有专称"胡降檄"③，不称"露布"。而臣下上书皇帝，凡是涉及重大问题，按常规，均要密封以防泄露。汉代习称为"上封事"。对需要特别保密的内容，还要以"皂囊封上"。应劭《汉官仪》卷下："凡章表皆启封，其言密事得皂囊。"可谓严藏密守。④ 西汉晚期的名臣谷永，论及上书言事之难，有"三上封事，然后得召；待诏一旬，然后得见。……语不可露，

————————

　　①　关于"露布"的本义，清代学者赵翼《陔余丛考》卷二一"露布"可以参考。《中国历史大词典》，简捷明了地表述为"不加密封的文书，亦称'露版'、'露板'"（上海辞书出版社2000年版，第3280页）。

　　②　关于"制书"露布，据《汉制度》："帝之下书有四：一曰策书，二曰制书，三曰诏书，四曰诫敕。"其中"制书者，帝者制度之命，其文曰制诏三公，皆玺封，尚书令印重封，露布州郡也。"（《汉官解诂》卷后附《汉制度》，见孙星衍等辑、周天游点校《汉官六种》，中华书局1990年版，第23页）关于"赦赎令"露布，据《汉官仪》："群臣上书，公、卿、校尉、诸将不言姓。凡制书皆（称）玺封，尚书令重封。惟赦赎令司徒印，露布州郡也。"（应劭撰、孙星衍校辑《汉官仪》卷上，见孙星衍等辑、周天游点校《汉官六种》，第125页）

　　③　据《鲍昱传》：中元元年，拜司隶校尉。诏昱诣尚书，使封胡降檄。光武遣小黄门问昱有所怪不？对曰："臣闻故事：通官文书不著姓，又当司徒露布，怪使司隶下书而著姓也。"帝报曰："吾故欲令天下知忠臣之子复为司隶也。"其中对"胡降檄"一词，李贤注释："檄，军书也，若今之露布也。"（见《后汉书》卷二九《鲍永传附子昱传》）"露布"此种意蕴在汉唐之时的演变明显可见。

　　④　东汉晚期的名臣蔡邕，就曾经得到朝廷优遇，"以邕经学深奥，故密特稽问，宜披露失得，指陈政要，勿有依违，自生疑讳。具对经术，以皂囊封上"（《后汉书》卷六〇下《蔡邕传下》）。关于"皂囊"之制，马怡先生的研究已经相当精深。她说："汉代的文书，重要者多以书囊包裹。不同性质的文书使用不同色的书囊，可能关乎一定的制度。例如，皇帝的玺书用青布囊，边郡发犇（奔）命书用赤白囊，宫中机密用绿囊等。汉代用皂囊来封装专呈皇帝的密奏。""用皂囊包装的诏书与前文所提及的用青布囊包装的玺书是不同的。后者封以皇帝专用之玺，是以皇帝本人名义直接发出并专达于某特定对象的文书，规格隆重，也更具有机密性。而前者则多是面向中央和地方各级官员的文告，内容为普遍实施的政策法令等，由朝廷发出，依次传递，规格较玺书低，也不具有太多的机密性。"（马怡《皂囊与汉简所见皂纬书》，《文史》2004年第4辑）并参见汪桂海《汉代官文书制度》，广西教育出版社1999年版。

愿具书所言，因侍中奏陛下，以示腹心大臣"① 之说。

以上所说，实为官场常规。而李云之举，是对官场规则的挑战。推测其意，应该是要借用谏言公开化之后形成的舆论压力，迫使汉桓帝纳谏改过。汉桓帝的暴怒，就其个人心结而言，有其依据。汉桓帝严惩李云的态度，在当时朝廷上，引发不同反响：

> 廷尉奏云不逊，欲获抗直之名，众远为邀诉，皆大逆不道，请论如律。②

廷尉之议，主张以极刑处死李云以及杜众，显然是秉承汉桓帝的旨意而行事。更何况，李云在被交付廷尉审判之前，还曾经先被押送黄门北寺狱。关于"黄门北寺狱"，张忠炜博士在深入研究"诏狱"时中已有涉及。他认为，它是东汉中后期所新立的"诏狱"，"其官署可能居于宫门之内，因为北寺本属于黄门，由宦者中常侍负责"。表明汉桓帝在处理此案之初，就决意以"法外之法"的诏狱论处，对李云严惩不贷。因为正如张忠炜的分析，一旦列为诏狱，"系狱之人的生死，不是取决于是否有罪或罪行轻重，而主要是取决于皇帝个人或擅权之人的意志"③。

但是，更多的大小臣工，却不惜冒犯皇帝天颜，极力救护李云：

> 大鸿胪陈蕃上疏救云曰："李云所言，虽不识禁忌，干上逆旨，其意归于忠国而已。或高祖忍周昌不讳之谏，成帝赦朱云腰领之诛。今日杀云，臣恐剖心之讥复议于世矣。故敢触龙鳞，冒昧以请。"太常杨秉、洛阳市长沐茂、郎中上官资并上疏请云。帝愈甚，有司奏以为大不敬。诏切责蕃、秉，免归田里，茂、资贬秩二等。时帝在濯龙池，管霸奏云等事。霸跪言曰："李云野泽愚儒，杜众郡中小吏，出于狂慧，不足加罪。"帝谓霸曰："帝欲不谛，是何等语，而常侍欲

① 《汉书》卷八五《谷永传》。

② 袁宏：《后汉纪·孝桓皇帝纪上卷第二十一》延熹二年，张烈点校本，中华书局2002年版，第410页。

③ 张忠炜《"诏狱"辩名》，先刊发于《史学月刊》2005年第4期，后经修订，收入孙家洲主编《秦汉法律文化研究》，中国人民大学出版社2007年版，第52—58页。张忠炜在文中引用北宋人张方平《诏狱之弊》"汉有乱政而立黄门北寺之狱"的论断，当然值得我们关注。

原之邪?”顾使小黄门可其奏,云、众皆死狱中。①

案发之时,不论多少官吏如何百般营救,李云依然被下狱、处死,还有一位仗义执言的杜众为此而赔上自己的生命(李、杜被杀的时间是在延熹三年,公元160年),这是我们在讨论汉代谏议制度的实际运作时,不能忘却的重大关节。至于以后政论家与历史学家发表的对汉桓帝的批评,不论如何犀利尖锐、如何影响深远,对于逝去的生命而言,已经是无补于事。唯有论史者从中得出正确的历史判断,才能够使得当年慷慨赴死者的生命尊严得到尊重和彰显。

二 李云“忠谏受诛”的文化解读

(一)汉桓帝诛杀李云成为汉魏时期的热门话题,既有“拒谏诛贤”的典型意义,也有鼎革之际的舆论操控

汉桓帝不顾众臣的劝谏,将李云、杜众处死。这被视为汉桓帝的失德之举,多受诟病。《后汉书》不仅在《孝桓帝纪》中记载“白马令李云坐直谏,下狱死”,而且在《五行志二》中再次大书一笔:“白马令李云坐直谏死。”史家的“春秋笔法”,显而易见。在李云、杜众被杀四年之后的延熹七年,名臣、重臣黄琼于垂危之际上书批评汉桓帝的一系列失德之举,其中就列举李云受诛之事:

> 前白马令李云,指言宦官罪秽宜诛,皆因众人之心,以救积薪之敝。弘农杜众,知云所言宜行,惧云以忠获罪,故上书陈理之,乞同日而死,所以感悟国家,庶云获免。而云既不辜,众又并坐,天下尤痛,益以怨结,故朝野之人,以忠为讳。②

至延熹九年(李、杜受诛六年之后),天下名士襄楷,有感于“宦官

---

① 《后汉书》卷五七《李云传》。时任太常的杨秉,在其本传中,有如下记载:“延熹三年,白马令李云以谏受罪,秉争之不能得,坐免官,归田里。”(《后汉书》卷五四《杨震传附子秉传》)

② 《后汉书》卷六一《黄琼传》。黄琼的此段谏言,袁宏《后汉纪》及司马光《资治通鉴》,均将此事系于延熹三年,而据《后汉书》本传,是在延熹七年。以本传纪事年份为是。

专朝，政刑暴滥"的大乱之象，自家诣阙上疏曰："臣闻杀无罪，诛贤者，祸及三世。……李云上书，明主所不当讳；杜众乞死，谅以感悟圣朝；曾无赦宥，而并被残戮，天下之人，咸知其冤。汉兴以来，未有拒谏诛贤，用刑太深如今者也。"① 这些批评，可谓相当尖锐。李云之死，也由此而具备了特殊的意义——皇帝拒谏诛贤的典型。

东汉后期，对李云表达敬意的官员，史书有所记载。清廉能吏并且获得"贾父"美誉的贾琮，在担任冀州刺史之时，就有祭拜李云墓葬、刻石褒奖之举。《后汉书》的作者，特意在《李云传》中附记："后冀州刺史贾琮使行部，过祠云墓，刻石表之。"查检《贾琮传》，贾琮任冀州刺史是在"黄巾新破"之时，那么，贾琮的墓祭李云的时间，在汉灵帝中平二年（185 年）的可能性较大。距离李云被杀的时间有 25 年左右。贾琮以冀州刺史的身份，有此举动，标志着部分官员对汉桓帝诛杀李云之举，可以公开地加以批判了。汉桓帝因为制造这一个冤案，似乎就足以成为昏君暴主的典型。②

如果说，东汉末年的官僚士大夫对李云被杀案件的议论，主要集中在同情李云、批评昏君的两个焦点上，那么，到汉魏禅代之际，在政治家、阴谋家的有意运作之下，李云上书就被改造成为汉家政权即将被取代的象征了。这肯定是李云自己都未曾想到的事情。

太史丞许芝向魏王曹丕条陈所谓的"魏代汉见谶纬"记载，其中就有《春秋佐助期》"汉以许昌失天下"之说，为证成其说，还堂而皇之地说道："故白马令李云上事曰：'许昌气见于当涂高，当涂高者当昌于许。'当涂高者，魏也。象魏者，两观阙是也。当道而高大者，魏。魏当代汉。今魏基昌于许，汉征绝于许，乃今效见，如李云之言，许昌相应也。"③ 李云在这里"现身"，完全是制造改朝换代舆论的需要。《后汉

① 《后汉书》卷三〇下《襄楷传》。
② 《后汉书》作者范晔曾言桓帝时，"政移五幸，刑淫三狱"。所谓"三狱"，据李贤注释："三狱谓李固、杜乔，李云、杜众，成瑨、刘质也。"李云、杜众被杀一案，是桓帝为昏君暴主的三大冤狱之一。
③ 《三国志》卷二《魏书·文帝纪》，裴注又据《后汉书》卷七五《袁术传》记载：袁术称帝之时，也有"少见谶书，言'代汉者当涂高'，自云名字应之"的背景。但是，袁术并未假借李云的名义制造舆论。可见，把李云与"代汉者当涂高"联系到一起，应该是曹魏群臣的创意。

书·李云传》所见李云上书的内容，与"许昌气见于当涂高"完全无关①，而经过曹丕部下的"大胆改造"，被汉桓帝屈杀的李云，就成为魏家新主的代言人了。李云的被利用价值，与秦末陈胜起兵之初要借用被杀的秦始皇长子扶苏的名义是大略相同的。

至于"代汉者当涂高"作为一个神秘的谶言，在社会上流传的时间，其实远远早于李云的生活年代。在两汉之际，割据巴蜀的公孙述就借用过它，而称尊洛阳的光武帝还不得不与公孙述讨论"当涂高"的内涵。② 而到汉魏之际，许芝等人非常聪明地利用社会上对李云的同情心来巧做文章了。

还有一段似乎是偶然的君臣对话，出现在青龙年间，魏明帝曹睿与以博学著称的大臣王肃，突然谈起李云上书而被杀一案：

> 帝尝问曰："汉桓帝时，白马令李云上书言：'帝者，谛也。是帝欲不谛。'当何得不死？"肃对曰："但为言失逆顺之节。原其本意，皆欲尽心，念存补国。且帝者之威，过于雷霆，杀一匹夫，无异蝼蚁。宽而宥之，可以示容受切言，广德宇于天下。故臣以为杀之未必为是也。"③

我之所以留意这段君臣对话，既是因为它可以说明，李云一案在曹魏政权内部得到关注，并非仅限于魏文帝时期，而是延续到后来；更是因为以王肃为代表的曹魏时代的官僚士大夫，对于此案的理解，越来越回归理性，借着讨论李云被杀的历史典故，希望引导当世君主能够容纳直言，不轻易使用帝王的雷霆之威。这比单纯地批评汉桓帝的昏暴，显然更有意义。

---

① 《李云传》所见李云上书中有"高祖受命，至今三百六十四岁，君期一周，当有黄精代见，姓陈、项、虞、田、许氏，不可令此人居太尉、太傅典兵之官"等语，与谶纬之说相近，李贤注释说："黄精谓魏氏将兴也。陈、项、虞、田并舜之后。舜土德，亦尚黄，故忌也。"从这些记载看，李云之说被"发挥"的空间确实存在，但是，从本传文字来看，并无"当涂高"等语。在没有证据表明《后汉书》本传的谏言文字是节选、故而有重大遗漏之前，笔者以为可以推断所谓的李云"当涂高"等语是出自魏臣演绎。参见前注。

② 《后汉书》卷一三《公孙述传》。其具体分析，可参见孙家洲《汉代"应验"谶言例释》一文的相关考释，《中国哲学史》1997 年第 2 期。

③ 《三国志》卷一三《魏书·王朗传附子肃传》。

（二）　由对李云激切直谏方式的批评，可以深入分析古人对进谏方式的理论要义

历代论史者，对李云的刚直敢言颇多称颂，但是，也存在着对李云进谏方式过于激切的批评。此种意见，实在应该引起我们的认真讨论。

《后汉书·李云传》最后部分的"论曰"，表达是对李云的遗憾甚至是批评："礼有五谏，讽为上。若夫托物见情，因文载旨，使言之者无罪，闻之者足以自戒，贵在于意达言从，理归乎正。岂其绞讦摩上，以衒沽成名哉？李云草茅之生，不识失身之义，遂乃露布帝者，班檄三公，至于诛死而不顾，斯岂古之狂也！夫未信而谏则以为谤己，故说者识其难焉。"其中的"五谏"之说，李贤注释为：讽谏、顺谏、窥谏、指谏、陷谏也。① 《后汉书》的作者范晔，所表达的对李云的批评意见，是建立在高度认可儒家的进谏理论的基础之上的。儒家"五谏"之说，在多部古籍中有大同小异的记载，而以《白虎通》所论最为明晰。

> 人怀五常，故知谏有五。其一曰讽谏，二曰顺谏，三曰窥谏，四曰指谏，五曰陷谏。讽谏者，智也。知祸患之萌，深睹其事，未彰而讽告焉。此智之性也。顺谏者，仁也。出辞逊顺，不逆君心。此仁之性也。窥谏者，礼也。视君颜色不悦，且却，悦则复前，以礼进退。此礼之性也。指谏者，信也。指者，质也。质相其事而谏。此信之性也。陷谏者，义也。恻隐发于中，直言国之害，厉志忘生，为君不避丧身。此义之性也。孔子曰："谏有五，吾从讽之谏。"事君进思尽忠，退思补过，去而不讪，谏而不露，故《曲礼》曰："为人臣，不显谏。"②

推奖"讽谏"，倡导"不显谏"，是儒家"五谏"之说的基本取向。范晔对李云的批评，显然是以此为出发点的。

汉代人对过于激切的进谏方式，并不完全认可，在《风俗通义》一

---

① 　《后汉书》卷五七《李云传》以及李贤注文。

② 　陈立：《白虎通疏证》五《谏诤》，中华书局1994年版，第235—236页。又，这种"谏诤观"的影响，历代均可看出其存在。如：《册府元龟》中的"谏诤部"（卷五二三至卷五四八），按谏诤方式的不同划分为二十六个分部，依次列述：讽谏（一）、规谏（十）、直谏（十四）、强谏·遗谏（一）。对"讽谏"的评价之高，远在其他谏诤方式之上。

书中，有更直接的例证：

> 长沙太守汝南郅恽君章，少时，为郡功曹。郡俗冬飨，百里内县，皆赍牛酒，到府宴饮。时太守司徒欧阳歙，临飨，礼讫，出教曰："西部督邮繇延，天贤忠贞，禀性公方，典部折冲，摧破奸雄，不严而治。《书》曰'安民则惠，黎民怀之。'盖举善以教，则不能者劝。今与诸儒，共论延功，显之于朝，主簿读教，部吏引延受赐，恽前跪曰：'司正举觥，以君之罪，告谢于天。明府有言而误，不可覆掩。按延资性贪邪，外方内圆，朋党构奸，罔上害民，所在荒乱，废而不治，怨慝并作，百姓苦之。而明府以恶为善，股肱莫争。此既无君，又复无臣。君臣俱丧，孰与偏有。君虽倾危，臣子扶持不至于亡。恽敢再拜奉觥。"歙甚惭。
>
> 谨按：礼谏有五，风为上，戆为下。故入则造膝，出则诡辞，善则称君，过则称已。暴谏露言，罪之大者。①

此处的"风"即是指"风谏"，而"戆"就是指直谏。"为上"、"为下"的判分，标明了作者的鲜明立场。特别是最后一句话"暴谏露言，罪之大者"，几乎可以理解为对李云受诛的脚注。

当然，这一批评，是从"学理"的角度而展开的。臣子进谏的目的，是要帮助君主改正错误。为达到这一目的，就应该采取最能够让君主"喜闻乐见"的方式进行。如此，"风谏"见其便利，而"直谏"或许就会因为君主的不快而造成不良后果。至于"暴谏露言"则更不可取。

（三）李云尽忠被杀的悲剧，对于全面认识"谏议制度"的局限性，有着特别重要的价值

就汉代的社会风尚而言，褒奖"抗直"实为常态。称"抗直"为汉人习用语，当无疑义。略举数例如下：司马迁称赞邹阳"辞虽不逊，然其比物连类，有足悲者，亦可谓抗直不桡矣"②。《汉书·汲黯传》称汲黯仰慕傅伯的为人，东汉末年的学者应劭注释为："傅伯，梁人，为孝王

① 《风俗通义》卷四《过誉》。

② 《史记》卷八三《鲁仲连邹阳列传》。

将，素抗直也。"①西汉后期的名臣陈咸"有异材，抗直数言事，刺讥近
臣，书数十上"②。两汉之际的名臣申屠刚，史称"抗直之士，尝慕史鱼、
汲黯之为人。避乱西州，每谏争陒嚣，义形于色。上以刚为侍御史，迁尚
书，謇謇多直言，无所屈挠"③。

　　就汉代的官场风尚而言，诚然不乏皇帝虚怀求谏、臣子犯颜直谏的经
典佳话。如：汉宣帝下诏"有能箴朕过失，及贤良方正直言极谏之士以
匡朕之不逮，毋讳有司"④。汉明帝下诏"群司勉修职事，极言无讳"，造
成"在位者皆上封事，各言得失"⑤ 的局面，因此，汉宣帝、汉明帝被树
立为虚心求谏的明君典型。但是，论史者更应该看到官场的另外一个习见
现象：即便是在所谓"明君"在位的时代，以"直谏"而著称的官员，
也很难真正得到大用、重用，往往是外有褒奖之名，内无亲近之实，"不
得久居位"就是此类直谏官员的宿命。西汉第一谏臣汲黯，"任气节，行
修洁。其谏，犯主之颜色。常慕傅伯、爰盎之为人。善灌夫、郑当时及宗
正刘弃疾。亦以数直谏，不得久居位"⑥。两汉之际的抗直极谏之臣申屠
刚，同样无法摆脱被冷落、被屏弃的命运。史称"时内外群官，多帝自
选举，加以法理严察，职事过苦，尚书近臣，至乃捶扑牵曳于前，群臣莫
敢正言。刚每辄极谏，又数言皇太子宜时就东宫，简任贤保，以成其德，
帝并不纳。以数切谏失旨，数年，出为平阴令。复征拜太中大夫，以病去
官，卒于家"⑦。敢于直言极谏之臣，在官场中的实际结局，当然是我们
必须正视的。

　　凡是真正了解官场世态的官员、士人，在鼓足勇气直言进谏之时，往
往首先呈现一套堂皇慷慨的说辞，给皇帝以足够的诱导，使得皇帝难以瞬
间变脸而奋其严威，其实也是在铸造自身安全的防护圈。如，主父偃在直
谏汉武帝时，首言："臣闻明主不恶切谏以博观，忠臣不避重诛以直

　　① 《汉书》卷五〇《汲黯传》。
　　② 《汉书》卷六六《陈万年传附子咸传》。
　　③ 袁宏：《后汉纪·光武皇帝纪卷第七》建武二十一年。
　　④ 《汉书》卷八《宣帝纪》。
　　⑤ 《后汉书》卷二《孝明帝本纪》。
　　⑥ 《汉书》卷五〇《汲黯传》。
　　⑦ 《后汉书》卷二九《申屠刚传》。

谏。"① 汉武帝时期的智者东方朔，假托"非有先生之论"，大谈"谈何容易"，主旨就是讨论吏民进谏君主之难："昔者关龙逢深谏于桀，而王子比干直言于纣，此二臣者，皆极虑尽忠，闵主泽不下流，而万民骚动，故直言其失，切谏其邪者，将以为君之荣，除主之祸也。今则不然，反以为诽谤君之行，无人臣之礼，果纷然伤于身，蒙不辜之名，戮及先人，为天下笑，故曰谈何容易！……将俨然作矜严之色，深言直谏，上以拂主之邪，下以损百姓之害，则怵于邪主之心，历于衰世之法。"② 东方朔的话，已经说得十分透彻，臣下即便是出于忠诚之心而深言直谏，也很可能被治罪。东汉中期深谙官场奥妙的能臣陈忠，在汉安帝"始亲朝事"之时，针对安帝"诏举有道，公卿百僚各上封事"的刷新政治的姿态，而预先筹划稳健之策：

忠以诏书既开谏争，虑言事者必多激切，或致不能容，乃上疏豫通广帝意。曰："臣闻仁君广山薮之大，纳切直之谋；忠臣尽謇谔之节，不畏逆耳之害。是以高祖舍周昌桀纣之譬，孝文嘉爰盎人豕之讥，武帝纳东方朔宣室之正，元帝容薛广德自刎之切。……言事者见杜根、成翊世等新蒙表录，显列二台，必承风响应，争为切直。若嘉谋异策，宜辄纳用。如其管穴，妄有讥刺，虽苦口逆耳，不得事实，且优游宽容，以示圣朝无讳之美。若有道之士，对问高者，宜垂省览，特迁一等，以广直言之路。"③

细观陈忠的奏议，真可谓心思缜密，他担忧在皇帝求取直言诏令的激励之下，或有不知官场奥妙的吏民贸然上书，激切进谏，就有可能遭受飞来横祸。因此，他列举汉代历史上皇帝容纳直言极谏的例子，实在是要束缚皇帝的手脚，以求避免可能产生的"刺激—镇压"事态的发生。

假如我们认定上述"进谏观"属于明智之列，就可以进一步理解汉代士人特别推崇"讽谏"（或作"风谏"）、而对"直谏"的评价有所保留的原因；同时，也就可以理解李云直谏肇祸的深层原因：他的"暴言

---

① 《汉书》卷六四上《主父偃传上》。

② 《汉书》卷六五《东方朔传》。

③ 《后汉书》卷四六《陈宠传附子忠传》。

忠谏"，根本不能见容于官场常规。对皇帝"诏求直言"的政治姿态，对
"谏议制度"文本规定在实践层次真实性，精通官场规则的政治人物，都
会有自己的判断。只有"学究气"十足的人，才会做出李云、杜众的举
动。李、杜二人的选择，如果说有积极的意义，应该首推他们以自己的生
命，揭破了官场文本规定的虚伪性。

本文的讨论，是以李云一案展开论述的，假如讨论更进一步，深入分
析汉代谏议制度在实际运作中的实态，我们更应该注目谏议大夫刘陶的案
件。因为李云直言获罪时的官职，是县令，不是身负言责的谏议官员；而
刘陶的直言获罪，却恰恰是在谏议大夫的任期之内。刘陶一案，发生在汉
灵帝中平二年（185 年），上距李云被杀 25 年。"前司徒陈耽、谏议大夫
刘陶坐直言，下狱死。"①《本纪》中的记载，虽然极为简捷，却道出了此
案的性质之所在。而《刘陶传》则详载其始末：

> 以数切谏，为权臣所惮，徙为京兆尹。到职，当出修宫钱直千
> 万，陶既清贫，而耻以钱买职，称疾不听政。帝宿重陶才，原其罪，
> 征拜谏议大夫。

> 是时天下日危，寇贼方炽，陶忧致崩乱，复上疏曰："臣闻事之
> 急者不能安言，心之痛者不能缓声。……臣自知言数见厌，而言不自
> 裁者，以为国安则臣蒙其庆，国危则臣亦先亡也。谨复陈当今要急八
> 事，乞须臾之间，深垂纳省。"其八事，大较言天下大乱，皆由宦
> 官。宦官事急，共谗陶曰："前张角事发，诏书示以威恩，自此以
> 来，各各改悔。今者四方安静，而陶疾害圣政，专言妖孽。州郡不
> 上，陶何缘知？疑陶与贼通情。"于是收陶，下黄门北寺狱，掠按日
> 急。陶自知必死，对使者曰："朝廷前封臣云何？今反受邪谮。恨不
> 与伊、吕同畴，而以三仁为辈。"遂闭气而死，天下莫不痛之。②

与刘陶共同赴死的陈耽，"以忠正称"，历任三公要职，素有清能之名。
如此有名望、有能力的重臣，仅仅因为直言宦官为害国事，就被下诏狱而
被处死。刘陶与陈耽一案所表现出来的政治黑暗、政治实态，较之我们所

---

① 《后汉书》卷八《孝灵帝纪》。
② 《后汉书》卷五七《刘陶传》。

讨论的李云、杜众一案，更具备严峻性。对刘陶以身居言官却死于忠谏、死于诏狱的问题，在政治史、制度史上的研究价值，也就更为重要。容当另文专论。

此后讨论汉代的谏议制度，除去讨论制度规定之外，窃以为应该更注重对此类政治案件的研究。或许透过此类案件，才能够真正了解汉代的政治与法律的运作实态。

东汉光武帝平定"彭宠之叛"史实考论[*]

孙家洲

东汉光武帝刘秀虽然起兵舂陵而开帝业之端,其开国功臣中也不乏"帝乡"南阳人物,但是,他"中兴"事业的根基,却是在河北奠定的。两汉之际的一首童谣"谐不谐,在赤眉;得不得,在河北"[①],得到了广泛传播,折射出当时舆论对河北的重视。"光武兴于河北",实为历史定论。当代学者的几部研究光武帝的专著,对此都有论断[②],特别是黄留珠先生的《刘秀传》,以一章的篇幅论述刘秀经略河北的发展状况,并且分析了其取得成功的五个方面原因,其中就包括"刘秀获得了河北地方豪族势力及官僚集团的支持"和"刘秀成功地争取到幽州突骑为己所用"两条[③]。论证清晰明了,切中关键。

河北基业,确实是刘秀经营天下的最大资源,这却并不意味着刘秀对河北的控制是一直有效的。实际上,在刘秀称帝于鄗(今河北高邑东南)、定都洛阳之后不久,作为其大后方的河北之地,却在建武二年(26

* 作者鸣谢:本文在写作过程中,笔者曾经以初稿和二稿向多位学者请求教益,承蒙西北大学的黄留珠、中国人民大学的王子今、清华大学的侯旭东、中国社会科学院的宋超、北京大学的刘华祝等先生在百忙之中慷慨赐教。文章的立意、表述,据之而做出了修改。笔者对诸位先生的指教,表示由衷的感谢!

① 《后汉书》卷一《光武帝纪上》注引《续汉志》。

② 如:张启琛认为,光武帝的河北之行意义重大,"他在这里奠定了帝业的始基,为夺取天下准备了雄厚的力量"。见所著《汉光武帝传》,天津人民出版社1990年版,第34页。又,刘修明《从崩溃到中兴》(上海古籍出版社1989年版),张鹤泉《光武帝刘秀传》(黑龙江人民出版社1993年版),臧荣《东汉光武帝刘秀大传》(人民教育出版社2002年版),安作璋、孟祥才《汉光武帝大传》(中华书局2008年版)等著作对光武经营河北都有相关论述。

③ 黄留珠:《刘秀传》,人民出版社2003年版,第114页。

年）二月，发生渔阳太守彭宠起兵造反的变故。彭宠不仅兵围幽州，摆出了势将幽州牧朱浮置于死地的态势，而且还自称燕王，又与次年造反的涿郡太守张丰连兵，形成了对刘秀统治秩序的严重威胁。这场叛乱一直延续到建武五年（29 年）二月，先后历时四年，才得以侥幸平定。学者对这场叛乱的史事已多有梳理，关于刘秀重用人才、善于御下的论著也不胜枚举。然而，以善待功臣著称的刘秀在对待彭宠的问题上何以表现得有些不合常理？这场叛乱发生的原因何在？而刘秀又为何顾虑重重，没有对其全力镇压？关于这些问题学者似关注较少，就笔者管见，仅陈勇先生《论光武帝"退功臣而进文吏"》一文注意到刘秀处理此事的畏首畏尾态度，作者认为："光武处理此事畏首畏尾，似有难言之隐。他可能是担心一旦实行严厉的镇压，会引来其他功臣的反感和猜疑。"① 然而论述较为简略。围绕刘秀对待彭宠及其叛乱的态度，刘秀、彭宠、朱浮三人之间的关系等问题展开专题论述，可能会深化对"光武中兴"之业的认识。故笔者不避愚陋，将自己的分析和思考列述如下，敬请方家教正。

一　彭宠在刘秀初定北方之时发挥过重要的作用

两汉之际，北方幽、冀二州统治权的转移，极富戏剧性。一位卜者出身的王郎，巧借"人心思汉"的社会风潮，假称西汉成帝之子，称帝于邯郸。他任官置守，"分遣将帅，徇下幽冀，移檄州郡"，号称是汉家正统，结果是"赵国以北，辽东以西，皆从风而靡"②。一时之间，成为北方人心所向的政治力量。王郎势力的迅速崛起，几乎呈现势不可挡之势。一个有趣的历史场景出现了：当时以更始皇帝使臣面目经营河北的刘秀，本来已经形成了一定的地盘和影响，但是，王郎的声望竟然盖过了汉世远支的刘秀，迫使刘秀暂避其锋，步步被动。在刘秀携王霸等亲信到达蓟县（今北京市）之时，王郎以重赏购求刘秀首级的文书已经被当地人熟知。因此，王霸奉了刘秀之命在蓟县试图招兵买马之时，受到了市人的嘲笑与摈弃。随即发生了蓟县人响应王郎而起兵的事变，群起搜捕刘秀。刘秀只好仓惶逃命，沿途风险频发，甚至有生死决于须臾的危急状况。暂且扭转

---

① 陈勇：《论光武帝"退功臣而进文吏"》，《历史研究》1995 年第 4 期。

② 《后汉书》卷一二《王昌（郎）传》。

了危急局面的是坚守信都郡（今河北蓟县）的太守任光、和成郡（今河北平乡）的太守邳彤①；而真正帮助刘秀逆转大局的则是两股势力：一是真定王刘扬（详后），二是渔阳太守彭宠和上谷太守耿况。

最早向刘秀提出可以凭借渔阳、上谷两郡之力抗击王郎的，是青年将领耿弇。耿弇是耿况之子，与刘秀一见就倾心归附。刘秀在蓟县进退维谷的时候，一度主张向南撤退，耿弇明确表示反对："今兵从南来，不可南行。渔阳太守彭宠，公之邑人；上谷太守，即弇父也。发此两郡，控弦万骑，邯郸不足虑也。"② 耿弇强调彭宠可以结为奥援的理由是，彭宠与刘秀是同乡。这种乡党关系，在乱世之中，确实可以成为政治联盟的感情基础。彭宠，是南阳宛人。其父彭宏，西汉哀帝时为渔阳太守，有威名于边塞。彭氏在渔阳一带是大有影响的家族。王莽末年，彭宠与乡人吴汉逃亡至渔阳，投奔其父旧时属吏。更始政权建立，派遣谒者韩鸿持节徇北州（特指幽、并二州），赋予"承制得专拜二千石已下"的特权。韩鸿也是南阳宛人，在到达蓟县之后，遇到彭宠、吴汉"并乡闾故人，相见欢甚"，随即任命彭宠为偏将军，行渔阳太守事，同时任命吴汉为安乐令。彭宠得以控制渔阳，除了其家世影响之外，主要就是有任命权力的韩鸿恰恰是他的同乡。出于同样的道理，彭宠与刘秀结交是完全正常的。耿弇劝说刘秀依靠渔阳、上谷两郡而自立，其依据就在于此。

而对于彭宠等人而言，是支持处于劣势的刘秀，还是归附势头正盛的王郎，完全可以有不同的选择。因为当时王郎也正在招抚地方实力派，"会王郎诈立，传檄燕、赵，遣将徇渔阳、上谷，急发其兵，北州众多疑惑，欲从之"③。在众人狐疑不定的情况下，彭宠的选择，就是决定性的因素。按照《后汉书》相关列传的记载，彭宠决定支持刘秀，是因为内部有吴汉的建议，外部有上谷太守耿况派遣功曹寇恂前来邀约。彭宠在二人的影响之下，选择了支持刘秀。关于吴汉发挥的作用，史书有这样的记载：

　　吴汉字子颜，南阳宛人也。家贫，给事县为亭长。王莽末，以宾

---

① 参见《后汉书》卷二一《任光传》、《邳彤传》。
② 《后汉书》卷一九《耿弇传》。
③ 《后汉书》卷一二《彭宠传》。

客犯法，乃亡命至渔阳。资用乏，以贩马自业，往来燕、蓟间，所至皆交结豪杰。……

会王郎起，北州扰惑。汉素闻光武长者，独欲归心，乃说太守彭宠曰："渔阳、上谷突骑，天下所闻也。君何不合二郡精锐，附刘公击邯郸，此一时之功也。"宠以为然，而官属皆欲附王郎，宠不能夺。汉乃辞出，止外亭，念所以谲众，未知所出。望见道中有一人似儒生者，汉使人召之，为具食，问以所闻。生因言刘公所过，为郡县所归；邯郸举尊号者，实非刘氏。汉大喜，即诈为光武书，移檄渔阳，使生赍以诣宠，令具以所闻说之，汉复随后入。宠甚然之，于是遣汉将兵与上谷诸将并军而南，所至击斩王郎将帅。及光武于广阿，拜汉为偏将军。既拔邯郸，赐号建策侯。①

关于耿况、耿弇、寇恂发挥的作用：

（耿）弇走昌平就况，因说况使寇恂东约彭宠，各发突骑二千匹，步兵千人。弇与景丹、寇恂及渔阳兵合军而南，所过击斩王郎大将、九卿、校尉以下四百余级，得印绶百二十五，节二，斩首三万级，定涿郡、中山、钜鹿、清河、河间凡二十二县，遂及光武于广阿。是时光武方攻王郎，传言二郡兵为邯郸来，众皆恐。既而悉诣营上谒。光武见弇等，说，曰："当与渔阳、上谷士大夫共此大功。"乃皆以为偏将军，使还领其兵。加况大将军、兴义侯，得自置偏裨。弇等遂从拔邯郸。②

及王郎起，遣将徇上谷，急况发兵。恂与门下掾闵业共说况曰："邯郸拔起，难可信向。昔王莽时，所难独有刘伯升耳。今闻大司马刘公，伯升母弟，尊贤下士，士多归之，可攀附也。"况曰："邯郸方盛，力不能独拒，如何？"恂对曰："今上谷完实，控弦万骑，举大郡之资，可以详择去就。恂请东约渔阳，齐心合众，邯郸不足图也。"况然之，乃遣恂到渔阳，结谋彭宠。恂还，至昌平，袭击邯郸

---

① 《后汉书》卷一八《吴汉传》。
② 《后汉书》卷一九《耿弇传》。

使者，杀之，夺其军，遂与况子弇等俱南及光武于广阿。拜恂为偏将军，号承义侯，从破群贼。数与邓禹谋议，禹奇之，因奉牛酒共交欢。①

以上材料，固然可以说明吴、耿、寇诸人对彭宠曾经发挥过重要的影响，但是，彭宠的作用也不可小视。彭宠作为一郡之守，是出动渔阳精兵援救刘秀的最高决策者。"宠乃发步骑三千人，以吴汉行长史，及都尉严宣、护军盖延、狐奴令王梁，与上谷军合而南，及光武于广阿。光武承制封宠建忠侯，赐号大将军。遂围邯郸，宠转粮食，前后不绝。"② 由此可见，刘秀势力处于低谷时，彭宠对他的支持是巨大的，也是关键性的。他所派出的四位统兵将领，除了严宣仅此一见之外，其他三人吴汉、盖延、王梁皆是一时英杰，后来成为辅助刘秀开国的重要人物。两郡精兵与刘秀在广阿相会，使得刘秀的军事力量获得根本性的提升，因此，刘秀也报以隆礼重谢，"光武承制封宠建忠侯，赐号大将军"，实在是情理之中。在稍后刘秀围攻邯郸的王郎势力之时，彭宠为之供应军粮，为刘秀击败王郎提供了后勤保障。

因此，在辅佐刘秀初定河北之时，彭宠实际上发挥了非常独特的作用。

二　彭宠之叛实出于"逼反"

彭宠虽然在刘秀平定河北的过程中发挥了重要作用，然而，我们看到的却是刘秀在对待彭宠的态度上，有刻意怠慢、压抑之嫌。

第一，在平定了王郎之后，刘秀与彭宠会面之时，压低了规格，使得自恃有大功的彭宠，很感失望。刘秀与彭宠之间的问题，实在肇端于此，而且此种情形，恰恰被刘秀的亲近之臣朱浮所悉知：

及王郎死，光武追铜马北至蓟。宠上谒，自负其功，意望甚焉，光武接之不能满，以此怀不平。光武知之，以问幽州牧朱浮，浮对

① 《后汉书》卷一六《寇恂传》。
② 《后汉书》卷一二《彭宠传》。

曰："前吴汉北发兵时，大王遗宠以所服剑，又倚以为北道主人。宠谓至当迎阁握手，交欢并坐。今既不然，所以失望。"浮因曰："王莽为宰衡时，甄丰旦夕入谋议，时人语曰：'夜半客，甄长伯。'及莽篡位后，丰意不平，卒以诛死。"光武大笑，以为不至于此。①

朱浮不仅洞悉彭宠不满意于刘秀的原因，而且率先假借谈论王莽与其亲信甄丰的往事，暗示了彭宠受诛而死的可能性。

第二，在刘秀称帝之后，重用了彭宠的部属，却冷落了彭宠本人：

> 及即位，吴汉、王梁，宠之所遣，并为三公，而宠独无所加，愈怏怏不得志。叹曰："我功当为王，但尔者，陛下忘我邪？"②

吴汉、王梁在追随刘秀征战之后，与刘秀的关系密切起来，而且确实立有军功，从刘秀酬谢功臣的角度而言，重用二人有其合理性；但是对彭宠没有任何奖励甚至于没有安抚性的虚言相加，总不能说是处置得当。

那么，刘秀对彭宠的礼遇失常，是一时的思虑不周，还是另有隐情？彭宠造反之后的一个举动，同样值得治史者深思："（彭宠）又自以与耿况俱有重功，而恩赏并薄，数遣使要诱况。况不受，辄斩其使。"③ 在彭宠看来，上谷太守耿况同有大功，而且同样蒙受"恩赏并薄"的待遇，耿况也就有造反的理由。尽管耿况没有与彭宠结盟造反，但是，光武帝刘秀对他也有压抑之实。是否我们应该考虑：刘秀在有意冷落、贬抑彭宠与耿况？

刘秀何以有意贬低彭宠？一方面，可能出于他对彭宠的不信任。在刘秀势力弱小，王郎声势较盛之时，彭宠对刘秀的支持无疑发挥了重要的作用，但是，彭宠似乎自始即带有犹豫之情。在官属皆欲附王郎时，彭宠不能定夺，在吴汉等人的说动下支持了刘秀，却只派遣吴汉、王梁等南下追随光武，自己镇守渔阳，在刘秀看来可能并非倾心向己。王夫之曾论及此事："意者宠之初发突骑助光武讨王郎，宠无固志，特为吴汉、王梁所胁

---

① 《后汉书》卷一二《彭宠传》。
② 同上。
③ 同上。

诱，而耿况、寇恂从臾之，以此有隙焉……则宠有犹豫之情可知矣。"①
看来彭宠似有犹豫之情、窥视之心。另一方面，彭宠没有直接参与刘秀对
王郎的征伐活动，而是镇守渔阳，直接立下的战功很少，在刘秀进据中原
时，彭宠也未带兵追随，仍坐守河北的大后方——渔阳，光武对其当然是
疑忌和防范的，更不用谈功劳了。这与吴汉、王梁、耿弇等人不同，他们
直接追随光武帝平定王郎，其后又南征北讨，立下的战功卓著，当然可以
显封。此外，彭宠自负其功，对刘秀的礼遇期望过高，很可能增强刘秀的
反感心理。

　　正是出于对彭宠的不信任，刘秀才选择了一位自己的心腹之臣——朱
浮来担任幽州牧，而州牧的主要职责之一便是对地方郡守的监察。朱浮对
刘秀的心思也揣摩得很透彻，他明确自己作为一个监察者的身份，因此，
他与彭宠的不相安自然也是情理中事了。

　　彭宠发起的渔阳之叛，并非出自彭宠初衷，而是遭受疑忌而被逼造
反。从表面看来，直接的诱因是幽州牧朱浮与彭宠的矛盾，这是《后汉
书》一再强调的原因：

> 　　是时北州破散，而渔阳差完，有旧盐铁官，宠转以贸谷，积珍
> 宝，益富强。朱浮与宠不相能，浮数谮构之。建武二年春，诏征宠，
> 宠意浮卖己，上疏愿与浮俱征。又与吴汉、盖延等书，盛言浮枉状，
> 固求同征。帝不许，益以自疑。而其妻素刚，不堪抑屈，固劝无受
> 召。宠又与常所亲信吏计议，皆怀怨于浮，莫有劝行者。帝遣宠从弟
> 子后兰卿喻之，宠因留子后兰卿，遂发兵反。拜署将帅，自将二万余
> 人攻朱浮于蓟，分兵徇广阳、上谷、右北平。②

我们从彭宠上奏愿意与朱浮同时受征来看，彭宠曾经自信地以为，只要同
时面见皇帝，就有把握为自己洗刷朱浮强加的诬陷之词。而且，彭宠还分
别致信昔日的部属、现在皇帝身边的重臣吴汉、盖延，显然是希望他们二
人，代为在刘秀面前申明冤情。可惜的是，吴汉、盖延并没有发挥这样的
作用。彭宠被"逼反"的详情，《朱浮传》记载更为详细，而且对朱浮的

　　① 《读通鉴论》卷六《光武七》。
　　② 《后汉书》卷一二《彭宠传》。

谴责也更为明显：

> 浮年少有才能，颇欲厉风迹，收士心，辟召州中名宿涿郡王岑之
> 属，以为从事，及王莽时故吏二千石，皆引置幕府，乃多发诸郡仓
> 谷，稟赡其妻子。渔阳太守彭宠以为天下未定，师旅方起，不宜多置
> 官属，以损军实，不从其令。浮性矜急自多，颇有不平，因以峻文诋
> 之；宠亦很强，兼负其功，嫌怨转积。浮密奏宠遣吏迎妻而不迎其
> 母，又受货贿，杀害友人，多聚兵谷，意计难量。宠既积怨，闻，遂
> 大怒，而举兵攻浮。①

逼反彭宠显然是朱浮处置失当造成的。更加令人不可思议的是，就在彭宠
举兵相逼之时，朱浮还致信彭宠，给予训斥与贬辱，有"伯通与吏人语，
何以为颜？行步拜起，何以为容？坐卧念之，何以为心？引镜窥影，何施
眉目？举措建功，何以为人？"之说，还指斥彭宠"若以子之功论于朝
廷，则为辽东豕也"②。如此文字，只能是加剧矛盾，使得彭宠再无改悔
的余地。

朱浮对彭宠的排斥、诬告，是他的个人行为，还是与光武帝刘秀也有
某种关系？种种迹象表明，朱浮的所作所为似有刘秀的暗中授意。若非如
此，朱浮也不太可能肆无忌惮地诋毁、诬告彭宠，举奏其过。

值得注意的是，彭宠与朱浮的矛盾公开化之后，刘秀仍然在有意袒护
朱浮，贬抑彭宠。彭宠与朱浮当面对质的要求，刘秀也不予理会。而且，
刘秀还故意将朱浮劾奏彭宠的文书漏泄，似乎在有意扩大事态。袁宏
《后汉纪》的记载，值得我们关注：

> 是时北州残破，渔阳独完，有盐铁之积，宠多买金宝。浮数奏
> 之，上辄漏泄，令宠闻，以胁恐之。是春，遣使征宠，宠上书愿与朱
> 浮俱征。又与吴汉、王梁、盖延书，自陈无罪，为朱浮所侵。上不
> 许，而汉等亦不敢报书。③

---

① 《后汉书》卷三三《朱浮传》。
② 同上。
③ 袁宏：《后汉纪》卷四《光武皇帝》建武二年。

这里的记载，出现了两个问题：其一，这样的"胁恐"究竟要达到什么样的目的？是震慑，还是刺激？其二，吴汉、王梁、盖延三人为何不敢给先前的上司复信？合理的解释是，他们在刘秀身边，得知刘秀对于彭宠的真实态度因而有所忌讳。

因此，从表面来看，彭宠之叛出于朱浮的逼迫，但背后却隐藏着更深的原因：刘秀对彭宠的不信任与猜忌。由于对彭宠的猜疑防范，在他暗中支持和授意下，其心腹朱浮一再逼迫彭宠，事态逐渐扩大，终于出现彭宠的叛乱。可以说，彭宠之叛从根本上是刘秀处置失当而酿成的。对此，古代已经有人论及。明人于慎行即说："光武成功河北，皆渔阳、上谷二郡之力也。及天下已定，二郡所遣校将，如吴汉、王梁、耿弇，皆至三公上将，而彭宠、耿况，曾无一尺之组，以筹其功，此宠所以反也。况不反者，弇乃其子耳。以光武之英略明达，而不能御一彭宠，岂别有说邪，直计失邪？"清人黄恩彤就此继续发挥："光武即位……令王梁为大司空，封武强侯。邯郸之围，彭宠转运粮食，厥功甚伟，王梁侯矣，而彭宠不赏，朱浮复构陷其罪，能无叛乎？"① 明清之际的历史学家王夫之也有主旨相同的评论："光武之处彭宠，不谓之刻薄而寡恩，不得矣。……光武之刻薄寡恩也，不得以宠之诈愚而谢其咎也。"② 这些评论，建立在洞察人情世故的基础之上，至今仍是我们分析相关问题的重要参照。

三　刘秀平叛"从缓"原因蠡测

在彭宠于建武二年二月举兵造反之后，刘秀采取的应变之策十分缓慢，表现得顾虑重重。我们来看看刘秀对整个事件的处理过程：

首先，迟至建武二年八月，刘秀才派出游击将军邓隆率领一支规模不大的军队救援朱浮，按照史书的记载，是"时二郡畔戾，北州忧恐，浮以为天子必自将兵讨之，而但遣游击将军邓隆阴助浮"③，自以为了解刘秀心态的朱浮这次似乎有些"失算"，他没有预计到光武帝不来亲征，而仅仅是派遣一支小规模部队支援。而"阴助"一词也体现出光武帝的心

---

① 于慎行著，黄恩彤参定：《读史漫录》，齐鲁书社1996年版，第103页。
② 《读通鉴论》卷六《光武七》。
③ 《后汉书》卷三三《朱浮传》。

态，他似乎不愿朝廷公卿知晓此事，扩大事态，似乎顾忌着某方面的影响。可邓隆一战即败，"隆军潞南，浮军雍奴，遣吏奏状。帝读檄，怒谓使吏曰：'营相去百里，其势岂可得相及？比若还，北军必败矣。'宠果盛兵临河以拒隆，又别发轻骑三千袭其后，大破隆军。浮远，遂不能救，引而去"。此后刘秀对幽州事务，竟然采取了置之不顾的处理方式。而彭宠则从容布局，吞并州县。"（彭）宠遂拔右北平、上谷数县。遣使以美女缯彩赂遗匈奴，要结和亲。单于使左南将军七八千骑，往来为游兵以助宠。又南结张步及富平获索诸豪杰，皆与交质连衡。"①

　　在蓟县形势已相当危急之时，朱浮上书要求光武帝增援，甚至亲征。"浮怀惧，以为帝急于敌，不能救之，乃上疏曰：'……今彭宠反畔，张丰逆节，以为陛下必弃捐它事，以时灭之。既历时月，寂寞无音。从围城而不救，放逆虏而不讨，臣诚惑之。昔高祖圣武，天下既定，犹身自征伐，未尝宁居。陛下虽兴大业，海内未集，而独逸豫，不顾北垂，百姓遑遑，无所系心，三河、冀州，曷足以传后哉！今秋稼已孰，复为渔阳所掠。张丰狂悖，奸党日增，连年拒守，吏士疲劳，甲胄生虮虱，弓弩不得弛，上下燋心，相望救护，仰希陛下生活之恩。'"朱浮上书表达了自己的预测失误，并请求援助，口气已近于哀求。可面对朱浮的质疑与哀求，光武帝又是如何作为的呢？他诏书回报曰："往年赤眉跋扈长安（跋扈犹暴横也）。吾策其无谷必东，果来归降。今度此反虏，势无久全，其中必有内相斩者。今军资未充，故须后麦耳。"其中，"必有内相斩者"的推断只能是光武帝的遁词，而"军资未充"似乎也不能成为理由，当时诸将四处征伐，何以不缺军资呢？看来这也只不过是一种不出兵的搪塞借口而已。结果，无力守城的朱浮只好弃城逃命，处境极为狼狈。"（朱）浮城中粮尽，人相食。会上谷太守耿况遣骑来救浮，浮乃得遁走。南至良乡，其兵长反遮之，浮恐不得脱，乃下马刺杀其妻，仅以身免，城降于宠。"②彭宠在攻拔蓟城之后，自立为燕王。建武三年（27 年）十月，"涿郡太守张丰执使者举兵反，自称无上大将军，与彭宠连兵"③。刘秀没有及早镇压彭宠，在军事上造成了相当被动的局面。

　　① 《后汉书》卷一 二《彭宠传》。

　　② 《后汉书》卷三三《朱浮传》。

　　③ 《后汉书》卷二〇《祭遵传》。

再来看看刘秀对朱浮的处置。搭上妻子生命而侥幸逃命的朱浮，回归洛阳之后遭到官员的弹劾，"尚书令侯霸奏浮败乱幽州，构成宠罪，徒劳军师，不能死节，罪当伏诛"。从吴汉、王梁、盖延等人不敢对故主报书，未就此事对刘秀进一词来看，朝臣是了解刘秀的真实态度的，但谁又敢触怒龙颜呢？只能将责任归于朱浮了。可是光武帝却不忍心追究他的责任，反而任他做执金吾，"帝不忍，以浮代贾复为执金吾，徙封父城侯"①。假如没有刘秀的宽赦，朱浮恐怕难逃死罪。这样处置的原因也颇值得玩味。很可能是刘秀认识到自身应该为这场叛乱负上主要责任，朱浮只是按照授意行事而已，不应当承担主要的罪责。

建武三年十月，耿弇向刘秀主动请缨平定彭宠、张丰之叛，光武帝"壮其意，乃许之"。直到次年，刘秀诏耿弇进攻渔阳。然而耿弇属于北州功臣，这一身份殊为敏感，况且他的父亲耿况据上谷，与彭宠一样"恩赏并薄"，他深知刘秀的顾虑，"（弇）自疑，不敢独进，上书求诣洛阳"。光武帝诏书回报，表面上信任不二，可耿氏父子揣摩透了刘秀的怀疑心态，终究不自安，当耿况要求遣子耿国入侍（实际上是做人质）时，刘秀的态度是"善之，进封况为隃糜侯"②。看来，刘秀心理上是很认同这一做法的，这可以减轻他的怀疑之心。此后，在耿弇、祭遵、刘喜等人的进击下，彭宠逐渐走向灭亡。

从建武二年叛乱开始，直到建武四年，刘秀才真正着手解决彭宠事件，处事精明的光武帝刘秀，在处置彭宠之叛时，表现得十分宽容，甚至迹近柔软寡断。从缓处理的原因何解？

诚然，建武二年至三年，对刘秀而言确实是"多事之秋"，与赤眉军争夺关中经历了大败到获胜的转折，还有与其他地方割据势力之间的战争。但是，这并不意味着刘秀全然没有余力投入军队镇压渔阳彭宠之叛。因为，我们注意到另外一起大将叛乱事件：建武二年八月，"破虏将军邓奉据淯阳反"③。诱因是吴汉统兵在南阳一带略地，所过多所侵暴，"破虏将军邓奉谒归新野，怒吴汉掠其乡里，遂反，击破汉军，获其辎重，屯据

---

①　《后汉书》卷三三《朱浮传》。

②　《后汉书》卷一九《耿弇传》。

③　《后汉书》卷一上《光武帝纪上》。

淯阳，与诸贼合从"①。刘秀立即派出重兵镇压。"冬十一月，以廷尉岑彭为征南大将军，率八将军讨邓奉于堵乡。"② 统兵将领有朱祐、贾复、建威大将军耿弇、汉中将军王常、武威将军郭守、越骑将军刘宏、偏将军刘嘉、耿植等，可谓名将云集，并力征讨邓奉。邓奉的军队皆南阳精兵，岑彭等名将联手进攻，连月不克。到建武三年夏，刘秀亲自统兵南征，才集中全军精锐追歼邓奉于小长安。③ 刘秀对邓奉叛乱的镇压，可谓毫不容情。其中的原因，可能是邓奉盘踞之地是中原腹地，刘秀为了争夺对中原的控制权，并且进而经营关中势在必得，所以，必须以雷霆万钧之势尽快荡平。两相比较，彭宠之叛的地域，毕竟是北边之地，其重要性与中原腹地相比较有所逊色。大臣伏湛谏阻光武帝亲征渔阳而应该全力争夺中原的主张，颇为切中当时急务。④ 所以，刘秀对彭宠的镇压有所宽缓，从地缘政治的轻重缓急考虑，也在情理之中；但是，在很长的一段时间内对彭宠几乎是"放任"不顾，显然还是有"手下留情"的一面。

原因何在？可能刘秀自己感受到来自舆论的压力——彭宠的政治影响，确实有其特殊性。从籍贯而言，彭宠是南阳宛人，与刘秀、吴汉是同乡，这种同乡之谊，在战乱年代曾经发生过切实有效的作用。从起事地域而言，彭宠是渔阳的地方实力派，他对刘秀立足幽州所起的作用，是刘秀集团的上层人物所共知的。刘秀在处理彭宠之叛时，必须顾忌到舆论的评价。面对彭宠这样一位公认的功臣，其反叛主要由于刘秀自己的处置失当所致，这是朝臣所知的事实。如果断然镇压，可能会受到舆论的质疑和批评，不利于树立自身的形象。

雄踞一方的彭宠，后来被家奴子密等三人劫持刺杀，子密等人携带彭宠的首级投奔刘秀。这是替刘秀除掉了心腹之患。刘秀在暗自庆幸之余，

---

① 《后汉书》卷一七《岑彭传》。
② 《后汉书》卷一上《光武帝纪上》。
③ 《后汉书》卷一七《岑彭传》。
④ 据《后汉书》卷二六《伏湛传》记载：光武帝曾经有意亲征以平定彭宠之叛，伏湛上疏切谏："今京师空匮，资用不足，未能服近而先事边外。且渔阳之地，逼接北狄，黠虏困迫，必求其助。……大军远涉二千余里，士马罢劳，转粮艰阻。今兖、豫、青、冀，中国之都，而寇贼从横，未及从化。渔阳以东，本备边塞，地接外虏，贡税微薄。安平之时，尚资内郡，况今荒耗，岂足先图？而陛下舍近务远，弃易求难，四方疑怪，百姓恐惧，诚臣之所惑也。复愿……以中土为忧念。"帝览其奏，竟不亲征。

却将子密等人封为"不义侯"①。刘秀并非在玩弄文字游戏，而是因为他既然标揭"义"的旗帜，那么就必须坚持这一原则。如果刘秀迅速镇压彭宠，恐怕难免"不义"之讥，被认为是刻薄少恩。刘秀一直把自己标榜为社会正义的化身，不难体悟刘秀处理彭宠宁可从缓的心理需求。

我们应该看到，光武帝刘秀在平定天下的全过程之中，非常注意自己的道德形象，高标"义"的价值，就是他的政治斗争策略之一。他把拒不与王莽合作的隐士尊崇为"天下义士"；还对许多归附于自己的将领颁授与"德"、"义"相关的官爵美号。仅据徐天麟撰《东汉会要》卷十八"王侯号"条，列举的与"德"、"义"相关的封侯者就有：承义侯寇恂、成义侯梁统、兴义侯耿况、奉义侯景丹、辅义侯库钧、扶义侯辛彤、助义侯竺曾、襃义侯史苞、襃德侯卓茂、归德侯刘飒、不义侯苍头子密。其他见于列传的尚有：朱祐，"世祖即位，拜为建义大将军"②。万修，"拜为偏将军，封造义侯"③。王遵，"拜为太中大夫，封向义侯"④。在兵戈方殷之时，借助于侯爵封号，如此重视标榜"德"、"义"的价值导向，刘秀可谓用心良苦。

刘秀不得不"放缓"处理彭宠之叛，或许还有另外一个因素：这是刘秀为了牢笼河北豪强势力而刻意做出的姿态。彭宠控制渔阳，对河北的局势起着举足轻重的作用，刘秀的部下又集结了大批北州人士，甚至是彭宠的旧部，对彭宠的处置很可能发生微妙影响。在彭宠起兵之前一个月，还发生了真定王刘扬"谋反"被杀之事。两事先后相继，对刘秀经营河北的大业，形成了极大的冲击。因为，刘扬也是帮助刘秀在河北立足的关键人物。在刘秀与王郎争夺对河北的控制权之初，"真定王刘扬起兵以附王郎，众十余万"，当时，刘秀的势力有限，拥众十万人的刘扬举足轻重。刘秀遣人游说刘扬，刘扬乃归降。刘秀对真定王刘扬，曾经采取过尽力笼络的手段，甚至于置结发爱妻阴丽华于不顾，而娶刘扬的外甥女郭圣通为妻。这是标准的政治婚姻："因留真定，纳郭后，后即扬之甥也，故以此结之。乃与扬及诸将置酒郭氏漆里舍，扬击筑为欢，因得进兵拔邯

---

① 《后汉书》卷一二《彭宠传》。关于刘秀封子密为"不义侯"的问题，笔者有另文讨论。
② 《后汉书》卷二二《朱祐传》。
③ 《后汉书》卷二一《李忠传》。
④ 《后汉书》卷一三《隗嚣传》。

郸，从平河北。"① 由此可见，刘秀为了笼络河北豪杰，是何等曲意逢迎。而后来，诛杀刘扬是因为他"造作谶记"、图谋天下之心暴露无遗，刘秀才密嘱大将耿纯借机加以掩捕。② 在刚刚处死了刘扬之后，假如刘秀对彭宠的处置过于"刚性"，难免会在河北豪强势力中间，引发不安。

刘秀曾经标榜自己"吾理天下，亦欲以柔道行之"③。他处理彭宠之叛的手法，当是例证之一。而这一方法的选择，在很大程度上，是出于形势使然。从客观效果而言，刘秀的"从缓"处理方式有助于他争取人心，不仅有利于他巩固在河北的统治秩序，而且也为他经略天下创造了有利的舆论氛围。论史者往往愿意比较"汉之二祖"的区别，在这个传统的比较框架内，其实可以增加如此视角：汉高祖取天下，倚重兵事战略与权诈之术；而光武帝取天下，则注重道德战略与兵事战略的交互为用。东汉平定天下之后，大局趋于稳定，没有出现西汉前期那般波涛汹涌的多变之局，或许与光武帝在开国之战中，就注意道德秩序建设的大格局、大战略直接相关。

① 《后汉书》卷二一《刘植传》。
② 《后汉书》卷二一《耿纯传》。
③ 《后汉书》卷一下《光武帝纪下》。

秦汉基层社会单元"里"的结构与功能

王子今

"里"作为秦汉社会结构的基层单元，应有适应农耕生产实际的构成形式，也以此实现了宗族社会和行政体制的结合。秦汉"里"的具体形制至今尚不能十分明了。而以往以为当时里居形式严格规范，"齐整如一"的意见，或许在新的考古知识的基础上应当予以修正。秦汉的"里"大致有如下职能：组织生产，控制户口，维持治安，管理赋役，以及协助政府机构完成其他各种行政任务等等。但是"里"既作为行政机器直接管理民众的最基层，又作为底层社会结构面对国家的基本单元，究竟在哪一种意义上体现出更本原的、更自然的、更真实的机能，也许需要认真考察方能得到接近历史实际的确切认识。

一 "里"的规模与形制：秦汉聚落 "齐整如一"说质疑

在执政者心目中，乡村里居的理想形式应当整齐划一，便于管理和控制。史籍可见对乡居"齐整如一"的肯定和表扬。《三国志》卷一六《魏书·郑浑传》：郑浑为魏郡太守，"入魏郡界，村落齐整如一，民得财足用饶。明帝闻之，下诏称述，布告天下，迁将作大匠"。既然帝王"下诏称述，布告天下"，以为地方行政典范，可知通常情形并不能做到"村落齐整如一"。

对于古来乡村里居的形式，可见体现这种"村落齐整如一"的理想意识的描述。《汉书》卷二四上《食货志上》陈说古时农制，有如下的形式："在野曰庐，在邑曰里。""春令民毕出在野，冬则毕人于邑。""春，将出民，里胥平旦坐于右塾，邻长坐于左塾，毕出然后归，夕亦如之。入者必持薪樵，轻重相分，班白不提挈。"《公羊传·宣公十五年》何休解诂："在田曰庐，在邑曰里。""吏民春夏出田，秋冬入保城郭。田作之时，春，父老及里正旦开门坐塾上，晏出后时者不得出，莫不持樵者不得入。"这些议论，与井田制理想有某种内在关联，在某种意义上可以看作儒家学者设计的乡村社会蓝图的体现。

长沙马王堆汉墓出土帛书《驻军图》中，明确标注的"里"的位置也是分散的①，而且其实际情形，也并不符合"在邑曰里"的说法。

考古资料所见乡间民居，情形却显然与此不同。

对于汉代聚落遗址的考古工作，有学者总结说，"汉代聚落遗址遍布各地，至今发掘甚少。辽宁辽阳三道壕遗址和江苏高邮邵家沟遗址，是其中较为重要的两处"②。高邮邵家沟遗址现存面积 750—850 平方米，清理面积 400 平方米，发现灰坑、灰沟、墓葬、井等遗存，对于说明当时居处的密度和形式，未能提供有意义的信息。据发掘简报执笔者说，"遗址的遗存十分丰富，尚待继续研究"③。辽阳三道壕西汉村落遗址的发现，"农民宅院都很分散孤立"，零乱无规律，所反映居处散落，并不集中的情形④，或许是"在野曰庐"，"在田曰庐"的形式。然而遗存所显现的，是定居宅所，并不是农忙时的临时居处。

内黄三杨庄遗址或说"村落"、"聚落"，或说"闾里"，或说"庭院"的发现，提供了更为明确的汉代乡村里居形式的标本。⑤ 这种"成组的庭院布局"，被看作"汉代农耕乡里真实面貌的再现"，"我国古代农村

---

① 《古地图（马王堆汉墓帛书）》，文物出版社 1977 年版。谭其骧：《二千一百多年前的一幅地图》，《文物》1975 年第 2 期；詹立波：《马王堆汉墓出土的守备图探讨》，《文物》1976 年第 1 期；张修桂：《马王堆汉墓出土地形图拼接复原中的若干问题》，《自然科学史研究》第 3 卷第 3 期；王子今：《马王堆汉墓古地图交通史料研究》，《江汉考古》1992 年第 4 期。

② 高炜：《汉代城邑聚落遗址的发现》，《新中国的考古发现和研究》，文物出版社 1984 年版，第 397 页。

③ 江苏省文物管理委员会：《江苏高邮邵家沟汉代遗址的清理》，《考古》1960 年第 10 期。

④ 东北博物馆：《辽阳三道壕西汉村落遗址》，《考古学报》1957 年第 1 期。

⑤ 河南省文物考古研究所、内黄县文物保护管理所：《河南内黄县三杨庄汉代庭院遗址》，《考古》2004 年第 7 期；刘海旺：《首次发现的汉代农业闾里遗址——中国河南内黄三杨庄汉代聚落遗址初识》，《考古发掘与历史复原》，《法国汉学》第 11 辑，中华书局 2006 年版。

的最早雏形"①，"最大范围的汉代聚落遗址"②。然而所见农人居址的分布，各自保持着一定的距离。据发掘者的表述，"宅院……前后左右相距的距离有远有近，最近的相距为 25 米，远的可超过 500 米，相互之间均被农田相隔"③。或说，"每家有小道路相通，连接公共大路，而户与户之间并不紧连，中间均有距离 25 米到 50 米农田畦地相隔……各户在庭院的周围，主要是庭院的后面（北面），种植有成排的树木"④。有学者于是认为，"这种农业居住方式类似于《诗经·信南山》：'中田有庐。'""三杨庄遗址内'田中有庐'的居住布局方式，从侧面说明该地的人口与土地的关系是非常宽松的，而这种居住方式又可以方便对农田进行看护和管理，也是减少劳动强度的一种表现。"论者同时又强调"三杨庄遗址内也有树木种植的遗迹，据考察，树木多为桑树。从已发掘的遗址来看，树木大多种植在宅院的两侧和屋后"。"这些树木……是对居住人的一种保护措施。""三杨庄遗址展现给人们的是一幅富足安逸的乡村生活画卷。"⑤

一些汉代画象数据，也反映农家宅院往往依傍山野，单门独户，并不与邻家紧密毗连的情形。画面中，也并没有看到表现"里门"以及所谓"左塾""右塾"的场景。

通过现有考古收获分析，所谓乡居"齐整如一"者，可能并不是汉代乡村里居的常态。

二　"里监门"："里"的社会控制机能之一

《汉书》卷二四上《食货志上》陈说古时农制，有如下的形式："在野曰庐，在邑曰里。""春令民毕出在野，冬则毕入于邑。""春，将出民，里胥平旦坐于右塾，邻长坐于左塾，毕出然后归，夕亦如之。入者必持薪樵，轻重相分，班白不提挈。"《公羊传·宣公十五年》何休解诂："在田

---

① 刘海旺、张履鹏：《国内首次发现汉代村落遗址简介》，《古今农业》2008 年第 3 期。

② 《河南内黄县三杨庄汉代庭院遗址》，《考古》2004 年第 7 期。

③ 刘海旺：《首次发现的汉代农业闾里遗址——中国河南内黄三杨庄汉代聚落遗址初识》，《考古发掘与历史复原》，《法国汉学》第 11 辑，中华书局 2006 年版。

④ 《国内首次发现汉代村落遗址简介》，《古今农业》2008 年第 3 期。

⑤ 韩同超：《汉代华北的耕作与环境：关于三杨庄遗址内农田垄作的探讨》，《中国历史地理论丛》2010 年第 1 期。

曰庐，在邑曰里。""吏民春夏出田，秋冬入保城郭。田作之时，春，父老及里正旦开门坐塾上，晏出后时者不得出，莫不持樵者不得入。"这些议论，与井田制理想有某种内在关联，在某种意义上可以看作儒家学者设计的乡村社会蓝图的体现，有明显的主观意识的色彩。

但是在汉初法律文书张家山汉简《二年律令·户律》中，我们又看到这样的条文：

> 自五大夫以下，比地为伍，以辨券为信，居处相察，出入相司。有为盗贼及亡者，辄谒吏、典。田典更挟里门籥（钥），以时开。（三〇五）
> 伏闭门，止行及田作者；其献酒及乘置乘传，以节使，救水火，追盗贼，皆得行，不从律，罚金二两。（三〇六）

又规定：

> 隶臣妾、城旦舂、鬼薪、白粲家室居民里中者，以亡论之。（三〇七）
> 募民欲守县邑门者，令以时开闭门，及止畜产放出者，令民供食之，月二户。（三〇九）①

从律文看，平民居处有"城郭"，有"里门"，有专门人员"以时开""闭"，甚至"田作"也受到限制，和儒者所述"里胥""邻长""开门坐塾上"，使农人往往"不得出""不得入"的形式颇为一致。有学者认为，简文"所勾勒出的当时广大农村被严格控制的社会状况，应尤其引起人们的注意"②。而这种"严格控制"，有"里"的作用。所谓"田典更挟里门籥（钥），以时开；伏闭门，止行及田作者"，明确说到"里门"。

这使我们想到秦汉"里监门"身份。

---

① 张家山二四七号汉墓竹简整理小组：《张家山汉墓竹简〔二四七号墓〕》（释文修订本），文物出版社 2006 年版，第 51 页。

② 万昌华、赵兴彬：《秦汉以来基层行政研究》，齐鲁书社 2008 年版，第 47 页。

　　秦代有"里监门"。《史记》卷八九《张耳陈余列传》："秦灭魏数岁，已闻此两人魏之名士也，购求有得张耳千金，陈余五百金。张耳、陈余乃变名姓，俱之陈，为里监门以自食。两人相对。里吏尝有过笞陈余，陈余欲起，张耳蹑之，使受笞。吏去，张耳乃引陈余之桑下而数之曰：'始吾与公言何如？今见小辱而欲死一吏乎？'陈余然之。秦诏书购求两人，两人亦反用门者以令里中。"所谓"里监门"，裴骃《集解》："张晏曰：'监门，里正卫也。'"所谓"反用门者以令里中"，司马贞《索隐》："案：门者即余、耳也。自以其名而号令里中，诈更别求也。"从张耳、陈余"为里监门"或称"门者"不得不因"过"受"里吏"笞[1]，同时又可以"以令里中"的等级关系，应当真实反映了"里"的行政功能。

　　张耳、陈余"之陈，为里监门"，其作为应体现城邑中的"里"的管理形式。又《史记》卷九七《郦生陆贾列传》："郦生食其者，陈留高阳人也。……为里监门吏。然县中贤豪不敢役，县中皆谓之狂生。"张守节《正义》："《战国策》云齐宣谓颜斶曰：'夫监门闾里，士之贱也。'"《汉书》卷一上《高帝纪上》："郦食其为里监门。"颜师古注："苏林曰：'监门，门卒也。'"《汉书》卷三二《张耳陈余传》："两人变名姓，俱之陈，为里监门。"颜师古注："监门，卒之贱者。故为卑职以自隐。"《史记》卷九七《郦生陆贾列传》："为里监门吏。然县中贤豪不敢役。"《汉书》卷四三《郦食其传》："为里监门，然吏县中贤豪不敢役。"[2] 齐召南《汉书》卷四三《考证》："按《史记》'吏'字在'然'字上。言食其为监门小吏而县中贤豪不敢役使也。班氏当以监门贱役，非吏，故倒'吏'字于下。"[3] 由所谓"县中贤豪不敢役"，"县中皆谓之狂生"，可知所居也在"县中"无疑。

　　汉时"里监门"则有《汉书》卷五一《路温舒传》："路温舒，字长君，巨鹿东里人也。父为里监门。使温舒牧羊，温舒取泽中蒲，截以为牒，编用写书。"称"巨鹿东里"，也不排除是"巨鹿"城邑中"里"的可能。由居延汉简简例：

----

① 以"里吏"的权威，据张耳警告，陈余甚至有"死一吏"的可能。
② 颜师古注："吏及贤者豪者皆不敢使役食其。"
③ 文渊阁四库全书本。

　　京兆尹长安南里张延年　剑一（280.8）①

可知在长安这样的最大的都市中，确实也有以方位命名"里"的情形。

　　由《二年律令·户律》所谓"田典更挟里门籥（钥），以时开；伏闭门，止行及田作者"得出"当时广大农村被严格控制"的判断，可能出于因"田典"、"田作"字样则必然是"勾勒出""当时广大农村""社会状况"的误解。其实，有汉代城市史研究学者已经指出，"在城市居民中，尚包括一定数量的耕者"。"古代社会前期的城市还远远没有摆脱自然经济的束缚，'自耕自织'的自然经济结构仍大量存在于城市之中，城市居民中与农耕有直接关系的人占很大比重。"苏秦"且使我有洛阳负郭田二顷，吾岂能佩六国相印乎"的感叹②，以及河南县城发掘城内居址多出铁制农具的事实③，都被看作"标识着城市内部耕者的存在"的证据。论者以为，"在内地城市中，负郭之田亦是大量存在的"，"耕种这些负郭之田的耕者，大多居于城内"④。有学者举张家山汉简《奏谳书》案例二十二"其时吏悉令黔首之田救鱻，邑中少人"推定，"黔首即庶民，其主体应是农民"，"黔首不仅住在咸阳城中，而且占城市居民的很大比例"。"在秦都咸阳城，里中的居民主要是农民，耕种着城外的田地。""汉代的城市中有很多农民，有些县城中农民可能还占居民的主体，农业色彩非常浓。"⑤

　　前引《二年律令·户律》"募民欲守县邑门者，令以时开闭门，及止畜产放出者"条文，大概是指"畜产"外流，应当也并不禁止路温舒出"县邑门""牧羊""泽中"一类劳作。《史记》卷八二《田单列传》言田单抗燕用火牛阵事："田单乃收城中得千余牛，为绛缯衣，画以五彩龙文，束兵刃于其角，而灌脂束苇于尾，烧其端。凿城数十穴，夜纵牛，壮士五千人随其后。牛尾热，怒而奔燕军，燕军夜大惊。牛尾炬火光明炫耀，燕军视之皆龙文，所触尽死伤。五千人因衔枚击之，而城中鼓噪从

---

① 谢桂华、李均明、朱国照：《居延汉简释文合校》上册，文物出版社1987年版，第471页。

② 原注："《史记·苏秦列传》。"

③ 原注："郭宝钧：《洛阳西郊汉代居住遗址》，《考古通讯》1956年第1期。"

④ 周长山：《汉代城市研究》，人民出版社2001年版，第126—127页。

⑤ 张继海：《汉代城市社会》，社会科学文献出版社2006年版，第205—206页。

之，老弱皆击铜器为声，声动天地。燕军大骇，败走。齐人遂夷杀其将骑劫。"即墨城中可以"得千余牛"，也是值得重视的信息。

三 "取检""取传"："里"的社会控制机能之二

居延汉简集中体现边塞军事生活，但是也有反映内地社会管理方式的数据。出土于大湾的 505.37 简，曾经引起学者的讨论：

> 建平五年八月戊□□□□广明乡啬夫宏假玄敢言之善居里男子丘张自言与家买客田居
> 延都亭部欲取检谨案张等更赋皆给当得取检谒移居延如律令敢言之（A）
> ☐放行（B）①

宁可指出："从简文文意看，此简为过所性质，系乡啬夫客、假佐玄同意丘张自广明乡移家去居延耕种所买的田，简背有'放行'二字亦可证。"②所谓"欲取检"、"当得取检"的"取检"，应是原居住地进行调查过程的体现。而"检"，或是查核验证之后的证明文书，如简文所云"谨案张等更赋皆给"者是。推想"取检"的内容，除了"更赋"是否"皆给"，即对于政府的经济责任已经完满承担之外，应当更重视刑事罪案的记录。③ 又如 218.2 简：

---

① 关于这一简文的讨论，见陈直《两汉经济史料论丛》，陕西人民出版社 1980 年版，第 55 页；陈槃《汉晋遗简识小七种》，"中研院"历史语言研究所专刊之六十三，"中研院"历史语言研究所，1975 年，下册第 91—92 页；宁可《关于〈汉侍廷里父老僤买田约束石券〉》，《文物》1982 年 12 期，收入《宁可史学论集》，中国社会科学出版社 1999 年版，第 474 页。有学者还注意到，陈直《汉书新证》1959 年版引录了这条简文，而 1979 年版则予以删除。陈文豪：《〈汉书新证〉版本述略》，《华冈文科学报》第 23 期，1999 年 12 月。

② 宁可：《关于〈汉侍廷里父老僤买田约束石券〉》，《文物》1982 年第 12 期，收入《宁可史学论集》，第 474 页。

③ 参看王子今《汉代"客田"及相关问题》，《出土文献研究》第 7 辑，上海古籍出版社 2005 年版。

　　☑

　　□充光谨案户籍在官者弟年五十九毋官狱征事愿以令取传乘所占用马

　　八月癸酉居延丞奉光移过所河津金关毋苛留止如律令/掾承☑①

这类记录"取传"的文书，文例与"取检"一类近似。我们确实看到多例如此作"毋官狱征事"，或作"毋官狱征遣"、"毋官征事"者。也有的写作"算赋给毋官狱征事"、"非亡人命者毋官狱征遣"、"毋官狱征事非亡人命□"等。前例"毋官狱征事愿以令取传"之"愿以令取传"，或作"当以传"、"当为传"、"当得取传"、"当为以令取传"、"以令为传"、"以令为取传"等，均体现制度化的事实。

　　如前引宁可讨论505.37简时所指出，"……系乡啬夫客、假佐玄同意丘张自广明乡移家去居延耕种所买的田"②，即乡吏提出证明予以认可。记录"取传"程序的文书，也多出现乡吏具有责任意义的姓名签署。

　　特别值得注意的是，在多数由乡吏负责表示"同意"与否的此类证明文书中，我们也看到有"里父老"承担同样责任的例证。如肩水金关简：

　　五凤二年五月壬子朔乙亥南乡啬夫武佐宗敢言之北阳曲里男子

　　谨案弘年廿二毋官狱征事当得取传里父老丁禹证谒言廷移过所

　　□☑

　　六月庚寅长安守右丞汤移过所县邑如律令掾充令史宗（73EJT9：92A）

　　三月壬辰不弘以来

　　章曰长安右丞　　　　　　☑

　　三月壬辰　　　　　　　　　　　　（73EJT9：92B）③

这件文书之所以重要，不仅在于其内容相对完整，还在于记录的是长安地

---

　　① 谢桂华、李均明、朱国照：《居延汉简释文合校》，上册第349页。

　　② 同上书，下册第607页。

　　③ 武汉大学简帛研究中心：《简帛》第6辑，上海古籍出版社2011年版，第470页。

方基层行政程序。简文"里父老丁禹证谒言廷移过所□",体现"里"的行政职能的重要。"里父老丁禹"作为长安的"里"的长官,对于他的行政责任的理解,应当相信其代表性的价值。"里父老丁禹",应是姓丁名禹。记录姓名完整,与经办人"南乡啬夫武佐宗"以及"长安守右丞汤"、"掾充令史宗",甚至直接当事人"弘"仅出现名字不同,其原因我们还并不清楚。

另有一件内容形式类同的文书,其中出现人物则均仅见名字:

> □中欲取传谨案明年卅三毋官狱征事当得取传父老远□
> ☑　　　　　　　　　　　　　　　　　　　　　　　　☑
> 长安狱丞禹兼行右丞事移过所县邑如律令☑
>
> (73EJT10:229A)
> ☑长安狱右丞印　　　　　　　　　(73EJT10:229B)①

对照前例,"父老远□"应即"里父老远□"。这位"里父老"应当名叫"远"或"远□"。这同样是一件体现"里父老"承担身份清白证明之行政责任的文书。

四 "钱""租"征收与"里稟簿":"里"的社会控制机能之三

江陵凤凰山 10 号汉墓出土木牍可见以里为单位进行"钱"、"租"、"刍"、"稿"等征收的记录。例如:

> 市阳二月百一十二算算卅五钱三千九百廿正偃付西乡偃佐缠吏奉
> 卩受正□二百卅八
> 市阳二月百一十二算算十钱千一百廿正偃付西乡佐赐　口钱卩
> 市阳二月百一十二算算八钱八百九十六正偃付西乡偃佐缠传送卩

---

① 甘肃简牍保护研究中心、甘肃省文物考古研究所、甘肃省博物馆、中国文化遗产研究院古文献研究室、中国社会科学院简帛研究中心:《肩水金关汉简(壹)》,中西书局 2011 年版,下册第 107、144 页。

市阳三月百九算算九钱九百八十一正偃付西乡偃佐赐

市阳三月百九算算廿六钱二千八百卅四正偃付西乡偃佐赐

市阳三月百九算算八钱八百七十二正偃付西乡偃佐赐

市阳四月百九算算廿六钱二千八百卅四正偃付西乡偃佐赐

市阳四月百九算算八钱八百七十二正偃付西乡偃佐赐

　　　　　（以上为正面）

市阳四月百九算算九钱九百八十一正偃付西乡偃佐赐

市阳四月百九算算九钱九百八十一正偃付西乡偃佐赐四月五千六

百六十八

市阳五月百九算算九钱九百八十一正偃付西乡佐悥

市阳五月百九算算廿六钱二千八百卅四正偃付西乡佐悥

市阳五月百九算算八钱八百七十二正偃付西乡佐悥　五月四千六

百八十七

市阳六月百廿算算卅六钱四千三百廿付□得奴

郑里二月七十二算算卅五钱二千五百廿正偃付西乡偃佐缠吏奉卩

郑里二月七十二算算八钱五百七十六正偃付西乡佐佐缠传送卩

郑里二月七十二算算十钱七百廿正偃付西乡佐赐口钱卩

　　　　　（以上为背面）（806）

这是"市阳"里和"郑里"的记录，下文出现"当利"里：

当利正月定算百一十五

正月算卅二给转费卩

正月算十四吏奉卩

正月算十三吏奉卩

正月算□传送部

正月算□□□□卩

当利二月定算百

二月算十四吏奉卩

二月算十三吏奉卩

　　　　（以上为正面第一栏）

二月算廿□□□缮兵卩

　　　三月算十四吏奉𠂤

　　　三月算十三吏奉𠂤

　　　三月算六传送

　　　　　　　（以上为正面第二栏）

　　　𥾝二石为钱

　　　　　　　（以上为背面）（807）

又可见"平里"：

　　　平里户𥾝廿七石

　　　田𥾝四石三斗七升

　　　凡卅一石三斗七升

　　　八斗为钱

　　　六石当稾

　　　定廿四石六斗九升当□

　　　田稾二石二斗四升半

　　　𥾝为稾十二石

　　　　　　　（以上为第一栏）

　　　凡十四石二斗八升半

　　　　　　　（以上为第二栏）

　　　稾上户𥾝十三石

　　　田𥾝一石六斗六升

　　　凡十四石六斗六升

　　　二斗为钱

　　　一石当稾

　　　定十三石四斗六升给当□

　　　田稾八斗三升

　　　𥾝为稾二石

　　　凡二石八斗三升

　　　　　　　（以上为第三栏）（808）

比较"平里户𥾝廿七石，田𥾝四石三斗七升，凡卅一石三斗七升"和

"稿上户刍十三石，田刍一石六斗六升，凡十四石六斗六升"等文字，可知"稿上"即"稿上里"。又如：

> 市阳租五十三石三斗六升
> 其六石一升当粢物
> 其一斗大半当麦
> 　　　　（以上为第一栏）
> 其七升半当□
> 其一石一斗二升当耗
> 其四石五斗二升当黄白术　凡□十一石八斗三升
> 　　　　（以上为第二栏）
> 定卌□石五斗三升斗　监□
> 　　　　（以上为第三栏）（809）
> 白稻米六升　麦七□　黍（？）□□　□□七斗四升　粢稰
> （糒？）□米……　粢……大半　粢白粟二……　稻米二斗
> 四升大半升当□八□□□少半　稻□（？）一（？）斗四升
> 少半□□　……八升□　……大半升　青米四……
> 　　　　（810）

编号 811 的木牍出现"郑里稟簿"文字：

> 郑里稟簿　凡六十一石七斗　　　　（811）

对于这一文书的形制，似乎尚不能全面解说。[①] "市阳"和"郑里"的"正偃"，应当就是其名为"偃"的市阳里和郑里的里正。又如编号803 者：

> 四年后九月辛亥平里五大夫伥偃□□
> 地下□偃衣器物所以□□器物□令

---

① 李均明、刘军《简牍文书学》"簿籍类"列有"簿"30 种，未及"里稟簿"或"稟簿"。广西教育出版社 1999 年版。

　　　　□以律令从事　　　　　　　　　　（803）①

　　这位"平里五大夫伥偃"，很可能就是兼任市阳里和郑里里正的"正偃"。裴锡圭先生以为"伥偃"即"张偃"，而"郑里禀簿"就是"郑里廪簿"，"当是政府贷粮食给郑里民户的记录"。"正偃之'正'应为里正的简称。《韩非子·外储说篇》及《春秋繁露·止雨》等都把里有司称作里正。"裴锡圭先生又举居延汉简中发现的例证：

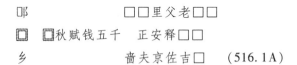

　　　　□阝　　　　　　□□里父老□□
　　　　□　　□秋赋钱五千　　正安释□□
　　　　乡　　　　　　啬夫京佐吉□　　（516.1A）

指出："正安与'里父老'同列，并将赋钱交付啬夫、乡佐，无疑是个里止，正证里正可称正。"②　我们推想，"啬夫京佐吉"应是"□阝乡"的乡啬夫和乡佐。

　　由以上数据可知，"里"承担着政府与民众之间直接的具体的经济联系。征收和发贷都由"里"经管。从"钱"的征收名目来看，有"口钱"、"吏奉"钱、"传送"钱、"给转费"、"缮兵"钱等。

　　另一种经济关系也通过"里"实现，就是国家给予下民的福利。汉代赏赐民间"女子百户牛酒"，杜正胜先生说，此"百户"就是"里"，"汉代诏令的里每称作'百户'"。"汉帝赐天下吏民爵，女子百户牛酒，鳏寡孤独高年帛，详见于《汉书》宣、元、成、哀诸《纪》。赏赐百户牛酒，所以使合里之民共同宴饮也。"③　其实，相关文字，又见于《汉书》卷四《文帝纪》、卷六《武帝纪》、卷七《昭帝纪》。《史记》卷一〇《孝文本纪》载汉文帝诏："朕初即位，其赦天下，赐民爵一级，女子百户牛酒。"又汉文帝十年，"举功行赏，诸民里赐牛酒。"两相比照，可证"百户"就是"里"。

---

　　①　李均明、何双全编：《散见简牍合辑》，文物出版社 1990 年版，第 68—70 页。

　　②　裴锡圭：《湖北江陵凤凰山十号汉墓出土简牍考释》，《文物》1974 年第 7 期。

　　③　杜正胜：《编户齐民：传统政治与社会结构之形成》，台北：联经出版事业公司 1992 年版，第 105 页。

五　《先令券书》:"里"的社会控制机能之四

有迹象表明,"里"也承担处理民事问题的职能,并因此在特殊层面实现社会控制的作用。

江苏扬州胥浦 101 号汉墓出土《先令券书》两次出现"里师"名号:

乡三老都乡有秩佐里师田谭等 (1080)

知者里师伍人谭等及亲属孔聚田文满真 (1092)①

《先令券书》的性质为"分产遗嘱","里师"作为"见证人"出现在现场。杜正胜先生据此以为,"终西汉之世,闾里什伍制依然十分活跃,它甚至变成死而不僵的百足之虫,为二千年来政府控制人民的工具"②。

"里师"在这种特殊情形下的"见证",可能是有法律要求的。"里"在特定条件下有调解民事纠纷的机能,因此得以体现。而处理民事问题的功能,最终目标依然是"控制"。

六　"闾左"再议

关于杜正胜先生所谓"里有司",可见"里典"、"里正"、"里长"、"里师"、"里吏"、"里长老"、"里父老"、"里祭酒"、"里祭尊"、"里魁"等多种称谓。就此也许可以试作区分地域和时段的分析。对于说明秦末历史有重要意义的"闾左"的身份,学界曾经有所讨论。

《史记》卷四八《陈涉世家》记载:"二世元年七月,发闾左适戍渔阳,九百人屯大泽乡。""发闾左"直接导致陈涉发起暴动,使得秦帝国灭亡。司马贞《索隐》:"'闾左'谓居闾里之左也。秦时复除者居闾左。今力役凡在闾左者尽发之也。又云,凡居以富强为右,贫弱为左。秦役戍多,富者役尽,兼取贫弱者也。"司马贞所谓"复除者",《史记》

---

①　李均明、何双全编:《散见简牍合辑》,第 105—106 页。
②　杜正胜:《编户齐民:传统政治与社会结构之形成》,第 139 页。

卷一一八《淮南衡山列传》"发闾左之戍",张守节《正义》:"闾左边不役之民,秦则役之也。"我们曾经提出"闾左"有可能是"里佐"。

秦汉时作为主管官员助手的下级属吏往往称"佐史"、"佐吏"、"佐僚"。《周礼·夏官·田仆》:"掌佐车之政",郑玄注:"佐亦副。"可见"佐"或表示副职或辅助行政者的身份。秦汉时"佐"直接作为职称的有《汉书》卷七六《王尊传》、卷七八《萧育传》、卷八三《薛宣传》、《朱博传》所谓"书佐",《后汉书》卷一四《宗室四王三侯列传·赵孝王良》所谓"亭佐",《后汉书》卷六二《陈寔传》所谓"都亭佐",《后汉书》卷三八《张宗传》、卷四一《第五种传》、卷六七《党锢列传·杜密》、卷八三《逸民列传·周党》及《续汉书·百官志五》所谓"乡佐",等等。江陵凤凰山十号汉墓墓主张偃生前即为西乡"乡佐"。睡虎地秦简中所见作为官职的"佐"凡二十余处,甚至仓有"仓佐",乡亭有"部佐"。居延汉简中又可见"关佐"、"候佐"、"置佐"等等。魏晋时,仍有将统带百十名石工的领工人员称作"石佐"的文字遗存。秦汉中央机关和郡县都有称为"佐"的属官,基层行政机构中则有"乡佐"、"部佐"、"亭佐"、"都亭佐",以及边地候望系统之"候佐",交通系统之"置佐"、"关佐"等身份。我们曾经推想,在"里"这一级地方基层组织中职能相当的参与行政者也有可能被称作"里佐"[①]。

安作璋、熊铁基先生在秦汉官制史研究论著中注意到"里""与人民关系至为密切","里"的成功管理"既有利于统治阶级的教化,又有利于社会治安"。关于"里"的管理人员,他们提出了新的认识:"据近年出土的里耶秦简,里正之下,还有里佐,是里正的副职。《史记》、《汉书》均提到秦时'发闾左之戍',以形容徭役之繁重,历来注释家对此解释不一。今据里耶秦简,闾左即里左。这句话的意思是说,当时国家规定应服役的人都征发完了,'后入闾,取其左'。即在基层工作的直接负责征发徭役的里佐也被征发了,所以汉人以为'发之不顺,行者深怨,有背叛之心'[②],秦遂以亡。"[③]

---

① 王子今:《"闾左"为"里佐"说》,《西北大学学报》1985 年第 1 期。

② 原注:"《汉书·晁错传》。"

③ 安作璋、熊铁基:《秦汉官制史稿》,齐鲁书社 2007 年版,第 708 页。

其实，此前还有庄春波先生也发表过类似的见解。①

已经有多位学者在对"闾左"称谓的理解发表新见的同时进行过综合评述"闾左"研究的工作。近期臧知非先生有《"闾左"新证——以秦汉基层社会结构为中心》发表。其中写道："只有王子今先生认为闾左是'里佐'的别称，参见王子今：《'闾左'为'里佐'说》，《西北大学学报》1985 年第 1 期。"② 由以上介绍可知，这样的说法是不准确的。

安作璋、熊铁基先生《秦汉官制史稿》言"据近年出土的里耶秦简，里正之下，还有里佐，是里正的副职"，未知所据。《里耶发掘报告》可见如下简例："卅年三月己未平邑乡泾下佐昌与平邑故乡守士五虽、中、哀，佐涅，童禺□□不备十三真钱百九十五，负童分钱□卅八。"注："平邑，乡名。""泾下，村邑名。"③ 如果"泾下"确是"村邑名"，则"泾下佐昌"的身份是"村邑"之"佐"，可以联系"里佐"理解。

关于"闾左"责任和作用的继续讨论，也应当有益于深化对"里"的结构和功能的理解。我们期待认识的推进和问题的解决，当然，最基本的条件，是新的考古资料的发现。

---

① 庄春波：《"闾左"钩沉》，《社会科学辑刊》1991 年第 4 期。
② 臧知非：《"闾左"新证——以秦汉基层社会结构为中心》，《史学集刊》2012 年第 2 期。
③ 湖南省文物考古研究所编著：《里耶发掘报告》，岳麓书社 2007 年版，第 192 页。

居延汉简"校士"身份及"拘校"制度推考

王子今

陈直《居延汉简释文校订》写道,"居延简食校士者,有蜀、楗为、昌邑等郡国名"①。其中"蜀校士"、"昌邑校士"多有学者重视。"校士",以往曾释"材士"、"牧士"。或从"牧"之字义予以解说,理解为"在汉代边境屯田的工作中""专门养牛的人材",或说边地专职饲养屯田所用"官牛"的人。现在看来,"校士"释文是正确的。"校士"身份的分析,应关注强调"蜀"和"昌邑"等"郡国名"的意义。"校士"出现又往往为二至四人的组合,也应当与其职能相关。思考和推定"校士"的身份和职任,应当有益于我们认识有关"校"的制度史。当时"拘校"、"钩校"形式的考论,对于说明汉代行政史和军事管理史,显然有积极的意义。

一 "校士"、"材士"、"牧士"释文异见

居延汉简中出现的一种职名或身份标志性称谓,学者释读存在不同意见。《居延汉简甲乙编》和《居延汉简释文合校》均释作"校士"。据《居延汉简释文合校》:

(1)合出糜大石三石六斗　始元二年六月庚午朔以食蜀校士二人尽己亥卅日积六十人人六升(275.12)

(2)合出糜七石二斗　六月丁巳朔以食昌邑校士四人尽丙戌卅日积百廿人人六升(275.16)

(3)合出糜大石三石四斗八升　始元二年九月己亥以食蜀校

---

① 陈直:《居延汉简释文校订》,《居延汉简研究》,天津古籍出版社1986年版,第641页。

士二人尽丁卯廿九日积五十八人人六升（275.18）

（4）☐食昌邑校士三人七月辛巳尽庚戌卅日积九十人人六升（308.3）

（5）合始元二年八月己巳朔以食蜀校士二人尽戊戌卅日积☐（534.4）

对于这组简文，张春树著文《居延汉简中所见的"牧士"——居延汉简集论之一》进行了专门的讨论。

张春树写道："根据甲编书后所附的简号与出土地点对照表，这五条简均属殄北区。详对各简照片，又知它们尺寸和书法也是相同，而且在年代上的差异也不出三年。由此数点来看，这些简恐是互相关系的，即是出于一人之手也甚可能。"他指出，所谓"校士"简文的"释法颇有些纷歧"。劳榦或释"校士"，或释"材士"。"士"字前一字，"日本学者森鹿三氏在其所著《居延汉简の集成》（1959）中则全读为'材'"。张春树说，"细为比较相关之诸简，此字既非'校'亦非'材'"。以为"可释为'牧'"，于是，"以前释为'校士'、'材士'的今应释作'牧士'"。"大概牧士是一种专门养牛的人材。""在汉代边境屯田的工作中，组织与分工均甚细微，吏卒中专司其事者有护田校尉、农令、别田令史、田官、田卒、河渠卒等等，今复考明有专司牧牛的'牧士'，足见汉朝对开边屯田事业的苦心经营与设施的一般规模了。"[①]

这一意见形成一定影响。[②] 例如，刘光华即认同张春树的判断，又据

---

① 张春树：《居延汉简中所见的"牧士"——居延汉简集论之一》，《大陆杂志》第30卷第9期（1965年5月15日），收入《汉代边疆史论集》，台北：食货出版社有限公司1977年版，第171—179页。

② 在《居延汉简中所见的"牧士"——居延汉简集论之一》收入《汉代边疆史论集》时的文后"补记"中，张春树介绍了这一意见所获得的支持，并有补充性说明："本文发表后，友人周策纵先生自陌地生之威斯康辛大学来信认为'牧士'之说可信，并引《周礼》和《左传》上的一些材料作证明。另外，唐长孺先生《魏晋南北朝史论丛》（一九六二年重印）中'拓跋国家的建立及其封建化'一文中曾详细讨论过南北朝时代之'牧士'（页二〇七至二一八为主）及其工作，但其社会地位身分则与本文所论之'牧士'甚异。凡此诸论皆与本文所析考之居延边地上之'牧士''前''后'互相印证。而单就'牧士'之地位身分而言，则先秦者较汉代者为高（因是官职），在南北朝者较汉代者又低（因是奴隶）。'牧士'虽为中国古代社会与制度上之微小问题，但由其演变之线索析研，亦可见古代社会与制度上变动之一斑。一九七二年秋补记。"《汉代边疆史论集》，第178—179页。

居延简文"积廿九人养牛"（512.1）分析，以为"乃一个'牧士'在一小月养牛之日数"。并且肯定，"由'牧士'专人饲养之牛，当即屯田上所使用的官牛"①。

陈直就简（5）释读发表了这样的意见："校士谓部校之士。劳氏或释作校士，或又释作材士，实则皆为校士，木简亦不能例外。"②《居延汉简甲乙编》和《居延汉简释文集校》均释为"校士"，应自有据，即当有全面比较分析笔迹字形的工作基础。

二　关于"校士谓部校之士"说

陈直以为"校士谓部校之士"的意见，也有必要讨论。

汉代文献出现"校士"字样者，有《汉书》卷六八《霍光传》："光薨……发材官轻车北军五校士军陈至茂陵，以送其葬。"《后汉书》卷一六《邓骘传》："凉部畔羌摇荡西州，朝廷忧之。于是诏骘将左右羽林、北军五校士及诸部兵击之。"《后汉书》卷一九《耿恭传》："金城、陇西羌反。恭上疏言方略，诏召入问状。乃遣恭将五校士三千人，副车骑将军马防讨西羌。"《后汉书》卷二四《马严传》："常与宗室近亲临邑侯刘复等论议政事，甚见宠幸。后拜将军长史，将北军五校士、羽林禁兵三千人，屯西河美稷，卫护南单于。"《后汉书》卷六四《卢植传》："中平元年，黄巾贼起，四府举植，拜北中郎将，持节，以护乌桓中郎将宗员副，将北军五校士，发天下诸郡兵征之。"《后汉书》卷六九《窦武传》："驰入步兵营，与绍共射杀使者。召会北军五校士数千人屯都亭下，令军士曰：'黄门常侍反，尽力者封侯重赏。'"《后汉书》卷八七《西羌传》："且冻、傅难种羌等遂反叛，攻金城，与西塞及湟中杂种羌胡大寇三辅，杀害长吏。……于是发京师近郡及诸州兵讨之，拜马贤为征西将军，以骑都尉耿叔副，将左右羽林、五校士及诸州郡兵十万人屯汉阳。""诸种八九千骑寇武威，凉部震恐。于是复徙安定居扶风，北地居冯翊，遣行车骑将军执金吾张乔将左右羽林、五校士及河内、南阳、汝南兵万五千屯三辅。"《后汉书》卷一一九《南匈奴列传》:"……新降胡遂相惊动,十五部二十余万人皆反畔,胁立前单于屯屠何子右薁鞬日逐王逢侯为单于,遂杀略吏人,燔烧邮亭庐帐,将车重向朔方,欲度漠北。于是遣行车骑将军邓鸿、越骑校尉冯柱、行度辽将军朱徽将左右羽林、北军五校士及郡国积射、缘边兵,乌桓校尉任尚将乌桓、鲜卑,合四万人讨之。"同一史事,《续汉书·天文志中》记载:"行车骑将军事邓鸿、越骑校尉冯柱发左右羽林、北军五校士及八郡迹射、乌桓、鲜卑,合四万骑,与度辽将军朱征、护乌桓校尉任尚、中郎将杜崇征叛胡。"

所说"五校士",应即"五校之士"、"五校之兵"。《汉书》卷七《昭帝纪》:"(元凤四年)五月丁丑,孝文庙正殿火。上及群臣皆素服,发中二千石将五校作治,六日成。"颜师古注:"率领五校之士以作治也。"《汉书》卷九《元帝纪》:"(永光二年)秋七月,西羌反。遣右将军冯奉世击之。八月,以太常任千秋为奋威将军,别将五校并进。"颜师古注:"别领五校之兵,而与右将军并进。"《汉书》卷五四《李陵传》出现"五校兵"字样:"汉遣贰师将军伐大宛,使陵将五校兵随后。"

"五校士"常称"北军五校士"。黄今言说,"北军五校",即"屯骑、越骑、步兵、长水、射声"。"五校尉的职责是宿卫京师,担任京师守备及扈从车驾。""五校尉不仅负有卫戍京师、警备宫城之外的职任,而且还常有奉命从征的任务。""文献中有关北军从事征战的材料甚多,在东汉的很长时间内,北军五校实际上已成为中央军事作战部队的主力。"[1]

"五校士"即"五校之士"、"五校之兵"、"五校兵",可能接近于陈直所谓"部校之士"。然而,居延汉简"校士"显然与此不同。

据说景差从楚襄王命为"大言"之文,有"校士猛毅皋陶嘻"句。[2]

---

① 黄今言:《秦汉军制史论》,江西人民出版社1883年版,第144页。

② 余知古:《渚宫旧事》卷三《周代下》:"襄王与唐勒、景差、宋玉游于云阳之台。王曰:'能为大言者上坐。'王因曰:'操是太阿剥一世,流血冲天军不可以属。'至唐勒曰:'壮士愤兮绝天维,北斗戾兮太山夷。'至景差曰:'校士猛毅皋陶嘻,大笑至兮摧罘罳。锯牙裾云晞甚大,吐舌万里唾一世。'至宋玉曰:'方地为车,圆天为盖。长剑耿介,倚乎天外。'王曰:'未可也。'玉曰:'并吞四夷,饮枯河海。跨越九州岛,无所容止。身大四塞,愁不可长。据地盼天,迫不得仰。若此之大也何如?'王曰:'善。'"又见陈仁子辑《文选补遗》卷三一《赋》"大言赋·宋玉";马骕《绎史》卷一三二《屈原流放宋王附》。

作为游戏文字，可知"校士猛毅"大概是反常现象，"校士"在通常情况下似乎并不是一线作战武士。

三　"校士"的组合特征与工作方式

简（1）、（3）、（5）"蜀校士二人"，（4）"昌邑校士三人"，（2）"昌邑校士四人"，未见单独活动情形，形成二至四人的组合。"校士"未见单兵之例，均是成组活动，是值得注意的。

"校士"前文分别作"蜀"、"昌邑"，明确标示郡国名，也是比较特殊的称谓方式。陈直说，"居延简食校士者，有蜀、犍为、昌邑等郡国名"。所谓"犍为"之例，可能是：

（6）出糜大石三石六斗　　始元二年八月己巳朔以食犍为☒（557.2）

简文书写格式与（1）、（2）、（3）、（5）类同，推想"以食犍为☒"可能是"以食犍为校士……"比照简（1），推测完整简文应是："出糜大石三石六斗　　始元二年八月己巳朔以食犍为校士二人尽戊戌卅日积六十人人六升。"对照简（1）"庚午朔……尽己亥卅日"，（2）"丁巳朔……尽丙戌卅日"，（4）"辛巳（朔）尽庚戌卅日"，（5）"己巳朔……尽戊戌卅日"，可知下文应为"尽戊戌卅日"。（6）与（5）日期完全相同。

思考言"校士"简文突出标示"蜀、犍为、昌邑等郡国名"的缘由，还有必要注意如下简文：

（7）☒□　　始元二年九月己亥朔以食犍为前部士二人尽丁卯廿九日积五十八人人□□（275.5）

"犍为前部士"身份，我们也是不明确的。但是可以知道，简（7）与简（1）至（6）文例几乎完全相同。①

――――――――――

①　参考简（7）简文，则简（6）的缺文也可能是"前部士二人尽戊戌卅日积六十人人六升"。

从多条简文看，"校士"在一个地点工作的时间通常会超过一个月。

服役于居延地方的戍卒来自"昌邑国"者可见多例。然而出身"蜀、楗为"者尚未看到。① 也就是说，"蜀校士"和"楗为校士"的工作，完全可以看作实现了全回避的要求。

"蜀校士"和有可能存在的"楗为校士"工作的这一方式，很可能涉及军事管理制度的特殊需求。

四　拘校·钩校

陈槃《汉晋遗简偶述》有"枸校"条，可以为我们讨论"校士"身份和相关制度有所启示。

"枸校"题下，陈槃引录居延汉简三例。这里转引，采用《居延汉简释文合校》释文：

（8）十一月邮书留迟不中程各如牒晏等知邮书数留迟为府职不身拘校而委（55.11，137.6，224.3）

（9）☐书到拘校处实牒别言遣尉史弘☐（317.6）

陈槃引第 3 例："拘校回都试驰射会月□"（40.18），其中"拘校"，《居延汉简释文合校》释文作"抵校"。

我们看到，居延汉简中其他出现"拘校"字样的简文还有：

（10）　　卅井言谨拘校二年十月以来

　　　　　　　　●

　　　　　计最未能会会日谒言解（430.1，430.4）

（11）谭踵知罪区处党未拘校兵物官见吏（E. P. T20：8）

（12）拘校令与计簿相应放式移遣服治☐（E. P. T52：576）

---

① 参看何双全《〈汉简·乡里志〉及其研究》，无"蜀、楗为"相关信息，"昌邑国"则有"县 7，里 21"。《秦汉简牍论文集》，甘肃人民出版社 1989 年版。今按："昌邑国：县 7，里21"，7 县下里数相和仅有 20。或里名有遗漏，或"里 21"有误。当然，这是多年前据汉简局部资料进行的工作，我们可以以为参考。

（13）囗囷囗长丞拘校必得事实牒别言与计偕如律令敢告卒人
（E. P. T53：33A）

（14）踵故承余府遣掾校兵物少不应簿拘校天凤（E. P. F25：3）

又有敦煌汉简：

（15）常安今月十二日到拘校敦德泉谷日闻如公之蜀中军试士
（226）

（16）囗…………今史伋候长诩敢言之谨拘校造史左衰二年九月
尽三年囗囗囗及禄囗
囗囗诩及衰出囗以囗余当收入囗（397）

其中（15）"拘校"应即"拘校"。简文又说到"之蜀中军试士"，自然
会使人联想到"蜀校士"。

关于"拘校"文义，陈槃写道："按'拘校'一辞，《太平经》习
见。"引卷四一《件古文名书诀》"所言拘校上古、中古、下古道书者"
云云，所说指文献校读。于是分析道："是'拘校'有钩稽比校之义。"
陈槃又说："字亦或作'钩'。《汉书·陈万年传》：'咸皆钩校，发其奸
臧'；《后汉书·陈宠传》：'又钩校律令条法溢于《甫刑》者，除之。'①
旧籍二字亦多通作。《周礼·春官·巾车》：'金路钩'。郑注：'故书钩为
拘。杜子春读为钩'②；哀二十五年《左传》：'以钩越'。注：'宋南近
越，转相钩牵'。《释文》：'钩，古侯反。本或作拘，同'；《国策·西周
策》：'弓拨矢钩'。注：'钩，或作拘。古通'；《荀子·宥坐》：'（水）
其流下也埤下，裾拘必循其理，似义'。注：'拘，读为钩，曲也'。"陈
槃又论证："又通作'枸'。"对于"校"字，陈槃写道："'校'亦或音
转作'考'。《周礼·天官·司会》：'掌邦之六典、八灋、八则之贰，以
逆邦国都鄙官府之治'。郑注：'逆受而钩考之'。孙氏《正义》：'又

---

① 原注："《汉书·律历志上》：'钩校诸历用状'。《补注》：'宋祁曰，钩校，当作钩校'。
按宋说是。"
② 原注："孙诒让《正义》：'段玉裁云，拘钩古音，同在喉部。徐养原云：《说文》，拘钩
俱在句部，句亦声，故知拘钩音同，古字通用。'"

《乡师注》云：逆，犹钩考也。《鬼谷子·权篇》陶弘景注云：求其深微曰钩。《国语·晋语》韦注云：考，校也。钩考，亦谓钩求考校之，察其是非也'。"①

居延汉简确实可见"钩校"简文，如：

（17）☒在时表火课常在内未曾见收不知钩校候言☒（269.8）

看来，居延边塞当时确实曾经推行"拘校"或曰"钩校"制度。

五　"校"的制度

居延汉简多见涉及"校"的简文。有些因文句断缺，难以完整理解语义，如"☒☒校地入出率己未☒☒☒叩头"（52.41A），"☒校见☒"（90.87），"☒月朔　校☒"（202.19），"☒校更定之持之☒☒不☒何允也叩见不☒"（214.119），"驷望☐卒王宣　校　八月六日食十☒"（220.1），"☒十月十四日校之☐☒"（335.7），"校"（433.52），"☒校"（512.8）等。又如敦煌汉简"谷气以故多病物故今荙又尽校☒"（169），"校食枯草"（206），"便宜书到内人来校传出如律令"（209），"令　☒☐八十四人在夕候校☐☒"（966），"诣官校受☒"（2123B）等，也是同样情形。其中显示日期者，似可体现"校"有定时进行的常规。

有简例言"校阅亭隧卒被兵"事，可以反映检查核正亭燧守备士兵武器配置情形的工作程序：

（18）地节二年六月辛卯朔丁巳肩水候房谓候长光官以姑臧所移卒被兵本籍为行边兵丞相史王卿治卒被兵以校阅亭隧卒被兵皆多冒乱不相应或

易处不如本籍今写所治亭别被兵籍并编移书到光以籍阅具卒兵兵即不应籍更实定此籍随即下所在亭各实弩力石射步数

令可知赍事诣官会月廿八日夕须以集为丞相史王卿治事课后

---

①　陈槃：《汉晋遗简偶述》，《汉晋遗简识小七种》，"中研院"历史语言研究所专刊之六十三,1957 年，第 5 页。

不如会日者必报毋忽如律令 (7.7A)

这可能是比较典型的"校"的程序。"校阅"者"以籍阅具卒兵","校"的结果，发现"兵即不应籍"，"皆多冒乱不相应或不应籍"。于是重新书写符合实际的"卒被兵本籍"，即"更实定此籍"。又"随即下所在亭各实弩力石射步数"，并要求在指定日期前上报。

有关"校阅"兵器装备，或称"校阅兵物"、"拘校兵物"、"校兵物"的情形，见于前引简（11）、（14），还有以下简例可以反映：

（19）校候三月尽六月折伤兵簿出六石弩弓廿四付库库受啬夫久廿三而空出一弓解何 (179.6)

（20）☑□为府校剑属昨日天阴恐剑刃生□□☑ (244.3A)

（21）雕郭矢廿一　　　校见 (303.32)

（22）谷兵物府尉曹李史校兵物既 (E.P.T20：9)

（23）吞远候长王恭持兵簿诣官校　☑ (E.P.T43：70)

（24）□☑第七队长丰校兵□☑ (E.P.T59：776)

（25）建武三年七月乙酉朔丁酉万岁候长宪敢言之徙署癸巳视事校阅兵物多不具

　　　　　窦何辞与循俱休田循服六石弩一槀矢铜鍭百铠鍉督各一持归游击亭循何□ (E.P.F22：61)

（26）三月簿余盾六十柒　　　校见六十柒应簿 (E.P.F22：314)

（27）●万岁部建武三年七月校兵物少不备簿故候长樊隆主 (E.P.F22：373)

（28）候长郖校相付●谨案部兵物休皆自☑ (E.P.F22：388)

又可见"什器校券名籍"：

（29）　　□□□□□□郖
　　　　☒
　　　什器校券名籍 (E.P.T51：180)

据居延汉简 85.4 和 85.28，"什器"包括"车布"、"车伏"、"车放安"、"斤"、"斧"等，也可以看作装备。关于马具的"校"，有敦煌汉简：

（30）校趣具鞍马会正月十日不具议罚复白　　十二月壬辰白（615）

对于骑兵来说，"鞍"等马具当然至关重要。到限定时日依然"不具"，则当"议罚"。

敦煌汉简还有"校"牲畜数量的内容：

（31）……………
　　万共校其一群千一百头沓沙万共校牛凡百八十二头其七头即游部取获（618A）

这些牲畜可以作为交通动力使用。

居延有简文言及物资的"案校"，对象是"钱谷盐铁"：

（32）☑月甲寅大司农守属闳别案校钱谷盐铁☑（455.11）

如下简例有可能涉及"钱"的"案校"：

（33）☑二千☑千
　　☑絑一两　　校得钱八百其三百小钱（74.8）
（34）☑校库啬夫毋☑☑（90.41）

又如敦煌悬泉置汉简有传马"病死卖骨肉"得钱未入"钱簿"经"校"察知的记录，或许也可以理解为"案校钱"的情形。据胡平生、张德芳释文：

（35）效谷移建昭二年十月传马薄（簿），出县（悬）泉马五匹，病死，卖骨肉，直钱二千七百卅，校钱薄（簿）不入，解……

（0116（2）：69）①

"案校""谷"的情形，见于前引简（15）"拘校""谷"，又如居延汉简：

（36）校庚候官始元年☐

四石（90.50）

（37）●冣凡粟二千五百九十石七斗二升少

凡出千八百五十七石三斗一升

今余粟七百卅三石四斗一升少

校见粟得七百五十四石二斗（142.32B）

（38）谨移出入校一编敢言之☐（145.11）

（39）令史弘校第廿三仓谷　　十月簿余谷榜程大石六十一石八

斗三升大（206.7）

（40）☐　坐校谷☐（E. P. T5：165）

有学者注意到"'居延汉简'中有专门记载粟的盘点和校核的实例，可以
说明当时盘点之后'账面'数额的登记和调整情况"②。以上简文就是这
样的"实例"。简（36）是否"案校""谷"文书似乎未可十分确定。简
（37）则是典型的"校""谷"简例。

"校"有时又有有关兵员信息核实的情形。如：

（41）建始二年十一月癸巳居延千人令史☐则校系甲渠第廿三名
籍一一编敢言之（下有任意书者不录）（28.21A）

简文称之为"校系""名籍"。与此类同的"校""名籍"的情形，又有：

（42）校甲渠候移正月尽三月四时吏名籍第十二隧长张宣史案府
籍宣不史不相应解何（129.22，190.30）

如下简文或许也可以归为一类：

①　胡平生、张德芳编撰：《敦煌悬泉汉简释粹》，上海古籍出版社2001年版，第85页。
②　郭道扬：《中国会计史稿》，中国财政经济出版社1982年版，第168—169页。

（43）校甲渠移四月尽▢▢（E. P. T65：341）

又有"校"功劳记录者。如：

（44）长李利▢元二年功劳三岁九月一日校▢功▢▢▢▢
（53.16）

（45）▨二岁十月廿七日半日校奉亲二年（214.109）

（46）▨神爵三年劳中劳二岁十一月七日校▨（E. P. T53：60）

（47）诸有功校皆有信验乃行购赏（E. P. F22：230）

（48）●诸有功校皆有信验乃行购赏（E. P. F22：692）

（44）、（46）都明显是对"劳"的核正。（45）似乎也是同样。（47）、（48）是说，对于"诸有功"情形，要"校"，需"皆有信验"，才可以兑现"购赏"。

前说"校系""名籍"或"校""名籍"，其实是"校""名籍"所统计记录的对象。另一种对文书的"校"，则是"校"文书本身。例如前引简（8）、（9）"邮书"之"拘校"。又如：

（49）●校临木十一月邮书一▨（78.8）

（50）　校临木邮书一封

　　　　　▨　　　　　张掖居延都尉　十一月己未夜半当曲卒同
受收降卒严下鋪临木卒禄付诚勢北隧卒则（203.2）

（51）　　　十一月
　　　　●校临木邮书三封（224.5）

（52）●校临木十一月▨（63.12）

（53）　　　　　　　其一封大守章诣府
　　北书四封　不校　一封居延司马诣府▨
　　　　　　　二封章破……　（E. P. T52：168）①

①　原注："'不校'二字乃后书。"

此"校""邮书"事，也是一种检查，但是与上文讨论的对于兵械物资的"校"，即"校阅兵物"与"案校钱谷盐铁"等，情形似有不同。

六　关于"抵校"

前引简（28）所见"郣校"，又见于如下简例：

（54）候长不相与郣校而令不相应解何檄到驰持
事诣官须言府会月二十八日日中毋以它为解必坐有（E. P. F22：454）

"郣校"又写作"邸校"。如：

（55）任小吏忘为中程甚毋状方议罚檄到各相与邸校定吏当坐者言须行法（55.13，224.14，224.15）

在许多情况下又写作"抵校"。如：

（56）抵校因都试驰射会月☒（40.18）
（57）会壬申旦府对状毋得以它为解各　　　　署记到起时令可课
（58）告肩水候官候官所移卒责不与都吏☐卿　　所举籍不相应解何记到遣吏抵校及将军未知不将白之（183.15B）

所谓"抵校"，有可能是指检查者与责任方当面核正。或许因此有"相与郣校"、"相与邸校"之说。"邸""郣"与"抵"、"柢"通假。[①]"郣校"、"邸校"、"抵校"的另一层意思，也可能是原始含义，应是彻底

[①]《说文·邑部》："邸，属国舍也。"段玉裁注："《文帝纪》曰：'入代邸。'颜注曰：'郡国朝宿之舍在京师者率名邸。邸，至也。言所归至也。'按今俗谓旅舍为'邸'。《经典》假借'邸'为'柢'。如《典瑞》'四圭有邸'是也。《释器》：'邸谓之柢。'当作'柢'谓之'邸'。《释言》曰：'柢，本也。'郑司农引作'邸本'也可证。《尔雅》皆释经之辞。"今按：《尔雅·释器》"'邸'谓之'柢'"，郭璞注："根柢皆物之'邸'，'邸'即'底'，通语也。"

核查。据《尔雅注疏》卷四"考证"，郑樵曰："'邸'，人之所止也。'柢'乃木之根本，是亦其所止也。故'邸'可谓之'柢'。"① 则"邸校"、"邸校"、"抵校"均言"柢校"，可以理解为彻查即"校"之到底的意思。

七　关于"校计"

居延汉简又多见"校计"字样。如：简59.37，287.15B，E.P.T52：731，E.P.T56：9，E.P.S4.T2：52等，又敦煌悬泉置汉简Ⅱ0214（1）：127同，往往言个人事务。然而也有如下简例所反映的"相与校计"情形：

（59）新始建国地皇上戊三年五月丙辰朔乙巳裨将军辅平居成尉仮丞谓城仓闲田延水甲沟三十井殄北卒未得
　　　　　　㇆☒……付受相与校计同月出入毋令缪如律令（E.P.T65：23A）
（60）☒月禄调给有书今调如牒书到付受相与校计（E.P.T65：50A）
（61）谷四斗属复得严谷四斗校计案☒□严不能多持谷簿谷（E.P.F22：429）
（62）建武四年□□壬子朔壬申守张掖☒旷丞崇谓城仓居延甲渠卅井殄北言吏当食者先得三月食调给
　　　　有书为调如牒书到付受与校计同月出入毋令缪如律令（E.P.F22：462A）
（63）建……　　　　　居延……　　　　　卅井……
　　　　□□□官奴婢捕房乃调给有书今调如牒书到付受相与校计同月出入毋令缪如律令（E.P.F22：580）

从简文内容看，都是程序严肃的公务行为，应当在讨论"校"的制度时予以关注。敦煌悬泉置汉简也有说到"相与校计"的简例，据胡平生、

---

① 文渊阁四库全书本。

张德芳释文：

> （64）神爵二年三月丙午朔甲戌，敦煌太守快、长史布施、丞
> 德，谓县、郡库：太守行县道，传车被具多散，坐为论，易□□□□
> 到，遣吏迎受输敝被具，郡库相与校计，如律令。（A）
> 　　掾望来、守属敞、给事令史广意、佐实昌。（B）（Ⅰ0309
> （3）：236）①

简文明确说"遣吏迎受输敝被具，郡库相与校计"，言行政机关的"吏"
与"郡库"共相核正"传车""敝被具"。发布文件的是"敦煌太守快、
长史布施、丞德"，签署者有"掾望来、守属敞、给事令史广意、佐实
昌"。而"如律令"文字，强调了文书性质的威严。

　　现在看来，"相与校计"与简（55）"相与邸校"应当是性质和程序
相近的行政方式。

八　"校士"职任推想

　　通过敦煌汉简"校对何急以时遣季卿来出谷从食马杌功所与票功记"
（166）可以体会"校"的严厉。前引简（13）"拘校必得事实"，是承担
"校"的职任者应当坚持的原则。

　　面对"校"的责任人，必须就类似简（14）"校兵物少不应簿"，（18）
"校阅亭隧卒被兵皆多冒乱不相应或易处不如本籍"，"以籍阅具卒兵兵即不
应籍"，（25）"校阅兵物多不具"，（27）"校兵物少不备簿"，（42）"案府
籍……不相应"，（54）"候长不相与邸校而令不相应"等情形，如（57）所
说到上级机关"对状"，进行解释和说明。简文常见"解何"，如简（10）、
（19）、（35）、（42）、（54）、（58）等，就明确了这种要求②。简（25）

---

　　① 胡平生、张德芳编撰：《敦煌悬泉汉简释粹》，第81页。
　　② 居延汉简"时遣云廪吏卒校未已解何书到趣遣具言状会月十日☑"（E.P.T52：13），亦
言"解何"，也可能与此有关。"具言状"，可能近似简（57）"对状"。其情形的理解，可以参
考《史记》卷一〇九《李将军列传》载李广"从大将军青击匈奴"，"失道"，"大将军使长史急
责广之幕府对簿"事。"至莫府，广谓其麾下曰：'……广年六十余矣，终不能复对刀笔之吏。'
遂引刀自刭。"

"何辞"也反映了同样情形。简（54）"毋以它为解"，（57）"毋得以它为解"，严禁以其他借口巧为辩说。（54）"毋以它为解必坐"，又强调如此则要受到法律惩处。

简（55）"任小吏忘为中程甚毋状方议罚檄到各相与邸校定吏当坐者言须行法"，明确显示了对相关失职渎职及其他"甚毋状"罪行"行法"的必然。简（40）"☐　坐校谷☐"，简（64）"坐为论"，即很可能反映了付诸实际的法律追究程序。

敦煌汉简有两例说到"没校"者："没校妻子皆为敦德还出妻计八九十口宜遣吏将护续食"（116），"卷餧死将莝及前没校来先至☐"（175）。"没校"语义未详，尚不知是否与我们讨论的"校"有关，也许可以在得到新的简牍资料后推进我们的认识。

居延汉简可见"●移校簿十牒言府会☐"（E. P. T52：174）①，可见"校"的工作量。主持和承担"校"事的职能人员，可见简（11）"吏"，（13）"长丞"，（14）"掾"，（22）"府尉曹"，（32）"大司农守属"，（39）"令史"，（41）"居延千人令史"，都是上级部门派员充任。（58）、（64）均言"遣吏"，也是自上而下的"校"。简（23）"吞远候长王恭"，（24）"第七队长丰"，（25）"万岁候长宪"，都是本"候""队"长官自"校"。（25）"万岁候长宪敢言之徙署癸巳视事校阅兵物多不具"，应是"徙署"刚刚"视事"，"校阅""万岁候""兵物"发现"多不具"。（23）、（24）情形可能也是如此。（27）"万岁部建武三年七月校兵物少不备簿故候长樊隆主"，应当也是新任长官"视事"后"校兵物少不备簿"，提出追究前任"故候长樊隆"的责任。这应当就是有的学者考察秦汉会计制度时所说"新旧官员交接时的实地盘点"②。论者讨论的是"财物盘点"，目的是"以明确经济责任"。而居延汉简"兵物""盘点"追究的责任更为重大。

"校"的实施，多由上级派员负责。由于工作的程序化，有可能已经出现了专职负责"校"的工作者。"校士"或许就是这样的主持"校"的专业人员。二人、三人、四人的组合，比较适应职任要求。对于等级较

---

① 沈刚《居延汉简语词汇释》："校簿（EPT52：174），账目核对后形成之盘点账。秦汉《效律》，就是有关账目核查的法律规定。（《集成》十，P187）"，第202页。

② 郭道扬：《中国会计史稿》，第168—169页。

高和性质较为特殊的部门，也许需要考虑地区回避因素。这或许就是"蜀校士"、"昌邑校士"① 在居延汉简中出现的原因。如果这样的推想成立，则后世易地派遣通常二人一组的监察审计人员的方式，可以在汉代行政制度中发现先声。

---

① 据陈直说，还有"犍为校士"。

秦汉帝国执政集团的海洋意识
与沿海区域控制

王子今

　　秦汉大一统政体成立之后，中央执政机构面临的行政任务包括对漫长的海岸的控制，神秘的海域亦为秦皇汉武等有作为的帝王所关注。沿海地域共同的文化特征，也在这一时期开始形成。秦汉帝国执政集团的海洋意识与沿海区域控制，是行政史和文化史的研究课题，也是历史地理学的研究课题。

一

　　战国以来，政论家频繁使用"海内"这一政治地理学概念。如《孟子·梁惠王下》："海内之地，方千里者九。"焦循《正义》："古者内有九州岛，外有四海。""此'海内'，即指四海之内。"而《墨子·辞过》亦有"四海之内"的说法。《非攻下》则谓"一天下之和，总四海之内"。又《荀子·不苟》说到"君子"的政治责任："推礼义之统，分是非之分，总天下之要，治海内之众，若使一人。故操弥约而事弥大。五寸之矩，尽天下之方也。故君子不下室堂，而海内之情举积此者，则操术然也。"其《王霸》篇又明确提出了"一天下"的理想，以为能够"一天下"的君主，"守至约而详，事至佚而功，垂衣裳不下簟席之上，而海内之民莫不愿得以为帝王。"《正论》所谓"至贤畴四海"以及"天下无君，诸侯有能德明威积，海内之民莫不愿得以为君师"，也表述了同样的意思。又如《成相》："曷谓贤？明君臣，上能尊主爱下民。主诚听之，天下为一海内宾。"《荀子·议兵》说："仁人之用十里之国，则将有百里之听；用百里之国，则将有千里之听；用千里之国，则将有四海之听。"
指出政治影响界域的等级差别，"四海"，体现出当时人的世界理念。同
篇秦"兵强海内，威行诸侯"，《强国》篇秦"威动海内，强殆中国"，
都表示出对一种历史趋向的感觉。与秦统一时代最为接近的法家名著
《韩非子》中，则可见《奸劫弑臣》"明照四海之内"，《六反》"富有四
海之内"，《有度》"独制四海之内"等体现对极端权力向往的语句。

　　很可能成书于战国时期的《山海经》以"海内"、"海外"名篇，
《管子·海王》提出了"海王之国"的概念，也都值得我们注意。

　　顾颉刚、童书业先生曾经指出，"最古的人实在是把海看做世界的边
际的，所以有'四海'和'海内'的名称。（在《山海经》里四面都有
海，这种观念实在是承受皇古人的理想。）《尚书·君奭篇》说：'海隅出
日罔不率俾。'（从郑读）《立政篇》也说：'方行天下，至于海表，罔有
不服。'这证明了西方的周国人把海边看做天边。《诗·商颂》说：'相土
烈烈，海外有截。'（《长发》）这证明了东方的商国（宋国）人也把'海
外有截'看做不世的盛业。《左传》记齐桓公去伐楚国，楚王派人对他
说：'君处北海，寡人处南海，唯是风马牛不相及也；不虞君之涉吾地
也。'（僖四年）齐国在山东，楚国在湖北和河南，已经是'风马牛不相
及'的了。齐桓公所到的楚国境界还是在河南的中部，从山东北部到河
南中部，已经有'南海''北海'之别了，那时的天下是何等的小？"[①]
而战国时期人们的"海内"观和"天下"观已经明显不同。

　　在战国时期思想家和政论家的笔下，"天下"语汇密集出现。而使用
此语频次最高的《韩非子》一书[②]，《难四》有"桀索崏山之女，纣求比
干之心，而天下离；汤身易名，武身受詈，而海内服"语[③]。可知"海
内"和"天下"的对应关系。"海内"与"天下"地理称谓的同时通行，

---

　　①　顾颉刚、童书业：《汉代以前中国人的世界观与域外交通的故事》，《禹贡半月刊》第五
卷第三、四合期，1936 年 4 月。

　　②　《韩非子》是先秦出现"天下"一语频次最高的著作，计二百六十次。其中"取天下"、
"制天下"、"治天下"、"一匡天下"、"强匡天下"、"诏令天下"、"南面而王天下"、"令行禁止
于天下"等，都表现了鲜明的时代特征。

　　③　另一例证，是《韩非子·奸劫弑臣》："明主者，使天下不得不为己视，天下不得不为
己听。故身在深宫之中而明照四海之内，而天下弗能蔽、弗能欺者何也？暗乱之道废，而聪明之
势兴也。"也反映了在韩非观念中"天下"与"海内"的关系。

说明当时中原居民海洋意识的初步觉醒。

在秦汉政论家的论著中，这一语言习惯依然明显。"四海"与"海内"亦相对应。如《新语·慎微》："诛逆征暴，除天下之患，辟残贼之类，然后海内治，百姓宁。"贾谊《过秦论》："及至始皇，奋六世之余烈，振长策而御宇内，吞二周而亡诸侯，履至尊而制六合，执敲朴以鞭笞天下，威振四海。""秦并海内，兼诸侯，南面称帝，以养四海，天下之士斐然乡风。"《新书·数宁》："大数既得，则天下顺治，海内之气，清和咸理，则万生遂茂。"同书《时变》篇："大贤起之，威振海内，德从天下，曩之为秦者，今转而为汉矣。"《汉书·晁错传》："德泽满天下，灵光施四海。"《淮南子·主术》："义者，非能遍利天下之民也，利一人而天下从风；暴者，非尽害海内之众也，害一人而天下离叛。"同书《修务》篇："奉一爵酒不知于色，挈一石之尊则白汗交流，又况赢天下之忧，而海内之事者乎？"《要略》："天下未定，海内未辑……"又《修务》："高宗谅暗，三年不言，四海之内寂然无声；一言声然，大动天下。"这里所谓"四海之内"，也就是"海内"。《盐铁论·轻重》可见"天下之富，海内之财"，同书《能言》也以"言满天下，德覆四海"并说。又《世务》也写道："诚信着乎天下，醇德流乎四海。"又如《汉书·韩安国传》所谓"海内为一，天下同任"等。这些文字，都反映了以大一统理念为基点的政治理想的表达，已经普遍取用涉及海洋的地理概念。

二

秦始皇实现了"一天下"的事业。[①] 他在"初并天下"后不久，即"亲巡远方黎民"，"周览东极"[②]，"并勃海以东，过黄、腄，穷成山，登之罘，立石颂秦德焉"，又"南登琅邪，大乐之，留三月。乃徙黔首三万户琅邪台下，复十二岁。作琅邪台，立石刻，颂秦德，明得意"。其事在徐市等上书言海中三神山之前，这位来自西北黄土地带的皇帝对于海洋的

[①] 《史记·平津侯主父列传》："秦皇帝任战胜之威，蚕食天下，并吞战国，海内为一。"《汉书·严安传》："秦王，蚕食天下，并吞战国，称号皇帝，一海内之政。"

[②] 秦始皇泰山刻石，《史记·秦始皇本纪》。

热忱，似未可简单化地一概归结于神仙追求和长生梦想。

就在秦始皇二十八年（前 219 年）这次居留琅邪时的刻石文字中写道：

> 东抚东土，以省卒士。事已大毕，乃临于海。

> 维秦王兼有天下，立名为皇帝，乃抚东土，至于琅邪。

这似乎是秦始皇东巡目的的交代。万里巡行，是所谓"皇帝之明，临察四方"，"皇帝之德，存定四极"的政治责任的实践。而"临于海"，是"东抚东土"的极点。琅邪刻石又有一段"颂秦德"的文字：

> 六合之内，皇帝之土。西涉流沙，南尽北户。东有东海，北过大夏。人迹所至，无不臣者。功盖五帝，泽及牛马。莫不受德，各安其宇。

其中"东有东海"，是新成立的秦帝国威权至上的重要标志。

通过琅邪刻石文字我们还看到，"列侯武城侯王离、列侯通武侯王贲、伦侯建成侯赵亥、伦侯昌武侯成、伦侯武信侯冯毋择、丞相隗林、丞相王绾、卿李斯、卿王戊、五大夫赵婴、五大夫杨樛从，与议于海上"。张守节《正义》："言王离以下十人从始皇，咸与始皇议功德于海上，立石于琅邪台下，十人名字并刻颂。""与议于海上"，实在是极特殊的议政形式。秦始皇为什么集合十数名文武权臣"与议于海上"，发表陈明国体与政体的政治宣言呢？对照《史记·封禅书》汉武帝"宿留海上"的记载，可以推测这里"与议于海上"之所谓"海上"，很可能并不是指海滨，而是指海面上。"海上"，作为最高执政集团的议政地点，对于秦王朝政治原则的确立，如所谓"并一海内，以为郡县"等，是不是有什么特殊的政治文化象征意义呢？①

秦始皇二十九年（前 218 年），又"登之罘"。之罘刻石写道："维二

---

① 参见王子今《史记的文化发掘——中国早期史学的人类学探索》，湖北人民出版社 1997年版，第 201—237 页。

十九年，时在中春，阳和方起。皇帝东游，巡登之罘，临照于海。"其东观曰："维二十九年，皇帝春游，览省远方。逮于海隅，遂登之罘，昭临朝阳。观望广丽，从臣咸念，原道至明。"所谓"临照于海"，"昭临朝阳"，很可能与"阳主"崇拜有关。《史记·封禅书》说，"阳主"是秦始皇"东游海上"礼祠"八神"中的第五种：

> 于是始皇遂东游海上，行礼祠名山大川及八神，求仙人羡门之属。八神将自古而有之，或曰太公以来作之。齐所以为齐，以天齐也。其祀绝莫知起时。八神：一曰天主，祠天齐。天齐渊水，居临菑南郊山下者。二曰地主，祠泰山梁父。盖天好阴，祠之必于高山之下，小山之上，命曰"畤"；地贵阳，祭之必于泽中圜丘云。三曰兵主，祠蚩尤。蚩尤在东平陆监乡，齐之西境也。四曰阴主，祠三山。五曰阳主，祠之罘。六曰月主，祠之莱山。皆在齐北，并勃海。七曰日主，祠成山。成山斗入海，最居齐东北隅，以迎日出云。八曰四时主，祠琅邪。琅邪在齐东方，盖岁之所始。皆各用一牢具祠，而巫祝所损益，珪币杂异焉。

秦代以关中为神祀中心，另一中心则在东方，即秦始皇"东游海上"前往"行礼祠"的神学圣地。

秦始皇经营驰道，创造了通行效率空前的交通网。驰道据说"濒海之观毕至"①，也体现出对沿海地方的重视。

秦始皇确定的"秦东门"也在海滨。《史记·秦始皇本纪》记载秦始皇三十五年（前212年）事：

> 立石东海上朐界中，以为秦东门。②

张守节《正义》："《三辅旧事》云：'始皇表河以为秦东门，表汧以为秦西门，表中外殿观百四十五，后宫列女万余人，气上冲于天。'"这里所说的"表河以为秦东门"，应是秦始皇三十五年之前的事。"立石东海上

---

① 《汉书·贾山传》。

② 《说苑·反质》："（秦始皇）立石阙东海上朐山界中，以为秦东门。"

胸界中，以为秦东门"，"东海上朐"与关中政治轴心，形成了特殊的方位关系。①

秦始皇三十七年（前210年）最后一次出巡，又再次行至海上。他进行的最后一次表现出英雄主义性情和神秘主义意识的表演，也是在海上。《史记·秦始皇本纪》记载：

> 还过吴，从江乘渡。并海上，北至琅邪。方士市等入海求神药，数岁不得，费多，恐谴，乃诈曰："蓬莱药可得，然常为大鲛鱼所苦，故不得至，愿请善射与俱，见则以连弩射之。"始皇梦与海神战，如人状。问占梦，博士曰："水神不可见，以大鱼蛟龙为候。今上祷祠备谨，而有此恶神，当除去，而善神可致。"乃令入海者赍捕巨鱼具，而自以连弩候大鱼出射之。自琅邪北至荣成山，弗见。至之罘，见巨鱼，射杀一鱼。遂并海西。

身为天下之尊，亲自在海上以连弩射巨鱼，并以史官之笔留诸典册，是帝制时代极其罕见的史例。

三

"汉兴，海内为一"②之后，又有一位"雄才大略"③的帝王再一次表现了与秦始皇颇为接近的海恋情结。

汉武帝与秦始皇海上射巨鱼相类似的行为，是在江上射蛟。

《汉书·武帝纪》："五年冬，行南巡狩，至于盛唐，望祀虞舜于九嶷。登灊天柱山，自寻阳浮江，亲射蛟江中，获之。舳舻千里，薄枞阳而

---

① 参看秦建明、张在明等《陕西发现以汉长安城为中心的西汉南北向超长建筑基线》，《文物》1995年第3期。论者指出的这一"超长建筑基线"形成于西汉初年，然而朐与咸阳正东正西的方位对应关系，在秦始皇时代已经形成。在秦代，与"咸阳—东海上朐"东西联线相垂直的，可能是"子午岭直道—直河子午道"南北联线。参看王子今《秦直道的历史文化观照》，《人文杂志》2005年第5期。

② 《史记·货殖列传》。《史记·太史公自序》："汉兴，海内一统。"

③ 《汉书·武帝纪》赞语。班固写道："孝武初立，卓然罢黜百家，表章六经。遂畴咨海内，举其俊茂，与之立功。""畴咨海内"之说也值得注意。

出，作《盛唐枞阳之歌》。遂北至琅邪，并海，所过礼祠其名山大川。春三月，还至泰山。"所谓"浮江，亲射蛟江中，获之"，可以看作"自以连弩候大鱼出射之"，"见巨鱼，射杀一鱼"事迹的翻版，虽然地点不同，射获物不同，但都与巡行海上的行为有关。

汉武帝亦曾屡屡巡行滨海地区，如《史记·封禅书》记载：元封元年（前110年）"东巡海上，行礼祠八神"。"宿留海上，与方士传车及间使求仙人以千数。"封泰山后，再次至海上，"复东至海上望，冀遇蓬莱焉"。"遂去，并海上，北至碣石，巡自辽西，历北边至九原。"元封二年（前109年），"至东莱，宿留之数日"。元封五年（前106年），"北至琅邪，并海上"。太初元年（前104年），"东至海上，考入海及方士求神者，莫验，然益遣，冀遇之"。"临渤海，将以望祠蓬莱之属，冀至殊廷焉。"同年作建章宫，特意设计了仿拟"海中神山"的模型："其北治大池，渐台高二十余丈，命曰'太液池'，中有蓬莱、方丈、瀛洲、壶梁，象海中神山龟鱼之属。"太初三年（前102年），汉武帝又有海上之行："东巡海上，考神仙之属，未有验者。"① 这些事迹，都体现出对海洋及相关事务的特别关注。

除了《史记·封禅书》中这五年中六次行临海上的记录外，《汉书·武帝纪》还记载了晚年汉武帝四次出行至于海滨的情形：

> （天汉）二年春，行幸东海。
>
> （太始三年）行幸东海，获赤雁，作《朱雁之歌》。幸琅邪，礼日成山。登之罘，浮大海。
>
> （太始四年）夏四月，幸不其，祠神人于交门宫，若有乡坐拜者。作《交门之歌》。
>
> （征和）四年春正月，行幸东莱，临大海。

---

① 《汉书·武帝纪》也记载：汉武帝元封元年（前110年），"行自泰山，复东巡海上，至碣石"。元封二年（前109年），"春，幸缑氏，遂至东莱"。元封五年（前106年），由江淮"北至琅邪，并海，所过礼祠其名山大川"。同年四月，诏曰："朕巡荆扬，辑江淮物，会大海气，以合泰山。上天见象，增修封禅。其赦天下。"颜师古注："集江淮之神，会大海之气，合致于太山，然后修封，总祭缩也。"又引郑氏曰："会合海神之气，并祭之。"《汉书·武帝纪》又记载：太初元年（前104年），"东临勃海，望祠蓬莱"。"三年春正月，行东巡海上。"

所谓"幸不其"，颜师古注引如淳曰："不其，山名，因以为县。"又引应劭曰："东莱县也。"是其地在海滨。所谓"祠神人于交门宫"，颜师古注："应劭曰：'神人，蓬莱仙人之属也。'晋灼曰：'琅邪县有交门宫，武帝所造。'"

秦始皇统一天下后凡五次出巡，其中四次行至海滨。汉武帝则远远超过这一纪录，一生中至少十次至于海上。他最后一次行临东海，已经是六十八岁的高龄。

在汉武帝时代曾经有积极的参政意识并一度得到最高执政者看重的儒学领袖董仲舒，在其论著中的这样几段话，可以大致体现当时社会正统政治意识中所谓"四海"、"海内"概念与行政权力的关系。

《春秋繁露·十指》："德泽广大，衍溢于四海。"《观德》："故受命而海内顺之，犹众星之共北辰，流水之宗沧海也。""至德海内怀归之。"又如《奉本》："海内之心，悬于天子。"《基义》："圣人之道，同诸天地，荡诸四海，变易习俗。"《郊事对》："德渐天地，泽被四海。"《天地阴阳》："治世之德润草木，泽流四海，功过神明。""长天地之间，荡四海之内，殽阴阳之气，与天地相杂。"

四海之内，流布圣帝的"德泽"。海内之心，"悬于天子"一身。这就是由董仲舒竭力倡起，在汉武帝时代成为主流政治意识的与专制权力贴切结合的"四海"观或者"海内"观。

四

汉初被迫行分封，中央政权实际控制的地域在刘邦时代，起初仅二十四郡。沿海地域除济北、临淄、胶东、琅邪外，尽为异姓诸侯所有。[①] 闽越和南越控制地方由于开发程度较低以及与中央政权的特殊关系，可以在讨论中忽略不计。刘邦时代晚期，有实力的异姓诸侯逐一被翦灭，然而分封的同姓诸侯完全控制了东方地区，汉郡仅余十五。沿海地方全为燕、赵、齐、楚、吴等诸侯王国所有。[②] 被多数学者判断年代为吕后二年（前

---

① 参看周振鹤《西汉政区地理》，人民出版社 1987 年版，第 9 页《汉高帝五年七异姓诸侯封域示意图》。

② 同上书，第 11 页《高帝十二年十王国、十五汉郡示意图》。

186 年）的张家山汉简《二年律令》中，透露出当时中央政权和诸侯王国的紧张关系。

汉文帝接受贾谊"众建诸侯而少其力"的建议，分齐为七，琅邪郡归属中央。又河间国除，其地入汉，勃海郡也归于中央。汉王朝对于沿海地方，只控制了勃海、琅邪二郡。据有漫长的海岸线的，是燕、济北、齐、淄川、胶东、楚、吴这几个诸侯王国。①

汉景帝二年（前 155 年）将楚国的东海郡收归中央所有②，是特别值得重视的一项政治举措。秦始皇"立石东海上朐界中，以为秦东门"的地方，曾置东海郡，治郯。楚汉之际曾经称郯郡。汉初则属楚国，高帝五年（前 202 年）又曾归于中央，后来仍属楚国。汉景帝二年"以过削"③，使得汉帝国重新据有了"东门"，开启了直通东海的口岸。又以此为据点，楔入吴楚之间，与亲中央的梁国东西彼此对应，实现了北方诸侯和南方诸侯的隔离。④ 东海郡地位之重要，还可以从尹湾出土汉简数据得以体现。⑤

汉景帝削藩，极其重视对沿海地方统治权的回收，突出表现在吴楚七国之乱平定之后对于沿海区域的控制，创造了对于高度集中的中央集权空前有利的形势。对于既属沿海又属北边的辽东、辽西、右北平、渔阳，已经由中央政府直接统领。环渤海又据有渤海、平原、东莱郡。黄海、东海海滨，则有琅邪、东海、会稽郡。这一时期诸侯国所控制的沿海地区，只有燕、齐、淄川、胶东、江都国所据海岸。⑥《史记·汉兴以来诸侯王年表》记述这一时期的政治地理形势：

> 吴楚时，前后诸侯或以适削地，是以燕、代无北边郡，吴、淮

---

① 参看周振鹤《西汉政区地理》，第 13 页《文帝后期十七诸侯二十四郡示意图》。

② 《史记·楚元王世家》："王戊立二十年，冬，坐为薄太后服私奸，削东海郡。"《汉书·楚元王传》："王戊稍淫暴，二十年，为薄太后服私奸，削东海、薛郡。"

③ 《汉书·地理志上》"东海郡"条："高帝置。"颜师古注引应劭曰："秦郯郡。"《汉书补注》："全祖望曰：'故秦郡，楚汉之际改名郯郡，属楚国。高帝五年属汉，复故，仍属楚国。景帝二年复故。'以过削。"

④ 参看周振鹤《西汉政区地理》，第 14 页《景帝三年初吴楚七国叛乱前形势图》。

⑤ 连云港市博物馆、中国社会科学院简帛研究中心、东海县博物馆、中国文物研究所：《尹湾汉墓简牍》，中华书局 1997 年版。

⑥ 参看周振鹤《西汉政区地理》，第 15 页《景帝中元六年二十五王国示意图》。

> 南、长沙无南边郡，齐、赵、梁、楚支郡名山陂海咸纳于汉。诸侯稍
> 微，大国不过十余城，小侯不过数十里，上足以奉贡职，下足以供养
> 祭祀，以蕃辅京师。而汉郡八九十，形错诸侯间，犬牙相临，秉其阨
> 塞地利，强本干，弱枝叶之势，尊卑明而万事各得其所矣。

所谓"名山陂海咸纳于汉"，值得治秦汉史者高度关注。平定吴楚七国之乱后，汉王朝中央政权不仅控制了"北边郡"和"南边郡"，也控制了沿海的东边郡。《盐铁论·晁错》：

> 晁生言诸侯之地大，富则骄奢，急即合从。故因吴之过而削之会
> 稽，因楚之罪而夺之东海，所以均轻重，分其权，而为万世虑也。

削藩战略的重要主题之一，或者说削藩战略的首要步骤，就是夺取诸侯王国的沿海地方。

有学者指出了吴楚七国之乱前后削藩的对象齐、楚、赵等国疆域的损失："吴楚七国之乱前，景帝削楚之东海郡……""齐'纳于汉'的支郡有北海、济南、东莱、平原和琅邪五郡"；赵地渤海"入汉为郡"。[①]

汉武帝时代除强制性实行推恩令使诸侯国政治权力萎缩，而中央权力空前增长，对原先属于诸侯国的沿海地区实现了全面的控制之外，又于元鼎六年（前111年）灭南越、闽越，置南海、郁林、苍梧、合浦、儋耳、珠崖、交趾、九真、日南郡[②]，其中多数临海，就区域划分来说，均属于沿海地区。元封三年（前108年）灭朝鲜及其附庸，置乐浪、真番、临屯、玄菟四郡。[③]"至此是西汉直属郡国版图臻于极盛之时"[④]，而汉帝国对于海岸的控制也至于空前全面、空前严密的程度。

汉帝国中央执政集团力求强有力地控制沿海区域的努力，从表面看

---

① 董平均：《西汉分封制度研究——西汉诸侯王的隆替兴衰考略》，甘肃人民出版社2003年版，第128—129页。

② 《史记·平准书》："汉连兵三岁，诛羌，灭南越，番禺以西至蜀南者置初郡十七。"裴骃《集解》："徐广曰：'南越为九郡。'骃案：晋灼曰：'元鼎六年，定越地，以为南海、苍梧、郁林、合浦、交趾、九真、日南、珠崖、儋耳郡。'"

③ 《汉书·天文志》："朝鲜在海中。"

④ 参看周振鹤《西汉政区地理》，第17页。

来，其直接的出发点，似乎主要出于对经济利益的考虑，即对食盐生产基地的掌控。晁错对吴王刘濞的指控，首先即"即山铸钱，煮海为盐，诱天下亡人谋作乱逆"①。《盐铁论·刺权》也指责诸侯王"以专巨海之富而擅鱼盐之利也"。"巨海鱼盐"是重要的资源。《盐铁论》中所谓"山海之货"②、"山海之财"③、"山海之利"④，"山海者，财用之宝路也"⑤，也反复强调海产收益的经济意义。然而事实上皇帝与诸侯王对沿海地方的争夺，绝不仅仅是贪求"海盐之饶"⑥，针对个别的盐产地。

对于"海"的控制，是据有"天下"的一种象征。《墨子·非命下》："贵为天子，富有天下。"贾谊《过秦论》："贵为天子，富有四海。"⑦ 这种观念在汉代社会似已相当普及。《文选》卷三七《曹子建求自试表》："方今天下一统。"李善注："《尚书大传》曰：'周公一统天下，合和四海。'"《说苑·贵德》："大仁者，恩及四海。""桀纣以不仁失天下，汤武以积德有海土。"《淮南子·览冥》："逮至当今之时，天子在上位，持以道德，辅以仁义，近者献其智，远者怀其德，拱揖指麾而四海宾服，春秋冬夏皆献其贡职，天下混而为一，子孙相代，此五帝之所以迎天德也。"《淮南子·兵略》："上视下如子，则必王四海；下视上如父，则必正天下。"这些议论，均体现"四海"与"天下"的关系。"天子""富有四海"⑧，"四海之内莫不仰德"⑨，已经成为常识性的政治定理。《史记·高祖本纪》载萧何语："天子四海为家。"《汉书·高帝纪下》作"天子以四海为家"⑩。如果不据有"海土"，则不被认为拥有了"天下"。可能汉帝国最高执政者对于沿海区域政策的确立，这一观念是重要的政治文化因素之一。

《盐铁论·论邹》写道："所谓中国者，天下八十一分之一，名曰赤

① 《汉书·吴王濞传》。
② 《盐铁论·本议》《通有》《复古》。
③ 《盐铁论·力耕》。
④ 《盐铁论·复古》。
⑤ 《盐铁论·禁耕》。
⑥ 《史记·货殖列传》。
⑦ 《汉书·东方朔传》："贵为天子，富有四海。"
⑧ 《潜夫论·论荣》。
⑨ 《汉书·高帝纪上》。
⑩ 《潜夫论·浮侈》："王者以四海为家。"蔡邕《独断》："天子以四海为家。"

县神州，而分为九州岛。绝陵陆不通，乃为一州，有大瀛海圜其外。此所谓八极，而天地际焉。《禹贡》亦著山川高下原隰，而不知大道之径。故秦欲达九州岛而方瀛海，牧胡而朝万国。”"昔秦始皇已吞天下，欲并万国，亡其三十六郡；欲达瀛海，而失其州县。"所谓"欲达瀛海"，所谓"欲达九州岛而方瀛海"，都体现了追求真正的"大一统"的政治雄心。

《盐铁论·错币》说："吴王擅鄣海泽"，"山东奸猾，咸聚吴国"。中央政府对这一现象的警觉和仇视，主要并不是基于经济因素，而是基于政治因素。

汉武帝曾经置沧海郡。《史记·平准书》记载："彭吴贾灭朝鲜，置沧海之郡。"①《汉书·食货志》："彭吴穿秽貊朝鲜，置沧海郡。""沧海"又写作"苍海"。周振鹤先生有《苍海郡考》，其中推测，"苍海郡地当在朝鲜东部临海之地，即涉人所居处"。又说："苍海郡之地望尚不能作肯定之说，于目前，只能暂据《汉书》，以单单大岭以东，今江原道之地当之，以俟今后进一步考订。"②《汉书·公孙弘传》："时又东置苍海，北筑朔方之郡。弘数谏，以为罢弊中国以奉无用之地，愿罢之。于是上乃使朱买臣等难弘置朔方之便。发十策，弘不得一。弘乃谢曰：'山东鄙人，不知其便若是，愿罢西南夷、苍海，专奉朔方。'上乃许之。"公孙弘起初对汉武帝的边疆政策全面提出异议，经过廷前辩论，放弃了对北边的主张，但是依然坚持罢苍海郡，得到汉武帝的认可。这似乎是汉王朝中央政权海洋政策有所收缩的迹象。

另一值得重视的历史现象，是珠崖郡的命运。

《汉书·五行志中之下》："武帝元鼎五年秋，蛙与虾蟆群斗。是岁，四将军众十万征南越，开九郡。"颜师古注："谓得越地以为南海、苍梧、郁林、合浦、交阯、九真、日南、珠崖、儋耳郡也。"《南粤传》："南粤已平。遂以其地为儋耳、珠崖、南海、苍梧、郁林、合浦、交阯、九真、日南九郡。"③《西域传下》则说"建珠崖七郡"。"九郡"之说和"七郡"之说的矛盾，或许可以由《晋书·地理志下》的记载得以澄清："武帝元

<hr />

① 《史记·平准书》："东至沧海之郡，人徒之费拟于南夷。"

② 周振鹤：《西汉政区地理》，第226—227页。

③ 《后汉书·南蛮传》也说："秦并天下，威服蛮夷，始开领外，置南海、桂林、象郡。汉兴，尉佗自立为南越王，传国五世。至武帝元鼎五年，遂灭之，分置九郡，交阯刺史领焉。"

鼎六年，讨平吕嘉，以其地为南海、苍梧、郁林、合浦、日南、九真、交阯七郡，盖秦时三郡之地。元封中，又置儋耳、珠崖二郡，置交阯刺史以督之。"可知先有"七郡"后有"九郡"，而所谓"建珠崖七郡"的说法也是不确实的。"珠崖"不在"七郡"之中，而在"九郡"之中。

汉帝国对"珠崖"的经营曾经出现反复。《汉书·地理志下》："自合浦徐闻南入海，得大州，东西南北方千里，武帝元封元年略以为儋耳、珠崖郡。民皆服布如单被，穿中央为贯头。男子耕农，种禾稻纻麻，女子桑蚕织绩。亡马与虎，民有五畜，山多麈麖。兵则矛、盾、刀，木弓弩，竹矢，或骨为镞。自初为郡县，吏卒中国人多侵陵之，故率数岁壹反。元帝时，遂罢弃之。"《汉书·宣帝纪》：甘露二年（前52年），"夏四月，遣护军都尉禄将兵击珠崖"。《汉书·元帝纪》：初元三年（前46年）春，"珠厓郡山南县反，博谋群臣。待诏贾捐之以为宜弃珠厓，救民饥馑。乃罢珠厓"。《后汉书·南蛮传》说："秦并天下，威服蛮夷，始开领外，置南海、桂林、象郡。汉兴，尉佗自立为南越王，传国五世。至武帝元鼎五年，遂灭之，分置九郡，交阯刺史领焉。其珠崖、儋耳二郡在海洲上，东西千里，南北五百里。其渠帅贵长耳，皆穿而缒之，垂肩三寸。武帝末，珠崖太守会稽孙幸调广幅布献之，蛮不堪役，遂攻郡杀幸。幸子豹合率善人还复破之，自领郡事，讨击余党，连年乃平。豹遣使封还印绶，上书言状，制诏即以豹为珠崖太守。威政大行，献命岁至。中国贪其珍赂，渐相侵侮，故率数岁一反。元帝初元三年，遂罢之。凡立郡六十五岁。"《晋书·地理志下》写道："昭帝始元五年，罢儋耳并珠崖。元帝初元三年，又罢珠崖郡。"

关于"珠崖"罢弃，有贾捐之的著名辩议。《汉书·贾捐之传》："初，武帝征南越，元封元年立儋耳、珠崖郡，皆在南方海中洲居，广袤可千里，合十六县，户二万三千余。其民暴恶，自以阻绝，数犯吏禁，吏亦酷之，率数年一反，杀吏，汉辄发兵击定之。自初为郡至昭帝始元元年，二十余年间，凡六反叛。至其五年，罢儋耳郡并属珠崖。至宣帝神爵三年，珠崖三县复反。反后七年，甘露元年，九县反，辄发兵击定之。元帝初元元年，珠崖又反，发兵击之。诸县更叛，连年不定。上与有司议大发军，捐之建议，以为不当击。上使侍中驸马都尉乐昌侯王商诘问捐之曰：'珠崖内属为郡久矣，今背畔逆节，而云不当击，长蛮夷之乱，亏先帝功德，经义何以处之？'"捐之对言批评秦时"兴兵远攻，贪外虚内，务欲广地，不虑其害”，终于失败的政策，也指责汉武帝以来“廓地泰大，征伐不休”，导致政治危局的出现。对于其海洋政策和沿海控制，也涉及“东过碣石以玄菟、乐浪为郡”，“制南海以为八郡”的情形。又警告说：

> 今陛下不忍悁悁之忿，欲驱士众挤之大海之中，快心幽冥之地，非所以救助饥馑，保全元元也。

他认为，关东地方“民众久困，连年流离，离其城郭，相枕席于道路”，已成“社稷之忧”。“骆越之人父子同川而浴，相习以鼻饮，与禽兽无异，本不足郡县置也。颛颛独居一海之中，雾露气湿，多毒草虫蛇水土之害，人未见虏，战士自死。又非独珠崖有珠犀玳瑁也，弃之不足惜，不击不损威。其民譬犹鱼鳖，何足贪也!”坚决建议：“愿遂弃珠崖，专用恤关东为忧。”贾捐之的意见得到丞相于定国的支持，于是汉元帝从之。遂下诏曰：“珠崖虏杀吏民，背畔为逆，今廷议者或言可击，或言可守，或欲弃之，其指各殊。朕日夜惟思议者之言，羞威不行，则欲诛之；狐疑辟难，则守屯田；通于时变，则忧万民。夫万民之饥饿，与远蛮之不讨，危孰大焉？且宗庙之祭，凶年不备，况乎辟不嫌之辱哉！今关东大困，仓库空虚，无以相赡，又以动兵，非特劳民，凶年随之。其罢珠崖郡。民有慕义欲内属，便处之；不欲，勿强。”珠崖于是撤郡。

汉元帝时期罢珠崖，对海南地方行政权力的放弃，后来受到历代儒学政论家的赞扬。元帝诏书被称颂为实践仁政的“德音”。[①]“罢珠崖郡”的举措，似乎可以说明西汉晚期海洋政策的消极倾向。然而当时作出这一决策，是因为国内政局的沉重压力。

五

秦始皇、汉武帝出巡时曾经往复经行的并海道，有沟通沿海地区经济

① 《后汉书·鲜卑传》载蔡邕议：“昔珠崖郡反，孝元皇帝纳贾捐之言，而下诏曰：‘珠崖背畔，今议者或曰可讨，或曰弃之。朕日夜惟思，羞威不行，则欲诛之；通于时变，复忧万民。夫万民之饥与远蛮之不讨，何者为大？宗庙之祭，凶年犹有不备，况避不嫌之辱哉！今关东大困，无以相赡，又当动兵，非但劳民而已。其罢珠崖郡。’此元帝所以发德音也。”

文化的意义。① 这一地区以其对外联系的方便，又成为往东海和南海扩张汉文化影响的强辐射带。②

《盐铁论·地广》说："横海征南夷，楼船戍东越，荆、楚罢于瓯、骆；左将伐朝鲜，开临洮，燕、齐困于秽貉。"海上战争行为，使得沿海区域为运输军备、补充兵员，承受了沉重的负担。而另一方面，也使得这些地方的经济活力得到激发。

汉武帝时代曾经主动发起的对外战争，除了对匈奴的战争具有反击的性质而外，其他方向的攻击则都明显表现出扩张的特征。《盐铁论·备胡》写道：

> 往者，四夷俱强，并为寇虐：朝鲜逾徼，劫燕之东地；东越越东海，略浙江之南；南越内侵，滑服令；……

这样的说法看来是不确实的。值得我们注意的，还在于对朝鲜、东越和南越的战争，都调用了楼船军。③

《史记·平准书》："因南方楼船卒二十余万人击南越。"《南越列传》："（汉武帝）下赦曰：'天子微，诸侯力政，讥臣不讨贼。今吕嘉、建德等反，自立晏如，令罪人及江淮以南楼船十万师往讨之。'""元鼎五年秋，卫尉路博德为伏波将军，出桂阳，下汇水；主爵都尉杨仆为楼船将军，出豫章，下横浦；故归义越侯二人为戈船、下厉将军，出零陵，或下离水，或抵苍梧；使驰义侯因巴蜀罪人，发夜郎兵，下牂柯江：咸会番禺。""元鼎六年冬，楼船将军将精卒先陷寻陕，破石门，得越船粟，因推而前，挫越锋，以数万人待伏波。伏波将军将罪人，道远，会期后，与楼船会乃有千余人，遂俱进。楼船居前，至番禺。建德、嘉皆城守。楼船自择便处，居东南面；伏波居西北面。会暮，楼船攻败越人，纵火烧城。越素闻伏波名，日暮，不知其兵多少。伏波乃为营，遣使者招降者，赐印，复纵令相招。楼船力攻烧敌，反驱而入伏波营中。犁旦，城中皆降伏

---

① 参看王子今《秦汉时代的并海道》，《中国历史地理论丛》1988 年第 2 期。

② 参看王子今《秦汉时期的东洋与南洋航运》，《海交史研究》1992 年第 1 期。

③ 有人甚至说秦代已经有了"楼船军"。《史记·平津侯主父列传》："及至秦王，蚕食天下，并吞战国，称号曰皇帝，主海内之政……欲肆威海外，乃使蒙恬将兵以北攻胡，辟地进境，戍于北河，蜚刍挽粟以随其后。又使尉屠睢将楼船之士南攻百越。"

波。""南越已平矣。遂为九郡。伏波将军益封。楼船将军兵以陷坚为将梁侯。"楼船将军杨仆的部队是征伐南越的主力，"出豫章，下横浦"，"陷寻陕，破石门"，于是先"至番禺"，之所以能够"陷坚""居前"，很可能是在水战中发挥了适应于海上作战的能力。而事实上东越人参战，确实有海上进军的计划。《史记·东越列传》："元鼎五年，南越反，东越王余善上书，请以卒八千人从楼船将军击吕嘉等。兵至揭扬，以海风波为解，不行，持两端，阴使南越。及汉破番禺，不至。"

随即发生的平定东越的战事，可以看到海军的表现。"是时楼船将军杨仆使使上书，愿便引兵击东越。上曰士卒劳倦，不许，罢兵，令诸校屯豫章梅领待命。"元鼎六年（前111年），"天子遣横海将军韩说出句章，浮海从东方往；楼船将军杨仆出武林；中尉王温舒出梅岭；越侯为戈船、下濑将军，出若邪、白沙。元封元年冬，咸入东越。东越素发兵距险，使徇北将军守武林，败楼船军数校尉，杀长吏。楼船将军率钱塘辕终古斩徇北将军，为御儿侯。自兵未往"。战役中，"横海将军先至"，"（余善属下）乃遂俱杀余善，以其众降横海将军"，汉武帝"封横海将军说为按道侯；封横海校尉福为缭嫈侯"。

《史记·朝鲜列传》记载："天子募罪人击朝鲜。其秋，遣楼船将军杨仆从齐浮渤海；兵五万人，左将军荀彘出辽东：讨右渠。右渠发兵距险。左将军卒正多率辽东兵先纵，败散，多还走，坐法斩。楼船将军将齐兵七千人先至王险。"楼船将军部队能够"先至"，是因为海路径直而陆路迂远的缘故。在许多情况下通过海上航线可以实现较陆路先进的交通效率[1]，这使得借助航运条件有利于沿海区域控制的情形为执政者所重视。

尹湾汉简提供的数据告知我们若干重要的政治地理信息。例如东海郡所具有的特殊的政治地位，是我们以往未曾认识的。

尹湾六号汉墓出土六号木牍，题《武库永始四年兵车器集簿》。令人惊异的是"库存量大"。以可知数量的常见兵器为例，弩的总数达537707件，矛的总数达52555件，有方数达78392件。有学者指出，"仅这几项所见，足可装备五十万人以上的军队，远远超出一郡武装所需"。论者推测，"其供应范围必超出东海郡范围，亦受朝廷直接管辖，因此它有可能

---

① 参看王子今《秦汉时期的近海航运》，《福建论坛》1991年第5期。

是汉朝设于东南地区的大武库"①。为什么东海郡设有如此规模的"受朝廷直接管辖"的"大武库"？推想或许是因为这里是帝国的"东门"，同时更大的可能，是因为东海郡的位置，正大致在汉王朝控制的海岸线的中点。

有的学者认为，该"武库"收藏的乃是汉初楚王国之残留品。② 也有学者认为，《武库永始四年兵车器集簿》所记录的，有"7000乘以上之战车"，"多达60万件以上之弩、弓，20万件以上之甲衣，10万件以上之头盔，10万件以上之盾，60万件以上之各种枪，超过30万件之剑、刀等"，"这些军装最多可武装约100万人"，因而这一文书，应是直属汉帝国中央政权的长安武库的武器清单，即"前汉成帝永始四年（前13年）汉帝国中央武器库收藏品之全部细目"③。这样的分析是有一定道理的，然而似乎有必要就为何这一文书收藏在尹湾汉墓中，也就是长安武库与尹湾六号汉墓墓主有何种关系提供有说服力的解说。

六

"海广大无限界。"④ 海上，长期是中原内陆王朝控制力所不及的空间，而沿海地方的行政机能亦比较落后。所谓"处海垂之际"⑤，所谓"藩臣海崖"⑥，都指出这些地方的边缘化地位。"吕望、伯夷自海滨来归之"⑦，标志着周文王受命行德政的成就。"公孙弘自海濒而登宰相"，也曾经被看作异常现象，被归结于明主"进拔幽隐"之功。⑧ 隽不疑面对直

① 李均明：《尹湾汉墓出土"武库永始四年兵车器集簿"初探》，《尹湾汉墓简牍综论》，科学出版社1999年版，第95页。

② 邢义田：《尹湾汉墓木牍文书的名称和性质——江苏东海县尹湾汉墓出土简牍读记之一》，《大陆杂志》95卷3期（1997年），第106—107页。

③ ［韩］李成珪：《前汉长安武库收藏目录之发现——关于尹湾简牍〈武库永始四年兵车器集簿〉之探讨》，《长沙三国吴简暨百年来简帛发现及研究国际学术研讨会论文集》，中华书局2005年版，第412—428页。

④ 《汉书·郊祀志下》。

⑤ 《说苑·臣术》。

⑥ 《盐铁论·险固》。

⑦ 《史记·叔孙通刘敬列传》。

⑧ 《汉书·外戚恩泽侯表》。颜师古注："海濒，谓近海之地。"据《汉书·公孙弘传》，公孙弘早年"家贫，牧豕海上"。

指使者暴胜之，也有"窃伏海濒，闻暴公子威名旧矣"的自谦之辞。①

　　孔子曾经有"道不行，乘桴浮于海"的感叹。② 这既可以读作一种无奈的叹息，也可以读作与主流政治表示独立意志的文化宣言。《史记·越王句践世家》："范蠡浮海出齐，变姓名，自谓鸱夷子皮，耕于海畔，苦身戮力。"是一具体的"浮海"流亡事迹。又如《史记·鲁仲连邹阳列传》："聊城乱，田单遂屠聊城。归而言鲁连，欲爵之。鲁连逃隐于海上。"

　　另一个属于秦汉时期的典型的例证，是田横及其五百士的故事。

　　《史记·田儋列传》记载田横事："汉灭项籍，汉王立为皇帝，以彭越为梁王。田横惧诛，而与其徒属五百余人入海，居岛中。高帝闻之，以为田横兄弟本定齐，齐人贤者多附焉，今在海中不收，后恐为乱，乃使使赦田横罪而召之。田横因谢曰：'臣亨陛下之使郦生，今闻其弟郦商为汉将而贤，臣恐惧，不敢奉诏，请为庶人，守海岛中。'使还报，高皇帝乃诏卫尉郦商曰：'齐王田横即至，人马从者敢动摇者致族夷！'乃复使使持节具告以诏商状，曰：'田横来，大者王，小者乃侯耳；不来，且举兵加诛焉。'田横乃与其客二人乘传诣雒阳。"未至三十里，至尸乡厩置，遂自刭，令客奉其头，从使者驰奏之高帝。高帝为之流涕，"而拜其二客为都尉，发卒二千人，以王者礼葬田横。既葬，二客穿其冢旁孔，皆自刭，下从之。高帝闻之，乃大惊，大田横之客皆贤。吾闻其余尚五百人在海中，使使召之。至则闻田横死，亦皆自杀"。所谓"与其徒属五百余人入海，居岛中"，"守海岛中"③，《后汉书·马援传》李贤注写作"以五百人保于海岛"。田横所居之海岛，后世称"田横岛"，仍有流亡隐居故事。④

　　闽粤王弟余善面对汉军事压力，与宗族相谋："今杀王以谢天子。天子听，罢兵，固一国完；不听，乃力战；不胜，即亡入海。"⑤ 吴楚七国之乱发起时，刘濞集团中也有骨干分子在谋划时说："击之不胜，乃逃入

<hr />

①　《汉书·隽不疑传》。

②　《论语·公冶长》。

③　张守节《正义》："按：海州东海县有岛山，去岸八十里。"

④　《北齐书·杨愔传》说其愔从兄幼卿逃亡事："遂弃衣冠于水滨若自沉者，变易名姓，自称刘士安，入嵩山……又潜之光州，因东入田横岛，以讲诵为业，海隅之士，谓之刘先生。"

⑤　《史记·东越列传》。

海，未晚也。"①

当中原内乱时，人们选择流亡路径，往往会考虑浮海远行。汉文帝三年（前177年），济北王刘兴居反，王仲惧祸，"乃浮海东奔乐浪山中，因而家焉"②。王莽专政，逢萌"即解冠挂东都城门，归，将家属浮海，客于辽东"。③ 东汉末年，更多有"遭王道衰缺，浮海遁居"④ 的情形。东莱黄人太史慈，北朱虚人邴原、管宁，乐安盖人国渊，平原人王烈等，都曾避战乱入海至于辽东。⑤ 曹魏景初、正始年间，为安置"渡海""流民"特意规划新的行政区⑥，可知这种海上户口流动对于国家行政管理形成了怎样的新的困难。

由于滨海地区特殊的地理条件，反政府的武装往往具有很强的机动性。汉安帝永初三年（109年）发生"海贼"张伯路等起义，"自称'将军'，寇滨海九郡"，又"乘船浮海，深入远岛"，相机出击。曾经由东莱"遁走辽东，止海岛上"，又"复抄东莱间"，在情势危急时再次"逃还辽东"。政府调集镇压的兵力，"发幽、冀诸郡兵，合数万人"，历时两年，方扑灭起义，致使"州界清静"。起义军席卷"滨海九郡"，政府动用了"幽、冀诸郡兵"，而指挥官法雄则是青州刺史，镇压的主力是东莱郡兵和辽东郡兵，起义者最终在辽东被"斩平"。⑦

陈寅恪先生曾经指出，天师道与滨海地域有密切关系，黄巾起义等反叛可以"用滨海地域一贯之观念以为解释"，"凡信仰天师道者，其人家世或本身十分之九与滨海地域有关"⑧。这一文化地理现象，也值得我们注意。

---

①　《史记·吴王濞列传》。《汉书·荆燕吴传·吴王刘濞》："不胜而逃入海，未晚也。"

②　《后汉书·循吏列传·王景》。

③　《后汉书·逸民列传·逢萌》。

④　《三国志·魏书·管宁传》。

⑤　《三国志·吴书·太史慈传》《魏书·邴原传》《魏书·管宁传》《魏书·国渊传》，《后汉书·独行列传·王烈》。

⑥　《三国志·魏书·齐王纪》：景初三年（239年），"夏六月，以辽东东沓县吏民渡海居齐郡界，以故纵城为新沓县以居徙民"。正始元年（240年）春二月，"丙戌，以辽东汶、北丰县民流徙渡海，规齐郡之西安、临菑、昌国县界为新汶、南丰县，以居流民"。

⑦　《后汉书·法雄传》。

⑧　陈寅恪：《天师道与滨海地域之关系》，《金明馆丛稿初编》（陈寅恪文集之二），上海古籍出版社1980年版，第1—40页。

秦汉的女子参战与亲属随军

孙闻博

秦汉交通史、军事史以往研究，较少关注军人亲属，特别是其中的女性群体。实际上，无论她们留守后方，还是随军在边，都为相关军事活动提供了重要的支撑与保障。秦汉政府也积极通过律令及行政措施，对她们进行管理、供给与抚恤。战国、秦汉时期的女子参战与亲属随军，是认识秦汉社会人口迁移与人口流动中"军役之路"的重要构成内容。①

近年历史学发展中，性别史的研究令人瞩目。即便在"深耕熟耨"的秦汉史园地，有关探索与尝试也已有较好开展。② 不过，李贞德在对台湾学界相关研究评述时，注意到之前探讨过于注重妇女与宗族的关系，"学者应当超越父系家族的藩篱"③。有鉴于此，笔者以为，性别史研究或许可以尝试从社会视角上升至国家视角，进而观察国家制度建构中的性别意识体现。探讨秦汉军事活动中的军人亲属，特别是其中女性的表现与作用，不仅可以了解她们当时的相关权利、地位，而且对于界定男子、两性角色特征，以至整个军制设计理念都是有益的。

---

① 关于秦汉"军役之路"的交通史考察，参见王子今《秦汉交通史稿》（增订版）第十三章，中国人民大学出版社 2013 年版，第 416—425 页。

② 主要有刘增贵《汉代婚姻制度》，台北：华世出版社 1980 年版；彭卫《汉代婚姻形态》，三秦出版社 1988 年版，中国人民大学出版社 2010 年版（以下引用取后者）；王子今《古史性别研究丛稿》，社会科学文献出版社 2004 年版；彭卫《汉代性别史三题》，《东岳论丛》2005 年第 3 期；彭卫《汉代女性的工作》，《史学月刊》2009 年第 7 期；翟麦玲、张荣芳《秦汉法律的性别特征》，《南都学坛》2005 年第 4 期，等等。

③ 李贞德、梁其姿主编：《台湾学者中国史研究论丛·妇女与社会》"导言"，中国大百科全书出版社 2005 年版，第 1—10 页；李贞德主编：《中国史新论·性别史分册》，台北："中研院"、联经出版事业公司 2009 年版，第 1—15 页。

　　本文主要从"女子从军"、亲属随军及亲属连坐变化三个方面依次探讨，论述依需要有时则适当延伸至战国、三国时期。

一　也说"女子从军"——从城守史料切入

　　古代女子从军，是中国军事史上引人注目的现象，也是值得重视的社会文化存在。已有学者就此作过综合性研究，特别对唐代以后各种"女军"多有梳理分析。① 战国秦汉时期存在女子从军，学界多从此说。② 少数学者对相关现象进行考察同时，则持谨慎态度。③ 这里选择从国家视角、制度层面，对基本史料重做审视。

　　论战国女子从军，常举《商君书·兵守》"壮男为一军；壮女为一军；男女之老弱者为一军。此之谓三军也"。"壮女为一军"，似是颇有力之论据。不过，军队依性别、身体强弱差别编组立军，较为特别，故有必要完整引述如下：

　　　　守城之道，盛力也。故曰客，治簿檄，三军之多，分以客之候车之数。三军：壮男为一军；壮女为一军；男女之老弱者为一军。此之谓三军也。壮男之军，使盛食，厉兵，陈而待敌。壮女之军，使盛食，负垒，陈而待令，客至而作土以为险阻及耕格阱，发梁撤屋，给从从之，不洽而燌之，使客无得以助攻备。老弱之军，使牧牛马羊彘，草木之可食者，收而食之，以获其壮男女之食。④

① 王子今：《中国女子从军史》，军事谊文出版社 1998 年版。

② 蒙文通：《儒学五论》之《秦代之社会》（路明书店 1944 年初刊），广西师范大学出版社 2007 年版，第 98—100 页；顾颉刚：《史林杂识初编》"女子当兵和服徭役"条，中华书局 1963 年版，第 92—95 页；吕思勉：《吕思勉读史札记》"女子从军"条，上海古籍出版社 2005 年版，第 323—325 页；王子今：《战国秦汉时期的女军》，收入所著《古史性别研究丛稿》，第 86—100 页。近有学者更提出"战国时代的秦，妇女从徭役，也服兵役；秦统一后，女子不见从军的记载；汉景帝改革傅籍制度，妇女又免去更卒之役"的制度发展线索。张荣强：《〈二年律令〉与汉代课役身分》，收入所著《汉唐籍帐制度研究》，商务印书馆 2010 年版，第 54 页。

③ 彭卫：《汉代女性的工作》"13. 兵战"条，《史学月刊》2009 年第 7 期；翟麦玲：《试释"女子乘亭鄣"中"女子"的身份》，《中国史研究》2008 年第 1 期。

④ 高亨：《商君书注译》，中华书局 1974 年版，第 101 页。"及耕格阱"、"给从从之，不洽而燌之"句文字辨析，又参见孙诒让《札迻》卷五，雪克、陈野点校，齐鲁书社 1989 年版，第 146—147 页。

首句"守城之道"，与篇题《兵守》对应，揭示出行动背景，即这只是守城时举措。"壮男"、"壮女"、"男女之老弱"三军，实际是守御一方针对"客"即来敌的应对。① 下文交代三军的各自任务："壮男之军"，要使其饱食②，磨好兵器，编列成队，以待来敌。"壮女之军"同样"盛食"，却无"厉兵"一项，主要是"负垒""待令"。即背靠垒壁③，待"客至"则"作土以为险阻及耕格阱，发梁撤屋，给从从之，不洽而燔之，使客无得以助攻备"。与前者对照，"壮女之军"不配发兵器，仅构筑防御工事，设置陷阱，并毁掉可能"助"敌"战备"的设施。而"老弱之军"负责粮食后勤的筹集供给。④ 上述旨在说明，在守城应敌这一特殊形势下，为击退来敌，保卫城池，应发动城中全体民众参与。按性别、体质差别进行分工，可以各尽所能，更好提供支持。《通典》卷一五二《兵典》本注引"以城中壮男为一军，壮女为一军，老弱为一军，三军无令相过"，即置于"守拒法"筑城条下，亦可为证。⑤ 至于《墨子·号令》"女子到大军，令行者男子行左，女子行右，无并行，皆就其守，不从令者斩"，则应同下文"皆就其守，不从令者斩。离守者三日而一徇，而所以备奸也"连读，仍然是参与守城事。

《墨子·备城守》诸篇，大体为战国后期秦人所作⑥，可与《商君

① 高亨：《商君书注译》，第 101 页。今按：《春秋公羊传》"庄公二十八年"有"伐者为客"、"伐者为主"语，何休注："伐人者为客，读伐长言之"，"见伐者为主，读伐短言之"。此虽属齐语习惯，仍可为一旁证。

② "盛食"，高亨译作"需装好干粮"（《商君书注译》，第 101 页），《商君书新注》作"准备充足的食物"（陕西人民出版社 1975 年版，第 124 页），似皆未达一间。今按：王念孙《广雅疏证》卷三下《释诂》"蓐臧"条引《商君书》文，言"两军相攻，或竟日未已，故必厚食乃不饥也"（中华书局影印本 2004 年版，第 92 页下栏），蒋礼鸿《商君书锥指》作"饱食也"（中华书局 1986 年版，第 74 页）。所说近是。

③ 也有认为"垒当读为藁"，"负垒"指背负盛土笼。高亨：《商君书注译》，第 101—102、230—231 页。

④ 顾颉刚解释道，"是则战斗之事，壮男主之；劳动之事，壮女主之；饷糈之事，老、弱主之。壮女之工作，有筑土、撤屋、纵火等等，凡不直接参加战斗而可用种种方法以阻碍敌人之进展者，皆壮女一军之所有事也。"顾颉刚：《史林杂识初编》，第 93 页。

⑤ 《通典》，王文锦等点校，中华书局 1988 年版，第 3893 页。

⑥ 李学勤：《秦简与〈墨子〉城守各篇》，《简帛佚籍与学术史》，江西教育出版社 2001 年版，第 119—133 页。

书》互证发明。《备城门》云"守法：五十步丈夫十人，丁女二十人，老小十人计之，五十步四十人"，及"广五百步之队，丈夫千人，丁女子二千人，老小千人，凡四千人而足以应之，此守术之数也。使老小不事者，守于城上不当术者"。[①] 上述在交代守御设施配置后叙述，开头亦点明乃"守法"也。按"丁""壮"义同，"丁女"、"丁女子"即《商君书》所言"壮女"。这里丈夫、丁女、老小的人员比例均是 1∶2∶1。"丈夫"当是与敌接战的主体，进而使"丁女"成为城上守御的主要力量了。丈夫、丁女、老小的这种区分，可与《商君书》分作三军对照。[②] 《备城门》末句云"使老小不事者，守于城上不当术者"。按"事""使"相通，指可供役使。[③] 此条说明两点。一是老小本身细分，似又区分为"事"与"不事"。而"不当攻队者守事不急，故使老小守之"[④]，显示参与守城者，确为民众全体。既然"守于城上"的"老小不事者"，不能径视为兵，那么对其他人群似乎同样不宜简单定位。二是与"不事"相对，前面的丈夫、丁女等应即可事者。相对于从军，将他们行为视作从役似更合适。

在此基础上复读《商君书·去强》《境内》"强国知十三数：竟内仓口之数、壮男壮女之数、老弱之数……""四境之内，丈夫女子皆有名于上，〔生〕者著，死者削"，则不但会在"壮男壮女之数"后，注意到紧接有"老弱之数"的统计，而且对于丁女信息登录的用意会有更好把握。

蒙文通《儒学五论·秦代之社会》论战国"女子为军""男女无别"，影响颇大，有必要有所辨析。蒙文一据谯周《古史考》，以为"秦战胜而妇女老弱皆死，正以妇女老弱皆在行间，与于三军之役，则妇女亦以首功爵赏"。今按：此原出《史记》卷八三《鲁仲连邹阳

---

① 岑仲勉：《墨子城守各篇简注》，中华书局 1958 年版，第 24 页。

② 银雀山汉简《守法守令十三篇》残简"……者万人，老不事者五千人，婴儿五千人，女子负婴……"（七八○），提到"女子负婴"、"老不事者"、"婴儿"（银雀山汉墓竹简整理小组编《银雀山汉墓竹简〔壹〕》，文物出版社 1985 年版，第 128 页），及《史记》卷八二《田单列传》"令甲卒皆伏，使老弱女子乘城"（第 2455 页），亦可参照。

③ "秦汉赋役史料中，'事'通常就是指力役。"张荣强：《孙吴户籍结句简中的"事"》，《汉唐籍帐制度研究》，第 148 页。

④ 孙诒让：《墨子间诂》，中华书局 1986 年版，第 531 页。

列传》《集解》引谯周曰"秦用卫鞅计,制爵二十等,以战获首级者计而受爵。是以秦人每战胜,老弱妇人皆死,计功赏至万数。天下谓之'上首功之国',皆以恶之也"。谯周,蜀汉、西晋初年人,距秦较远。"秦人每战胜,老弱妇人皆死"说法又为首出,且表意不清[1],当审慎对待。《墨子·杂守》提到斥候行动时,"田者男子以战备从斥,女子亟走入"[2]。前论守城时丁女不"厉兵"接战,而今"男子以战备从斥"时,又女子不与,则很难想象她们与男子同在行间,参与攻战。

至于"妇女亦以首功爵赏"说,《墨子·号令》云"男子有守者爵,人二级,女子赐钱五千,男女、老小无分守者,人赐钱千,复之三岁,(无有所与,不租税。)此所以劝吏民坚守胜围也"[3],明言只"男子有守者"得爵,每人两级,而女子计功,购赏为"赐钱五千"。睡虎地秦简《秦律十八种·军爵律》有"欲归爵二级以免亲父母为隶臣妾者一人,及隶臣斩首为公士,谒归公士而免故妻隶妾一人者,许之,免以为庶人。工隶臣斩首及人为斩首以免者,皆令为工。其不完者,以为隐官工"[4]。这里提到斩首者身份有"隶臣"与"工隶臣"[5]。"隶臣"属"徒隶"范畴。工隶臣更是隶臣中作务于工官一类系统,从事器物制造者。律文言及二者时,却未提到"隶妾"、"工隶妾"这些与前述往往并称的身份。她们应很少有"以首功爵赏"的机会。

---

① 以致顾颉刚理解作"壮女军与老弱军亦皆因敌国之计首论功而不能免",角度全异。顾颉刚:《史林杂识初编》,第 94 页。而据前后文意,上述又可理解为,秦国以敌首"计而受爵",故秦人为报功,将敌方妇人老弱的首也斩下冒充战士兵。

② 岑仲勉:《墨子城守各篇简注》,第 145 页。

③ 岑仲勉:《墨子城守各篇简注》,第 104 页。今按:岑氏以"无有所与,不租税"两句为"复"之注文,并以括号括之,可商。《史记》卷八《高祖本纪》"复其民,世世无有所与",《汉书》卷二五上《郊祀志上》"复,无有所与",《汉书》卷九九中《王莽传中》"世世复,无有所与",《后汉书》卷一下《光武帝纪下》"世世复傜役,比丰、沛,无有所豫",及荆州谢家桥一号汉墓第 1 号竹牍"昌家复,毋有所与"、"郎中五大夫昌母、家属当复,毋有所与"(荆州博物馆《荆州重要考古发现》,文物出版社 2009 年版,第 191 页图版;荆州博物馆《湖北荆州谢家桥一号汉墓发掘简报》,《文物》2009 年第 4 期),"复"与"无(毋)有所与(豫)"均并用,故后者不当视作注文窜入正文者。

④ 睡虎地秦墓竹简整理小组编:《睡虎地秦墓竹简》,文物出版社 1990 年版,释文 55 页。

⑤ "欲归爵二级……"未言主语,对照下文,似指平民男子。

据《御览》引《魏氏春秋》陈群奏语"典籍之文，妇女无分土名爵之制。在礼，妇因夫爵。秦违古法，非先王之令典"，以为"秦违古法，正谓秦之妇人有爵"，"秦爵二十级，皆以首功。妇人有爵，正以妇人服兵役有首功"。今检《太平御览》卷一九八《封建部一》，不仅文字稍有出入，且上引"秦违古法"下实脱"汉氏因之"。孙盛作《魏氏春秋》于东晋，而早于此书的《三国志》实际已言及，且内容更为完整：

　　　　黄初中，文帝欲追封太后父母，尚书陈群奏曰："陛下以圣德应运受命，创业革制，当永为后式。案典籍之文，无妇人分土命爵之制。在礼典，妇因夫爵。秦违古法，汉氏因之，非先王之令典也。"①

陈群上奏缘起于"文帝欲追封太后父母"。"古法"即先秦礼典所记，"妇因夫爵"，"无妇人分土命爵之制"。所奏本来是说这些不独在秦，即使在汉代也未得遵循。现在曹丕延续秦汉做法，因太后而封太后亲属，违反"妇因夫爵"之义；太后父外，太后母亦得封，又违反"无妇人分土命爵之制"。故所谓"秦违古法"，实指秦、汉两代皆违古法；所"违"，主要指外戚恩泽得封汤沐邑一类。而秦汉时期仍然是"妇因夫爵"的，《二年律令·置后律》即有"女子比其夫爵"（三七二）语。② 女子无爵位。她们与爵位发生联系，只是以"上造妻"（八二）、"上造寡"（⑨2341）③、"关内侯寡"④ 这类爵妻、爵寡的身份出现。太后母即便得封君之号，也是因亲得封体现，不入军功爵制系统。故此例既不能说明"秦违古法，正谓秦之妇人有爵"，又不能说明"妇人有爵，正以

---

　　① 《三国志》卷五《魏书·后妃传》，中华书局1982年版，第158页。

　　② 彭浩、陈伟、［日］工藤元男主编：《二年律令与奏谳书——张家山二四七号汉墓出土法律文献释读》，上海古籍出版社2007年版，第236页。

　　③ 张春龙：《里耶秦简所见的户籍和人口管理》，中国社会科学院考古研究所等编：《里耶古城·秦简与秦文化研究——中国里耶古城·秦简与秦文化国际学术研讨会论文集》，科学出版社2009年版，第191页。相关例证颇多，不赘举。

　　④ 刘国胜：《江陵毛家园一号汉墓〈告地书〉牍补议》，简帛网，2008年10月27日（http://www.bsm.org.cn/show_article.php? id = 890）。

妇人服兵役有首功"。

蒙文并引《后汉书》关西妇女持兵事为补证。今按：引文仍有重要省略，《后汉书》卷七〇《郑太传》作"关西诸郡，颇习兵事，自顷以来，数与羌战，妇女犹戴戟操矛，挟弓负矢"①，实有"自顷以来，数与羌战"的背景。这里转换角度，先看羌人行动特征。《汉书》卷六九《赵充国传》云"将军计欲至正月乃击罕羌，羌人当获麦，已远其妻子"。师古曰："徙其妻子令远居而身来为寇也。"同传又说"从今尽三月，虏马赢瘦，必不敢捐其妻子于他种中，远涉河山而来为寇"。可知羌人并非全民皆兵，而是安置妻子于后方后，前来侵扰。郑太所处东汉时期，羌人多被汉帝国迁到西北塞内各边郡中，虽原有生计模式受到影响②，但军事行动方式应变化不大。处于"平等化、分枝化部落社会"的羌人尚且如此，则汉人更应如此。所谓"妇女犹戴戟操矛"，不仅有地域性的旧俗沿袭，而且当为汉民族守御城郭，应对羌人来犯的权宜举动。

此外，战国晚期的魏律、秦律中，均出现"从军"一语③，显示当时已为固定用法，就是投入军队、当兵入伍。《盐铁论·取下》"昔商鞅之任秦也……从军旅者暴骨长城，戍漕者辎车相望"，"从军旅者"与"戍漕者"并举。戍卒守边尚且不属"从军"范畴，则讨论妇女参与军事活动时，此概念的使用应当谨慎。

那么，秦汉对妇女服役又如何规定呢？这里，首先应区别常规制度与临时行为。从制度上说，成年女子在战国秦汉需要服役。前引《商君书·去强》有"壮男壮女之数"。这种在"壮男"之外对女子丁壮与否的关注，应来自国家役使的考虑。如妇女不服役，自不必计丁。秦汉赋役中的

---

① 《三国志》卷一六《魏书·郑浑传》裴注引张璠《汉纪》载郑太语董卓，言关西勇于战伐之习俗，作："关西诸郡，北接上党、太原、冯翊、扶风、安定，自顷以来，数与胡战，妇女载戟挟矛，弦弓负矢，况其悍夫；以此当山东忘战之民，譬驱群羊向虎狼，其胜可必"，第510页。

② 参见王明珂《游牧者的抉择：面对汉帝国的北亚游牧部族》第四章，广西师范大学出版社 2008 年版，第 157—194 页。

③ 参见《为吏之道》附"魏奔命律"、《秦律十八种·军爵律》、《秦律杂抄》。睡虎地秦墓竹简整理小组编：《睡虎地秦墓竹简》，释文 55、81—82、175 页。

"复"，可指免算，可指免役，亦可指免赋役。①《二年律令·具律》"女子庶人，毋筭（算）事其身，令自尚"（一二四），《亡律》"奴命曰私属，婢为庶人，皆复使及筭（算），事之如奴婢"（一六二），《复律》"□□工事县官者复其户而各其工。大数衞（率）取上手什（十）三人为复，丁女子各二人，它各一人，勿筭（算）繇（徭）赋（二七八）中，所谓"毋筭事其身"、"复使及筭"、"勿筭繇赋"，在免算之外，皆明确涉及女性免役的内容。前引谢家桥汉墓竹牍"郎中五大夫昌母、家属当复无有所与"，亦可为证。如果说《汉书》卷一二《平帝纪》"复贞妇，乡一人"，所指尚不明晰，那么《三国志》卷一六《魏志·杜畿传》"班下属县，举孝子、贞妇、顺孙，复其繇役，随时慰勉之"，则已有"复其繇役"的交代。

不过，女子从役与成年男子有别。秦汉男子傅籍后服正役与兵役，15岁以上未傅者及睆老服半役，所谓"各半其爵繇（徭）员"（四〇七）。②"繇役"用语在使用上有广狭之分，力役之征，均可称"繇"、"役"，简四〇七的用法即是。狭义上，"繇"属正役的一部分，"役"更偏重兵役。③东汉，法律规定妇女不承担正役，甘肃武威旱滩坡东汉墓5号简"民占数以男为女辟更繇论为司寇"可证。④而上限，有学者据《史》《汉》帝纪"男子二十而得傅"、"令天下男子年二十始傅"定于景帝二年，并解释说"特别指明男子傅籍，并未涉及妇女的事。这似乎表明，此后妇女不再承担正式繇役"⑤。其实，傅籍自战国、秦已有，始傅年龄曾为17岁⑥，同样不涉及妇女。景帝二年令只是将不同爵位傅籍年龄进行了整合，不能作为妇女服正役与否的分界。时代在景帝之前的《二年律令·繇律》已出现

①　张荣强：《孙吴户籍结句简中的"事"》，《汉唐籍帐制度研究》，第149页。杨振红则认为"'复'复除的也是赋和役两项义务，而非两项中的任何一个单一项"。杨振红：《从出土"算"、"事"简看两汉三国吴时期的赋役结构——"算赋"非单一税目辨》，《中华文史论丛》2011年第1期，第49页。

②　彭浩、陈伟、[日]工藤元男主编：《二年律令与奏谳书——张家山二四七号汉墓出土法律文献释读》，第246页。

③　参见杨振红《繇、戍为秦汉正卒基本义务说——更卒之役不是"繇"》，《中华文史论丛》2010年第1期。关于狭义"繇"、"更"关系，学界尚有分歧。杨振红以为"繇""更"两分，前者是正卒基本义务，后者15岁至睆老皆从事；张荣强则认为正役主要指更卒之役。

④　武威地区博物馆：《甘肃武威旱滩坡东汉墓》，《文物》1993年第10期。

⑤　张荣强：《〈二年律令〉与汉代课役身分》，《汉唐籍帐制度研究》，第53页。

⑥　陈明光：《秦朝傅籍标准蠡测》，《中国社会经济史研究》1987年第1期。

"发传送……事委输……免老、小未傅者①、女子及诸有除者，县道勿敢縣（繇）使"（四——至四—三）的规定。则至少西汉初年，女子不但同样不服正役，且于委输等半役，亦多不亲为，当以缴算赋形式实现。②

不过，规定以外，国家往往因需要临时征发。故史书中除"会稽闻太守且至，发民除道"，而朱买臣"入吴界，见其故妻、妻夫治道"一类记载外③，也多有对非常制徭役征派的议论与批评。工程建设如秦筑长城，"妇人不得剡麻考缕，羸弱服格于道"④。西汉惠帝时两次动员长安六百里内男女 14 万人建造都城，每次劳作 30 日。⑤ 战时劳力紧张，更征发女子从事转输等重役。⑥

彭卫曾对相关文献，特别是文物图像资料有详细考察，并将"女子从军"从广义、狭义两层面作了深入阐释。翟麦玲对刑徒、谪兵中是否

---

①　关于"小未傅者"身份，学界有两种看法：一是断作"小、未傅者"，指两种身份；二是视作一种身份，指未傅籍者中年龄小于十五岁者。分别参见张荣强《〈二年律令〉与汉代课役身分》，《汉唐籍帐制度研究》，第 41 页；杨振红《傅、成为秦汉正卒基本义务说——更卒之役不是"傅"》，《中华文史论丛》2010 年第 1 期；凌文超《汉晋赋役制度识小》"小未傅"条，《简帛》第六辑，上海古籍出版社 2011 年，第 475—477 页。今按：前论守城引《商君书》、《墨子》史料，女子与老、小往往一并叙述，例证颇多。而这里出现诸身份，处一使役范畴，与前述对照，应当也是三种较为合适。睡虎地秦简《秦律十八种·仓律》记以平民赎取隶臣妾的规定："隶臣欲以平民一人丁粼者二人赎，许之。其老当免老、小高五尺以下及隶妾欲以丁粼者一人赎，许之。"秦及西汉前期，未傅籍者可视作"小"。故"小未傅者"当视作一种身份，但应包括 15 岁以上的未傅者群体。考虑到"免老"在《二年律令》、《汉旧仪》中仅用以称呼男性（参见韩树峰《松柏汉墓 53 号木牍考——以成年男女性别比例失调为中心》，收入《国学的传承与创新：冯其庸先生从事教学与科研六十周年庆贺学术文集》，上海古籍出版社 2013 年，第 1003—1016 页），这里使用"小未傅者"，或旨在强调未成年中的男性群体。"秦及汉初存在以'傅'划分大、小的方式，'小'（或言广义一面）包括 15 岁以上的未傅籍群体。"相关又参见拙文《秦及汉初"繇"的内涵与组织管理——兼论"月为更卒"的性质》，《中国经济史研究》2015 年第 5 期。

②　相关又可参看林炳德《秦汉时期的庶人》，卜宪群、杨振红主编《简帛研究二〇〇九》，广西师范大学出版社 2011 年版，第 318—320 页。此外，秦汉成年男子所从事的更役，大女亦无需充任。陈伟：《简牍资料所见西汉前期的"卒更"》，《中国史研究》2010 年第 3 期。

③　《汉书》卷六四上《朱买臣传》，中华书局 1962 年版，第 2793 页。

④　《淮南子·人间》。何宁：《淮南子集释》卷一八，中华书局 1998 年版，第 1290 页。

⑤　《汉书》卷二《惠帝纪》，第 89—90 页。

⑥　《史记》卷一一二《平津侯主父列传》称"丁男被甲，丁女转输"，《后汉书》卷四三《何敞传》又表述"男子疲于战陈，妻女劳于转运"，《三国志》卷四一《蜀书·杨洪传》则作"男子当战，女子当运"，《列女传·仁智·鲁漆室女》也使用"男子战斗，妇女转输，不得休息"语。相关讨论又参见杨振红《从出土"算"、"事"简看两汉三国吴时期的赋役结构——"算赋"非单一税目辨》，《中华文史论丛》2011 年第 1 期。

有女子参军也有所分析。① 而上述讨论，则更侧重对"女子从军"说传统论据的重新检讨。要言之，战国、秦、两汉时期，妇女在制度上始终不服兵役，亦不服正役。然因妇女需交算赋，并非小役不与，故国家因需要，常会临时征发妇女从役，甚至参与军事活动。

二　军人与亲属的异处与共居

军事活动除妇女参与的问题外，更多则涉及军人与亲属的关系。军队何时、何种情况下出现有军人亲属，二者是异处还是共居？这是有关军事生活的基本问题，也是军队形态的外在反映。

关于赴京为卫，《汉书》卷九《元帝纪》初元三年（前46年）六月诏云："惟烝庶之饥寒，远离父母妻子，劳于非业之作，卫于不居之宫，恐非所以佐阴阳之道也。其罢甘泉、建章宫卫，令就农。"此称"远离父母妻子"，家属不跟从，政府亦无解决安置一事。至于屯戍兵役，在内郡作郡县卒、到京师作卫士、到边郡做戍卒或皆属此范畴，服役者只服其一。② 戍边确与作卫士类似，战国以来即只身前往，且路途艰险，困苦重重。《尉缭子·兵令下》记"兵戍边一岁，遂亡不候代者，法比亡军。父母妻子知之，与同罪；弗知，赦之"，同篇另则说得更清楚："卒后将吏而至大将所一日，父母妻子尽同罪。卒逃归至家一日，父母妻子弗捕执及不言，亦同罪。"③西汉昭帝时，贤良文学在盐铁会议上批评边戍之役："今山东之戎马甲士戍边郡者，绝殊辽远，身在胡、越，心怀老母。老母垂泣，室妇悲恨"，"故圣人怜其如此，闵其久去父母妻子，暴露中野，居寒苦之地"。又有所谓"今近者数千里，远者过万里，历二期。长子不还，父母愁忧，妻子咏叹"④。因戍边而与亲属分隔辽远，当时被视作颇违人情之事。

然而，武帝以来的河西屯戍活动中，我们却见有大量吏卒亲属的居处记录。居延汉简所见相关簿籍标题简及结句简即有：

---

① 参看翟麦玲《试释"女子乘亭鄣"中"女子"的身份》；彭卫《汉代女性的工作》。

② 杨振红：《徭、戍为秦汉正卒基本义务说——更卒之役不是"徭"》，《中华文史论丛》2010年第1期。

③ 李解民：《尉缭子译注》，河北人民出版社1992年版，第141—142页。

④ 《盐铁论·备胡》《繇役》。王利器校注：《盐铁论校注》（定本）卷七、卷九，中华书局1992年版，第446—447、520页。

卒家属名籍（203·15）①

省卒家属名籍（58·16）（133·8）②

戍卒家属当廪（122·1）

卒家属见署名籍（194·3，194·13）

卒家属在署名籍（185·13）

戍卒家属居署名☐（E. P. T65：134）③

家属妻子居署省名籍（E. P. T40：18）

卒家属廪名籍（276·4A）

戍卒家属在署廪名籍（191·10）

▨鸿嘉五年吏妻子及葆出入关名籍（73EJT21：35A、B）

　　王子今检讨前人所论，指出"汉代西北边塞简牍资料中这种女性，并非都是'下级军吏的家属'、'下级军吏的妻子家属'，数量更多的是士兵'家属'，即'卒妻'"④。其说可从。陕西历史博物馆藏武都汉简有"妻子从者百九十九人用粟二百卅石四"、"妻子从者百七十八人用粟二百七十四石五斗"（12A、B）等简文。⑤按河西汉塞每隧戍守吏卒3—5人，约略推算，即可知家属及私从规模的可观。森鹿三研究居延戍卒家属廪名籍曾指出，候官下辖"每个部每个月都配给了隧卒家属将近一百石谷物"，估算下来，"隧卒几乎都有家属"⑥。而出入边地关卡的亲属记录，则以戍吏为多，如：

　　　　竟宁元年正月吏妻子出入关致籍（E. P. T51：136）

---

　　①　谢桂华、李均明、朱国炤：《居延汉简释文合校》，文物出版社1987年版，第316页。

　　②　"省"不与"卒"连读，"相当于今天的省亲"。"'省卒亲属'，应指省亲的戍卒家属，非指省卒的家属。"李天虹：《居延汉简簿籍分类研究》第三章，科学出版社2003年版，第69页。

　　③　甘肃省文物考古研究所等编：《居延新简——甲渠候官》，中华书局1994年版，第189页。

　　④　王子今：《汉代军队中的"卒妻"身份》，《南都学坛》2009年第1期。

　　⑤　王子今、申秦雁：《陕西历史博物馆藏武都汉简》，《文物》2003年第4期。

　　⑥　森鹿三：《论居延出土的卒家属廪名籍》（初刊《东洋学研究——居延汉简篇》，京都：同朋舍，1975年），收入《简牍研究译丛》第一辑，金立新译，中国社会科学出版社1983年版，第108—109页。又，管东贵《汉代边塞眷廪的范围与分级》，李亦园、乔健编《中国的民族、社会与文化——芮逸夫教授八秩寿辰论文集》，台北：食货出版社1981年版，第205—222页；施伟青《汉代居延随军戍卒家庭人口的若干问题》，《中国社会经济史研究》1998年第3期。

家属符目前所发现者多为基层戍吏所持，如：

> 橐佗延寿隧长孙时符（29·1）
> 橐佗吞胡隧长张彭祖符（29·2）
> 橐他通望隧长成衰建平三年五月家属符（73EJT3：89）
> 橐他勇士隧长井临建平元年家属符（73EJT6：42）
> 橐他石南亭长符（73EJT9：87）
> 橐佗圣宜亭长张谭符（73EJT9：275）①
> 橐佗野马隧吏妻子与金关关门为出入符（73EJT21：136）②

相对戍卒来自边郡、内郡者皆有，低级戍吏则主要从河西边郡选用。③制度上的允许，与居官去家较近，应是戍吏亲属出入关多见、流动性较强的主要原因。

至于妻子父母的居住场所，也很值得注意。居延汉简提到戍卒家属，往往称"见署"、"在署"，或"居署"。三者各略有侧重，但含义基本一致，指统计时居处在"署"。而"署"过去一般理解作"署衙"、"岗位"，更详细表述为"在居延汉简中更多的是指候官以下的塞、部、燧，特别是燧等基层军事防御单位"④。不过，据西北汉简发掘时的勘察可知，各隧面积很小，隧中房址数量有限，主要供吏卒生活，是无法容纳大量亲属入居的。⑤并且，目前所见卒家属廪名籍，口粮基本皆家属自领，而极少见吏卒代家属领取。至于家属代领吏卒廪食，仅见以下几简：

---

① 甘肃简牍保护研究中心等编：《肩水金关汉简（壹）》中册，中西书局2011年版，第72、130、207、226页。

② 甘肃简牍保护研究中心等编：《肩水金关汉简（贰）》下册，中西书局2012年版，第12、21页。前者背面实作"鸿嘉五年吏妻子出入关及葆名籍"。

③ 据统计，隧长从各都尉府所属诸县中选用，而候长则从全郡范围内选用。于振波：《居延汉简中的燧长和候长》，《史学集刊》2000年第2期。

④ 参见沈刚《居延汉简语词汇释》"署"条引诸家说，科学出版社2008年版，第263页。

⑤ 参见中国社会科学院考古研究所编《居延汉简甲乙编》"额济纳河流域障隧述要"，中华书局1980年版，第298—319页；魏坚主编《额济纳汉简》"额济纳旗汉代居延遗址调查与发掘述要"，广西师范大学出版社2005年版，第1—21页；吴礽骧《河西汉塞调查与研究》第五章，文物出版社2005年版，第132—169页。

第十桼候长赵彭　　十一月食一斛五斗　　十月丙寅妻取卩
（E. P. T65：11）

第二十隧长陈尚　　十一月食一斛五斗　　三十　　十月乙丑母
取卩（E. P. T65：13）

第二十五隧长晏戎　十一月食一斛五斗〓升　十月乙丑妻□取卩
（E. P. T65：97）

甲沟第二十八隧卒王歆　　食一斛五斗　　桼十　　十月□□嫂之
取卩（E. P. T65：16）

甲沟第三十二隧长张护　　十一月食□斛□斗　　十月甲子嫂难取
卩（E. P. T65：12）①

上述均属居延新简，同出 65 号探方，且不少编号临近。再考虑文书格式
近似，内容又均为 10 月预领 11 月口粮，它们很可能属一个简册。其中，
"七"作"桼"，"廿"、"卅"作"二十"、"三十"，"甲渠"作"甲沟"，
多为新莽简书写习惯。② 新莽时制度屡有更革，有一定特殊性。而除这几
枚简外，大量吏卒廪食简也基本为自取或同隧隧卒代领，不见家属代领，
亦可注意。吏卒家属可能并不与吏卒居处在一起。部隧戍吏俸禄一般由部
派官吏前往候官集中领取。他们领回后，再通知部内戍吏赴部领取。③ 后

　①　甘肃省文物考古研究所等编：《居延新简——甲渠候官》，第 185、187 页。

　②　参见森鹿三《居延出土的王莽简》（初刊《东方学报》33，1963 年），收入《简牍研究
译丛》第一辑，姜镇庆译，中国社会科学出版社 1983 年版，第 1—20 页；马先醒《新莽年号与
新莽年号简》、《简牍文字中七、十、三、四、卅、册等问题》，《简牍学报》第 1 期，台北：兰
台出版社 1974 年版；高大伦《居延王莽简补正》，四川大学历史系编《徐中舒先生九十寿辰纪
念文集》，巴蜀书社 1990 年版；李均明《新莽简时代特征琐议》（初刊《文物春秋》1989 年第 4
期），收入所著《初学录》，台北：兰台出版社 1999 年版，第 357—363 页；饶宗颐、李均明《新
莽简辑证》，台北：新文丰出版公司 1995 年版；李均明《居延汉简——居延编》，台北：新文丰
出版公司 2004 年版。

　③　参见拙文《河西汉塞军人的生活时间表》，待刊。

种领取也基本为自取，或同隧隧卒代领，只"☒☒月禄帛三丈三尺　八月癸卯妻取 卩"（E. P. T6：6）、"☒十月奉钱六百　十一月庚申母细君取居延尉史辟兵赋卩"（E. P. T50：86）两简出现亲属代领。又，边塞在节庆会发放补贴。甲渠候官 F22 即出土有格式"不侵隧长石野　腊钱八十十二月壬戌妻君宁取"的部吏领腊钱名籍残册（E. P. F22：205—218）。有学者指出"前来领取腊钱的人，绝大多数是各燧长的家属，或母亲，或妻子，只有个别属于自己领取"[1]。从生活物资角度，俸禄与必需品的廪食有所不同，而腊日作为汉代重要节日常会放假，吏卒多会借此同"居署"亲属团聚，故家属多代为领取腊钱更是可以理解。居延汉简有一则简文"☒北书一封家属所☒"（62·22）。[2] 据编号，出于金关（A32）[3]，应是自肩水金关以南，向北发往戍卒家属聚居之所的。上举卒家属名籍多为候官下以部为单位的统计，如简 122·1 原作"第十七部建平四年十二月戍卒家属当廪☒"，简 203·15 作"●右城北部卒家属名籍　凡用谷九十七石八斗"，简 E. P. T40：18 作"●第廿三部建平三年七月家属妻子居署省名籍"，分别提到十七部、城北部、廿三部，显示卒家属可能是以部为单位集中居住的。总之，这里出现的"署"，并非吏卒的驻守岗位，而是用以指称吏卒家属集中居住的区域。署所很多情况下以部为单位，与所属的延展烽隧线距离不远，从而使家属同吏卒可以时常发生联系。

除居延屯戍区外，同样曾设置屯田、驻留吏士的西域，也是军人与家属共居的。《汉书》卷九六下《西域传下》记录王莽时与匈奴关系恶化，戊己校尉刀护属下史陈良等"杀校尉刀护及子男四人、诸昆弟子男，独遗妇女小儿"，"尽胁略戊己校尉吏士男女二千余人入匈奴"。三年后，匈奴重新与王莽政权和亲，单于尽收陈良等四人"及手杀刀护者芝音妻子以下二十七人，皆械槛车付使者"[4]。刀护四子及兄弟子皆被杀，只"妇女小儿"得活，可见此戊己校尉赴任，基本举家随往。而由"吏士男女二千余人"、"芝音妻子以下二十七人"知，校尉的下属官吏及士兵也多

---

① 汪桂海：《汉代的腊节》（初刊《中国历史文物》2007 年第 3 期），收入所著《秦汉简牍探研》，台北：文津出版社 2009 年版，第 256 页。

② 谢桂华、李均明、朱国炤：《居延汉简释文合校》，第 109 页。

③ 中国社会科学院考古研究所编：《居延汉简甲乙编》下册附表一"居延汉简出土地点表"，第 324 页。

④ 此事又见《汉书》卷九四下《匈奴传下》，第 3823 页。

有亲属跟从。《后汉书》卷八八《西域传》"光武初，康率傍国拒匈奴，拥卫故都护吏士妻子千余口，檄书河西，问中国动静"，也谈到西域都护曾统士众，有"吏士妻子千余口"。1930 年和 1934 年，黄文弼在今罗布泊北岸孔雀河下游，掘获汉简 71 枚，习称罗布淖尔汉简，其中有"右六人其二亡士四士妻子"（35）内容简文。① 这些与逃亡兵士一同行动的，有他们的妻子儿女在内。

东汉明帝以下，多次颁诏，令死罪系囚减罪一等，戍边诣军为兵。而妻子自随，占著边县，则是相关制度的重要构成内容：

[永平八年（65 年）十月]诏三公募郡国中都官死罪系囚，减罪一等，勿笞，诣度辽将军营，屯朔方、五原之边县；妻子自随，便占著边县；父母同产欲相代者，恣听之。其大逆无道殊死者，一切募下蚕室。亡命者令赎罪各有差。凡徙者，赐弓弩衣粮。

（永平）九年（66 年）春三月辛丑，诏郡国死罪囚减罪，与妻子诣五原、朔方占著，所在死者皆赐妻父若男同产一人复终身；其妻无父兄独有母者，赐其母钱六万，又复其口算。

[永平十六年（73 年）]九月丁卯，诏令郡国中都官死罪系囚减死罪一等，勿笞，诣军营，屯朔方、敦煌；妻子自随，父母同产欲求从者，恣听之；女子嫁为人妻，勿与俱。谋反大逆无道不用此书。

[建初七年（82 年）九月]诏天下系囚减死一等，勿笞，诣边戍；妻子自随，占著所在；父母同产欲相从者，恣听之；有不到者，皆以乏军兴论。及犯殊死，一切募下蚕室。其女子宫。系囚鬼薪、白粲已上，皆减本罪各一等，输司寇作。

[元和元年（84 年）八月]郡国中都官系囚减死一等，勿笞，诣边县；妻子自随，占著在所。其犯殊死，一切募下蚕室；其女子宫。系囚鬼薪、白粲以上，皆减本罪一等，输司寇作。亡命者赎，各有差。

---

① 林梅村、李均明编：《疏勒河流域出土汉简》"附录"，文物出版社 1984 年版，第 100 页。

　　［元初二年（115 年）十月］诏郡国中都官系囚减死一等，勿笞，诣冯翊、扶风屯，妻子自随，占著所在；女子勿输。亡命死罪以下赎，各有差。①

学界一般据此认为，妻子随边事主要集中发生在明、章、安三帝时。然仔细对照可注意，范晔《后汉书》在引录诏令时会有所处理，特别所颁诏令与之前所下内容基本相同时，常有节略。② 进一步梳理则知，诏书凡言死罪系囚减死一等，诣某城戍或徙边者，如《后汉书》卷三《章帝纪》"夏四月丙子，令郡国中都官系囚减死一等，诣金城戍"，同书卷六《冲帝纪》"令郡国中都官系囚减死罪一等，徙边；谋反大逆，不用此令"，虽未及妻子，但作为晚于上述颁布而有节略者，实际应同样包括相关内容。倘纳入这类史料，妻子随边的发生至少有：

　　　　明帝永平八年（65 年）十月
　　　　　永平九年（66 年）三月
　　　　永平十六年（73 年）九月
　　　章帝建初七年（82 年）九月
　　　　元和元年（84 年）八月
　　　　章和元年（87 年）四月③
　　　　章和元年（87 年）八月④
　　和帝永元八年（97 年）八月⑤
　　安帝元初二年（115 年）十月

---

　　① 《后汉书》卷二《明帝纪》，中华书局 1965 年版，第 111—121 页；同书卷三《章帝纪》，第 143、147 页；同书卷五《安帝纪》，第 224 页。
　　② 李开元在分析"高帝五年诏"时，亦指出此点。李开元：《汉帝国的建立与刘邦集团：军功受益阶层研究》，生活·读书·新知三联书店 2000 年版，第 36 页。
　　③ 《后汉书》卷三《章帝纪》："夏四月丙子，令郡国中都官系囚减死罪一等，诣金城戍"，第 156 页；同书卷四六《郭躬传》"赦天下系囚在四月丙子以前减死罪一等，勿笞，诣金城"，第 1544 页。
　　④ 《后汉书》卷三《章帝纪》："壬子，诏郡国中都官系囚减死罪一等，诣金城戍"，第 158 页。
　　⑤ 《后汉书》卷四《和帝纪》："诏郡国中都官系囚减死一等，诣敦煌戍"，第 182 页。

延光三年（124 年）九月①

顺帝永建元年（126 年）十月②

永建五年（130）十月③

冲帝建康元年（144 年）十一月④

桓帝建和元年（147 年）十一月⑤

和平元年（150 年）十一月⑥

永兴元年（153 年）十一月⑦

永兴二年（154 年）十一月前⑧

实际自明帝延续至桓帝，贯穿整个东汉一朝。

而从前后诏书所示，可推知以下几点：（1）徙边从军者主要是"死罪系囚"，量刑更重的谋反大逆无道一类"殊死"者不在此列，量刑更轻的系囚鬼薪白粲已上、亡命、吏有罪、吏聚为盗贼者亦各有减刑，不在此列。东汉政府对从军刑徒的范围，实有所限定。（2）死罪系囚减死从军，诏书始下称"募"，语气尚有劝励；稍后即直接命令，强制色彩明显，甚至对不到者，予以严惩："有不到者，皆以乏军兴论。"措施由临时性逐渐制度化。（3）迁往之地，也即军队集中屯驻处，因当时具体军事形势的需要而进行调整。初始为与度辽将军营关涉的朔方、五原郡，后及敦煌、冯翊、扶风、陇西、北地、上郡、安定等多个西北边郡。方向上呈现由北向西的扩展趋势。减罪刑兵开始广布帝国的北界西疆。（4）妻子自随、著籍边县，开始时尚可由其他亲属代行："父母同产欲相代者，恣听

---

① 《后汉书》卷五《安帝纪》："乙巳，诏郡国中都官死罪系囚减罪一等，（诏）〔诣〕敦煌、陇西及度辽营"，第 240 页。

② 《后汉书》卷六《顺帝纪》："冬十月辛巳，诏减死罪以下徙边；其亡命赎，各有差"，第 253 页。

③ 《后汉书》卷六《顺帝纪》："冬十月丙辰，诏郡国中都官死罪系囚皆减罪一等，诣北地、上郡、安定戍"，第 257 页。

④ 《后汉书》卷六《冲帝纪》："令郡国中都官系囚减死罪一等，徙边；谋反大逆，不用此令"，第 276 页。

⑤ 《后汉书》卷七《桓帝纪》："减天下死罪一等，戍边"，第 291 页。

⑥ 《后汉书》卷七《桓帝纪》："冬十一月辛巳，减天下死罪一等，徙边戍"，第 296 页。

⑦ 《后汉书》卷七《桓帝纪》："十一月丁丑，诏减天下死罪一等，徙边戍"，第 298 页。

⑧ 《后汉书》卷七《桓帝纪》："减天下死罪一等，徙边戍"，第 300 页。

之。"但很快便成为固定性配套措施，相关规定调整为："父母同产欲求从者，恣听之。"对于后种，政府并规定"女子勿输"，也即"女子嫁为人妻，勿与俱"，指犯人女儿已出嫁者，则不强制前往。前后的具体规定都保护了相关各个体家庭的完整性。（5）政府对从边妻子的安置及生活保障会有更进一步规定。仅从留存的节录诏书即知，如妻子不幸亡于边地，妻父或同产兄弟可有一人终身免除赋役。而如妻子无父兄独有老母者，政府则予亡妻之母6万钱，并免纳算钱。

两汉边地屯戍中军人与亲属共处之情形，在战事频繁、屯驻广布的三国时期进一步扩大与普遍化。除曹魏因北方人口锐减、地域广大，不得不特行"人役户居各在一方"，"兵士须和他的室家所在的地方隔开"外①，孙吴、蜀汉的军人亲属，多随军屯驻。② 这背后实际凸显的，是两汉至三国军队形态的变化。两汉于边地所行屯兵，至三国扩大为全国境内军队组织的主要形式之一。

《华阳国志·巴志》有则有趣记载，桓帝永兴二年（154年）"又有女服贼千有余人，布散千里"。对"女服贼"的理解，更始入长安相关史料可参考。《后汉书》卷一上《光武帝纪上》记"三辅吏士东迎更始，见诸将过，皆冠帻，而服妇人衣，诸于绣镼，莫不笑之"。李贤注引《前书音义》"诸于，大掖衣也，如妇人之袿衣"。《东观汉记》作"衣妇人衣，诸于绣拥裍，大为长安笑"。《东观汉记》并提到更始时骑都尉期会，"被服威仪，不似衣冠，或绣面衣、锦袴、诸于、襜褕，骂詈道路，为百姓之所贱"③。前两则记更始军入长安，将吏多着妇女衣裳，大为京城守卒及百姓所笑。后一则记更始骑都尉日常"期会"时，仍然衣着搭配凌乱、妇人之衣未卸，"为百姓之所贱"。这些除说明更始军容不整，军纪不肃外，更反映更始将帅出身的低微，进而对从官为吏的规范素养全然无知。他们往日穷困常着妇人衣，以致见到富家丝绸绣衣，也就不分男女服装而

---

① 参见周一良《魏晋兵制上的一个问题》，《魏晋南北朝史论集》，北京大学出版社1997年版，第3—9页；高敏《论曹魏士家制度的形成与演变》（初刊《历史研究》1989年第5期），收入所著《魏晋南北朝兵制研究》，大象出版社1998年版，第44—67页。

② 周一良：《魏晋兵制上的一个问题》，第10—12页。高敏：《孙吴世袭领兵制度探讨》，《北朝研究》1990年上半年刊；《三国兵志杂考》，《河南大学学报》（哲学社会科学版）1990年第1期，均收入所著《魏晋南北朝兵制研究》，第68—120页。

③ 刘珍等撰，吴树平校注：《东观汉纪校注》卷一、卷八，中华书局2008年版，第5、262页。

一概穿上。故所谓"女服贼",非指女性,而是生活困厄以致日常着"妇人衣"的底层民众。

三　军人家属的连坐变化

军人立功疆场或犯法受刑,直接关系亲属成员的境遇变化。国家对军人亲属在施与恩泽、特加恤抚之外,又往往通过律令中的连坐规定,对军人进行制约。文献中,除《汉书》卷二《惠帝纪》"故吏尝佩将军都尉印将兵及佩二千石官印者,家唯给军赋,他无有所与",《三国志》卷一《魏书·武帝纪》"死者家无基业不能自存者,县官勿绝廪,长吏存恤抚循"等规定外,军人违法对家属的牵连,尤其值得注意。

先看时代稍早的有关规定:

表1　　　　　　　　　　战国城守犯罪连坐表

	违犯事由	连坐及量刑	出处
1	有罪自死罪以上	逮父母、妻子、同产	《墨子·旗帜》
2	反城弃父母去者	父母、妻子、〔同产皆断〕①	《墨子·旗帜》
3	归敌者	父母、妻子、同产皆车裂;先觉之,除	《墨子·号令》
4	诈为自贼伤以辟事者	族之	《墨子·号令》
5	欲以城为外谋者	父母、妻子、同产断;左右知,不捕告,皆与同罪;有能捕告之者封之以千家之邑;若非其左右及他伍捕告者,封之二千家之邑	《墨子·号令》
6	举矢书若以书射寇,身枭城上	父母、妻子皆断;有能捕告之者,赏之黄金二十斤;非时而行者,唯守及掺太守之节而使者	《墨子·号令》
7	以私怨害城若吏事者	父母、妻子皆断	《墨子·号令》
8	以城为外谋者,	三族;有能得若捕告者,以其所守邑小大封之;守还授其印,尊宠官之,令吏大夫及卒民皆明知之	《墨子·号令》
9	去其署者,身斩②	父母妻子罪……	《守法守令十三篇》简七八七

① 此句有脱漏,补字据岑仲勉《墨子城守各篇简注》,第109页。

② 整理者注引《墨子·号令》"擅离署,戮"。银雀山汉墓竹简整理小组编:《银雀山汉墓竹简〔壹〕》,文物出版社1985年版,释文130页。

从中可见规定的细致及连坐的普遍化。其中，第5条、第8条情况接近，"父母、妻子、同产皆断"与"三族"对应。这对聚讼不已的"三族"认识或有帮助。① 据上表，连坐如分层级，先涉及父母、妻子；扩展则至同产。家庭之外，主要涉及守城时左右同伍之人。本人及家属量刑，从斩首、枭首以至车裂，刑罚严酷。但对能"先觉"、"捕告"者，则不予论罪，反行奖赐。法令量刑的悬殊差别，意在使"公义"凌驾私情之上，实现对军中人员的有效管理与统辖。

汉代律令对守城违反者及家属的惩处规定，则见有：

> 以城邑亭障反，降诸侯，及守乘城亭障，诸侯人来攻盗，不坚守而弃去之，若降之，及谋反者，皆要（腰）斩。其父母、妻子、同产，无少长皆弃市。其坐谋反者，能偏（徧）捕，若先告吏，皆除坐者罪。（一、二）②

> ●捕律亡入匈奴外蛮夷守弃亭鄣逢隧者不坚守降之及从塞徼外来绛而贼杀之皆要斩妻子耐为司寇作如（九八三）③

前则属《二年律令·贼律》，区分为两种情形：一是主动行为，又分"反"、"降"两种；二是应对性被动行为，分"不坚守弃去之"、"（不坚守）降之"二种。触犯者皆腰斩，而父母、妻子、同产不论年纪，皆处弃市。后则出自敦煌马圈湾汉代烽隧遗址，据探方编号（T12），大体属宣帝时期。④ 简文题《捕律》，内容则可与《贼律》相参照。它提到"亡入"、"弃亭鄣逢（烽）隧者"、"不坚守降之"、"从塞徼外来绛（降）而贼杀之"，同样皆处腰斩。不过西汉后期，连坐范围已经收缩，对亲属的

① 研究述评参见拙文《走马楼简"吏民簿"所见孙吴家庭结构研究》，卜宪群、杨振红主编：《简帛研究二〇〇七》，广西师范大学出版社2010年版，第258—260页。

② 彭浩、陈伟、[日]工藤元男主编：《二年律令与奏谳书——张家山二四七号汉墓出土法律文献释读》，第88页。

③ 甘肃省文物考古研究所编：《敦煌汉简》下册，中华书局1991年版，第257页。

④ 甘肃省文物考古研究所编：《敦煌汉简》下册，"附录二 敦煌马圈湾汉代烽燧遗址发掘报告"，第54页。

责罚只及妻子，且量刑也相对较轻。所谓"耐为司寇作如"，应指耐为司寇、作如司寇。① 从父母、妻子、同产到只及妻子，从弃市到徒刑，军人亲属的境遇相应有所改变。

东汉末年动乱，相关规定复出现新变化：

> 时天下草创，多逋逃，故重士亡法，罪及妻子。亡士妻白等，始适夫家数日，未与夫相见，大理奏弃市。毓驳之曰……太祖曰："毓执之是也。又引经典有意，使孤叹息。"②

> 鼓吹宋金等在合肥亡逃。旧法，军征士亡，考竟其妻子。太祖患犹不息，更重其刑。金有母妻及二弟皆给官，主者奏尽杀之。柔启曰："……柔恐自今在军之士，见一人亡逃，诛将及己，亦且相随而走，不可复得杀也。此重刑非所以止亡，乃所以益走耳。"太祖曰："善。"即止不杀金母、弟，蒙活者甚众。③

有学者据此指出"军队士卒逃亡，事连其妻。西汉时是否有此项法令，尚难断言。东汉后期，曹操对'军征士亡，考竟其妻子'的士亡法，'更重其刑'，强化了对军队的控制"④，深化了相关认识。程树德将此内容归入汉律"从军逃亡"条，并提示"按唐律，从军征讨亡，在捕亡"⑤。而在此基础上，下列问题也值得注意。

首先，士亡连及妻子一类法令，实际早在西汉之前的战国已出现。前引《尉缭子·兵令下》"兵戍边一岁，遂亡不候代者，法比亡军。父母妻子知之，与同罪；弗知，赦之"，"卒后将吏而至大将所一日，父母妻子尽同罪。卒逃归至家一日，父母妻子弗捕执及不言，亦同罪"，即可为证。上述谈到四种情形："亡军"；"戍边一岁，遂亡不候代者"；"卒后将吏而至大将所一日"；"卒逃归至家一日"。且2、4两种对亲属行为又分为知与不知，及执捕检举与否。当时不仅连及妻子，父母亦须连坐。

① 《汉书》卷二三《刑法志》，第1099页。
② 《三国志》卷二二《魏书·卢毓传》，第650页。
③ 《三国志》卷二四《魏书·高柔传》，第684页。
④ 彭卫：《汉代婚姻形态》第七章，第267页。
⑤ 程树德：《九朝律考》卷一《汉律考五》，中华书局2003年版，第124—125页。

　　其次，曹操对士亡法的"更重其刑"，并不仅仅指在"考竟其妻子"基础上的处罚加重。因为前条《卢毓传》表述作"故重士亡法，罪及妻子"，并举逃亡兵士之妻，即便刚入嫁、尚未与丈夫见面，亦须连坐为例。而且，此处罚最终因卢毓的积极干预，还得到了制止。这说明，对士妻执行严格连坐，当是在加重刑罚之后。而在调整前，相应规定曾经较轻。

　　至于后则《高柔传》"旧法，军征士亡，考竟其妻子"，应是曹操"重士亡法"后的情况，即恢复了旧法。此则紧接说"太祖患犹不息，更重其刑"。也就是说，在罪及妻子情况下，曹魏依然无法遏止兵士逋逃，于是进一步加重刑罚。这一次，量刑调整涉及两个方面。一是亲属。逃亡鼓吹宋金的妻子不仅因而连坐，对供役官府的"母"与"二弟"，"主者奏尽杀之"，与末尾"止不杀金母、弟"语相对应。这是在妻子基础上，连及父母、同产。二是同伍兵士。高柔就此上书时，除建言"宜贷其妻子"外，还特别表达"柔恐自今在军之士，见一人亡逃，诛将及己，亦且相随而走，不可复得杀也"的担心。而对"更重其刑"的举措，高柔亦恐出现事与愿违的结果："此重刑非所以止亡，乃所以益走耳。"末尾在"止不杀金母、弟"后，复有"蒙活者甚众"语，亦可对应。得"蒙活者"，应主要指连坐的同伍兵士。曹魏加重"士亡"处罚后，虽然较东汉末年原本的规定严苛许多，但与《墨子·号令》、《尉缭子·兵令》对照来看，它的多次加重不过始接近战国规定罢了。这些调整仍然遭到大臣的明确反对，体现出当时观念、风气的转移。

　　《高柔传》中"金有母妻及二弟皆给官"的记述，固然显示曹魏时期对兵士家庭成员人身役使的加深。然而，从战国、秦汉的整个发展趋势看，有关连坐的法律规定，无论在范围还是量刑上，都在向转轻的一面发展。在曹魏士家制度下，兵士亲属身份上的依附关系增强；但在连带责任方面，规定整体上的松弛确是存在。它与人身役使的发展并不完全同步。

　　（附记：本文修订承王子今、蒋非非先生，凌文超、徐畅学友提出宝贵意见，谨此致谢）

秦汉太尉、将军演变新考

——以玺印资料为中心

孙闻博

一 邦尉大尉关系考——以印制变动为背景

秦君以下，兼统军事的是相邦、丞相（左、右丞相），专职则为将、尉。[①] 文雅堂藏秦封泥有"邦尉之玺"。[②] 先说"玺"称的使用。《史记》卷六《秦始皇本纪》《集解》引卫宏曰"秦以前，民皆以金玉为印，龙虎钮，唯其所好。秦以来，天子独以印称玺，又独以玉，群臣莫敢用"[③]。《后汉书》卷四八《徐璆传》李贤注引卫宏曰"秦以前以金、玉、银为方寸玺。秦以来天子独称玺，又以玉，群下莫得用"，文字稍异。上述所言，初看似秦统一后的制度变动，实际情形则更为复杂。又，以往学者多据此认为，秦统一天下后，"玺"为皇帝用印专称，之前社会则一直玺、印称呼混用。然细按上述文献，卫宏只说"秦以前"玺印在材质、用钮上并不严格，实并未言及玺、印称呼混用情形。而李贤注引且作"秦以前……为方寸玺"，无疑值得注意。睡虎地秦简《法律答问》记：

[①] 相关探讨参见拙文《爵、官转移与文武分职：秦国相、将的出现》，未刊稿。

[②] 周晓陆等：《在京新见秦封泥中的中央职官内容——纪念相家巷秦封泥发现十周年》，《考古与文物》2005 年第 5 期，第 3—4 页。又，杨广泰《新出封泥汇编》收录有"邦尉之玺"（0134）（西泠印社 2010 年版，第 6 页）。然据拓片，封泥实仅存"邦"及"尉"字右上部，不能排除作"邦尉之印"的可能。此不取。

[③] 今按：《集解》引"卫宏曰"上有"蔡邕曰"，中华书局点校本断作两段引文。《文选》卷二二李善注引相关减省文字，则称"蔡邕《独断》曰"。故上述卫宏所论，恐转引自蔡邕《独断》，中华本引文句读或可调整。

> 亡久书、符券、公玺、衡赢（累），已坐以论，后自得所亡，论当除不当？不当。（一四六）①

睡虎地秦简《为吏之道》篇末亦云：

> 舌者，符玺也。玺而不发，身亦毋薜（辟）。（三二五至三四五）

按"《法律答问》所引用的某些律文的形成年代是很早的"，有些"律文应形成于秦称王以前，很可能是商鞅时期制订的原文"②。而《为吏之道》作为"官员守则类"文书③，内容有较长稳定性，且此篇中多处"正"未改作"端"，不避始皇名讳，抄录也当较早。上述一般官印称为"公玺"，或"符玺"之"玺"，而非"印"，值得注意。这与"邦尉之玺"可以对应。秦封泥文字称"玺"还有一些，如"中车丞玺"、"寺工丞玺"④、"客事之玺"⑤ 等。这些显示，秦玺、印通用时期，官印一般是使用"玺"这一名称。而"公玺"一称，一般又与"私玺"相对，推想民众用印称玺也当较为普遍。秦官印所见，更多以"印"为称。据前讨论，相对于"玺"、"印"称呼混用，称"印"官印很可能较称"玺"者时代为晚。⑥ 由"玺"到"印"，或许体现了秦玺印制度的前后变化。"邦尉

① 睡虎地秦墓竹简整理小组编：《睡虎地秦墓竹简》，文物出版社 1990 年版，释文 127 页。今按：以下所引各简，均初引注明出处、页码，之后随文注明简号。

② 《法律答问》说明，睡虎地秦墓竹简整理小组编：《睡虎地秦墓竹简》，释文 93 页。

③ 《为吏之道》篇题为整理者所拟，岳麓秦简类似文书自题《为吏治官及黔首》。李零建议此类材料统称作"为吏"。参见李零《秦简的定名与分类》，《简帛》第 6 辑，上海古籍出版社 2011 年，第 4 页。

④ 刘庆柱、李毓芳：《西安相家巷遗址秦封泥考略》，《考古学报》2001 年第 4 期，第 436 页，编号 T2③：133；周晓陆等：《在京新见秦封泥中的中央职官内容——纪念相家巷秦封泥发现十周年》，《考古与文物》2005 年第 5 期，第 4—5 页；杨广泰编：《新出封泥汇编》，第 34 页，编号 0802—0811，出土于西安相家巷。

⑤ 陈晓捷、周晓陆：《新见秦封泥五十例考略——为秦封泥发现十周年而作》，《碑林集刊》第 11 辑，2005 年，第 312 页；杨广泰编：《新出封泥汇编》，第 70 页，编号 1660，出土于西安六村堡。

⑥ 小鹿（周晓陆）：《古代玺印》，中国书店 1998 年版，第 17—19 页。

之玺"之外，秦印就有名"邦尉之印"者①。

再说"邦尉"所指。秦有国尉，较早见《商君书·境内》"国尉分地，以徒校分积尺而攻之"，"国尉分地，以中卒随之"。② 此段文字记攻城时任务分配及官员监督，还提到"将军"、"国司空"、"国正、监"等。国尉官职在将军下，国尉、国司空之"国"，入汉避"邦"讳所改，原应作"邦"，分别指邦尉与邦司空。《境内》另则提到"国封尉，短兵千人。将，短兵四千人"③。前者所配短兵卫队人数仅次将军，同样显示地位较高。所谓"国封尉"，俞樾以"封字衍文。盖即尉字之误而衍者"。唐长孺则说："疑国尉秦时本作邦尉，犹相国本是相邦，此封字乃邦之讹。汉时尽改作国，此一处偶存故号，后人旁注国字以合上下文，最后则并作正文入之。"④ 解释更胜前人⑤，也是认为国尉即邦尉，属中央一级。《境内》篇虽不一定为商鞅本人所作⑥，但所述爵制与军队编制明显较早。商鞅时整合境内乡聚，集为大县数十，当时尚未设郡。故《商君书》中邦尉、邦司空之"邦"指整个秦国。

不过，"邦"的含义后来有变化。随着对外扩张的发展，关东领土的兼并，秦在关中内史区域以外，开始逐步设郡。⑦ 所设郡地，相当一封国。故郡早期也称邦。里耶秦简 8—461 木方提到：

郡邦尉为郡尉
邦司马为郡司马

---

① 王辉：《秦出土文献编年》，台北：新文丰出版公司 2000 年版，第 298 页。

② 高亨：《商君书注译》，中华书局 1974 年版，第 153 页。

③ 同上书，第 147 页。

④ 蒋礼鸿：《商君书锥指》卷五引，中华书局 1982 年版，第 116 页。

⑤ 当然，《商君书》中旁书小字以注的例证很少。古时"邦""封"二字通假，"邦"也可能被写作"封"，后人未辨，径加"国"字。二字的通假问题，参见高亨纂著，董治安整理《古字通假会典·东部第一》，齐鲁书社 1989 年版，第 26 页；孙诒让《札迻》卷一二，雪克、陈野点校，齐鲁书社 1989 年版，第 398 页。

⑥ 据学者考证，明确作于商鞅死后是《更法》、《错法》、《徕民》、《弱民》、《定分》诸篇。参见高亨《商君书作者考》，收入所著《商君书注译》，第 6—11 页。

⑦ 秦具体设郡过程参见辛德勇《秦始皇三十六郡新考》，收入所著《秦汉政区与边界地理研究》，中华书局 2009 年版，第 3—92 页。

一般认为，此木方是县吏摘抄的名号更替汇编。① 名号的变更时间，在秦王政称帝改制时。邦司马均改称为郡司马，可证统一之前的秦郡也称邦。②

睡虎地秦简《秦律杂抄》"军人买（卖）禀禀所及过县，赀戍二岁；同车食、敦（屯）长、仆射弗告，戍一岁；县司空、司空佐史、士吏将者弗得，赀一甲；邦司空一盾"（一二至一四），在"县司空、司空佐史、士吏将者"之上，提到所牵涉的更高级别官员——"邦司空"。整理小组注："邦司空，朝廷的司空。"③ 但细按上下文意，并参里耶简所记，"邦司空"当指直接管理辖县相关工作的郡司空。里耶秦简"卅二人徒养八十四人邦司空公白羽"（正）"廷"（背）（8—773）中，背面书有"廷"字，显示正面提到的两类工作人员与迁陵县廷有关。这里"邦司空"应也指郡司空。④ 睡虎地秦简《语书》记始皇廿年（前227年）"南郡守腾谓县、道啬夫"，开头提到"古者，民各有乡俗，其所利及好恶不同，或不便于民，害于邦"的情形。"邦"，整理小组注："国"。下文紧接说"今法律令已具矣，而吏民莫用……甚害于邦，不便于民。故腾为是而脩法律令、田令及为间私方而下之，令吏明布"⑤。这里，南郡守腾矫正害邦之现状，由其本人"脩法律令、田令及为间私方而下之"，并监督所辖各县、道执行。所谓"脩"，整理小组注："脩，通修，《国语·周

① 胡平生：《里耶秦简8—455号木方性质刍议》，《简帛》第4辑，上海古籍出版社2009年版，第17—25页。

② 有意见认为这里"'邦'指封国，与'郡'不同"，而"郡邦尉为郡尉""应断作'郡、邦尉为郡尉'"（游逸飞《里耶秦简8—455号木方选释》，《简帛》第6辑，上海古籍出版社2011年版，第101—102页）。不过，此木简中目前所见其他变更条目，每条所列变更前之对象均为一种，而非二种以上。又，汪启淑《讱庵集古印存》收鼻钮"邦司马印"，罗福颐归入"汉初期官印"（《秦汉南北朝官印征存》卷二，文物出版社1987年版，第11页）。可商。一是西汉初多避邦讳，称"邦"多非汉代习惯。二是秦、西汉初印多田字界格，罗氏以为区别在秦多凿印，汉初则"文字渐趋工整而多出铸造"。细审印文，此印文字并非粗直规整，而是相对较为纤弱，有似凿刻。恐当定为秦印（王辉等即持此意见。王辉、程学华《秦文字集证》，台北：艺文印书馆2010年版，第184—185页；王辉《秦出土文献编年》，第298页）。"邦司马印"有可能为郡司马之官印（罗福颐认为"邦司马"即城门司马，陈力则认为与秦的某臣属国有关。参见陈力《试论秦国之"属邦"与"臣邦"》，《民族研究》1997年第4期，第84页）。

③ 睡虎地秦墓竹简整理小组编：《睡虎地秦墓竹简》，释文第82页。

④ 何有祖即持此意见，参见陈伟主编，何有祖、鲁家亮、凡国栋撰著《里耶秦简校释》（第一卷），武汉大学出版社2012年版，第224页。

⑤ 睡虎地秦墓竹简整理小组编：《睡虎地秦墓竹简》，释文第13页。

语》注：'备也。'"此句可相应译作："所以我把法律令、田令和惩办奸私的法规整理出来，命官吏公布于众。"① 后一"害于邦"情形，是南郡守腾采取措施的直接原因。考虑到《语书》发布时间在秦统一以前，文中第二次出现的"邦"与郡之关系，也值得考虑。

木方在"邦司马为郡司马"之上，尚提到"郡邦尉为郡尉"（8—461）。此似指郡尉在名号调整前，也称邦尉。里耶秦简 8—649 "邦尉都官军在县界中者各☒"中出现"邦尉"，据文意，或指郡尉。② 而木方所记在调整时于邦尉前加"郡"字，可能是为与中央之邦尉相区别的缘故。由此反推，"邦司马"前不加"郡"字，则很可能当时此职主要设置于郡。邦司空的情形，推想与邦司马近似。

在郡的邦尉统一改称郡尉同时，中央邦尉可能也有变化。"邦尉之玺"、"邦尉之印"外，秦封泥又见有"大尉之印"③、"大尉府襄"④。大尉即太尉。如资料可信，则秦代后来确曾有此官称。⑤ 前举里耶秦简 8—461 木方复记有"毋曰邦门曰都门"。"邦"可与"都"对应。而"都"作定语，多有"大"意。⑥ 又，马王堆帛书《刑德》乙篇所记军吏依照先后次序为：

---

① 睡虎地秦墓竹简整理小组编：《睡虎地秦墓竹简》，释文第 14—15 页。对此律文特别"为间私方"的解读，参见陈苏镇《〈春秋〉与"汉道"：两汉政治与政治文化研究》第一章第一节，中华书局 2011 年版，第 31—32 页。

② 参见陈伟主编，何有祖、鲁家亮、凡国栋撰著《里耶秦简校释》（第一卷），第 190 页。

③ 周晓陆等：《在京新见秦封泥中的中央职官内容——纪念相家巷秦封泥发现十周年》，《考古与文物》2005 年第 5 期，第 3、10 页。

④ 周晓陆等：《秦封泥再读》，《考古与文物》2002 年第 5 期，第 68—69 页。

⑤ 以往学界普遍认为，太尉实际至西汉才设立。而参以上论，文献中旧有记载需重新引起注意。《汉书》卷一九上《百官公卿表上》"太尉，秦官"（中华书局 1962 年版，第 725 页）；《礼记·月令》郑玄注："三王之官，有司马无大尉。秦官则有大尉"（《礼记正义》卷一五，阮元校刻《十三经注疏》，中华书局影印本 1980 年版，第 1365 页）；《太平御览》卷二〇九《职官部七》引《汉官》序曰"三司之职，司马主兵，汉承秦曰太尉"（中华书局影印本 1960 年版，第 1002 页）。

⑥ 《汉书》卷一八《外戚恩泽侯表》注引如淳曰"天子钱藏中都内，又曰大内"，同书卷六四上《严助传》注引应劭曰"大内，都内也，国家宝藏也"。《汉书》卷九九下《王莽传下》"封都匠仇延为邯淡里附城。"颜注："都匠，大匠也。"及同书卷四《文帝纪》"二千石遣都吏循行"，严耕望"按都吏即大吏"（《中国地方行政制度史——秦汉地方行政制度》，上海古籍出版社 2007 年版，第 138 页）。

将军、尉、司马、候、司空、冢子。

《淮南子·兵略》亦有一段提到军吏的文字，参日本古写本《兵略》作：

将、大尉、司马、候、司空、舆。①

前论《商君书·境内》国尉官职位在将军下。这里"尉"、"大尉"对应，所指为一职。"大尉"即"太尉"，情形类似，同样位次将军。邦尉、太尉可初步建立起对应关系。由此而言，国尉、邦尉，或恐即是后来之太尉。② 上述也显示，秦玺印制度变化与职官名号更动并不同步，前者早于后者。"秦以来"、"秦以前"，严格说并非是在秦统一、称帝前后。

二　从太尉到中朝将军

景武以降，西汉中央军事组织的变化之一，是最高武官太尉的罢置与诸将军的常设化。《史记》卷二二《汉兴以来将相名臣年表》无序文，非太史公所作，但仍为西汉人手笔。余嘉锡从沈钦韩说，对此表为成帝时冯商所续有进一步考述。③《汉兴以来将相名臣年表》制作谨严，具体分作五栏：一、二栏是纪年、"大事记"，"将相名臣"则具体分作"相位"、"将位"、"御史大夫位"三栏。这与《汉书》卷一九下《百官公卿表下》"太尉"、"大司马"一栏，"列将军"一栏稍有不同。"将位"所列举的主要是太尉与诸将军。后者既有战时权授的征伐将军，也有常设将军。其中，统领京师宿卫的中央列卿，如郎中令、卫尉、中尉，以及权兼文武的地方郡太守，将兵征行一般需加将军号。④ 而太尉、御史大夫无需加将军

① 刘乐贤：《简帛数术文献探论》（增订版）第三章"一、《刑德》研究中的几个问题"，中国人民大学出版社 2012 年版，第 78—81 页。
② 以往多倾向国尉、太尉为完全不同的两职；而战国、秦即便存在太尉，其职掌亦不能与西汉太尉相比。如韩养民《秦太尉小考》，《西北大学学报》（哲学社会科学版）1980 年第 2 期。
③ 参见余嘉锡《太史公书亡篇考》，收入《余嘉锡论学杂著》，中华书局 2007 年版，第 31—35 页。
④ 《史记》卷二二《汉兴以来将相名臣年表》文帝十四年（前 166 年）"中尉周舍、郎中令张武皆为将军，屯长安旁"；文帝后元六年（前 158 年）："河内守周亚夫为将军，军细柳"，中华书局 1982 年版，第 1128—1129 页。

号，以本官即可出征。① 并且，此表所记还存在二千石武官不加将军号，而迁为太尉将兵出征者，如"中尉条侯周亚夫为太尉，击吴楚"②。这与西汉中后期常设将军虽少外出征伐，然一旦出征，即以本官将军号行事，而多不另授新号③，有近似处。

《汉书》卷一九上《百官公卿表上》又云"太尉……武帝建元二年省。元狩四年初置大司马，以冠将军之号"。《太平御览》卷二○九《职官部七》引《汉官序》"汉承秦曰太尉，武帝改曰大司马，无印绶，官兼加而已"④。在太尉官被省后，诸将军只有同时冠以大司马，在官位与军事统领上，始有太尉当年的地位。按西汉太尉虽与丞相同秩，金印紫绶，但位次丞相。如迁转上，多为太尉迁为丞相⑤，而非反之。后来出现的大司马大将军与丞相同俸⑥，也仍然位次丞相。前后格局似乎变动不大。然而，武帝以前的太尉，或为临时征伐，或为稳定新政，时置时罢，并未固定化。而武帝以来，大司马大将军（或车骑将军、卫将军）等诸将军的设置，则呈常态化，并同其他加官组成与丞相所统官僚组织相对的中朝。⑦ 历史上，军事、财政压力往往对制度变革产生作用，四出征伐的武帝时代即为一例。原有最高武官太尉虽然省罢，但是大司马、大将军及前后左右列将军的常设化，大为发展。后一情形，《北堂书钞》卷六四《设官部一六》引《汉官解诂》就提到，"前、后、左、右将军……位上卿，金印紫绶，皆掌兵及四夷"，"宣元以后，虽不出征，犹有其官，位在诸

---

① 《史记》卷二二《汉兴以来将相名臣年表》高祖十一年（前196年）："周勃为太尉。攻代。后官省"；武帝征和三年（前90年）："御史大夫商丘成出河西，击匈奴"，第1122、1144页。

② 《史记》卷二二《汉兴以来将相名臣年表》，第1130页。

③ 《史记》卷二二《汉兴以来将相名臣年表》宣帝神爵元年（前61年）："四月，乐成侯许延寿为强弩将军。后将军充国击羌"，第1149页。

④ 《太平御览》，第1002页。又见孙星衍等辑《汉官六种》，周天游点校，中华书局1990年版，第122页。

⑤ 相关例证如周勃、灌婴、周亚夫、田蚡等。

⑥ 《汉书》卷一○《成帝纪》注引如淳曰"律，丞相、大司马大将军奉钱月六万，御史大夫奉月四万也"，中华书局1962年版，第329页。

⑦ 廖伯源称此类将军为"中朝将军"，《试论西汉诸将军之制度及其政治地位》（原刊《徐复观先生纪念论文集》，学生书局1986年版），收入所著《历史与制度——汉代政治制度试释》，台湾商务印书馆1998年版，第140页。

卿上"①。它们在京开府统兵，参与政事谋议；对外实际又可直接征行，具有很大的政治影响力。因为担任者多皇帝亲信与外戚，背后一定意义上实际凸显皇权的扩张。

与此相伴，这一时期武职用印明显较秦、西汉早期突出者，正是将军及幕府吏员官印开始占有较大比重。廖伯源讨论西汉将军，曾制有西汉将军幕府组织系统图。② 所利用主要是传世文献，包括记叙东汉情形的《续汉书·百官志》。而汉印包含的信息，其实也很丰富。西汉官印相关者既见有"偏将军印"（105、106）、"裨将军印"（107—109）、"校尉丞印"（120）、"护军印章"（220）③，又同时有"偏将军印章"（106）、"裨将军印章"（110）、"校尉丞之印"（169）、"护军之印章"（218、219）。据《史记》卷二八《封禅书》"夏，汉改历，以正月为岁首，而色上黄，官名更印章以五字，为太初元年"，及同书卷一二《孝武本纪》《集解》引张晏曰"汉据土德，土数五，故用五为印文也。若丞相曰'丞相之印章'，诸卿及守相印文不足五字者，以'之'足也"，上举前四印应为武帝太初以前者。不过，张晏所言一般认为主要指高级官吏，"其他中下级官印并不在内"④。这里暂就高级官吏略作提示，中下级者属太初以前或以后，不再做严格区分。⑤

将军属吏长史、司马，属官校尉、候的用印，有前加将军，或具体将军号者，如"大将长史"（96）、"将军长史"（104）、"票军司马"（113）、"强弩司马"（114），及"建威校尉"（116）、"横海候印"（115）等。《汉书》卷六〇《杜周传附子延年传》云"昭帝初立，大将军霍光秉政，以延年三公子，吏材有余，补军司空"。颜注引如淳曰"律，营军司空、军中司空各二人"。《汉书》卷六九《赵充国传》又云

---

① 《北堂书钞》，中国书店影印本 1989 年版，第 228 页。又见孙星衍等辑《汉官六种》，周天游点校，第 12 页。后者辑入脱"犹有其官"句。

② 廖伯源：《试论西汉诸将军之制度及其政治地位》，《历史与制度——汉代政治制度试释》，第 158 页。相关又可参见熊铁基《秦汉军事制度史》第三章，广西人民出版社 1990 年版，第 116—117 页。

③ 罗福颐主编：《秦汉南北朝官印征存》卷三，第 21、23、40 页。

④ 孙慰祖：《封泥发现与研究》，上海书店出版社 2002 年版，第 109 页。

⑤ 将军以下作五字印者，除上举还有"上将军印章"（97）、"祁连将军章"（98）、"虎牙将军章"（99）、"中部护军章"（221）。此外，"前将军司马"（111）、"车骑左都尉"（112），不知是否亦与此有关。

"印坐禁止而入至充国莫府司马中乱屯兵",颜注复引如淳曰"方见禁止而入至充国莫府司马中。司马中,律所谓营军司马中也"。这里提到"幕府",又及"屯兵"。据《续汉书·百官志》,将军统领军队称"营",营分若干部,校尉主之,有军司马、军假司马为副贰,部下有曲,曲由军候主之,假候为副贰。如理解不误,"营军司马"当是将军幕府所在本部之军司马。又,《汉书》卷八五《谷永传》言"(王)音奏请永补营军司马,永数谢罪自陈,得转为长史"。幕府的营军司马一职,似较边郡长史地位为高。汉印见有不少"营"称职官,如"营军司马"(158)、"营军司空"(156)、"监营司马"(159)、"营候之印"(155),可与文献互证。其他相关用印具体又可分作三类。一是"军司空丞"(140)、"军武库印"(143)、"军禀司马"(126)、"军市之印"、"军监之印"(144)、"监史之印"(146)等;二是如淳注有提到的"军中司空"(141)、"军中马丞"(142)一类[1],大体均直属幕府系统;而第三类为"校尉之印"(117—119)、"军司马印"(127—128)、"军假司马"(131)、"假司马印"(130)、"猥司马印"(129)、"军候之印"(148—150)、"军曲候印"(152、153)、"军候丞印"(151)、"候丞之印"、"军假候印"(157),则是分部军事组织的吏员。至于汉印中"校尉丞印"(120)、"校司马印"(122)、"校尉候印"(121),属将军下的部校尉还是独立的校尉,尚难确定。从称呼习惯看,后种可能性大些。

三 "节约之制"下的东汉太尉与将军

东汉复置太尉,居三公之首。此时太尉不复领兵出征,日常主要在朝中参与政事谋议,"每帝初即位,多与太傅同录尚书事"[2]。前后的担任者基本以儒生、文吏为主。迁转上,太尉或由司徒、司空晋升,或多由非武

---

① 《汉书》卷七六《王尊传》"大将军王凤奏请尊补军中司马,擢为司隶校尉"(第3230页),复提到"军中司马"。
② 《通典》卷二〇《职官二》"太尉"条,王文锦等点校,中华书局1988年版,第513页。

职类列卿擢任。① 再加上此时太尉府属吏众多，一般认为"东汉的太尉府，实相当于西汉的丞相府"②。当然，从军事组织而言，太尉仍属武官系统。它与司徒、司空的职掌分别是：

掌四方兵事功课

四方民事功课

四方水土功课③

相关书写颇为规整，彼此职事区分清晰，或直接录自"官簿"。④ 太尉主管国家军事事务，"岁尽则奏其殿最而行赏罚"。《续汉书·礼仪志中》"貙刘"条"于是乘舆还宫，遣使者赍束帛以赐武官"，李贤注引《汉官名秩》曰"赐太尉、将军各六十匹，执金吾、诸校尉各三十匹，武官倍于文官"。文、武之分非自三公以下，太尉即为"武官"首。《晋书》卷二四《职官志》记太尉、司徒、司空，"自汉历魏，置以为三公。及晋受命，迄江左，其官相承不替"，则晋代所述情形可参考。《职官志》又云"大司马、大将军、太尉、骠骑、车骑、卫将军、诸大将军，开府位从公者为武官公，皆著武冠，平上黑帻"。太尉在用冠上与文官的区别，一直明显。

与太尉同处帝国军事组织顶端的将军，东汉时亦有发展。⑤ 《续汉书·百官志一》"将军"条本注曰"掌征伐背叛。比公者四：第一大将军，次骠骑将军，次车骑将军，次卫将军。又有前、后、左、右将军"。不过，东汉常居朝廷的将军，即所谓"中朝将军"，已非这般齐全，而主要是大将军、车骑将军了。⑥ 此较西汉后期所设明显减少。西汉时太尉、

① 原任官的具体情况参见黄致远、黄今言《东汉太尉系年录》，《江西师范大学学报》（哲学社会科学版）2010 年第 6 期。

② 安作璋、熊铁基：《秦汉官制史稿》，齐鲁书社 2007 年版，第 78 页。

③ 《续汉书·百官志一》，《后汉书》，中华书局 1965 年版，第 3557、3560、3562 页。

④ 《续汉书·百官志一》"序"云"世祖节约之制，宜为常宪，故依其官簿，粗注职分，以为《百官志》"，《后汉书》，第 3555 页。

⑤ 学者将此时相关者分为征伐将军、中朝将军、名誉将军，参见廖伯源《东汉将军制度之演变》，《历史与制度——汉代政治制度试释》，第 204—308 页。

⑥ 学者总结东汉将军这一变动特征为"制度化"、"简单化"。廖伯源：《东汉将军制度之演变》，《历史与制度——汉代政治制度试释》，第 272 页。

诸将军时有外出征行之举，东汉前期仍有此情形。如章帝时，帝舅马防行车骑将军征西羌。和帝时，帝舅窦宪以车骑将军、大将军征匈奴、西羌。安帝时，帝舅邓骘以车骑将军征西羌等。安帝以后，此类将军"常在京师"，不复征伐，与太尉职能发展方向类似。①

　　东汉的将军属吏，前人已有探讨。②《秦汉南北朝官印征存》"后汉官印·朝官及其属官印"条下收录有不少将军相关用印，与所举西汉时期者颇有不同，如：

　　　　立节将军长史（682）、宗正偏将军章（689）
　　　　牙门将印章（693—697）
　　　　部曲将印（698—708）、副部曲将（709）、骑部曲将（710—723）
　　　　部曲督印（723—727）、副部曲督（728）、骑部曲督（729）
　　　　骑督之印（730—731）、千人督印（732—735）③

然而征诸文献，上述实际只"部曲将"、"骑督"有记载，而始见已至东汉末年的灵、献之际。灵帝时，何进为大将军，下属有所谓"部曲将"，《后汉书》卷八《灵帝纪》记"何进部曲将吴匡与车骑将军何苗战于朱雀阙下"，同书卷六九《何进传》亦提到"（何）进部曲将吴匡、张璋，素所亲幸"。之后前将军董卓入京，部将李傕、郭汜等也称部曲将。《后汉书》卷九《献帝纪》记"董卓部曲将李傕、郭汜、樊稠、张济等反，攻京师"，同书卷六六《王允传》云"卓部曲将李傕、郭汜等先将兵在关东"，《续汉书·天文志下》亦云"卓部曲将郭汜、李傕旋兵攻长安"，及《后汉书》卷七二《董卓传》"安西将军杨定者，故卓部曲将也"，也可为证。董卓死后，一时控制政局的李傕，其属下亦称部曲将，如《后汉

---

　　① 需提到，大将军位次，东汉前后有所变化。和帝时，窦宪征匈奴有功，迁大将军，位在公上。之后的大将军位次，就一直在三公之上。《续汉书·百官志一》，《后汉书》，第3563页。相关论述亦可参见廖伯源《东汉将军制度之演变》，《历史与制度——汉代政治制度试释》，第244页。

　　② 廖伯源：《东汉将军制度之演变》，《历史与制度——汉代政治制度试释》，第249—271页。

　　③ 罗福颐主编：《秦汉南北朝官印征存》卷五，第122—131页。

书》卷五四《杨震传》"（杨）奇与黄门侍郎钟繇诱催部曲将宋晔、杨昂令反催"。"骑督"则如《后汉书》卷七二《董卓传》李贤注引《九州春秋》"卓以东郡太守胡轸为大督，吕布为骑督"。两职在魏晋时期显然更为常见。

至于上述其他职官就更值得检讨了。正史中，"立节将军"较早见《晋书》卷三〇《惠帝纪》。[①]"宗正偏将军章"有认为是晋代"皇子封王为宗正者领兵出征之属官也"[②]，时代同样较晚。而牙门将及部曲督、骑部曲督等更多"督"官，也主要出现在魏晋时期。[③] 与这些同名的官印，不少被《征存》编入卷七"三国官印"与卷八"两晋官印"中。而对照拓本，印文相同官印在文字摹刻上其实十分近似。因此，上引诸官印除少量属东汉晚期外，大多当改归入三国、两晋甚至南北朝部分为宜。东汉将军下辖军事组织，目前仍当以《续汉书·百官志一》"将军"条所记为主要参考。

将军常设化发展至东汉，出现常设将军种类"简单化"，外出征行也相应减少的情形。"东汉大部分时间不但将军官衔少，将军之人数亦少"，"将军在军事上之重要性减轻，将军只约占主持军事任务之领兵长官人数 26.17%"，"东汉中朝将军之政治性格甚重，而部分中朝将军可能不领兵马，几乎无军事长官之性格"。[④] 大庭脩言及讨伐鲜卑，曾有"东汉时代几乎是不置将军的"的议论。[⑤] 所言虽显绝对，但同样留意到将军制度的相关变化。与此同时，低于将军的诸校尉、中郎将系统，不仅在中央颇为活跃，为宿卫力量的重要组成；而且在对外征

---

① 叶其峰在考证"立节将军章"时，提到"立节将军长史"印，仍归入东汉。《魏晋南北朝时期的将军及有关武职官印》，收入王人聪、叶其峰《秦汉魏晋南北朝官印研究》，香港中文大学文物馆，1990 年，第 185 页。

② 瞿中溶：《集古官印考》卷一一，续修四库全书本，上海古籍出版社影印本 1996 年版，第 408 页。

③ 参见洪饴孙《三国职官表》卷下，收入熊方等《后汉书三国志补表三十种》，刘祜仁点校，中华书局 1984 年版，第 1489—1513 页。孙吴情况参见张金龙《魏晋南北朝禁卫武官制度研究》第六章，中华书局 2004 年版，第 173—180 页。

④ 廖伯源：《东汉将军制度之演变》，《历史与制度——汉代政治制度试释》，第 272—273 页。

⑤ 大庭脩：《秦汉法制史研究》第四篇第三章，林剑鸣等译，上海人民出版社 1991 年版，第 380 页。

讨、屯驻监护上，也是主要的执行者。继续西汉后期情势，东汉中央权力向地方特别边地扩张、辐射，主要较多通过中郎将、校尉系统来进一步实现。①

---

① 关于两汉中郎将、校尉系统的演变，参见拙文《秦汉中央宿卫演变新考——以中郎将、校尉系统的发展为中心》，未刊稿。

两汉的郡兵调动：以"郡国"、"州郡"的行政变化为背景

孙闻博

  秦汉四百年，地方行政建制经历了县、郡（国）县、州郡县的变化，而地方兵的发展作为秦汉军制中军队构成的重要问题，向为学界重视。[①]两汉之间的地方兵，大体被看作郡县兵向州郡兵的变化。不过，其中晦暗难明之处，仍然不少，包括一些较为基础性问题。东汉初，光武罢郡国兵，但地方平乱时，常见州郡兵参与，长沙走马楼吴简中又出现有郡士及

---

  ① 择要列举，近代以来国内代表性成果如雷海宗《中国的兵》（原刊《社会科学》第 1 卷第 1 期，1935 年），收入所著《中国文化与中国的兵》，商务印书馆 2001 年版，第 19—40 页；孙毓棠《西汉的兵制》、《东汉兵制的演变》（原刊《中国社会经济史集刊》，1936 年、1937 年），均收入吴树平编《孙毓棠学术论文集》，中华书局 1995 年版，第 200—287 页；武宗灿《西汉兵制考》，《国专月刊》第 3 卷第 3 期，1936 年；徐德嶙《西汉兵制及其国防》、《东汉兵制及其国防》，《文化先锋》第 6 卷第 8 期，1946 年，《政治季刊》第 5 卷第 1、2 期，1947 年；劳榦《汉代兵制及汉简中的兵制》，《历史语言研究所集刊》第十本，1948 年，第 23—56 页；陈连庆《汉代兵制述略》（原刊《史学集刊》1983 年第 2 期），收入《中国古代史研究——陈连庆教授学术论文集》，吉林文史出版社 1991 年版，第 259—279 页；熊铁基《秦汉军事制度史》第二章"常备军"条，广西人民出版社 1990 年版，第 69—76 页；黄今言《秦汉军制史论》第四章"地方军"，江西人民出版社 1993 年版，第 152—167 页；李玉福《秦汉制度史论》"下篇 秦汉军事制度论"，山东大学出版社 2002 年版，第 314—345 页。日本早年基础研究如滨口重国《秦汉隋唐史の研究》，东京大学出版会，1966 年，第 291—335、459—514 页。近年重要推进为重近启树《秦汉税役制度の研究》第六章"兵制の研究——地方常备军制を中心に"，东京：汲古书院 1999 年版，第 181—151 页；相关学术述评参见重近启树《围绕秦汉兵制的若干问题》，佐竹靖彦主编《殷周秦汉史学的基本问题》，中华书局 2008 年版，第 253—261 页。

州、郡、县卒[1]，则两汉间地方兵演变情况如何，尚需进一步考察。又，东汉州级长官究竟在地方军事活动中扮演怎样的角色，是否有州级兵制存在，也需要进一步思考。

一　也说西汉的地方兵性质

张家山汉简《二年律令·秩律》记西汉初年地方职官，将县（及级别相当县的乡、邑）令、长按秩级分作五等：千石、八百石、六百石、五百石、三百石，且将每一秩等的县一一枚举。郡守则只有一个秩级：二千石，亦不列出各郡。[2] 按汉代县分令、长，乡啬夫分有秩、斗食。区分多依所辖户数差异。[3] 而西汉后期及东汉，诸郡秩级也分有不同等级。[4] 在此背景下，汉初统县诸郡，却没有进一步依所辖户数而相应分等，值得注意。这反映西汉初期，郡在民政管理上，仍然与县、乡存在差别。联系《秩律》所记诸郡职官与中尉所辖在设置与秩级上基本一致，[5] 可见诸郡最初实际相当于以内史为中心横向派生的军事管理区。而相对唐代县、州、中央三级掌有户籍，秦汉"户籍臧乡"、"副上县廷"，只县、乡保存，郡则无。[6] 这种情况的出现，或许同样可以溯因至郡、县的最初差别上来。《二年律令·秩律》中，相对县道提到田、仓、库、少内等机构，郡在守、尉长吏外则多出现郡司马、骑司马，郡发弩、司空、轻车，郡

① 参见长沙市文物研究所/长沙简牍博物馆、中国文物研究所、北京大学历史学系走马楼简牍整理组编著《长沙走马楼三国吴简·竹简〔壹〕》、《〔贰〕》、《〔叁〕》、《〔肆〕》、《〔柒〕》，文物出版社2003年、2007年、2008年、2012年、2013年版。

② 彭浩、陈伟、工藤元男主编：《二年律令与奏谳书——张家山二四七号汉墓出土法律文献释读》，上海古籍出版社2007年版，第260—290页。今按：以下所引简牍，均初引注明出处、页码，之后随文写明简号。

③ 《汉书》卷一九上《百官公卿表上》，中华书局1962年版，第742页；《续汉书·百官志五》及刘昭注补引《汉官》，《后汉书》，中华书局1965年版，第3622、3624页。

④ 阎步克：《从爵本位到官本位：秦汉官僚品位结构研究》下编第三章，生活·读书·新知三联书店2009年版，第355—362页。

⑤ 参见拙文《秦汉军制演变研究》第一章第二节，北京大学博士学位论文，2013年，第55—57页。

⑥ 张荣强：《〈前秦建元二十年籍〉与汉唐间籍帐制度的变化》，收入所著《汉唐籍帐制度研究》，商务印书馆2010年版，第222—266页；拙文《"户籍臧乡"与"副上县廷"——秦汉户籍的管理与使用》，《珞珈史苑》（2012卷），武汉大学出版社2013年版，第98—115页。

候、骑千人等军事职官。① 据睡虎地秦简、里耶秦简,秦代地方社会中的郡,虽然在行政、司法事务上已扮演固定角色,发挥地方一级行政组织的作用;但是它自战国出现时所具有的军事色彩,仍然较为浓重。②

秦汉赋役制度中的"役",即所谓力役之征,学界习惯上又常以"徭役"称之。而使用"徭役"一语时,且多与兵役相对。不过,早期学者如孙毓棠已指出:"汉时承战国及秦代的传统,对于力役与兵役的观念分得不甚清楚,统称之为繇役。"③ 倘以秦及汉初的出土及传世文献而论,与"繇"连称的往往是"戍",即实际语词多作"繇戍"。④《说文·殳部》:"役,戍边也。"⑤"繇戍"实即"徭役"。考虑到成年男子傅籍服正役,亦服兵役,二者年龄起征点一致。⑥ 这里遵从当时人的观念与习惯,使用"繇戍"一语。"繇戍"包含国家征发的一般性力役和屯戍一类常规性兵役。换言之,成年男子傅籍后成为正卒。在服正役之外,所服兵役主要指以戍卒身份,从事"繇戍"之"戍"。⑦ 与"行繇"类似,常规性戍役征发,称"行戍"。睡虎地秦简《秦律杂抄》:"戍律曰:同居毋并行,县啬夫、尉及士吏行戍不以律,赀二甲。"(三九)秦代主要由县令、尉及县尉所统士吏负责。一户家口且聚居在一处者,一次只征发一人。秦汉地方自戍卒中选拔保持有常备兵。⑧《秦律杂抄》记:"驾驺除四岁,不能驾御,赀教者一盾;免,赏(偿)四岁繇(徭)戍。"(三)地方驾驺任

① 参见廖伯源《汉初郡长吏考》,《国学学刊》2009年第1期;廖伯源《汉初郡长吏杂考》,《汉学研究》第27卷第4期,2009年;拙文《秦汉军事组织"边地化"考述》,未刊稿。

② 文帝十四年(前166年),匈奴十四万入北地,"而拜昌侯卢卿为上郡将军,宁侯魏遫为北地将军,隆虑侯周灶为陇西将军……大发车骑往击胡"(《史记》卷一一〇《匈奴列传》,第2901页)。三将军号以"上郡"、"北地"、"陇西"三郡郡名命名,这在后来十分少见。

③ 孙毓棠:《汉代的农民》(原刊《中国社会经济论丛》第一辑,云南全省经济委员会,1943年),收入《孙毓棠学术论文集》,第36页。

④ 高恒:《秦律中的繇、戍问题——读云梦秦简札记》(原刊《考古》1980年第6期),收入所著《秦汉简牍中法制文书辑考》,社会科学文献出版社2008年版,第117—129页;杨振红:《繇、戍为秦汉正卒基本义务说——更卒之役不是"繇"》,《中华文史论丛》2010年第1期。

⑤ 许慎:《说文解字》,中华书局影印1963年版,第66页下。

⑥ 张荣强:《〈二年律令〉与汉代课役身分》,《汉唐籍帐制度研究》,第37—47页。

⑦ 最新研究参见杨振红《繇、戍为秦汉正卒基本义务说——更卒之役不是"繇"》,《中华文史论丛》2010年第1期。

⑧ 相对而言,日本学者较注意将材官、骑士与一般性屯戍兵役相区分。最新探讨参见重近启树前引著作及高村武幸《关于汉代材官、骑士的身份》,杨振红译,卜宪群、杨振红主编《简帛研究二〇〇四》,广西师范大学出版社2006年版,第449—463页。

用四年而仍不能驾车者，本人免职，并补服四年徭戍。用语称"赏
（偿）"，显示驾驷可折抵徭戍，本身却不属"徭戍"范畴。《二年律令·
徭律》又提到"县弩春秋射各旬五日，以当繇（徭）。戍有余及少者，隤
后年"（四一四），也属这种情况。"县弩"类似"驾驷"，不属于"戍"
的范畴。考虑到秦汉律令中"徭""戍"常常连称，这里句读有误，应当
改为："县弩春秋射各旬五日，以当繇（徭）戍。有余及少者，隤后年。"
县中发弩士可用春秋两季三十天的训练，来充抵"徭戍"。[①] 而当年军事
训练多出或不足的天数，则归入来年计算。由此可以推知两点：一是汉初
傅籍男子每年需服"徭戍"为一个月[②]；二是"县弩"并非一年一更，
而是服役期限较长的常备兵。

　　孝公时商鞅变法，在秦国推行县制，地方军队以县为单位建立。秦后
扩地立郡，县仍然是军队组建的重要层级。不过，将汉代地方兵定性为
"县的常备军"[③]，还须进一步讨论。考察地方兵性质，须选取一定标准，
应当考虑：（一）军队的训练校阅；（二）军队的调动指挥。自郡县制确
立以来，军队的训练、校阅及兵士选拔多由郡守、尉负责。县令、长虽有
参与，但并不单独主持。[④] 至于以虎符发兵，秦汉间也有一个发展过程。
秦杜虎符、新郪虎符记录秦君主称君、称王以来，左半兵符多由县令所
掌。阳陵虎符时代在秦统一后，阳陵位于内史地区，当时诸郡的虎符使用
尚待考察。不过，西汉以后，相关情形似乎已有所变化。[⑤]《史记》载文
帝二年（前 178 年）"九月，初与郡国守相为铜虎符、竹使符"，《集解》

---

　　①　相对西汉中后期地方实行秋射，战国、秦及西汉初年似多为春秋两季。《管子·七法》
云"春秋角试，以练精锐为右"（黎翔凤《管子校注》卷二，中华书局 2004 年版，第 117 页），
岳麓秦简《为吏治官及黔首》也提到"春秋肄试、谢室毋虎"（0931、0937）。朱汉民、陈松长
主编：《岳麓书院藏秦简》（壹），上海辞书出版社 2010 年版，第 120 页。

　　②　此与"月为更卒"的服役时间相同。

　　③　重近启树：《秦汉税役制度の研究》第六章第二节，第 218—242 页；重近启树：《围绕
秦汉兵制的若干问题》，《殷周秦汉史学的基本问题》，第 258—259 页。

　　④　《续汉书·百官志五》刘昭注补引《汉官仪》："八月，太守、都尉、令、长、相、丞、
尉会都试，课殿最。"（《后汉书》，第 3624 页）《后汉书》卷一五《李通传》："光武既深知通
意，乃遂相约结，定谋议，期以材官都试骑士日，欲劫前队大夫及属正，以因号令大众。"李贤
注："前队大夫谓南阳太守甄阜也。属正谓梁丘赐也。"（第 574 页）以及习知的东郡太守韩延
寿、翟义都试事。

　　⑤　相关又参见廖伯源《使者与官制演变：秦汉皇帝使者考论》卷八，台北：文津出版社
2006 年版，第 191 页。

引应劭曰："铜虎符第一至第五，国家当发兵，遣使者至郡合符，符合乃听受之。竹使符皆以竹箭五枚，长五寸，镌刻篆书，第一至第五。"① 西汉、新莽虎符，过去多有发现。罗振玉编《增订历代符牌图录》即收录有二十件，十九种。② 1949 年后陆续又有发现：

　　　汉与鲁王为虎符（脊部铭）　鲁左五（肋部铭）③
　　　与齐郡太守为虎符（脊部铭）　右二（右肋部铭）　齐郡左二
（左肋部铭）④
　　　与西河太守为虎符（脊部铭）西河左三（肋部铭）⑤

而罗著提到的新莽虎符，完整录文实作：

　　　新与河平□□连率为虎符（脊部铭）　河平郡左二（肋部铭）
　　　新与压戎□□连率为虎符（脊部铭）　压戎郡右二（肋部铭）
　　　新与敦德广和连率为虎符（脊部铭）　敦德郡左二（肋部铭）
　　　新与武亭氿氿连率为虎符（脊部铭）　武亭……（肋部铭）⑥

《汉书》卷九九中《王莽传中》记"莽以《周官》、《王制》之文，置卒正、连率、大尹，职如太守"。⑦ 王国维对新莽虎符做进一步考辨，指出所记职官为"河平羽贞连率"、"压戎西道连率"、"敦德广桓连率"、"武亭清治连率"，分别对应平原、陇西、敦煌、东郡四郡。⑧ 由上，目前

① 《史记》卷一〇《孝文本纪》，中华书局 1959 年版，第 424 页。
② 《罗雪堂先生全集》七编 2，台北：台湾大通书局 1976 年版，第 468—482 页。
③ 时瑞宝：《西汉鲁王虎符》，《考古与文物》1988 年第 3 期。
④ 景明晨、刘晓华：《咸阳发现汉齐郡太守虎符》，《文博》1990 年第 6 期。
⑤ 王望生：《汉长安城发现西汉西河太守虎符》，《文物》2012 年第 6 期。
⑥ 王国维：《记新莽四虎符》，收入所著《观堂集林》（外二种），河北教育出版社 2001 年版，第 563—564 页。
⑦ 《汉书》，第 4136 页。依《王莽传》"伯氏连率"及"侯伯一国，众户五千，土方七十里……今已受茅土者，公十四人，侯九十三人，伯二十一人"，当时所置 125 郡中，长官为连率之郡大体有 21 个。
⑧ 王国维云："于郡下复缀一县者，盖莽以古之连率所统非一国，故于郡下复举一县，使若统二郡者，实则仍领一郡而已。"《记新莽四虎符》，《观堂集林》（外二种），第 563 页。

所见西汉文帝以降，地方持有虎符者皆为郡国一级。① 联系前论郡、县差异，以及《汉书》卷二三《刑法志》"天下既定，蹑秦而置材官于郡国，京师有南北军之屯"的记载②，可知西汉地方兵主要属于郡兵性质。

西汉立国后实行郡国并行③，东方诸侯国曾是诸郡以外，中央的主要征调对象。④ 汉初，淮南王黥布反，《史记》卷九一《黥布列传》记"上遂发兵自将东击布"，《汉书》卷一下《高帝纪下》作"上乃发上郡、北地、陇西车骑，巴蜀材官及中尉卒三万人……上赦天下死罪以下，皆令从军；征诸侯兵，上自将以击布"，而具体情形，《史记》卷五四《曹相国世家》更提到：

> 黥布反，参以齐相国从悼惠王将兵车骑十二万人，与高祖会击黥布军，大破之。⑤

同姓齐国可调动兵力竟然达十二万之多，军事实力的雄厚令人吃惊。《史记》卷一一八《淮南衡山王列传》记淮南王刘长时，"南海民处庐江界中者反，淮南吏卒击之"。按刘长王淮南王黥布旧地，都寿春，有九江、庐山、衡山、豫章四郡。迁徙至庐江地区的南海民反叛，淮南国派兵平定。从下文"陛下以淮南民贫苦，遣使者赐长帛五千匹，以赐吏卒劳苦者"来看，这一诸侯国内的军事行动是得到汉政府支持的。⑥

---

① 劳榦早年亦指出："至于在县，县令长丞尉……然管番上都试之事，并无主甲卒的明文。《百官表》只云'县令长皆秦官，掌治其县……皆有丞相'，其统率似仍受成于郡的，所以'郡兵'一词在汉代常用，而'县兵'却不常用。"《汉代兵制及汉简中的兵制》，《历史语言研究所集刊》第十本，1948年，第29页。

② 《汉书》，第1090页。

③ 参见陈苏镇《〈春秋〉与"汉道"：两汉政治与政治文化研究》第一章第三节，中华书局2011年版，第66—106页。

④ 《汉书》卷二《惠帝纪》："六月，发诸侯王、列侯徒隶二万人城长安。"第89页。

⑤ 《史记》，第2605、2028页；《汉书》，第73页。

⑥ 《史记》卷九一《黥布列传》、卷一一八《淮南衡山王列传》，第2603、3077页。相关又参见周振鹤《西汉政区地理》，人民出版社1987年版，第10—11、46页。

二　郡界与秦、西汉的郡兵调动

　　疆界的厘定是国家对地方管理的重要内容。西汉列侯多有因擅出部界而受处罚者：文帝后元元年（前163年），宁侯魏指"坐出国界，有罪，国除"①；景帝四年（前153年），绛阳侯华禄"坐出界，有罪，国除"②；武帝元封五年（前106年），祝兹侯刘延"坐弃印绶出国，不敬，国除"③；杨丘侯刘偃"孝景四年，坐出国界，耐为司寇"④；以及武帝征和三年（前90年），邗侯李寿"坐为卫尉居守，擅出长安界，送海西侯至高桥，又使吏谋杀方士，不道，诛"⑤。处罚的严厉充分体现了"国界"在政治上的限制功能。⑥

　　秦汉郡守、尉所统郡兵除接受中央征调外，一般只在郡界范围内活动。⑦ 所谓"二千石行不得出界，兵不得擅发"⑧。成帝时冯野王为琅邪太守。京兆尹王章因王凤专权，"荐野王代凤"。王章被杀，"于是野王惧不自安，遂病，满三月赐告，与妻子归杜陵就医药"。而王凤未肯罢休，令御史中丞劾奏冯野王"赐告养病而私自便，持虎符出界归家，奉诏不

---

　　① 《史记》卷一八《高祖功臣侯者年表》，第944页。

　　② 同上书，第922页；《汉书》卷一六《高惠高后文功臣表》"绛阳"作"终陵"，情形记作"孝景四年，坐出界，耐为司寇。户千五百"，第570页。

　　③ 《史记》卷二一《建元以来王子侯者年表》，第1116—1117页；《汉书》卷一五上《王子侯表上》"刘延"作"刘延年"，情形记作"坐弃印绶出国免"，第476页。

　　④ 《汉书》卷一五上《王子侯表上》，第431页。

　　⑤ 《汉书》卷一七《景武昭宣元成功臣表》，第664页。以上相关问题，亦可参看程树德《九朝律考》卷一《汉律考五》"出界"条，中华书局2003年版，第119页。上举"杨丘侯"，程著作"阳邱侯"。

　　⑥ 参见拙文《走马楼吴简所见"乡"的再研究》，《江汉考古》2009年第2期。

　　⑦ 严耕望云："而县其长吏可为兄姊服丧，可以自由去官；亦谓郡国为地方政治重心，非县道比也。"《中国地方行政制度史——秦汉地方行政制度》，上海古籍出版社2007年版，第396页。

　　⑧ 《后汉书》卷七七《酷吏传·李章》，第2493页。至于与"郡"常常连称的诸侯国情形，《史记》卷五二《齐悼惠王世家》记诸吕之乱时，齐王刘哀起兵行动主要有"使祝午尽发琅邪国而并将其兵"、"举兵西攻吕国之济南"、"乃西取其故济南郡"，即将吕后当政时从齐国分割出的琅邪、吕国、济南郡重新夺回。之后，"亦屯兵于齐西界以待约"。这反映齐王为呼应、配合中央行动，在实现自身基本利益同时，有意识将军事活动限定在初封齐国的国界以内。第2002、2003页。

敬"。当时律文本无相关规定，但王凤凭借自身权势，终使野王免官。史书记"郡国二千石病赐告不得归家，自此始"①。自此以后，郡守病满三月即便得皇帝"赐告"休假，亦不得离开任职之郡。《后汉书》卷一七《岑彭传》"诏彭守益州牧，所下郡，辄行太守事"，李贤注引《东观记》："彭若出界，即以太守号付后将军，选官属守州中长吏。"同书卷三一《廉范传》："举茂才，数月，再迁为云中太守。会匈奴大入塞，烽火日通。故事，虏入过五千人，移书傍郡。吏欲传檄求救，范不听，自率士卒拒之。"②云中为两汉边郡，入侵敌军超过五千人，才可向邻郡发书求救。邻郡也只有在接到相应文书后，才可出界救援。而"故事"之外的特殊情形，则需：（一）朝廷特别批准。《后汉书》卷二〇《王霸传》："玺书拜霸上谷太守，领屯兵如故，捕击胡虏，无拘郡界。"（二）郡守事前自请。《汉书》卷九九下《王莽传下》："后（翼平连率田）况自请出界击贼，所向皆破。莽以玺书令况领青、徐二州牧事。"（三）紧急情况应对后及时上报。《后汉书》卷七七《酷吏传·李章》："出为琅邪太守。时北海安丘大姓夏长思等反，遂囚太守处兴，而据营陵城。章闻，即发兵千人，驰往击之。……兴归郡，以状上帝，悉以所得班劳吏士。"③

至于地方动乱，亦多有程度轻重及应对之别。秦末：

> 数岁，陈胜起山东，使者以闻，二世召博士诸儒生问曰："楚戍卒攻蕲入陈，于公如何？"博士诸生三十余人前曰："人臣无将，将即反，罪死无赦。愿陛下急发兵击之。"二世怒，作色。叔孙通前曰："诸生言皆非也。夫天下合为一家，毁郡县城，铄其兵，示天下不复用。且明主在其上，法令具于下，使人人奉职，四方辐辏，安敢有反者！此特群盗鼠窃狗盗耳，何足置之齿牙间。郡守尉今捕论，何足忧。"二世喜曰："善。"尽问诸生，诸生或言反，或言盗。于是二世令御史案诸生言反者下吏，非所宜言。诸言盗者皆罢之。乃赐叔孙通帛二十匹，衣一袭，拜为博士。④

---

① 《汉书》卷七九《冯奉世传附子野王传》，第3303—3304页。
② 《后汉书》，第661、1103页。
③ 《后汉书》，第737、2493页；《汉书》，第4172页。
④ 《史记》卷九九《叔孙通列传》，第2720—2721页。

这里明显将地方政治危机分作"盗"、"反"两类。"盗"指盗贼,也就是叔孙通形容的"群盗鼠窃狗盗",危机程度较低,主要由"郡守尉"在郡界内"捕论"。"反"指叛乱,博士所言"人臣无将,将即反,罪死无赦",则需"陛下急发兵击之"。王符《潜夫论·救边》议东汉羌乱,提到"乃者,边害震如雷霆,赫如日月,而谈者皆讳之,曰焱并窃盗","不一命大将以扫丑虏,而州稍稍兴役,连连不已"①,亦可作为参考。定性的差别,直接影响具体的危机应对。陈胜起义后,由于二世喜纳谀言,粉饰太平,"诸生言反者下吏,非所宜言。诸言盗者皆罢之"。在此定性下,地方官吏多只能在郡界、县界范围内阻击农民暴动,这是"张楚"政权得以迅速壮大,周文所统偏师在较短时间即兵临咸阳的重要原因。

前引"二千石行不得出界"后,紧接有"兵不得擅发"语。秦杜虎符、新郪虎符记地方发兵规定,提到"凡兴士被甲,用兵五十人以上,必会君(王)符,乃敢行之"。"兴士"指军兴、发兵,"被甲"如"巫蛊之祸"戾太子起兵,"使长安囚如侯持节发长水及宣曲胡骑,皆以装会"②。50人在军队编制中相当于屯(或作"队")。调动此规模以上兵力,即需"会符"乃可。不过,符文下面紧接又称"燔燧之事,虽毋会符,行殹"③。"燔燧"指敌人突然入侵,燔积薪、举燧表,组织抵抗。此言如遇"燔燧之事",虽未"会符",也可发兵。上述在汉代实际也多有出现,不过须及时自"请"、"自劾奏"。如上引田况自请出兵击赤眉,及前举东汉李章出界击夏长思。因此而被惩治的事例,则如"元封元年(前110年),(轪)侯秩为东海太守,行过不请,擅发卒兵为卫,当斩,会赦,国除",及"(元狩)二年(前121年),(从平)侯戎奴坐为上郡太守发兵击匈奴,不以闻,谩,国除"④。可以看到,他们被治罪不仅仅是因为擅发兵,还包括"不请"、"不以闻"等情形。

地方盗贼往往有势力较强,一郡守、尉难以抑制;或流动数郡,诸郡各守本界,而无法平定者。对于前者,西汉出现有三种应对。(一)任命

---

① 王符著,汪继培笺,彭铎校正:《潜夫论笺校正》卷五,中华书局1985年版,第262、267页。

② 《汉书》卷六六《刘屈氂传》,第2881页。

③ 王辉:《秦出土文献编年》,台北:新文丰出版公司2000年版,第58、109页。

④ 《史记》卷一九《惠景间侯者年表》、卷二〇《建元以来侯者年表》,第978—979、1036页。

新郡尉，专主平定。《汉书》卷六四上《吾丘寿王传》："会东郡盗贼起，拜为东郡都尉。上以寿王为都尉，不复置太守。""不复置太守"，为使任命长吏拥最大军事指挥权，所谓"连十余城之守，任四千石之重"。（二）丞相、御史大夫遣掾史逐捕。《汉书》卷八三《薛宣传》记"广汉郡盗贼群起。丞相御史遣掾史逐捕不能克"。（三）任命武吏为新郡守，军兴从事。《薛宣传》在"丞相御史遣掾史逐捕不能克"下，记"上乃拜河东都尉赵护为广汉太守，以军法从事。数月，斩其渠帅郑躬，降者数千人，乃平"。《汉书》卷一〇《成帝纪》则记述另一侧面，鸿嘉四年（前17年）"冬，广汉郑躬等党与浸广，犯历四县，众且万人。拜河东都尉赵护为广汉太守，发郡中及蜀郡合三万人击之。或相捕斩，除罪。旬月平"。[①] 朝廷专门选调河东都尉任广汉太守。而这里所谓的"军法从事"，实际是在发本郡兵同时，征发邻郡郡兵参与行动。

而地方动乱发生后，出现丞相、御史委派长史、中丞等重要属吏督郡逐捕，则往往因盗贼流动数郡的出现：

　　（阳朔三年，前22年）夏六月，颍川铁官徒申屠圣等百八十人杀长吏，盗库兵，自称将军，经历九郡。遣丞相长史、御史中丞逐捕，以军兴从事，皆伏辜。

　　（永始三年，前14年）十二月，山阳铁官徒苏令等二百二十八人攻杀长吏，盗库兵，自称将军，经历郡国十九，杀东郡太守、汝南都尉。遣丞相长史、御史中丞持节督趣逐捕。[②]

二者最初分别为颍川、山阳两郡铁官徒杀长吏反叛，均有盗取官府军械，并自称将军的情形。前者流动作战经过九郡，后者更达十九郡国。[③] 于是丞相长史、御史中丞前往地方逐捕。前者提到"以军兴从事"，后者言"持节督趣"。其实彼此情形、性质类似，处置不会有多大的差异。平帝

---

　　① 《汉书》，第2795、3393、319页。
　　② 《汉书》卷一〇《成帝纪》，第314、323页。
　　③ 《汉书》卷二六《天文志》更记作"山阳铁官亡徒苏令等杀伤吏民，篡出囚徒，取库兵，聚党数百人为大贼，逾年经历郡国四十余"，第1311页。

时元始三年（3年）：

> 阳陵任横等自称将军，盗库兵，攻官寺，出囚徒，大司徒掾督逐，皆伏辜。①

这里记叙简略，而起兵者举动与上述类似。平帝时实行三公制，出现"大司徒掾督逐"，可见阳陵任横为首的动乱影响很大。《后汉书》卷二九《申屠刚传》述西汉末，曾有"盗贼群辈，且以万数，军行众止，窃号自立，攻犯京师，燔烧县邑，至乃讹言积弩入宫，宿卫惊惧。自汉兴以来，诚未有也"的论议。对于"攻犯京师，燔烧县邑"，李贤以为"谓平帝元始三年，阳陵人任横等自称将军，盗武库兵，攻官寺，出囚徒也"②。值得注意的是，此后不久，梁统对尚书状云：

> 元寿二年（前1年），三辅盗群辈并起，至燔烧茂陵都邑，烟火见未央宫，前代〔所〕未尝（所）有。其后陇西新兴，北地任横、任崔，西河曹况，越州度郡，万里交结，或从远方，四面会合，遂攻取库兵，劫略吏人，国家开封侯之科，以军法追捕，仅能破散。③

相对其后更广地域的农民暴动，梁统所叙三辅群盗焚烧茂陵的行为真是"前代所未尝有"。这与《申屠刚传》所举"攻犯京师，燔烧县邑"事，较为对应。与"自汉兴以来，诚未有也"的感慨④，也十分近似。而"三辅盗群辈并起，至燔烧茂陵都邑"与申屠刚所举"攻犯京师，燔烧县邑"事，也较为对应。由此，申屠氏所述，或非李贤注引元始三年事，而很可能指元寿二年事。梁统对状中，元寿二年"其后"，提到西北诸郡盗贼有"北地任横"，与阳陵者同名。元寿二年至元始三年（3年），不过四年。这里所述相关背景实值得关注。《汉书·平帝纪》元始二年夏，"郡国大旱，蝗，青州尤甚，民流亡"，特别言及青州在旱灾中受灾尤重。旱灾、

---

① 《汉书》卷一二《平帝纪》，第355页。
② 《后汉书》，第1013、1034页。
③ 《后汉书》卷三四《梁统传》李贤注引《东观记》，第1169页。
④ 《汉书》卷二九，第1013页。

饥荒、流亡，往往迫使不少民众转为盗贼。我们注意到，帝纪紧接提到这年："秋，举勇武有节明兵法，郡一人，诣公交车。"相对孝廉、秀材，汉代此类则多为特举，因需始加征求。灾后开展抚恤不久，即察举武吏，从中透露出当时地方社会的微妙动向。"九月戊申晦，日有蚀之，赦天下徒"，同时，又有"使谒者大司马掾四十四人持节行边兵"。① 这又可与"其后陇西新兴，北地任横、任崔，西河曹况"的动乱相联系。边地生态环境脆弱，经济发展滞后。饥馑荒年，民众生活所受影响，往往远剧它地。而"越州度郡，万里交结，或从远方，四面会合，遂攻取库兵，劫略吏人"显示，这次动乱不仅多地并起，而且彼此互通联系，流动数郡，波及甚广。"国家开封侯之科，以军法追捕"的具体举措，很可能同样是由丞相、御史长吏来持节督捕。而帝纪随后特别对元始三年"阳陵任横"事着墨记述，显示这一动乱所波及范围及官府重视程度，并不逊于上述所谓"北地任横"事。

西汉武帝末年，由于长期用兵，经济凋敝，"盗贼群起"尤为严重。诸郡之上派丞相、御史长吏督捕，已无法应付。这时只有采取特殊升级措施：著名的"绣衣使者"设置。"武帝末，军旅数发，郡国盗贼群起，绣衣御史暴胜之使持斧逐捕盗贼，以军兴从事，诛二千石以下"，及所谓"始使御史中丞、丞相长史使督之，犹弗能禁，乃使光禄大夫范昆、诸部都尉及故九卿张德等衣绣衣，持节，虎符发兵以兴击"②。在前述背景下重新审视武帝时这一特殊使者的设置，或许能有新的体认与把握。

三　"州"地位发展与东汉郡兵

自武帝元封五年（前106年）设十三州部刺史，迄新莽，相关制度有数次变动：成帝绥和元年（前8年）称牧；哀帝建平二年（前5年）复称刺史，元寿二年（前1年）复称牧。关于长官时为刺史、时为州牧的认识，意见有二。一种认为反映职权的扩张变化。《续汉书·百官志五》刘昭注补"成帝改牧，其萌始大，既非识治之主，故无取焉尔"。顾炎武亦云："州牧之设，中材仅循资自全，强者至专权裂土，然后知

---

① 《汉书》卷一二《平帝纪》，第353、354页。
② 《汉书》卷六六《王欣传》，卷九〇《酷吏传·咸宣》，第2887、3662页。

刺史六条，为百代不易之良法。"① 近人也说："刺史、州牧，改来改去，不仅是名称的改变，实质上反映了中央集权与地方割据势力的一个消长过程。"② 另有学者对照东汉情形，提到"西汉时刺史或州牧"对所部官吏有举劾权，无黜退权；属派遣的中央官，而非地方官。③ 按后一看法多有值得重视之处。成帝以降，州牧、刺史间的变动初衷，需要重新审视。首先看第一次制度变更：

> 初，何武为大司空，又与丞相方进共奏言："古选诸侯贤者以为州伯，《书》曰'咨十有二牧'，所以广聪明，烛幽隐也。今部刺史居牧伯之位，秉一州之统，选第大吏，所荐位高至九卿，所恶立退，任重职大。《春秋》之义，用贵治贱，不以卑临尊。刺史位下大夫，而临二千石，轻重不相准，失位次之序。臣请罢刺史，更置州牧，以应古制。"奏可。

> 及博奏复御史大夫官，又奏言："汉家至德溥大，宇内万里，立置郡县。部刺史奉使典州，督察郡国，吏民安宁。故事，居部九岁举为守相，其有异材功效著者辄登擢，秩卑而赏厚，咸劝功乐进。前丞相方进奏罢刺史，更置州牧，秩真二千石，位次九卿。九卿缺，以高弟补，其中材则苟自守而已，恐功效陵夷，奸轨不禁。臣请罢州牧，置刺史如故。"奏可。④

可以看到，何武、翟方进这里共同建议罢刺史，置州牧，主要参考上古"选诸侯贤者以为州伯"义，对当时部刺史职任"选第大吏，所荐位高至九卿，所恶立退"，并没有进行调整。当时改制主要是从形式上符合"《春秋》之义，用贵治贱，不以卑临尊"。而朱博后来建议恢复刺史之

---

① 《后汉书》，第 3620 页；顾炎武著，黄汝成集释：《日知录集释》（全校本）卷九"部刺史"条，栾保群、吕宗力校点，上海古籍出版社 2006 年版，第 529 页。

② 安作璋、熊铁基：《秦汉官制史稿》，齐鲁书社 2007 年版，第 513 页。

③ 《中国大百科全书》（缩印本）"两汉州部"条，谭其骧撰，中国大百科全书出版社 1997 年版，第 373 页。又，严耕望在《中国地方行政制度史——秦汉地方行政制度》中，虽颇强调两汉刺史权力地位的差别，但在"西汉末年之牧伯制时期"小节中，又特言"刺史事实上已行政官化"，"故哀帝元寿二年仍复牧伯之称"（第 280—283、290 页），则在此问题上，似属前一种意见。

④ 《汉书》卷八三《朱博传》，第 3406 页。

制，理由也主要集中在人才选拔上。他觉得部刺史较州牧效果更好，"其有异材功效著者辄登擢，秩卑而赏厚，咸劝功乐进"，而"更置州牧，……其中材则苟自守而已，恐功效陵夷，奸轨不禁"。无论"置"、"罢"，均未涉及对中央、地方关系的议论，无疑值得注意。《汉书》卷七二《鲍宣传》又提到：

> 哀帝初，大司空何武除宣为西曹掾，甚敬重焉，荐宣为谏大夫，迁豫州牧。岁余，丞相司直郭钦奏"宣举错烦苛，代二千石署吏听讼，所察过诏条。行部乘传去法驾，驾一马，舍宿乡亭，为众所非"。宣坐免。归家数月，复征为谏大夫。①

这里所记何武尚为大司空，鲍宣任州牧又至少有一年有余，具体仍应属绥和元年改制。丞相司直郭钦对豫州牧鲍宣的举奏，主要集中在越权理事与行巡损官家威仪两方面。其中针对前者的议论"宣举错烦苛，代二千石署吏听讼，所察过诏条"，可见州牧依然没有人事任免权与司法权，仍须按"诏条"问事。鲍宣所为，不过逾越武帝以来刺史的职权范围罢了。由此而言，郭钦的批评恰恰说明：当时改置州牧后，相关职权与刺史无大差别。西汉成帝以后的地方动乱，形势严峻时仍多由丞相、御史遣掾属督捕，而少见刺史、州牧的身影，恐怕也是因为这个缘故。

而讨论东汉刺史制度的变化，却不宜忽视新莽的影响。王莽时推行复古改制，制度多有变动。由于光武入河北，"除王莽苛政，复汉官名"；政权法统上，又溯至元帝，开国"称为中兴"。故以往较少注意新莽制度对东汉的影响。其实，它们的联系多可留意。② 新莽有以中央诸卿加大将军号的做法，如"纳言大将军严尤、秩宗大将军陈茂击荆州"③。纳言为大司农，秩宗为宗正。更始政权分封则以"卫尉大将军张卬为淮阳王，廷尉大将军王常为邓王，执金吾大将军廖湛为穰王"，"水衡大将军成丹

---

① 《汉书》，第3086页。

② 《后汉书·光武帝纪》，第10、83页。学者指出王莽五大司马之制，影响更始、赤眉政治势力的官制设置；"诗国十五"影响东汉初年的光武分封。参见阎步克《由〈悬泉月令诏条〉再论新莽之五部大区建置》，《国学研究》第三十卷，北京大学出版社2012年版，第1—26页。

③ 《汉书》卷九九下《王莽传下》，第4176页。

为襄邑王"①。而刘祉、光武又曾为"太常将军"②、"太常偏将军"③。官名从汉,但形式仍然多有保留。又,《汉书》卷九九中《王莽传中》有新莽更名西汉诸卿中的六卿"与三公司卿凡九卿,分属三公"④。《续汉书·百官志三》刘昭注补引《汉官目录》则载太常、光禄勋、卫尉为"太尉所部",太仆、廷尉、大鸿胪为"司徒所部",宗正、大司农、少府为"司空所部"⑤。东汉实际政治中,并不存在这样的对应关系。上述提法的出现,恐怕是受到新莽影响。

至于州主官参与军事活动,也主要出现在新莽时。始建国四年(12年)二月,改行九州岛制。地皇元年(20年)二月,"莽见四方盗贼多,复欲厌之……于是置前后左右中大司马之位,赐诸州牧号为大将军,郡卒正、连帅、大尹为偏将军,属令长裨将军,县宰为校尉"⑥。加将军号,固有"复欲厌之"的一面;然从赐号来看,州居郡上,并非仅监察性质。在此之前,新莽已出现州牧领兵事。天凤三年(16年)五月,"乃遣并州牧宋弘、游击都尉任萌等将兵击匈奴,至边止屯"⑦。王莽为平定盗贼,在给州牧加将军号后,使州牧成为地方最高的军事统帅。绿林起兵后,"地皇二年(21年),荆州牧某发奔命二万人攻之,匡等相率迎击于云杜,大破牧军"⑧。州牧可在州内募兵,荆州牧一次即征发兵士达两万人。而这支军队又被简称为"牧军"。又,侍中、掌牧大夫李棽曾被王莽任命为"大将军、扬州牧,赐名圣,使将兵奋击"青、徐盗贼。此后朝廷动员组织的规模更大:"太师王匡、国将哀章、司命孔仁、兖州牧寿良、卒正王闳、扬州牧李圣亟进所部州郡兵凡三十万众,迫措青、徐盗贼。"⑨

---

　　① 《后汉书》卷一一《刘玄传》,第471页。

　　② 《后汉书》卷一一《刘玄传》、卷一八《陈俊传》,第470、689页。

　　③ 《后汉书》卷一上《光武帝纪上》,第4页。

　　④ 《汉书》,第4103页;具体参见阎步克《文穷图见:王莽保灾令所见十二卿及州、部辨疑》,《中国史研究》2004年第4期。

　　⑤ 《后汉书》,第3581、3584、3601页。《通典》卷二〇《职官二》"三公总叙"云"后汉……太尉公主天(本注:部太常、卫尉、光禄勋),司徒公主人(本注:部太仆、鸿胪、廷尉),司空公主地(本注:部宗正、少府、司农)",王文锦等点校,中华书局1988年版,第506页。

　　⑥ 《汉书》卷九九下《王莽传下》,第4158页。

　　⑦ 《汉书》卷九九中《王莽传中》,第4144页。

　　⑧ 《后汉书》卷一一《刘玄传》,第467页。

　　⑨ 《汉书》卷九九下《王莽传下》,第4168、4181页。

昆阳之战前，王莽欲集大兵剿灭绿林军，"遣大司空王邑驰传之洛阳，与司徒王寻发众郡兵百万，号曰'虎牙五威兵'，平定山东。得颙封爵，政决于邑。……邑至洛阳，州郡各选精兵，牧守自将，定会者四十二万人，余在道不绝，车甲士马之盛，自古出师未尝有也"①。可见当时州牧领兵作战，已经较为普遍。

更始及东汉建武十八年（42 年）之前，仍从新莽置州牧。《后汉书》卷一九《耿弇传》："更始见光武威声日盛，君臣疑虑，乃遣使立光武为萧王，令罢兵与诸将有功者还长安。遣苗曾为幽州牧，韦顺为上谷太守，蔡充为渔阳太守，并北之部。"同书卷三三《朱浮传》："光武遣吴汉诛更始幽州牧苗曾，乃拜浮为大将军幽州牧，守蓟城，遂讨定北边。"② 这里，光武改为任命朱浮，称"大将军幽州牧"，沿袭新莽习惯尤为明显。

吴汉击幽州牧苗曾事，《后汉书》卷一八《吴汉传》载："即拜汉大将军，持节北发十郡突骑。"同书卷一上《光武帝纪上》亦载："先遣吴汉北发十郡兵。幽州牧苗曾不从，汉遂斩曾而发其众。"③ 一同前往者尚有耿弇："乃拜弇为大将军，与吴汉北发幽州十郡兵。"④ 按西汉幽州刺史部含广阳国正辖"十郡"。上述三处记载，均不简称发幽州兵，而都特别交代"十郡"之兵。这又显示，新莽以来，州牧虽拥有更高的军事指挥权，但地方军队构成仍然是郡兵形态。

东汉初曾有著名的罢地方武备之举。建武六年（30 年），"初罢郡国都尉官"；建武七年三月丁酉又下诏"今国有众军，并多精勇，宜且罢轻车、骑士、材官、楼船士及军假吏，令还复民伍"⑤。而联系新莽以来州牧统兵作战的背景，州牧改刺史却发生在远在其后的建武十八年（42年），无疑值得注意。建武六年和建武七年时，隗嚣、公孙述这样强大的地方割据尚且存在，从"国有众军，并多精勇"来看，光武当时主要依靠战斗力较强的中央各直属部队，地方兵则相对要弱。故罢地方武备，不会影响光武实力，又可防范后方可能发生的更大叛乱。⑥ 光武罢地方武

① 《汉书》卷九九下《王莽传下》，第4182页。
② 《后汉书》，第705、1137页。
③ 《后汉书》，第676、17页。
④ 《后汉书》卷一九《耿弇传》，第706页。
⑤ 《后汉书》卷一下《光武帝纪》，第51页。
⑥ 陈苏镇：《〈春秋〉与"汉道"：两汉政治与政治文化研究》第六章第一节，第510—511页。

备，如置于更大脉络背景中考察，有一个很重要的问题就会浮现出来，那就是在这一影响东汉地方军备的重大举措中，为什么未涉及对州、州牧的直接调整呢？这其实是显示，新莽以来州牧军事地位虽已变化，但州一级独立掌握的兵力有限，即地方兵的构成与性质相对稳定，仍然属于郡兵。

光武中兴后，各地陆续设立不少营兵。学界对此多有探讨。[①] 营兵的突出除前人论考外，还体现在文献记东汉边郡，常以"营"、"郡"连称。[②] 然而，营兵实力虽强，数量毕竟有限。东汉地方动乱，特别民族冲突又远剧西汉。当时地方在实际应对中，仍常发"州郡兵"作战。而郡守之上的刺史，多督领州内太守。[③]"州"的军事地位较西汉已明显不同。刘秀时曾令"其牧守令长坐界内盗贼而不收捕者，又以畏懦捐城委守者，皆不以为负，但取获贼多少为殿最，唯蔽匿者乃罪之。于是更相追捕，贼并解散。徙其魁帅于它郡，赋田受禀，使安生业"；班勇亦云"今中国置州牧者，以禁郡县奸猾盗贼也"[④]。又据安帝时海贼张伯路、顺帝末扬、徐盗贼作乱时的政府应对[⑤]，东汉遣中央官督地方逐捕，较西汉更为灵活，丞相长史、御史中丞之外，不仅有较低的侍御史，而且有属于京师宿卫的中郎将[⑥]；形势严峻时，甚至会考虑派遣三公一级的太尉。而在此基础上，相关史例亦进一步揭示，光武虽罢地方兵，然东汉一代，地方多数时期仍存在一定规模的常备兵。

---

① 如李玉福《秦汉制度史论》下编"秦汉军事制度论"，第336—342页；张鹤泉《东汉时期的屯驻营兵》，《史学集刊》2006年第3期，等等。

② 《后汉书》卷五一《陈龟传》"自顷年以来，匈奴数攻营郡"，"帝觉悟，乃更选幽、并刺史，自营郡太守都尉以下，多所革易"；同书卷六五《皇甫规传》"愿假臣两营二郡，屯列坐食之兵五千，出其不意，与护羌校尉赵冲共相首尾"（李贤注"两营谓马贤及赵冲等。二郡，安定、陇西也"），及同传"羌戎诸种，大小稽首，辄移书营郡，以访诛纳，所省之费，一亿以上"语（第1692—1693、2130、2134页）。

③ 相关论述分析参见严耕望《中国地方行政制度史——秦汉地方行政制度》，第288—289页；黄今言《秦汉军制史论》，第156页；小岛茂稔《汉代国家统治构造和展开——后汉国家史序说》，东京：汲古书院1989年版，第196—214页。

④ 《后汉书》卷一下《光武帝纪下》、卷四七《班超传附子勇传》，第67、1588页。

⑤ 参见拙文《秦汉军制演变研究》第二章第二节，北京大学博士学位论文，2013年，第127—130页。

⑥ 《后汉书》卷三六《郑兴传》记郑兴劝诫隗嚣"夫中郎将、太中大夫、使持节官皆王者之器，非人臣所当制也"，第1219页。又，关于汉代郎将接受临时差遣，从事各种任务，参见廖伯源《从汉代郎将职掌之发展论官制演变》（原刊《历史语言研究所集刊》第六十五本第四分，1994年），修订稿收入所著《秦汉史论丛》（增订本），中华书局2008年版，第37—103页。

四　结　论

前面对地方行政建制由郡（国）县向州郡县演进发展大背景下，两汉地方兵的构成及变动情形做了讨论，这里略作小结：

（1）秦汉成年男子傅籍后成为正卒。在服正役之外，所服兵役主要指以戍卒身份，从事"徭戍"之"戍"。地方则在戍卒群体中选拔保持有常备兵。

（2）郡在依秩分等、户籍管理上与县有别，作为横向派生的军事、行政区出现后，两汉地方兵在训练、调动上呈现郡兵性质。

（3）秦汉郡守、尉所统郡兵除接受中央征调外，一般只在郡界范围内活动。以地方政治危机作"盗"、"反"划分而言，前者主要由"郡守尉"在郡界内"捕论"。后者则须皇帝"急发兵击之"。紧急情况下，长官虽未"会符"，也可发兵，但需及时自"请"、"自劾奏"。地方盗贼往往有势力较强，一郡守、尉难以抑制；或流动数郡，诸郡各守本界，而无法平定者。政府常采取不同等级的应对措施。丞相、御史委派长史、中丞等重要属吏督郡逐捕，由此出现。

（4）从地域整合角度，"州"一级的军事作用愈受重视。不过西汉后期，刺史、州牧的制度反复，并未涉及州军事职能的增减。州的相关权力，实际在新莽后始得发展。更始、东汉受王莽政权影响，州军事权力大增。不过，东汉初著名的罢地方武备之举，却未涉及对州、州牧的直接调整。这又显示：州一级所独立掌握的兵力有限，东汉地方兵的构成与性质相对稳定，仍然属于郡兵。

（附记：本文修改承评审专家提出宝贵意见，特此致谢）

玄学视野下的"宅无吉凶论"

——阮侃及其风水批判思想

张齐明

阮侃是魏晋玄学思潮中的一位重要人物，作为陈留阮氏家族的重要成员，他与阮籍、阮咸一样，都与嵇康交往密切，是竹林名士这一松散文人集团的重要参与者。特别是他与嵇康之间关于"宅无吉凶"的论战，更是魏晋玄学的重要历史文献。嵇阮关于"宅无吉凶"的辩论，是中国历史上最早有关风水的系统辩论，对中国古代风水术走向产生了极为重要的影响。令人遗憾的是，学术界对嵇阮之间的辩论一直没有给予足够的重视，至今尚未见专文讨论。本文拟就阮侃与陈留阮氏家族的关系、"宅无吉凶"的论战时间、阮侃"宅无吉凶"论与王充风水批评思想的继承关系等问题进行初步的考辨，希望能对推动相关研究有所裨益。

一

为了更好地理解、研究阮侃的"宅无吉凶"的风水思想，有必要先对其生平与思想背景作适当的考辨。关于阮侃的历史记载非常简略，其行事大多已经无法确知。借助几条零散的史料，对其生平作出一些简单的推断。

据宋人张杲所著《医说》引《晋书》佚文，阮侃有传。其引文如下：

> 阮侃，字德如，陈留尉氏人也。幼而聪惠，长而好学，性沉静，有大度。以秀才为郎，游心方技，无不通会，于本草经方疗治之法，

尤所耽尚。官至河内太守。①

另据《世说新语·贤媛》注引《陈留志名》云:

> 阮共,字伯彦,尉氏人。清真守道,动以礼让,仕魏至卫尉卿,
> 少子侃,字德如,有俊才而饬以名理,风仪雅润,与嵇康为友,仕至
> 河内太守。②

据以上两条史料,可以知道阮侃为陈留尉氏人,其父亲阮共,曹魏时期官
至卫尉。卫尉为列卿之一,掌宫门卫士,负责宫中徼循。阮侃本人以秀才
为郎,仕至河内太守。其任河内太守一职的时间,上引史料没有明说。而
据《宋书·符瑞志》的记载:“晋武帝太康二年六月丁卯,白雀二见河内
南阳,太守阮侃获以献。”③ 太康二年为公元 281 年,此时距司马氏代魏
已经 16 年,距阮侃好友嵇康被杀也已经 19 年。河内太守应该是阮侃仕途
的最高职位,河内郡,魏晋时期属于司州,距都城洛阳甚近,是达官贵人
与名士的聚居区,是仅次于洛阳的另一个政治、文化中心,著名的“竹
林之游”就是在河内山阳郡。④ 因此,河内郡太守,是一个关键岗位,一
些比较重要的历史人物曾先后担任此职,如何曾在曹魏后期、裴楷在泰始
时期、王濬在元康初年都曾任河内太守。

至于阮侃的生年,没有相关记载。从其与嵇康相交甚契来看,年龄应
该与嵇康相去不远,嵇康生于魏文帝黄初四年,也就是公元 223 年。另据
史载,阮德如妹妹为许允之妻。《三国志·魏书·诸夏侯曹传》注引《魏
氏春秋》,魏明帝时（227—239 年在位）许允为吏部郎,因选官激怒明
帝,阮侃之妹为其出谋解困。据此,可知魏明帝时其妹已经嫁给许允为
妻,虽然古人结婚较早,但从阮氏临事的果敢从容来看,阮氏的年龄应当
不会太小。若以 18 岁计,以魏明帝时期的下限公元 239 年来推算,则其
兄出生年代应该不会晚于 220 年。因此,阮侃应当比嵇康略大几岁。前文

---

① 张杲:《医说》,影印文渊阁四库全书本,第 29 页。
② 余嘉锡:《世说新语笺疏》,中华书局 2007 年版,第 789 页。
③ 《宋书》卷二九《符瑞志下》,中华书局 1974 年版,第 843 页。校勘记:据《晋书·地
理志》,河内郡属县有河阳、山阳,无南阳。南阳当是河阳或山阳之误。
④ 王晓毅:《竹林七贤考》,载《历史研究》2001 年第 5 期。

引史料已经确定阮侃在281年尚为河内太守,虽然魏晋时期致仕的年龄规定并不严格,但以70岁致仕的通例,大致可以推断阮侃的出生年龄肯定不会早于212年,而嵇康的另一位挚友阮籍就出生在210年。因此,阮侃年龄应该比阮籍小,而略长于嵇康,其生活的年代大约介于建安末年至晋武帝太康初年之间。

曹魏时期的陈留阮氏家族是一个什么样的家族呢?高晨阳先生在《阮籍评传》一书中,根据司马昭试图与阮籍联姻的史实,推断阮氏家族是当时拥有"清望门第"的著名士族。应当说曹魏到西晋时期,正处于士族社会的形成期,尚不能用东晋南朝时期的士庶观念来看待曹魏时期的阮氏家族。史籍所载陈留诸阮家世,仅《晋书·阮种传》提到阮种系"汉侍中胥卿八世孙也"。余皆不追溯先祖,可知阮氏家族在汉代并不显赫。陈留阮氏家族的崛起与曹魏政权有密切关系,陈留是曹操起兵之地,是曹操的主要根据地。中平六年(189年),"太祖至陈留,散家财,合义兵,将以诛卓。冬十二月,始起兵于己吾"。裴松之注引《世语》曰:"陈留孝廉卫兹以家财资太祖,使起兵,众有五千人。"[1] 因此,曹魏政权中的许多人都来自陈留,如潘勖、毛玠、典韦、路粹、卫臻、卫恂、高柔等。陈留阮氏可能也是在曹操起兵之初就追随曹魏集团的。最为知名的当属阮籍父亲阮瑀,系著名的"建安七子"之一,曾经做过曹操的司空军谋祭酒,掌管记室,后为仓曹掾属。曹魏到西晋初期,进入仕途的陈留阮氏主要有官至清和太守的阮武、河南尹阮炳、步兵校尉阮籍、始平太守阮咸、卫尉卿阮共、平原相阮种及河内太守阮侃等。可见,阮氏家族在曹魏时期是非常显赫的,所以"世冠族"的高阳许允会娶阮侃之妹为妻,这可能也是司马昭欲与阮籍联姻的重要原因之一。

和曹魏时期许多大族一样,阮氏家族的崛起也是和其儒学世家的家学传统分不开的,据《世说新语·任诞》刘孝标注引《竹林七贤论》称"诸阮前世皆儒学"[2]。确实如此,比如阮武的父亲阮谌就精于三礼之学,"造《三礼图》传于世",阮武本人"阔达博通,雅渊之士",阮炳之子阮柯"性纯笃闲雅,好礼无违,存心经诰,博学洽闻"[3],阮籍也自言

---

① 《三国志》卷一《魏书·武帝纪》,中华书局1959年版,第5页。
② 《世说新语笺疏》,第861页。
③ 《三国志》卷一六《魏书·杜恕传》注,第508页。

"昔年十四五，志尚好诗书"，并以颜闵相期，阮侃之父阮共"清真守道"，阮侃本人撰有《诗音》，而且精于易学。以上均说明阮氏家族以儒学传家，这种儒学背景构成了陈留阮氏家族的学术和思想底色。儒学世家的家学背景，在阮籍和阮侃的著作中都得到了充分体现和证明。

阮氏家族家学传承除了儒学以外，另一个重要的内容就是所谓的方技之术。上引《晋书》称阮侃"游心方技，无不通会，于本草经方疗治之法，尤所耽尚"。阮侃的医术可能非常精湛，陶弘景就称"自晋代以来有张苗……等一代良医。其贵胜阮德如、张茂先辈、逸民皇甫士安及江左葛洪、蔡谟、商仲堪诸名人等，并研精药术"①。正是因为阮侃精研药术，所以在和嵇康就"宅无吉凶"进行论战中多处讨论到了养生问题。阮侃精于医术可能也是受到家族影响，阮武的弟弟阮炳，同样精于医术，并撰有《药方》一书。②

值得注意的是，阮氏家世儒学的传统，在汉魏之际也引入了新的文化因子。这种新因子和阮籍的父亲阮瑀有关，据《三国志·魏书·阮瑀传》，"瑀少受学于蔡邕"。蔡邕，汉末著名学者，与阮氏同为陈留郡人。蔡邕对汉魏之际的学术思想走向产生了重要影响，汉魏之际的许多重要士大夫都与蔡邕关系密切，比如山阳王氏家族的王粲就为蔡邕所重。如果我们将魏晋玄学早期的一些重要思想家的学术渊源略作分析，就会发现这些思想家的学术渊源都或多或少和蔡邕有关，王弼、何晏、阮籍都是如此。蔡邕的学术主体虽然还是两汉经学，但是蔡邕对自称服膺"黄老"的王充倍加推崇。据《后汉书·王充传》注引《袁山松书》：

> 《袁山松书》曰："充所作《论衡》，中土未有传者，蔡邕入吴始得之，恒秘玩以为谈助。其后王朗为会稽太守，又得其书，及还许下，时人称其才进。或曰，不见异人，当得异书。问之，果以《论衡》之益，由是遂见传焉。"《抱朴子》曰："时人嫌蔡邕得异书，或搜求其帐中隐处，果得《论衡》，抱数卷持去。邕丁宁之曰：'唯我

---

① 陶弘景：《本草经集注》，影印敦煌石室藏六朝写本，群联出版社1955年版，第22页。
② 《三国志》卷一六《魏书·杜恕传》，裴松之注引《杜氏新书》："（阮）武弟炳，字淑文，河南尹。精意医术，撰药方一部。"

与尔共之，勿广也。'"①

这些材料就充分说明蔡邕受到了王充的深刻影响，这种学术的倾向无疑也会影响到他的学生阮瑀。阮瑀所接受新的思想因子，又必然对其家族子弟产生深刻影响。

综上所论，可以归结为以下两点：

（1）阮侃生活的年代大约介于建安末年至晋武帝太康初年之间。其与嵇康的交往大约在正始时期，并参与了竹林之游，是竹林名士松散文士集团的成员之一。在思想倾向上与嵇康非常接近，所以嵇康引为知己，二人交往非常密切。他与阮籍、阮种一样，后来都仕晋，官至河内太守。

（2）作为魏晋时期陈留阮氏家族的重要成员，阮侃既承继了"家世儒学"的家学传统，又受到了王充黄老道家思想的重要影响。这就在王充和竹林名士集团之间建立了联系，这种联系是研究竹林玄学的一个重要历史线索。

二

围绕《宅无吉凶摄生论》有两个问题需要厘清，一是《宅无吉凶摄生论》的作者问题；二是"宅无吉凶"的论战时间问题。分别论之如下：

阮侃的著作，据《隋书·经籍志》载主要有：《摄生论》二卷；《阮侃集》五卷，录一卷。《阮侃集》早已亡佚，今天尚能见到的阮侃的著作，只有保存于《嵇康集》中的阮德如答诗二首，《宅无吉凶摄生论》及《释难宅无吉凶摄生论》两篇论文。

关于"宅无吉凶"两篇论文的著作权，历史上曾有不同看法。清人严可均所辑《全上古三代秦汉三国六朝文》中将其归于张邈，姚振宗在《隋书经籍志考证》承继了严可均的说法，于《嵇中散集》下云：

> 案今本集中有《难张辽叔自然好学论》、《难张辽叔宅无吉凶摄生论》、《答张辽叔释难宅无吉凶摄生论》，凡三篇，而张之本论俱

---

① 《后汉书》卷四九《王充传》，中华书局 1965 年版，第 1629 页。

亡矣。①

又于《阮侃集》下云：

> 康集载《宅无吉凶摄生论》与张辽叔相反覆者，意侃集其论，为二卷，《七录》列之道家，或亦编入本集五卷中也。②

姚振宗一方面接受了严可均的看法，认为《宅无吉凶摄生论》为嵇康和张辽叔之间的论难之文；另一方面，他又无法否认《隋书·经籍志》中阮侃撰有《摄生论》二卷的记载。在没有文献证据的情况下，姚氏提出了一种非常牵强的解释，认为该论为张辽叔所作，而"侃集其论"。

今人戴明扬在《嵇康集校注》中对此曾有辩驳，认为应当为阮德如所作，他说：

> 《隋志》道家类注云："梁有摄生论二卷，晋河内太守阮侃撰。"当即此及释难宅无吉凶摄生论二篇，盖阮氏与嵇叔夜至交，故往复论难，亦如向秀与叔夜论养生耳。《隋志》云二卷，则阮氏无三论之文，如或有之，则《隋志》二卷"二"当为"三"字之误也。张邈但有自然好学论，叔夜难之。至此二篇，则固阮侃之文，非张邈所论而侃集之者，姚氏亦以归之张邈，盖承严氏之误。③

其实二论为阮德如所作本并无疑问，周婴撰《卮林》称："予观嵇叔夜集，向子期、阮德如皆有相难文，故为遐周申之。遐周闻此，将无一大噱乎？"可见在明代，周婴所见的嵇康文集中，就明确是阮德如与嵇康相互论难。之所以有归之于张邈之说，皆是因为清人严可均在辑录《全上古三代秦汉三国六朝文》时，误将之归于张邈。

阮侃与嵇康关于"宅无吉凶"的辩论到底发生在什么时期？有的学

---

① 姚振宗：《隋书经籍志考证》，续修四库全书本，上海古籍出版社2002年版，第681页。
② 同上书，第691页。
③ 戴明扬：《嵇康集校注》，人民文学出版社1962年版，第265—266页。

者认为在甘露四年，也就是公元 259 年。① 这一时间推断是不正确的，并无文献支持这一论断。之所以作这样的推断，无疑是受到了侯外庐先生关于嵇康《与阮德如》一诗时间判断的影响。要解决"宅无吉凶"的论战时间问题，嵇阮交往时间是唯一的途径。今本《嵇康集》中有嵇康所写五言诗一首《与阮德如》和阮德如答诗两首，这三首诗是关于嵇康与阮德如交往的仅存文献。诗文透露了嵇康和阮侃交往的几个重要信息：

第一，嵇康与阮侃之间的交往时间很短，而且旋即分离。嵇康诗中说"畴昔恨不早，既面侔旧欢。不悟卒永离，念隔增忧叹"。阮侃也称"交际虽未久，恩爱发忠诚"。从诗文看，阮德如与嵇康之间感情真挚，嵇康在赠诗中以"郢人忽已逝，匠石寝不言"之语高度称赞了阮侃的学识人格，并引以为知己，更以"泽雉"、"零鬼"为喻，勉励阮侃"荣名秽人身，高位多灾患。未若捐外累，肆志养浩然"。当然从后来的政治选择看，阮侃并没有如嵇康所期望的那样，而是走上了仕途，到了西晋时期更是担任了河内太守这样的重要官职。

第二，嵇康与阮侃相识的地方当为嵇康的居所——山阳。魏晋时期的山阳属于河内郡，是当时仅次于洛阳的重要文化和政治中心，也是竹林名士的聚居区。嵇康一生的大部分时间都是在山阳度过的，他在山阳的住所是竹林名士主要活动场所。嵇康在山阳的居所，位于今河南修武县天门山百家岩下，该山位于太行山南部。从阮侃答诗中"顾步怀想象，游目屡太行"一句，可以确定他们相识之处为山阳无疑。阮侃从山阳嵇康居所南下，回首北望，正好是巍巍太行，此句属写实之文。

第三，阮侃答诗中"东野多所患，暂往不久停"之句中的"东野"到底是指何处？戴明扬在《嵇康集校注》中云：

> 《战国策·齐策》："封卫之东野。"《后汉书·刘陶传》"上议曰：'臣东野狂暗，不达大意。'"案：陶，颍川颍阴人，此诗东野，亦当指颍川也。②

戴氏引《战国策》和《后汉书》之文说明东野为颍川，似不能成立。历

① 皮元珍：《嵇康论》附录《嵇康年表》，湖南人民出版社 2000 年版，第 431 页。
② 《嵇康集校注》，第 70 页。

史上的颍川郡在今河南许昌一带，而战国时候的卫国在今河南濮阳一带，相去甚远，所以"卫之东野"不可能是指颍川郡。东野，是春秋时鲁国季孙氏的封地。《左传·定公五年》："六月，季平子行东野。"据《山东通志》卷九《古迹志·曲阜县》："东野，在县境。《左传·定公五年》：季平子行东野。杜预注云：季氏邑也。"据此，则东野在鲁国。其实，东野很少作为地名出现，更多的是"齐东野语"的省语。戴引《后汉书》刘陶自言"东野狂暗"之语与刘陶的籍贯当并无关系，只是一种谦称，与文献中屡屡出现的"东野凡生"、"东野常人"、"东野之鄙人"等性质相类。另外，嵇康本人在《声无哀乐论》中也曾以"东野主人"自况，均说明东野并非颍川之代称。东野为颍川之说，文献上虽不足据，但阮侃南下的目的地倒是非常可能就是颍川。嵇康诗中"南土埠不凉"之句，说明阮侃的目的地是所谓的"南土"。从曹魏当时的疆界来看，颍川地处曹魏的南疆，与孙吴的荆州相接，颍川可以视为"南土"。

嵇康与阮德如之间答诗的写作时间，侯外庐先生在《中国思想史》中曾以嵇康诗首句"含哀还旧庐，感切伤心肝"之语推断"当系追念母亲之词"，认为与作于景元元年（260年）的《思亲诗》同时或略早。其实"含哀还旧庐，感切伤心肝"一句，从全诗的上下文看，只不过表达了作者送别挚友后，回到两人曾经相聚的旧庐时，睹物思人的哀伤，而并无追念母亲之意。在诗的最后，嵇康说"自立致所怀，临文情辛酸"就是最好的注脚。

此外还有旁证，嵇康在《酒会诗》中有"斯会岂不乐，恨无东野子"之句。诗中的东野子就是指阮德如，则《酒会诗》当作于与阮侃分别之后。诗中所描绘的"乐哉苑中游，周览无穷已"的酒会之乐，足以证明此诗绝非作于"新失母兄之欢"的景元元年前后，而应当作于竹林之游的前期，也就是正始时期。

从嵇康的思想演进轨迹来说，"宅无吉凶"论战的时间也只能是正始时期，而不可能是甘露时期。高平陵政变，是曹魏政治的一个转折点，对魏晋玄学思潮发展也有重要影响。一般认为，嵇康的思想在"高平陵政变"后发生了重大变化。在正始时期，嵇康虽然"好老庄"，但基本上并不排斥儒家思想。而到了高平陵政变之后，嵇康对儒家圣人之论的态度由温和而转向激烈，嵇康把"明堂"、"六经"、"仁义"、"章服"之类的儒家名教，斥为迂腐无用之物，在《与山巨源绝交书》中还公开菲薄汤、武、周、孔。这种对儒家圣人的激烈排斥态度,在"宅无吉凶"的辩论中根本没有体现。与之相反,嵇康在辩论中还多处引用儒家圣人之说。

综上所论,阮侃与嵇康的交往时间主要是在正始时期,和嵇康关于"宅无吉凶"的讨论也只能发生在正始时期。

三

阮侃的"宅无吉凶"风水观,一方面继承了王符、王充的"吉凶兴衰在人不在宅"的风水批判思想;另一方面在具体论证上又与他们不同。王符、王充的风水批判的立足点是"风水术"本身,主要集中在风水吉凶的具体推演模式及其方法,而阮侃则明显不同。阮侃在《宅无吉凶摄生论》和《释难宅无吉凶摄生论》两文中,从以下几个方面阐释了自己"宅无吉凶"的风水观:

第一,针对世间盛行的风水信仰,阮侃首先分析了其产生的主观原因。他认为,人们之所以将"寿夭祸福"寄托于"安宅、葬埋"等种种风水禁忌,是因为人们不能够把握生命中"寿夭祸福"的真正原因,即他所谓的"世有安宅、葬埋、阴阳、度数、刑德之忌,是何所生乎?不见性命,不知祸福也。不见故妄求,不知故干幸"。

风水术是关于宅居、冢墓营建中的一种趋吉避凶之术,它源于人们对命运预测与调整的心理需求。而在阮侃看来,人类营建中的种种禁忌,是由于人们不了解人类社会生活中吉凶祸福产生的根本原因造成的。在他看来,"多饮而走,则为澹支;数行而风,则为痒毒;久居于湿,则要疾偏枯;好内不怠,则昏丧文房"。这些才是造成人们寿夭的根本原因,但是人们却忽视这些直接因果关系,却将其归于营建活动中的种种吉凶禁忌,这样做的结果就是他所称的"而掘基筑宅,费日苦身以求之,疾生于形,而治加于土木,是疾无瘳矣"。正是由于人们不了解人生寿夭穷通的真正原因,所以才会"不见故妄求,不知故干幸"。人们关于宅居、冢墓的种种吉凶祸福之说,正是由于不明白社会生活中人们吉凶祸福的真实原因而造成的,他说这就像一个"不知蚕者",虽然"出口动手,皆为忌祟",但"不得蚕丝滋甚",而他一旦懂得了养蚕的方法和技术,就会"百忌自息,而利十倍"。

既然,在阮侃看来风水观念源于人们"不见性命",那么什么是阮侃所谓的"性命"呢？阮侃所称的"性命"就是王充的"气命"，《释难宅无吉凶摄生论》中明确指出"夫命者，所禀之分也"。正是因为"命"为人所禀之分，是不可改变的，因此，他才说"信顺者，成命之理也"。在他看来，人们一旦明白了这个道理，风水吉凶之说自然就无从产生。因此，他说：

> 设为三公之宅，而令愚民居之，必不为三公可知也。夫寿夭之不可求，甚于贵贱，然则择百年之宫，而望殇子之寿，孤逆魁冈，以速彭祖之夭，必不几矣。或曰：愚民必不得久居公侯宅，然则果无宅也，是性命自然，不可求矣。①

在这里，阮侃以"三公之宅"为喻，进一步明确了他"性命自然"说，他的"宅无吉凶"论也正是建立在"性命自然"基础之上的。在阮侃看来，三公的住宅不可谓不吉，但让普通老百姓去住，并不能使其成为三公。为什么呢？因为寿夭贵贱不可求，一个命中注定只有"殇子之寿"的人，为他选择可以长命百岁的住宅，或为彭祖选择那些"孤逆魁冈"的大凶之地居住，都不可能改变殇子与彭祖的寿命。他们夭折和长寿都是其"性命自然"，不可强求。因此，寿夭穷通取决于"性命"，并不决定于宅居。

应当说，阮侃关于风水术产生和存在的社会心理基础的分析有一定道理，在一定程度上揭示了风水信仰与命运论之间的关系，但"不知性命"并非风水术产生的唯一原因。

第二，阮侃还批判了"五音"、"时日"等具体吉凶推演方法。关于宅居和冢墓营建中的时日禁忌，他说：

> 夫时日谴祟，古之盛王无之，而季王之所好听也。制寿宫而得夭短，求百男而无立嗣，必占不启之陵，而陵不宿草，何者？高台深宫，以隔寒暑，靡色厚味，以毒其精，亡之于实，而求之于虚，故性命不遂也。或曰：所问之师不工，则天下无工师矣。②

---

① 《嵇康集校注》，第268—269页。
② 同上书，第270页。

　　俗有裁衣种谷皆择日，衣者伤寒，种者失泽，凡火流寒，至则授衣，时雨既降，则当下种，贼方至，则当疾走。今舍实趣虚，故三患随至。凡以忌祟治家者，求福，而其极皆贫，故有"知星宿，衣不覆"之谚，古言无虚，不可不察也。①

阮侃对"时日遣祟"的批驳并没有具体展开，而只是认为时日禁忌并非盛王所为，而且在实践中没有实际成效，即他所称的"制寿宫而得夭短"，时日禁忌的讲求是"亡之于实，而求之于虚"。

　　针对由五音术确定的地之方位吉凶，阮侃称：

　　若地之吉凶，有虎禽之类，然此地苟恶，则当所往皆凶；不得以西东有异，背向不同，宫姓无害，商则为灾。福德则吉至，刑祸则凶来也。故诗云："筑室百堵，西南其户。"古之营居，宗庙为先，厩库次之，居室为后。缘人理以从事，以此议之，即知无太岁刑德也。若修古无违，亦宜吾论，如无所，不知谁从？②

在阮侃看来，地的吉凶就像一个猎人外出狩猎，丛林之中或遇虎，或遇禽。对于猎人而言，遇虎为凶，遇禽为吉，而这和地的东西、背向等方位并无关系。更不能说，宫姓居之无害，而商姓居之就会发生灾难。阮侃认为，地的吉凶是确定的，并不因为"五姓"的五行变化而有所变化，所以，通过"五音姓利"所确定的方位吉凶，并不可靠，人事的吉凶取决于"福德"和"刑祸"。他还进一步指出：

　　夫一栖之鸡，一栏之羊，宾至而有死者，岂居异哉？故命有制也，知命者，则不滞于俗矣；若许负之相条侯，英布之黥而后王，彭祖七百，殇子之夭，是皆性命也。若相宅质居，自东徂西而得，反此是灭性命之宜。孔子登东山而小鲁，登泰山而小天下。立高丘而观居

----

① 《嵇康集校注》，第272—273页。
② 同上书，第289—290页。

民，则知日东西非祸福矣。①

这里，阮侃以周亚夫、英布、彭祖、殇子之例，进一步阐释了他的"性命自然"说，他认为上述这些人的吉凶祸福都是命中注定，"命有制也"。如果人们能够明白这点，就会做到他所说的"知命者，则不会滞于俗矣"。阮侃还批驳了宅居中的方位禁忌，他说，在选择宅居中以坐东向西为大吉，但是这种东西方位是一种相对而言的，如果"立高丘而观居民，则知日东西非祸福矣"。

第三，阮侃一方面坚持"性命自然"说，认为"宅无吉凶"，但同时他又认为"宅墓"虽然不能为吉凶，却可以占卜、预测吉凶。也就是说，阮侃的"宅无吉凶"论并非完全否定风水术，他承认和接受风水术预测吉凶的功能，而否认其可以改变命运的功能，也就是他所谓的"可以知吉凶，然不能为吉凶"。他说：

> 世之工师，占成居则验，使造新则无徵。世人多其占旧，因求其造新，是见舟之行于水，而欲推之陆，是不明数也。夫旧断之理，犹卜筮也，夫凿龟数筮，可以知吉凶，然不能为吉凶，何者？吉凶可知，而不可为也。夫先筮吉卦，而后名之无福，犹先筑利宅，而后居之无报也；占旧居以谴祟则可，安新居以求福则不可，则犹卜筮之说耳。②

阮侃在这里将风水术与卜筮等同视之，从而承认冢宅的预测吉凶功能。这与阮氏家族精通易学的家学渊源不无关系，但同时，也说明阮侃"宅无吉凶"的风水观念，并非要彻底否定风水术。这种看似矛盾的风水批判思想，也从另一个层面揭示了中国风水术中存在的一个悖论。我们知道，无论是阳宅还是阴宅风水术，其核心都是为了达到"趋吉避凶"的目的，试图对个体和家族的未来命运加以改造。也就是说，风水术不仅寻求对命运的预测，而且还提供了种种改变命运的许诺和方法。命运是人类最深的个体体验，在对命运的种种思考中，人们更为倾心的是预测命运的种种努

---

① 《嵇康集校注》，第270—271页。
② 同上书，第272页。

力。对所谓"知命"之术的渴求与向往，是中国古代术数之学异常兴盛的重要原因。风水信仰从术的层面上说，固然与种种预测命运的数术方技之学有其相似之处，但风水术还为人们提供了改造和征服命运的种种许诺和方法。风水信仰在命运观上确实表现出了某种悖论，它一方面接受了儒家人生有命的观念，另一方面又认为"神功可夺，天命可改"。在风水信仰者看来，个体的福祸寿夭都是可以通过风水术加以调整，这是风水信仰的社会心理基础。而阮侃在这里一方面承认宅居的既有之相是可以作为预测人们吉凶祸福的根据，同时他又否认了宅居可以改变人们的命运。

阮侃的风水观可能受到了王充风水批判思想的影响，也就是说，关于"宅无吉凶"的讨论，其命题可能直接来自王充。如果将王充风水批判思想和阮侃的"宅无吉凶"论作一比较，就会发现阮侃的"宅无吉凶"论，与王充的风水批判思想在实质上是一脉相承的。

首先，阮侃与王充都同样持"宅无吉凶"的观点，而且他们立论的思想基础都是所谓的"命定论"。无论是阳宅还是阴宅风水术，其核心追求都是为了达到"趋吉避凶"的目的，试图对个体和家族的未来命运加以改造。命运观是风水术的核心，王充和阮侃在阐释自己"宅无吉凶"的风水观的时，都抓住了风水信仰的核心问题——命运。他们都坚持"命定论"，认为"宅之吉凶"不能够影响人的富贵寿夭。

其次，在风水术数层面，王充和阮侃都否定了"五音姓利"说。王充和阮侃对"五音姓利"方法所确定的风水方位吉凶同样是持否定态度的。王充认为根据"口有张歙，声有外内，以定五音宫商之实"这种方法所确定的纳音五行方法是不可取的，他认为人之一切皆禀于天，所禀之天并无"五音"之姓，所以王充说："夫人之有姓者，用禀于天，天得五行之气为姓邪？"在王充看来，一个人按其姓而定五行，比如商姓为金，则其家门不宜南向，因为南为火，火克金。但同时人的质性亦有五行之分，商姓之家人未必人人都禀金之气，此时俱出南向之门，或吉或凶，所以王充说"五行之家，何以为决？"阮侃在与嵇康辩论中同样对"五音姓利"之术进行了批驳，阮侃说："若地之吉凶，有虎禽之类，然此地苟恶，则当所往皆凶；不得以西东有异，背向不同，宫姓无害，商则为灾。福德则吉至，刑祸则凶来也。"在阮侃看来，地的吉凶是确定的，并不因为"五姓"的五行变化而有所变化，所以，通过"五音姓利"所确定的方位吉凶，并不可靠，人事的吉凶取决于"福德"和"刑祸"。

最后，在具体的论据上二人也有许多直接相承之处。比如在论述命运时，王充和阮侃都以"长平之族"为论据，王充说："夫天下之大，人民之众，一历阳之都，一长平之坑，同命俱死，未可怪也。命当溺死，故相聚于历阳；命当压死，故相积于长平。"阮侃也说："苟一人有命，千万皆一也。若使此不行系命，将系宅耶？则唐虞之世，宅何同吉？长平之卒，居何同凶？亦复吾之所疑也。"

当然，阮侃对王充风水批判思想并非是完全的承袭，阮侃对风水吉凶的批判在有些方面有所发展。而这些发展，又都体现了他的儒家立场。阮侃认为安宅、葬埋的种种禁忌不符合儒家盛王之治的要求。并且站在统治者的立场上，指出了风水术破坏统治秩序的潜在危险性，这些都是王充所没有的。

第一，阮侃认为，风水吉凶的种种禁忌，是完全不符合儒家的圣王之治。他说："夫时日谴祟，古之盛王无之，而季王之所好听也。"而且，风水种种禁忌是违背儒家的礼制原则的，"按书，周公有请命之事，仲尼非子路之祷。今钧圣而钧疾，何是非不同也？故知臣子之心，尽斯心而已。所谓礼为情貌者。故于臣弟，则周公请命，亲其身，则尼父不祷。足下图宅，将为礼也？其为实也？为礼，则事异于古；为实，则未闻显理。如是缺未得，吾所以为遗，而足下失所愿矣。至于时日，先王所以诫不怠，而劝从事耳。俗之时日，顺妖忌而逆事理。时名虽同，其用适反。以三贤校君，愈见其合，未知所异也"。

第二，阮侃站在统治者的立场上，认为图宅、相冢之术"顺妖忌而逆事理"，不利于稳定统治秩序。风水术从本质上来说，不仅是一种趋吉避凶的选择术，而且还被赋予具有某种预测和神秘启示的功能。这种观念，是人们风水信仰的社会心理基础。将个人乃至家族的政治命运和风水相联系，自两汉以来就是一个非常普遍的社会现象。风水对政治命运的象征意义，决定了它的双刃性，一方面可以为统治者的天命提供社会舆论；另一方面风水术也可以作为一种反对者进行政治斗争的手段。所以阮侃敏锐地感觉到了风水信仰的潜在危险，所以他指出"私神立，则公神废；邪忌设，则正忌丧；宅墓占，则家道苦；背向繁，则妖心兴"。阮侃的这种担心并非没有道理，南齐永明三年（485年），在富阳就发生了一次较大规模的武装起义，起义者唐寓之就是利用了所谓风水祥瑞来制造舆论，发动起义。

　　通过阮侃的家世和学术渊源的历史考察，可以看出阮侃在思想倾向上明显受到了王充的影响，特别是其"宅无吉凶"的风水观，更是直接承袭了王充的风水批判思想。但是，阮侃的"宅无吉凶"风水观，也鲜明地体现了他的儒家主义立场，说明"儒学"世家的家学传统依然是阮侃思想的基本底线。这一个案，充分揭示了王充的黄老道家思想，是以嵇康、阮籍为代表的竹林玄学的重要学术资源。

《改葬崇宪太后诏》与六朝皇室风水信仰

张齐明

　　风水是中国古代思想文化史的重要内容①，但学术界的研究力度相对
薄弱，尤其是在汉魏六朝这一中国风水思想的形成时期，至今未见专题研
究论文，存在许多有待开拓的领域和值得探讨的问题。至于皇室的风水信
仰，自然无人涉及，而这对研究六朝官方意识形态变化来说不可或缺。本
文仅从宋明帝泰始四年（468 年）《改葬崇宪太后诏》入手，展现六朝皇
室风水信仰公开化与合法化的历史细节，并初步探讨其背后的复杂历史
动因。

———

　　宋明帝泰始四年《改葬崇宪太后诏》的重要意义，在于其首次以诏
书形式确立了风水信仰的官方形态。《宋书》卷四一《后妃传》载宋明帝
泰始四年《改葬崇宪太后诏》云：

　　　　泰始四年夏，诏有司曰："崇宪昭太后修宁陵地，大明之世，久
　　所考卜。前岁遭诸蕃之难，礼从权宜。奉营仓卒，未暇营改。而茔隧
　　之所，山原卑陋。顷年颓坏，日有滋甚，恒费修整，终无永固。且详
　　考地形，殊乖相势。朕蚤蒙慈遇，情礼兼常，思使终始之义，载彰幽

---

　　① 风水，又名堪舆、地理、卜宅、相宅、图宅、青乌术、青囊术，也称形法等。风水乃后
起称谓。本文研究所界定的六朝时期，见于文献记载的"风水"称谓，有图宅、卜宅、安宅、
图墓、相冢等。但为了叙述方便，通以风水名之。可参见史箴《风水典故考略》，载王其享主编
《风水理论研究》，天津大学出版社 1992 年版，第 11—25 页。

显。史官可就岩山左右，更宅吉地。明审龟筮，须选令辰，式遵旧
典，以礼创制。今中宇虽宁，边虏未息，营就之功，务在从简。举言
寻悲，情如切割。"①

诏中所云崇宪太后，系宋文帝之淑媛，名路惠男，为宋孝武帝刘骏之
母。元嘉三十年（453 年），宋文帝为长子刘劭所弑，刘骏起兵讨伐，并
于元嘉三十年四月己巳即位，是为宋孝武帝，尊生母路氏为太后，号曰崇
宪。大明八年（464 年），宋孝武帝刘骏病死，孝武帝长子刘子业即位，
是为前废帝，以崇宪太后为太皇太后。刘子业即位后，"始犹难诸大臣及
戴法兴等，既杀法兴，诸大臣莫不震慑。于是又诛群公。元凯以下，皆被
殴捶牵曳。内外危惧，殿省骚然"②。前废帝的肆意横行，造成众臣自危
的政治局面。时为湘东王的刘彧，系宋文帝第十一子，为刘子业叔父，乃
"与腹心阮佃夫、李道儿等密共合谋"③，诛杀刘子业。大明九年十一月，
刘彧即位，是为宋明帝，改元泰始。改路氏太皇太后之号，仍号崇宪
太后。

宋明帝与崇宪太后、宋孝武帝、前废帝刘子业、晋安王刘子勋之间关
系如下图所示：

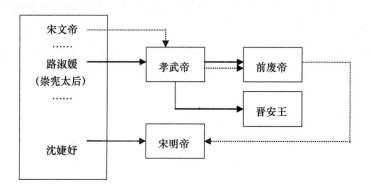

* 图中虚线表示皇位继承顺序。

---

① 《宋书》卷四一《后妃传》，中华书局 1974 年版，第 1288 页。着重号为引者所加。
② 《宋书》卷七《前废帝纪》，第 147 页。
③ 《宋书》卷八《明帝纪》，第 152 页。

　　泰始二年（466 年）正月二十四日，崇宪太后崩，谥昭太后。泰始二年五月，葬世祖陵东南，号曰修宁陵。既然如此，为何要于泰始四年颁诏书改葬呢？是否如诏书中所言"前岁遭诸蕃之难，礼从权宜。奉营仓卒，未暇营改"？显然并非如此。

　　如上所述，宋明帝即位，本身就具有一定的偶然性。前废帝刘子业被诛杀，皇位的继承者本应在孝武帝诸子中产生。晋安王刘子勋是孝武帝第三子，而孝武帝第二子豫章王刘子尚已经被赐死。因此，刘子勋是皇位的优先继承人，所以宋明帝即位不久，镇军将军长史邓琬等奉刘子勋起兵。泰始二年正月七日，刘子勋即位于寻阳，年号义嘉，这样就造成了一国之内有两个政权的局面。毫无疑问刘子勋比宋明帝有更强号召力，江州举事以后，"四方并响应，威震天下。是岁四方贡计，并诣寻阳"①。"时诸方并举兵反，国家所保，唯丹阳、淮南数郡，其间诸县，或已应贼。东兵已至永世，宫省危惧，上集群臣以谋成败。"② 也就是说，宋明帝即位之初，面临着强大的政治、军事压力。在这种情况下，"好鬼神，多忌讳"的宋明帝，听信巫者之言，开昭太后之陵墓，"先是晋安王子勋未平，巫者谓宜开昭太后陵以为厌胜"③。由此可见，改葬崇宪太后的主要原因并非泰始二年的"奉营仓促"之故。据史载，崇宪太后葬于泰始二年五月，八月宋明帝平叛成功，刘子勋被杀，则开崇宪太后陵墓的时间只能是在泰始二年五月至七月之间。

　　泰始四年，宋明帝的统治逐渐稳固之后，方下诏为崇宪昭太后重修陵墓。宋明帝为崇宪昭太后重修陵墓，史书谓其"修复仓卒，不得如礼。上性忌，虑将来致灾"④。其实，这只是重修陵墓的一个因素。崇宪太后虽为孝武帝之母，但宋明帝"少失所生，为太后所摄养"⑤，而且孝武帝时，多赖崇宪太后方得以保全，明帝自陈"朕当时狼狈，不暇自理，赖崇宪太后臂解百端，少蒙申亮，得免殃责"⑥，所以"及上即位，供奉礼

---

① 《宋书》卷八〇《孝武十四王传》，第 2060 页。
② 《宋书》卷五七《蔡廓传》，第 1581 页。
③ 《宋书》卷四一《后妃传》，第 1288 页
④ 同上。
⑤ 同上书，第 1287 页。
⑥ 《宋书》卷七九《文五王传》，第 2040 页。

仪，不异旧日"①。当有司上奏太后宜"别居外宫"时，宋明帝不从。可见宋明帝对崇宪太后养育保全之情心存感怀，所以在孝武帝诸子被诛杀殆尽之后，宋明帝下诏为崇宪太后改葬，提出要"更宅吉地。明审龟筮，须选令辰，式遵旧典，以礼创制"。

此即《改葬崇宪太后诏》之由来。在这一事件中，有两点值得特别注意：

第一，如前所论，宋明帝开崇宪太后陵的政治动机既明，则又有另一个疑问，那就是为什么要选择开陵这种手段作为打击刘子勋的政治工具？史书谓"开昭太后陵以为厌胜"。什么是"厌胜"？所谓"厌胜"，本是一种驱鬼除邪的巫术。其涵盖内容非常广泛，其来源也甚早。② 作为一种解禳之术，"厌胜"广泛地应用于各种方术之中。"厌胜"与风水术的明确结合，根据现有记载，始于东晋时期。据《晋书·韩友传》："韩友字景先，庐江舒人也。为书生，受《易》于会稽伍振，善占卜，能图宅相冢，亦行京费厌胜之术。"③ 可见，能图宅相冢的韩友，也是非常善于行"厌胜之术"。那么，为什么开陵可以为"厌胜"？这与丧葬风水观念密切相关。

丧葬风水吉凶观念萌芽于先秦时期，到东汉时期形成了较为系统的理论，《太平经》卷五〇所载的《葬宅诀》中所提到的"魂神还养"是目前所能见到的有关丧葬风水理论的最早表述。④ 在墓地和生者之间建立起吉凶感应的关系，是丧葬风水吉凶观念得以成立的基本前提。正是因为祖先陵墓和子孙之间的这种吉凶感应关系的存在，开掘陵墓就可以达到祸害其子孙目的。如前所述，崇宪太后，系宋孝武帝之母，前废帝刘子业与晋安王刘子勋之祖母。所以，宋明帝在与刘子勋的皇位争夺中，会听信巫者之言，开昭太后之陵墓。需要指出的是通过开掘他人先祖陵墓，破坏其风水，以达到某种政治目的，并非始于宋明帝。据《三国志·吴书》裴松之注引《汉晋春秋》载："初望气者云，荆州有王气破扬州而建业宫不

---

① 《宋书》卷四一《后妃传》，第 1287 页。
② 李零：《中国方术考》（修订本），东方出版社 2000 年版，第 71—84 页。
③ 《晋书》卷九五《韩友传》，中华书局 1974 年版，第 2476 页。
④ 王明：《太平经合校》，中华书局 1960 年版，第 182 页。

利,故皓徙武昌,遣使者发民掘荆州界大臣名家冢与山冈连者以厌之。"① 可见,后主孙皓也曾开荆州界内大臣的冢墓,以断其所谓"王气"。

宋明帝开崇宪太后陵墓并非一孤立事件,和宋明帝"好鬼神,多忌讳"的信仰取向密切相关。据史载,宋明帝时,"宫内禁忌尤甚,移床治壁,必先祭土神,使文士为文词祝策,如大祭飨"。② 由此可见,宋明帝对风水等巫道之术是甚为崇信的。正是基于他对风水术的崇信,所以才会相信巫者之言,开崇宪太后的陵墓。宋明帝在对付萧道成时同样采用了风水厌胜之术,据《南齐书·祥瑞志》:

> 武进县彭山,旧茔在焉。其山岗阜相属数百里,上有五色云气,有龙出焉。宋明帝恶之,遣相墓工高灵文占视,灵文先与世祖善,还,诡答云:"不过方伯。"退谓世祖曰:"贵不可言。"帝意不已,遣人于墓左右校猎,以大铁钉长五六尺钉墓四维,以为厌胜。③

宋明帝不仅派风水术士高灵文去占视萧道成家族的旧茔,在得到"不过方伯"的报告之后,仍然"遣人于墓左右校猎,以大铁钉长五六尺钉墓四维,以为厌胜"。

第二,诏书中提出崇宪太后"茔隧之所,山原卑陋。顷年颓坏,日有滋甚,恒费修整,终无永固。且详考地形,殊乖相势",所以要求"史官可就岩山左右,更宅吉地。明审龟筮,须选令辰,式遵旧典,以礼创制"。

岩山,为孝武帝陵墓所在地。《宋书·孝武帝纪》载孝武帝"葬丹阳秣陵县岩山景宁陵"④,《元和郡县图志》亦载"孝武帝骏景宁陵在县西南四十里岩山"⑤。《景定建康志》引山谦之《丹阳记》曰:"秣陵县南有

---

①　《三国志》卷四八《吴书·孙皓传》裴松之注引《汉晋春秋》,中华书局1959年版,第1166页。

②　《宋书》卷八《明帝纪》,第170页。

③　《南齐书》卷一八《祥瑞志》,中华书局1972年版,第352页。

④　《宋书》卷六《孝武帝纪》,第135页。

⑤　李吉甫:《元和郡县图志》,中华书局1983年版,第597页。

岩山……宋孝武帝改曰龙山。"① 众所周知，风水术颇重"龙脉"，有所谓"龙、砂、水、穴"之说，"龙"指宅居或葬地所依之主山，以其起伏连绵之形为"龙脉"，是风水术中吉凶判定的重要依据之一。孝武帝把其所选葬地的岩山命名为"龙山"，可能不无风水因素的考虑。

中国古代风水术的吉凶判定体系中，有所谓"形"、"理"、"日"三个基本要素。诏书认为崇宪太后原葬地"山原卑陋"，不符合丧葬风水术中关于"形"的基本要求，因而称其"殊乖相势"，其实质就是以陵墓所处的山水形势来占断吉凶，此即风水术中的"形法"；诏中提出要"明审龟筮"，就是以龟筮之法确定墓穴及其朝向，即后世风水术中的"理"法；至于"须选令辰"，则毫无疑义就是所谓的"日"法，也就是选择时日。值得注意的是，诏书中明确提出，由史官负责崇宪太后的葬地选择。这一做法，为后代所继承，隋唐宋乃至明清时期，中央官署中均有所谓的"堪舆"之官，专门负责为皇室选择墓地。

综上所论，宋明帝泰始二年开陵与泰始四年下诏重修陵墓，都是基于风水术的考量。风水术不仅成为皇室陵墓选择的重要依据，而且也是政治斗争手段的一种延伸。宋明帝首次以诏书的形式确立了风水术的官方信仰地位，标志着以丧葬墓地选择为核心的风水术正式进入皇室。必须强调的是，风水术在皇室陵墓选择中的应用，并非始于宋明帝。但以诏书形式加以认可和公开提倡始于此诏。六朝时期，以诏书形式对陵墓选择中风水因素进行公开宣示的并非宋明帝一人，如齐武帝萧赜也曾下诏，称"陵墓万世所宅，意尝恨休安陵未称，今可用东三处地最东边以葬我，名为景安陵"②。

二

宋明帝泰始四年《改葬崇宪太后诏》的颁发，固然与宋明帝个人的信仰取向密切相关。但同时，它也是风水术长期发展的必然结果，是六朝时期皇室风水信仰膨胀的必然产物。

---

① 马光祖修，周应合撰：《景定建康志》，宋元方志丛刊本，中华书局1990年版，第1567页。

② 《南齐书》卷三《武帝纪》，第62页。

　　风水作为一种趋吉避凶的方术，早在先秦时期就在巫术氛围较为浓厚的楚地盛行。① 秦汉统一政权的建立，特别是两汉时期特殊的思想和社会氛围，使得风水信仰在两汉时期逐渐膨胀，并开始进入精英阶层的视野。风水信仰开始进入皇室，始于东汉时期。② 但总体上来说，汉魏西晋时期，风水信仰对皇室的影响并不是很大，特别是与国家的政治生活并无密切关系。即便如此，皇室的风水信仰还是受到了一些士大夫的警惕。据《晋书·江统传》，江统于惠帝时曾任太子洗马，"在东宫累年，甚被亲礼"。因太子"奢费过度，多诸禁忌"，江统专门上书进谏。③ 江统对愍怀太子的劝诫尽管有其政治考量，但也反映了当时精英阶层对风水术的定位，认为其"违典彝旧义"，不过是"拘挛小忌"。其实，这种对风水术的批评态度是汉代以来许多精英分子的一贯立场，比如两汉时期的王符、王充，曹魏时期的阮侃都对风水术持有类似的观点。反过来说，这些批评也从另一方面反映了当时社会上风水信仰的阶层在逐渐的上移。

　　风水信仰阶层的上移，并没有导致曹魏和西晋时期皇室风水信仰的盛行，两代帝陵建设中并没有考虑风水因素，就是一个非常有力的证据。如曹操临终对自己墓地的选择提出要葬于"瘠薄之地"，文帝曹丕陵墓也是"营此丘墟不食之地"，都明显不符合当时风水择地的基本要求。④ 而在南方的孙吴政权和稍后的东晋，特别是宋、齐、梁、陈诸朝，就完全不同，

　　① 关于风水术早期形态的了解得益于考古发现，相关研究可参考饶宗颐、曾宪通《云梦秦简日书研究》，香港中文大学中国文化研究所中国考古艺术中心专刊（三），1982 年；刘乐贤《睡虎地秦简日书研究》，台北：文津出版社 1994 年版；吴小强《秦简日书集释》，岳麓书社 2000 年版；王子今《睡虎地秦简日书甲种疏证》，湖北教育出版社 2003 年版；刘乐贤《九店楚简日书》，《华学》第 2 辑，中山大学出版社 1996 年版；晏昌贵、钟炜《九店楚〈日书相宅篇〉研究》，《武汉大学学报》（人文科学版）第 55 卷第 4 期，2002 年 7 月。

　　② 《后汉书》卷一五《来历传》载："时皇太子惊病不安，避幸安帝乳母野王君王圣舍。太子乳母王男、厨监邴吉等以为圣舍新缮修，犯土禁，不可久御。"（中华书局 1965 年版，第 591 页）这条史料记载的是汉顺帝为太子时，到其乳母家避难养病，因为是新修住宅，"犯土禁"，所以王男等人认为顺帝不可在宅中久待。原因就在于移房动土，会触犯各种神煞，必须解谢后方可居住，这是皇室信奉风水术的最早记载。

　　③ 《晋书》卷五六《江统传》，第 1538 页。

　　④ 这一时期丧葬风水的吉凶原则，因文献缺失，无法确知。《太平经》卷五〇所载《葬宅诀》提道："欲知地效，投小微贱种于地，而后生日兴大善者，大生也；置大善种于地，而后生日恶者，是逆生也；日衰少者，是消地也。"可知，曹操选择贫瘠之地是不符合葬地选择的吉凶原则的（王明：《太平经合校》，第 182 页）。

皇室风水信仰的相关历史记载甚多。①

　　以墓地选择为核心的丧葬风水术，成为皇室风水信仰的主体，这是六朝时期皇室风水信仰最为突出的特征。有学者根据汉代帝陵选址推断，认为汉代皇室陵墓选择中考虑了风水因素②，但缺乏直接文献证据。帝陵选址中考虑吉凶因素的，首见于孙吴。陆机在《吴大帝诔》文中提到孙权的墓地选择时称"神庐既考，史臣献贞"③。据此，可知孙权的墓地是经过史臣考卜的。至于东晋时期，皇室继续实行西晋时期的薄葬制度，陵墓不封不树，东晋十一个帝陵中，唯晋穆帝永平陵，起有坟丘。东晋帝陵选址中是否考虑了风水因素，也无直接文献证据。但东晋皇室是相信丧葬风水术的，《晋书·郭璞传》就记录了晋明帝的一个事例：

　　　　璞尝为人葬，帝微服往观之，因问主人何以葬龙角，此法当灭族。主人曰："郭璞云此葬龙耳，不出三年当致天子也。"帝曰："出天子邪？"答曰："能致天子问耳。"帝甚异之。④

从晋明帝和主人的对话中，不难看出，皇帝本人对风水术还是有所了解的，认为葬在"龙角"，按照风水术对葬地的选择方法，会有灭族之祸。

　　另宋代王洙奉敕所修《地理新书》卷九中，引《晋纪》佚文记有司马道子父子事：

　　　　《晋纪》：会稽王道子妃王氏薨，将营墓，后有大坑，相墓者以为不祥。道子不从，使夷塞之。世子元显累谏不纳，识者有以知道子将亡。其后卒遇桓氏之祸。⑤

----

① 赵翼著，王树民校正：《廿二史札记校正》，中华书局 1984 年版，第 174—175 页。
② 可参见韩养民、韩小晶《风水与西汉陵》，三秦出版社 2003 年版；黄晓芬《汉墓的考古学研究》，岳麓书社 2003 年版。
③ 欧阳询：《艺文类聚》卷一三《帝王部三·吴大帝》，上海古籍出版社 1965 年版，第 245 页。着重号为引者所加。
④ 《晋书》卷七二《郭璞传》，第 1909 页。
⑤ 北京大学图书馆藏金刻本《重校正地理新书》，续修四库全书本，上海古籍出版社 2002 年版，第 68 页。

司马道子父子是东晋后期皇室中权倾一时的重要人物，司马道子在为妃子王氏选择墓地时，相墓者以为陵墓之后有大坑，甚为不祥。此事是作为风水术"吉凶可稽"的一个史例为宋代官修《地理新书》所引，今天看来，当然是无稽之论。但它至少说明了，作为东晋后期皇室重要成员的司马道子父子是相信丧葬风水术的，道子的"不从"和元显的"累谏"都只是具体吉凶的分歧，而并非信仰的分歧，相墓者参与墓地选择就是有力证明。

至于六朝皇陵选择中风水术的具体技术系统，因史料无征，无法详论。但从现存的六朝皇陵看，其选择多背山向阳，是非常符合风水术中的葬地选择吉凶原则。[①]

风水，一般而言主要表现在社会底层的民众生活之中。究其信仰动机来说，不过是一种趋吉避凶的命运祈愿而已，一般不具有任何政治功能。但对六朝皇室而言，风水信仰不仅仅是一种趋吉避凶的祈愿，而更多是一种维护皇权统治的政治工具，表现出了鲜明的政治色彩。考察六朝时期皇室风水信仰的政治动机，大致表现为以下几个方面：

第一，风水被作为一种神秘的祥瑞，为皇权更迭提供社会舆论。对于风水信仰者而言，风水术不仅是一种趋吉避凶的选择术，而且还具有某种神秘的预测和启示功能。将个人乃至家族的政治命运和风水相联系，自两汉以来就是一个非常普遍的社会现象。[②] 风水术的这种神秘预测功能，在皇权较为动荡的六朝时期，就自然而然被赋予了强烈的政治色彩，作为皇权"天命"依据的重要补充，成为夺取政权的舆论工具。据《建康实录》：

> 案《祥瑞志》：钟家于富春，早失父，幼与母居，性至孝。遭岁荒，俭以种瓜自业。忽有三少年诣钟乞瓜，钟厚待之。三人曰："此山下善，可藏，当出天子。君望山下百步许，顾见我等去，即可葬处也。"钟去三四十步便返顾，见三人并乘白鹤飞去。钟记之，后死葬

---

① 可参见中央古物保管委员会编辑委员会编《六朝陵墓调查报告》，中央古物保管委员会，民国二十四年（1935 年）。

② 司马迁在《史记》卷九二《淮阴侯列传》中解释韩信的命运时，就把韩信的政治命运与其母葬地相联系（中华书局 1959 年版，第 2630 页）。《后汉书》卷四五《袁安传》关于袁安葬父的记载也揭示了当时人们的风水观念（第 1522 页）。

其地。地在县城东，冢上常有光怪，云气五色，上属于天。①

对此，《三国志·吴书·孙破虏讨逆传》裴松之注引《吴书》云：

> 坚世仕吴，家于富春，葬于城东。冢上数有光怪，云气五色，上属于天，曼延数里。众皆往观视。父老相谓曰："是非凡气，孙氏其兴矣！"②

二者的记载虽略有不同，但都说明孙吴的兴起和其家墓地有着密切关系。当然，在今天看来这些难免不稽。但在当时的社会背景之下，皇权的合理性是需要社会舆论支持的。孙氏墓地的风水就成为其获得政权的神秘昭示，成为天命所归的祥瑞。有必要指出的是，中国历史上以陵墓风水作为天命所归的祥瑞，就是起于孙吴政权，这对中国古代的皇权政治和风水信仰发展而言都是一个相当重要的历史事件。代晋的刘宋政权也曾有类似的记载，《南史·武帝纪》在叙述刘裕的种种神异之中，就提到了其父墓地的风水祥瑞：

> 皇考墓在丹徒之候山，其地秦史所谓曲阿、丹徒间有天子气者也。时有孔恭者，妙善占墓，帝尝与经墓，欺之曰："此墓何如？"孔恭曰："非常地也。"帝由是益自负。③

这条史料，除了说明刘裕代晋有其天命所归的祥瑞外，还提到了"妙善占墓"的风水术士孔恭，关于孔恭的生平，史不可考。但它反映了一个非常重要的现象，那就是随着风水术政治功能的强化，风水术士已经开始介入政治活动。

再如，代梁的六朝最后一个政权陈，也有风水之祥瑞。据《陈书·高祖本纪》：

---

① 许嵩：《建康实录》，中华书局1986年版，第3—4页。
② 《三国志》卷四六《吴书·孙破虏讨逆传》，第1093页。
③ 《南史》卷一《武帝纪》，中华书局1975年版，第1页。

> 高祖武皇帝讳霸先，字兴国，小字法生，吴兴长城下若里人，汉
> 太丘长陈寔之后也。世居颍川。寔玄孙准，晋太尉。准生匡，匡生
> 达，永嘉南迁，为丞相掾，历太子洗马，出为长城令，悦其山水，遂
> 家焉。常谓所亲曰："此地山川秀丽，当有王者兴，二百年后，我子
> 孙必钟斯运。"①

既然风水术已经成为天命所归的祥瑞，这也就决定了它的双刃性：既可以
作为维护皇权的舆论工具，也可以作为反对者的政治工具。对风水术的这
种担心，曹魏时期的阮侃就已经作为一种理论上的可能性而加以警惕，他
在和嵇康关于"宅无吉凶"的辩论中就指出，风水术可能会使人们萌发
"妖心"。其实，皇权对风水术也一直充满了警惕，上引晋明帝的事例就
是一个证明。当主人回答"可以致天子时"，明帝立即追问："出天子
邪？"足见其警惕之心。这种担忧并非完全没有道理，南齐永明三年，在
富阳就发生了一次较大规模的武装起义，起义者唐寓之就是利用了所谓风
水祥瑞来制造舆论，发动起义。据《南齐书·沈文季传》载：

> 富阳人唐寓之侨居桐庐，父祖相传图墓为业。寓之自云其家墓有
> 王气，山中得金印，转相诳惑。三年冬，寓之聚党四百人，于新城水
> 断商旅，党与分布近县。新城令陆赤奋、桐庐令王天愍弃县走。寓之
> 向富阳，抄略人民，县令何洵告鱼浦子逻主从系公，发鱼浦村男丁防
> 县。永兴遣西陵戍主夏侯昙羡率将吏及戍左右埭界人起兵赴救。寓之
> 遂陷富阳。②

第二，在六朝时期，风水术不仅作为政权更迭的祥瑞，它还是皇室维
护统治的一种手段。在六朝时期残酷的政治斗争中，风水术常常成为各派
政治势力进行斗争时所借助的工具。风水术之所以能成为皇室维护统治的
政治工具，是因为在当时人们看来，风水术不仅具有神秘的预测功能，还
是一种较为有效的趋吉避凶的祈禳厌胜之术。上引宋明帝的开崇宪太后陵
和用左道之术破坏齐高帝的"旧茔"就是一个有力例证。类似的例子，

---

① 《陈书》卷一《高祖本纪》，中华书局1972年版，第1页。
② 《南齐书》卷四四《沈文季传》，第776—777页。

在梁元帝时也同样发生，据《南史·杜嶷传》载：

> 嶷位西荆州刺史，时谶言"独梁之下有瞎天子"，元帝以嶷其人也。会嶷改葬父祖，帝敕图墓者恶为之，逾年而嶷卒。[1]

梁元帝为了打击杜氏，竟然在杜氏改葬父祖时，让风水术士故意为恶，试图以此铲除其政治对手。

梁武帝时，昭明太子萧统和梁武帝之间也一度因为风水问题而产生了猜忌，以至于梁武帝在太子去世后并不立其嗣。

> 初，丁贵嫔薨，太子遣人求得善墓地，将斩草，有卖地者因阉人俞三副求市，若得三百万，许以百万与之。三副密启武帝，言太子所得地不如今所得地于帝吉，帝末年多忌，便命市之。葬毕，有道士善图墓，云"地不利长子，若厌伏或可申延"。乃为蜡鹅及诸物埋墓侧长子位。有宫监鲍邈之、魏雅者，二人初并为太子所爱，邈之晚见疏于雅，密启武帝云："雅为太子厌祷。"帝密遣检掘，果得鹅等物。大惊，将穷其事。徐勉固谏得止，于是唯诛道士，由是太子迄终以此惭慨，故其嗣不立。[2]

第三，风水术也成为定都及皇室其他建筑活动的重要依据。皇室对风水的痴迷，必然导致在各种建筑活动中对风水择吉术的重视，风水因素也就成为决策的重要依据。在孙吴定都过程中，风水术就起了重要作用。据《建康实录》引《江表传》：

> 案《江表传》：汉建安中，刘备尝宿于秣陵，观江山之秀，劝帝居之。初张纮谓帝曰："秣陵，楚威王所置，名金陵，地势岗阜连石头。古老云，昔秦始皇东巡会稽经此县，望气者云，金陵地形有王者都邑之气，因掘断连岗，故名秣陵。今据所见存，地有其气，象天之所会，今宜为都邑。"帝深善之。后闻刘备语曰："智者意同。"故即

---

[1]　《南史》卷六四《杜嶷传》，第1557页。

[2]　《南史》卷五三《昭明太子统传》，第1312—1313页。

帝位闻谣言，而思张纮议，乃下都之。又案，吴录：刘备曾使诸葛亮至京，因观秣陵山阜，曰："钟山龙盘，石头虎踞，此乃帝王之宅也。"①

又《三国志·吴书·张纮传》裴松之注引《江表传》：

> 《江表传》曰：纮谓权曰："秣陵，楚武王所置，名为金陵。地势冈阜连石头，访问故老，云昔秦始皇东巡会稽经此县，望气者云金陵地形有王者都邑之气，故掘断连冈，改名秣陵。今处所具存，地有其气，天之所命，宜为都邑。"②

以上两条材料，记录虽然详略有异，但都说明了在孙吴定都建康的过程中，风水因素是一个非常重要的考量。而且，后来孙皓一度迁都武昌，也有风水术厌胜原因。据《三国志·吴书》裴松之注引《汉晋春秋》记载：

> 初望气者云，荆州有王气破扬州而建业宫不利，故皓徙武昌，遣使者发民掘荆州界大臣名家冢与山冈连者以厌之。既闻但反，自以为徙土得计也。③

除了定都以外，在皇室的其他建筑活动中，风水也是一个必不可少的决策因素。比如晋元帝南渡，于太兴二年（319 年）立南郊，在南郊建设选地过程中，就由郭璞卜立。"是岁，作南郊，在宫城南十五里，郭璞卜立之。"④

三

上文，笔者简要梳理了六朝时期皇室风水信仰的历史风貌，初步阐释

---

① 许嵩：《建康实录》，第 38 页。
② 《三国志》卷五二《吴书·张纮传》裴松之注引《江表传》，第 1246 页。
③ 《三国志》卷四八《吴书·孙皓传》裴松之注引《汉晋春秋》，第 1166 页。
④ 许嵩：《建康实录》，第 133 页。

了其与国家政治生活的密切关系。有理由进一步追问，被视为有违"典彝旧义"的"拘挛小忌"，为何在六朝时期能够堂而皇之地走入皇室的信仰世界，并对国家的政治生活产生如此深刻的影响，这不能不引起我们的深思。笔者以为，六朝时期皇室风水信仰的兴起，有其特殊的历史背景和原因。

第一，六朝时期皇室风水信仰的兴起和盛行，是和六朝时期思想文化特别是国家意识形态领域的重大变化有密切关系。两汉以来，建立在儒家政治伦理基础上的皇权天授、君权至上的种种象征系统及其理论，是支持皇权非常有效的意识形态。但是，这种意识形态随着儒学的衰微在六朝时期逐渐丧失了吸引力。笼罩于皇权身上的那层神秘外衣，早被魏晋以来皇权更迭中的腥风血雨冲刷殆尽。汉魏时期是中国历史上一个重要的思想文化转型期，在国家意识形态领域最为重要的变化就是两汉以来儒学独尊地位的丧失。正如魏明帝时鱼豢所称："从初平之元，至建安之末，天下分崩，人怀苟且，纲纪既衰，儒道尤甚。"① 这种儒学衰微的状况，在南朝表现更加突出。据《南史·儒林传序》："逮江左草创，日不暇给，以迄宋、齐，国学时或开置，而劝课未博，建之不能十年，盖取文具而已。是时乡里莫或开馆，公卿罕通经术，朝廷大儒，独学而弗肯养众，后生孤陋，拥经而无所讲习，大道之郁也久矣乎。"② 儒学的衰微，对建立在儒家政治伦理学说上的皇权专制来说，无疑是非常不利的。在这种情况下，必然导致盛行于民间的各种信仰迅速填补意识形态领域出现的空白，民众中的种种神秘主义信仰，一变而成为皇权的某种祥瑞和象征，成为服务皇权统治的有力的社会舆论工具。据上文所引，孙吴、刘宋、萧齐、陈诸朝都有所谓风水祥瑞之说，可见这种现象并非偶然。

六朝时期，思想文化领域的另一个重要变化，就是神秘主义的兴起。汉末至西晋时期的政治动乱，造成了两个后果：一是汉族政权的南迁；二是文化重心的南移。政权地理位置的变化，文化重心的南移，南北文化的迅速融合，使得原本就巫风大盛的江南地区，成为滋生统治阶层种种神秘

---

① 《三国志》卷一三《魏书·王朗传附子王肃传》裴松之注引《魏略》，第 420 页。
② 《南史》卷七一《儒林传》，第 1730 页。

主义信仰的温床。① 任何一种社会信仰，都是长时段的大众心态的集中反映，具有很强的历史延续性，不会凭空产生，也不会立即消亡，这是民间信仰的重要特征之一。吴越之地向来就有着浓厚的神秘主义传统，及至汉代，"会稽俗多淫祀，好卜筮"②。《隋书·地理志》说扬州"俗信鬼神，好淫祀"③，"大抵荆州率敬鬼，尤重祠祀之事"④。南方这种神秘主义文化氛围，使得六朝时期的思想文化领域出现了极为明显的神秘主义倾向，而这种倾向无疑为风水信仰在统治层特别是皇室的兴起和膨胀提供了思想基础。

第二，在分析六朝时期皇室风水信仰时，还必须注意到六朝时期特殊的皇权政治格局。六朝时期皇权政治格局一个非常突出的特征，就是传统的嫡长子继承制遭到了破坏。六朝时期，特别是南朝时期的帝位非正常继承现象是很突出的。皇位继承无序，一直是困扰皇室的重要问题。围绕皇权的斗争，无论是在异姓之间还是皇室内部都异常残酷，而且有愈演愈烈之势。六朝的孙吴政权，孙权之后的帝位继承一直操纵于权臣之手，东晋的皇权更是有多次倾覆之虞，代晋的刘宋政权，其皇室内部的残杀尤为酷烈，时人所谓"遥望建康城，小江逆流萦，前见子杀父，后见弟杀兄"⑤。关于刘宋的宗室屠杀，赵翼《廿二史札记》卷一一"宋子孙屠戮之惨"中说："宋武九子，四十余孙，六七十曾孙，死于非命者，十之七八，且无一有后于世者。"据清人汪中《补宋书宗室世系表序》称，刘宋60年中，皇族129人，被杀者121人，其中皇室内骨肉相屠者80人。⑥ 萧齐和萧梁及至陈三朝，其皇权更迭也都是在腥风血雨之中实现的。皇权的非正常更迭，使得皇室一直生活在一种内忧外患之中，外惧权臣禅代，内忧宗室篡位。在这种情况下，斗争的双方都将政治斗争的手段不断延伸，使得占卜、星占、风角、望气、占梦等许多方术都成为政治斗争工具，具有浓

① 关于六朝思想文化领域的神秘主义倾向还是一个值得开拓的研究领域，王晓毅在《张湛玄学理论创建》一文中论述张湛的玄学思想时指出"由于融入了传统的元气论和数术因素，使张湛的思想芜杂，带有神秘色彩"（《哲学研究》2005年11期）。

② 《后汉书》卷四一《第五伦传》，第1397页。着重号为引者所加。

③ 《隋书》卷三一《地理志》，中华书局1973年版，第886页。着重号为引者所加。

④ 同上书，第897页。着重号为引者所加。

⑤ 《魏书》卷九七《岛夷刘裕传》，中华书局1974年版，第2142页。

⑥ 罗振玉：《补宋书宗室世系表》，载《二十五史补编》第3册，中华书局1955年版，第4233页。

厚社会信仰基础的风水术也不会例外，上文所引各例就是明证，这是六朝时期皇室风水信仰的另一个重要推动力。

第三，风水术自身的发展，也提供了风水信仰进入皇室的可能性。风水术自汉代以来就出现了两个互为因果的发展趋势：一是与社会主流思想相融合；二是信仰阶层的逐步上移。所谓与主流思想的融合，就是指风水术在思想层面上逐步融合了儒家的天人感应观、孝道观念、命运观等主流社会思想，在技术层面也迅速融合了阴阳、五行、八卦以及四时、四方、天干、地支等要素，摆脱了早期单纯的民间巫术性质，这就为风水信仰阶层逐步上移提供了可能。反过来，精英阶层的介入，又进一步推动风水术理论和技术体系的完善。这种信仰阶层的上移，导致了精英阶层对皇室风水信仰的认可和接受。所以，汉、魏、西晋时期，一些知识精英还对风水信仰持批评态度，而在六朝时期，知识精英对皇室的风水信仰几乎没有任何反对的声音，而且他们中的很多人本身也是风水术的信奉者。① 六朝皇室不仅信奉风水术，而且有的还对风水术颇为精通，上文所引晋明帝司马绍就颇为精通风水。梁武帝萧衍也是"阴阳纬候，卜筮占诀，并悉称善"②，而著有《宅经》、《葬经》的萧吉就是梁武帝萧衍兄长沙宣武王懿之孙，史载其"博学多通，尤精阴阳算术"③。可见，萧吉的风水之学有其家学传统。再如《南史·毛喜传》载陈宣帝亲自为毛喜之母图墓。④

四

必须指出，风水信仰在南北朝时期表现出了鲜明的地域性特征。无论是就风水术本身的发展，抑或风水信仰的社会影响而言，北朝均可置之不论。而就皇室的风水信仰来看，有关北朝皇室风水信仰的历史记载几近空白。历史记载的缺失，恰恰说明风水术对北朝皇室影响甚微。

但是，也必须看到，南朝的风水信仰，在萧梁后期开始对北方有所影响。这种影响集中地表现在两个人身上：一个是陆法和；一个是萧吉。陆

---

① 关于六朝时期士大夫信奉风水术的记载甚多，比如郭璞、陶侃、谢灵运、陶弘景、柳世隆、荀伯玉等。

② 《梁书》卷一《武帝纪》，第96页。

③ 《隋书》卷七八《萧吉传》，第1774页。

④ 《南史》卷六八《毛喜传》，第1670页。

法和本隐于江陵，曾"为人置宅图墓，以避祸求福"，梁元帝时，"以法和为都督、郢州刺史，封江乘县公"①。天保六年（555 年），陆法和入北齐，颇受高洋信任，"文宣以法和为大都督十州诸军事、太尉公、西南道大行台、大都督、五州诸军事、荆州刺史"②。历史没有明确记载其在北齐的风水活动，但作为"为人置宅图墓"的风水术士，可以推论，其风水信仰对北齐的统治阶层会产生一定的影响。

至于萧吉，其直接参与了隋代皇室的葬地选择，对隋文帝、炀帝的风水信仰产生了直接影响。据《隋书·萧吉传》：

> 萧吉字文休，梁武帝兄长沙宣武王懿之孙也。博学多通，尤精阴阳算术。江陵陷，遂归于周，为仪同。宣帝时，吉以朝政日乱，上书切谏，帝不纳。及隋受禅，进上仪同，以本官太常考定古今阴阳书。③

萧吉，本为萧梁宗室，入周为"仪同"，隋时受命考订"古今阴阳书"，其颇精于风水之术，并撰有《宅经》八卷，《葬经》六卷。独孤皇后崩，隋文帝命萧吉负责选择葬地。

> 及献皇后崩，上令吉卜择葬所，吉历筮山原，至一处，云"卜年二千，卜世二百"，具图而奏之。上曰："吉凶由人，不在于地。高纬父葬，岂不卜乎？国寻灭亡。正如我家墓田，若云不吉，朕不当为天子。若云不凶，我弟不当战没。"然竟从吉言。④

隋文帝虽然大谈"吉凶由人，不在于地"，但最终还是"竟从吉言"。《隋书》又记载：

> 吉表曰："去月十六日，皇后山陵西北，鸡未鸣前，有黑云方圆

---

① 《北齐书》卷三二《陆法和传》，中华书局 1972 年版，第 429 页。
② 同上书，第 430 页。
③ 《隋书》卷七八《萧吉传》，第 1774 页。
④ 同上书，第 1776 页。

五六百步，从地属天。东南又有旌旗车马帐幕，布满七八里，并有人往来检校，部伍甚整，日出乃灭，同见者十余人。谨案《葬书》云：'气王与姓相生，大吉。'今黑气当冬王，与姓相生，是大吉利，子孙无疆之候也。"上大悦。①

从"竟从吉言"到"大悦"，隋文帝风水信仰的心理变化历程跃然纸上。隋炀帝本人对风水之术也颇为崇信：

及炀帝嗣位，拜太府少卿，加位开府。尝行经华阴，见杨素冢上有白气属天，密言于帝。帝问其故，吉曰："其候素家当有兵祸，灭门之象。改葬者，庶可免乎。"帝后从容谓杨玄感曰："公家宜早改葬。"玄感亦微知其故，以为吉祥，托以辽东未灭，不遑私门之事。未几而玄感以反族灭，帝弥信之。②

萧吉在隋文帝和炀帝时期的风水活动，是南方风水术数与丧葬风水观念向北传播的一个缩影。另《隋书·经籍志》所载风水术数典籍中，其大多为梁时所有③，亦可为风水术数北传之证明。

进入唐代，风水信仰在社会各阶层迅速膨胀。唐太宗时，吕才一度受命整理风水之书。"太宗以阴阳书近代以来渐致讹伪，穿凿既甚，拘忌亦多，遂命才与学者十余人共加刊正，削其浅俗，存其可用者。勒成五十三卷，并旧书四十七卷，十五年书成，诏颁行之。"④ 又《唐六典》卷一四《太卜署》："凡阴阳杂占，吉凶悔吝，其类有九，决万民之犹豫：一曰婚嫁，二曰生产，三曰历注，四曰屋宅，五曰禄命，六曰拜官，七曰祀祭，八曰发病，九曰殡葬。"⑤ 风水术数之书，不仅诏命吕才加以整理，而且正式下诏颁行。一方面反映了隋唐时期皇室风水信仰的继续膨胀，风水信

---

① 《隋书》卷七八《萧吉传》，第 1776 页。
② 同上书，第 1776—1777 页。
③ 《隋书》卷三四《经籍志》载："梁有《冢书》、《黄帝葬山图》各四卷，《五音相墓书》五卷，《五音图墓书》九十一卷，《五姓图山龙》及《科墓葬不传》各一卷，《杂相墓书》四十五卷。"（第 1039 页）
④ 《旧唐书》卷七九《吕才传》，中华书局 1975 年版，第 2720 页。
⑤ 《唐六典》，中华书局 1992 年版，第 413 页。

仰在制度层面上得到了合法性认可；另一方面也反映了皇权对风水信仰的控制得到了某种强化。

综上所论，以宋明帝《改葬崇宪太后诏》为标志，风水术在历史第一次得到了官方的合法性认可。这是六朝时期风水术数发展的必然结果，反映了这一时期思想文化领域神秘主义膨胀的背景之下，风水信仰逐步融入社会上层的发展趋势。六朝皇室的风水信仰，是隋唐时期官方风水信仰确立的历史张本。以此言之，《改葬崇宪太后诏》可谓隋唐时期风水信仰官方形态确立的制度渊源。也就是说，隋唐时期的风水信仰，无论是具体的术数还是观念，应该更多的是承继南朝，而非北朝，这也为这一历史时期思想文化研究中的"北统"、"南统"争论，提供了一个新的观察视角。

风水"五音"流变述考

张齐明

以宫、商、角、徵、羽五音与姓氏相配，通过五行生克关系，对住宅和坟墓营建进行吉凶判断，是汉唐时期风水术的主流。这一方法，一般多名为"五音"或"五姓"[1]。金张谦在《重校正地理新书》序中称之为"五音姓利"[2]，虽较能揭示此术实质，但这一说法出现较晚，所以本文仍以"五音"名之。关于风水术中的"五音"问题，目前尚未见专文研究。[3] 本文拟就风水"五音"之术的历史源流及其吉凶推演模式进行初步考述，希望能对相关研究有所裨益。

一　风水"五音"源流

宋人高承在《事物纪原》中称：

---

① 如《隋书·经籍志》载风水术数之书，多冠以"五姓"或"五音"之名：《五姓墓图》1 卷；《五音相墓法》2 卷；《五音图墓书》91 卷；《五姓图山龙》及《科墓葬不传》各 1 卷；《五姓墓图》1 卷。又《旧唐书·经籍志》：《玄女弹五音法相冢经》1 卷；《五姓宅经》20 卷；《五姓墓图要诀》5 卷。《新唐书·艺文志》：胡君《玄女弹五音法相冢经》1 卷；《五音地理经》15 卷。

② 北京大学图书馆藏金刻本《重校正地理新书》，续修四库全书本，上海古籍出版社 2002年版，第 1 页。

③ 张清常先生曾从汉语音韵学的角度对"五音之家"问题进行过探讨，法国学者茅甘就敦煌文献中的"五姓堪舆"法做过初步研究。参见张清常《李登〈声类〉和"五音之家"的关系》，载《张清常文集》，北京语言大学出版社 2006 年版，第 128—138 页；茅甘《敦煌写本中的"五姓堪舆"法》，载《法国学者敦煌学论文选萃》，中华书局 1993 年版，第 249—256 页。

　　《苏氏演义》曰："五音之配五姓，郭璞以收舌之音为宫姓，以
至腭上之音为徵姓，以唇音为羽姓，以舌着齿外之音为商姓，以胸中
之音为角姓。"又《青囊经》云："城寨屋宅之地，亦以五姓配五
行。"然则五姓之起，自郭璞始也。前汉《王莽传》，卜者王况谓李
焉曰："汉当复兴，君姓李，李者徵，徵，火也，当为汉辅。"按此，
五姓之说，自汉已有之云。①

高承分别引《苏氏演义》、《青囊经》及《汉书·王莽传》以明风水"五
音"之起源。其实，上引所论是三个不同问题：一是《苏氏演义》中的
"五音配五姓"的方法。高承所引《苏氏演义》中的"五音配五姓"问
题，只是"五音配姓"的一种方法，显然"五音配五姓"与风水"五
音"之间并不能直接画等号，"五音配五姓"只是为风水"五音"术提供
了一种技术性可能。二是《青囊经》中"城寨屋宅之地"的"五姓配五
行"。三是《汉书·王莽传》中的"五姓"吉凶问题。

　　这三者都与"五音"有关，相互间有一定的联系，但并非同一个问
题。只有《青囊经》中所谓的"城寨屋宅之地，亦以五姓配五行"，确为
风水"五音"之术。然《宋史·艺文志》虽载《青囊经》，而未言作者，
郑樵在《通志》中谓为郭璞所作，并无其他文献支持，不可采信，盖是
托名郭璞之作。且风水"五音"之术原本早于郭璞的时代，所引《青囊
经》实不能证风水"五音"之起源。

　　至于，高承引《王莽传》中卜者之论，也不能直接说明风水"五音"
术在西汉之时已经出现。据《汉书·王莽传》：

　　　　魏成大尹李焉与卜者王况谋，况谓焉曰："新室即位以来，民田
　　奴婢不得卖买，数改钱货，征发烦数，军旅骚动，四夷并侵，百姓怨
　　恨，盗贼并起，汉家当复兴。君姓李，李音徵，徵，火也，当为
　　汉辅。"②

卜者王况认为"李"姓音"徵"，五行属火，所以可以为汉之辅。汉代的

---

① 高承：《事物纪原》，中华书局 1989 年版，第 474 页。
② 《汉书》卷九九《王莽传》，中华书局 1962 年版，第 4166 页。

"五德"所属有一个变化过程,据《汉书·郊祀志》"文帝召公孙臣,拜为博士,与诸生申明土德,草改历服色事"①。则汉文帝时,以汉为"土德"。而《后汉书·光武帝纪》言"壬子,起高庙,建社稷于洛阳,立郊兆于城南,始正火德,色尚赤"。注曰:"汉初土德,色尚黄,至此始明火德,徽帜尚赤,服色于是乃正。"②按此所言,则光武帝时方明汉为火德。实则不然,据《汉书·王莽传》:"武功丹石出于汉氏平帝末年,火德销尽,土德当代,皇天眷然,去汉与新,以丹石始命于皇帝。"③则王莽时,以汉为火德。正因为汉之五德为火,所以上引卜者王况以为李焉之姓,五音为徵,五行为火,所以可以为汉之辅。可见,在汉代已有"五音配五姓",并与五行生克相结合以断吉凶,但此与风水术并无直接关系。所以,高承引《王莽传》中的这段材料,也不能证风水"五音"之术的缘起。

必须指出,以"五音"占断吉凶之术,原本就应用广泛。如《汉书·艺文志》五行下载有:

> 《五音奇胲用兵》二十三卷;《五音奇胲刑德》二十一卷。④

"五音"早期多用于兵事吉凶的判定,《淮南子·兵略训》、《抱朴子·极言》等均有载录。又《宋书·竟陵王诞传》中提到"五音士",亦足以为证:

> 又五音士忽狂易见鬼,惊怖啼哭曰:"外军围城,城上张白布帆。"诞执录二十余日,乃赦之。⑤

五音士,就是依靠五音判定吉凶的专门职业者。至于其预言的依据及吉凶判定方法,史籍未载,无法推知。五音用于兵事吉凶的判定也见于敦煌文献,编号为 Pel. chin. 26100 写本中的"五音侯风法"就提到"当日风从

---

① 《汉书》卷二五《郊祀志》,第1212—1213页。
② 《后汉书》卷一《光武帝纪》,中华书局1965年版,第27页。
③ 《汉书》卷九九《王莽传》,第4113页。
④ 《汉书》卷三〇《艺文志》,第1769页。
⑤ 《宋书》卷七九《竟陵王诞传》,中华书局1974年版,第2037页。

子上来，左右有兵谋"①。

此外，五音术还用于其他吉凶判定，如《三国志·管辂传》注引《辂别传》曰：

> 义博从辂学鸟鸣之候，辂言君虽好道，天才既少，又不解音律，恐难为师也。辂为说八风之变，五音之数，以律吕为众鸟之商，六甲为时日之端，反复谴曲，出入无穷。②

又宋代官修《地理新书》中也提到：

> 《婚书》云：子午生女，利六月、十二月，嫁若商角二姓，则嘉会之礼阙焉。③

以上，均说明"五音"之术并不限于风水。

可见，要讨论风水"五音"问题，必须将"五音配五姓"与"五音"定吉凶之术相区分，三者之间虽有联系，但并非一个问题，不能以"五音配五姓"或者"五音"定吉凶之术与风水"五音"相等同。

"五音"与风水术的结合，始于汉代。目前所见最早的有关风水"五音"之术文献，是王充在《论衡·诘术篇》中记载的一本汉代宅法书籍《图宅术》：

> 《图宅术》曰：宅有八术，以六甲之名数而第之。第定名立，宫商殊别，宅有五音，姓有五声。宅不宜其姓，姓与宅相贼，则疾病死亡，犯罪遇祸。④

因引文缺乏上下文语境，所以有些内容今天已经很难理解。总体上看，《图宅术》的理论核心就是"五音"，这是确定无疑的。除了王充外，王

① 《法国国家图书馆藏敦煌西域文献》第16册，上海古籍出版社2001年版，第237页。
② 《三国志》卷二九《魏书·管辂传》，中华书局1982年版，第815页。
③ 《重校正地理新书》，第12页。
④ 黄晖：《论衡校释》，新编诸子集成本，中华书局1990年版，第1027—1028页。

符在《潜夫论》中也曾提及，他说：

> 亦有妄传姓于五音，设五宅之符第，其为诬也甚矣。古有阴阳，
> 然后有五行。五帝右据行气以生人，民载世远，乃有姓名敬民。名字
> 者，盖所以别众猥而显此人尔，非以纪五音而定刚柔也。今俗人不能
> 推纪本祖，而反欲以声音言语定五行，误莫甚焉。①

以上两段材料说明，"五音"是汉代宅法的核心理论，但无"五音"
用于丧葬风水的记载。"五音"应用于丧葬风水，始于六朝时期。据《隋
书·经籍志》载：

> 《五姓墓图》一卷，梁有《冢书》、《黄帝葬山图》各四卷，《五
> 音相墓书》五卷，《五音图墓书》九十一卷，《五姓图山龙》及《科
> 墓葬不传》各一卷，《杂相墓书》四十五卷，亡。②

可见，萧梁时就出现了冠名以"五音"的丧葬风水书籍。又《真诰·协
昌期》中也提及"五音"墓法：

> 风病之所生，生于丘坟阴湿，三泉壅滞。是故地官以水气相激，
> 多作风痹。风痹之重者，举体不授，轻者半身成失手足也。若常梦在
> 东北及西北，经接故居，或见灵床处所者，正欲与冢相接耳。墓之东
> 北为徵，绝命，西北为九厄，此皆冢讼之凶地。若见亡者于其间，益
> 其验也。③

此段文后，陶弘景注曰：

> 此应令以受长史也，但许姓羽音，今云东北徵绝命，是为不同。

---

① 王符著，汪继培笺，彭铎校正：《潜夫论笺校正》，新编诸子集成本，中华书局1985年
版，第296页。

② 《隋书》卷三四《经籍志》，中华书局1973年版，第1039页。

③ 《道藏》第20册，文物出版社、上海书店、天津古籍出版社1988年版，第551页。

又九厄之名，墓书无法。①

到了唐代，"五音"仍然是风水术的重要组成部分。敦煌文献中所载风水术数之书多为"五音"或"五姓"之术，就是一个很好的证明。如编号为 Pel. chin. 2615v 的《诸杂推五姓阴阳等宅图经》、Pel. chin. 2615 的《推五姓墓月法、用石镇宅法》、Pel. chin. 4667《阴阳五姓宅图经》等都是以"五音"术来占断冢宅吉凶。

但以"龙、砂、水、穴"为核心的形势理论开始兴起，标志着风水"五音"之术开始受到挑战。曾经奉命编写《阴阳书》的吕才，在其《叙宅经》中曾对"五音"术加以批驳：

> 至于近代师巫，更加五姓之说。言五姓者，谓宫、商、角、徵、羽等。天下万物，悉配属之，行事吉凶，依此为法。至如张、王等为商，武、庾等为羽，欲似同韵相求。及其以柳姓为宫，以赵姓为角，又非四声相管。其间亦有同是一姓，分属宫商，后有复姓数字，徵羽不别。验于经典，本无斯说，诸阴阳书，亦无此语，直是野俗口传，竟无所出之处。②

吕才同样对葬法中五音之术提出了批评：

> 今之丧葬吉凶，皆依五姓便利。古之葬者，并在国都之北，域兆既有常所，何取姓墓之义？赵氏之葬，并在九原。汉之山陵，散在诸处。上利下利，蔑尔不论。大墓小墓，其义安在？及其子孙富贵不绝，或与三代同风，或分六国而王。此则五姓之义，大无稽古。吉凶之理，何从而生？③

"五音"是汉唐时期风水术中最为核心的吉凶推演模式。到了宋代，"五音姓利"之说逐渐衰微，朱熹在其《山陵议状》中称：

---

① 《道藏》第 20 册，第 551 页。
② 《旧唐书》卷七九《吕才传》，中华书局 1975 年版，第 2720 页。
③ 《旧唐书》卷七九《吕才传》，第 2725 页。

若以术言，则凡择地者，必先论其主势之强弱、风气之聚散、水土之浅深、穴道之偏正、力量之全否，然后可以较其地之美恶。政使实有国音之说，亦必先此五者，以得形胜之地，然后其术可得而推。今乃全不论此而直信其庸妄之偏说，但以五音尽类群姓，而谓冢宅向背各有所宜，乃不经之甚者。不惟先儒已力辨之，而近世民间亦多不用。①

朱熹认为，择地以形势、风气聚散、水土浅深、墓穴偏正及力量之全否为主，以此五种来论断葬地之"美恶"，此正是"龙、砂、水、穴"风水理论的展开。因此，朱熹反对"五音"之说，认为五音之说"乃不经之甚者"，而且"民间亦多不用"。可见在朱熹生活之时代，风水"五音"之术在民间已经逐渐淡出。

另晁公武在《郡斋读书志》"《五音地理新书》"条下亦言：

右唐僧一行撰。以人姓五音，验八山、三十八将吉凶之方。其学今世不行。②

宋人赵彦卫在《云麓漫钞》中亦称：

今地理家则有大五行之说，如壬属水，地理家曰属火之类，参以人之姓归五音、分三十八将山，以定吉凶。近年亦多用郭璞锦囊，先看山从何来，得金山或木水火山、土山，各以五音生旺轮之。吉方则要山高水来，凶方反是。复以七星配之，谓之天星法。③

均可证，风水"五音"之术在南宋时期，逐渐不传。

然"五音姓利"之说，仍是宋代皇陵的主要选择方法。据赵彦卫云：

永安诸陵，皆东南地穹，西北地垂，东南有山，西北无山，角音

---

① 《朱子全书》第 12 册，上海古籍出版社、安徽教育出版社 2002 年版，第 730 页。
② 晁公武著，孙猛校证：《郡斋读书志校证》，上海古籍出版社 1990 年版，第 615 页。
③ 赵彦卫：《云麓漫钞》，商务印书馆 1936 年版，第 98—99 页。

> 所利如此。七陵皆在嵩、少之北，洛水之南，虽有岗阜，不甚高，互为形势。自永安县西坡上观，安、昌、熙三陵在平川，柏林如织，万安山来朝，遥揖嵩、少。三陵柏林相接，地平如掌，计一百一十三顷，方二十里云。今绍兴攒宫正与永安诸陵相似，盖取其协于音利，有上皇山新妇尖，隆佑攒宫正在其下。[①]

永安诸陵，指北宋皇陵。北宋九帝，除徽、钦二帝被金所虏囚死漠北外，七个皇帝以及被追尊为宣祖的赵弘殷（赵匡胤之父）均葬于此，又称七帝八陵。其陵墓走向，均为东南高，西北低，也即"东南有山，西北无山"，朝向为"坐丙向壬"，是角音所利。因宋皇室的姓氏为"赵"，"赵"姓五音所属为"角"。据此，则知宋皇陵取向系沿用"五音姓利"之术。

又据《金史·海陵亮纪》：

> 辛酉，有司图上燕城宫室制度，营建阴阳五姓所宜。[②]

可见，宋金之世，"五音姓利"之说仍然是官方"营建阴阳"的主要吉凶推演模式。但民间已经不用此法，所以金人张谦在《重新校正地理新书》序言中慨叹道：

> 今野俗之流，而有专执星水之法，或只习一家偏见之文。又有不经，随代进用颁行傍门小说不根之语，或与官书相害者，执而行之。兼又不能与五姓参用，而专排斥五音姓利，良可罪哉！[③]

以上所论，即为风水"五音"之历史源流。"五音"与风水相结合，始于汉代，是汉唐间风水术之主流，及宋金之世，风水"五音"之术渐渐淡出，最终退出历史舞台。

---

① 赵彦卫：《云麓漫钞》，第247页。
② 《金史》卷五《海陵亮纪》，中华书局1975年版，第97页。
③ 《重校正地理新书》，第1页。

二 "五音"定姓

风水"五音"的源流既明，则有必要讨论它的吉凶判断体系。风水"五音"之术的第一个问题就是如何将姓氏与五音相配，进而确立其五行生克关系。五音与姓氏相配，按照官修《地理新书》中所言，其源甚早：

> 《国语》：司商协民姓。司商，盖官名，商，音之清者，谓吹律以定民姓也。又《史记》：六律为万事本。故曰自非草木之声，则必有所合姓者，人所以自别而先王以是类族辨物者也。发于言，形于声，合于律，则五音随之矣。五音有所属，则有相生也，有相害也，有父子也，有夫妇也。古之聪明睿智推其本原，察其情性而考其动静，然后见吉凶，立占相之术，使民就利违害而纳诸福也。①

按此所言，则此法源于先秦，但并无文献支持。《国语》中所谓"司商协民姓"是否即为"五音定五姓"，值得怀疑。但可以肯定的是，至少在汉代，"五音"定姓已大为盛行。如《汉书·艺文志》数术略五行家有《五音定名》15卷。此外，汉代典籍中有关"五音定姓"的记载甚多：

《易纬是类谋》：

> 圣人兴起，不知姓名，当吹律，听以别其姓，黄帝吹律以定姓者是也。②

《春秋演孔图》：

> 正气为帝，间气为臣，宫商为姓，秀气为人。③

《孝经援神契》：

---

① 《重校正地理新书》，第12页。
② 安居香山、中村璋八辑：《纬书集成》，河北人民出版社1994年版，第299页。
③ 同上书，第963页。

圣王吹律有姓。①

《论衡·实知篇》：

> 孔子生不知其父……吹律自知殷宋大夫子氏之世，不案图书，不
> 闻人言，吹律精思，自知其世，圣人前知千岁之验了。……孔子不吹
> 律，不能立其姓。②

《白虎通·论姓篇》：

> 古者圣人吹律定姓，以记其族，人含五常而生，身有五音，宫商
> 角徵羽，转而相杂，五五二十五，转生四时异气，殊音悉备，故姓有
> 百也。③

《潜夫论·志氏姓》：

> 夫吹律定姓，唯圣为能。今民散久，鲜克达音律。④

虽然，关于"五音"定姓记载较多，因相关书籍早已亡佚，"五音定
姓"的具体方法无法确知。其实，这个问题在汉代就已有不同的说法：
据王充《论衡·诘术篇》：

> 五行之家用口调姓名及字，用姓定其名，用名正其字。口有张
> 歙，声有外内，以定五音宫商之实。⑤

据王充所言，"五音"定姓，是通过姓字的发音来确定姓的五音所属，即
其所谓的"口有张歙，声有内外，以定五音宫商之实"。而王符在《潜夫

---

① 《纬书集成》，第 573 页。
② 《论衡校释》，第 1070—1071 页。
③ 《白虎通·姓名》，汉魏丛书本，吉林大学出版社 1992 年版，第 172 页。
④ 《潜夫论笺校正》，第 404 页。
⑤ 《论衡校释》，第 1032 页。

论》中则称：

> 夫鱼处水而生，鸟据巢而卵。即不推其本祖，谐音而可，即呼鸟为鱼，可纳之水乎？呼鱼为鸟，可栖之木邪？此不然之事也。命驹曰犊，终必为马。是故凡姓之有音也，必随其本生祖所王也。太皞木精，承岁而王，夫其子孙咸当为角。神农火精，承荧惑而王，夫其子孙咸当为徵。皇帝土精，承镇而王，夫其子孙咸当为宫。少皞金精，承太白而王，夫其子孙咸当为商。颛顼水精，承辰而王，夫其子孙，咸当为羽。虽号百变，音行不易。①

据王符所言，"五音"定姓是根据"五帝"的五行所属来确定各姓之"五音"。如黄帝为土德，土之"五音"为宫，则凡黄帝子孙，不论何姓均为宫。按此，则"五音"定姓与姓字发音无关，明显与王充所言不同。

除上述两种五音定姓方法之外，《五行大义》引《乐纬》则又称：

> 孔子曰：丘吹律定姓，一言得土曰宫，三言得火曰徵，五言得水曰羽，七言得金曰商，九言得木曰角。②

又晋葛洪《抱朴子》引《玉策记》及《开明经》亦称：

> 一言得之者，宫与土也。三言得之者，徵与火也。五言得之者，羽与水也。七言得之者，商与金也。九言得之者，角与木也。③

对此，清人钱大昕曾经做了详细考证，他说：

> 六十甲子纳音所属五行，沈存中《笔谈》、陶九成《辍耕录》皆着其说，然所引者，仅唐以后之书，又多附会难信。予蓄疑有年，适读《抱朴子》云："按《玉策记》及《开名经》，皆以五音六属知人

---

① 《潜夫论笺校正》，第297页。
② 《纬书集成》，第568页。
③ 王明：《抱朴子内篇校释》，中华书局1985年版，第190页。

年命之所在。子午属庚，卯酉属己，寅申属戊，丑未属辛，辰戌属丙，巳亥属丁。一言得之者，官与土也。三言得之者，徵与火也。五言得之者，羽与木也。七言得之者，商与金也。九言得之者，角与木也。"《玉策记》、《开名经》乃汉魏人所撰，始知纳音果是古法。①

钱大昕进而认为"纳音之原，实出于纳甲"。所谓纳甲是以十天干、十二地支配属八卦。他说："纳音者，又以六十甲子配五音，三元运转，还相为官，而实以震、巽、坎、离、艮、兑六子所纳之干支为本。"

按钱氏所论，此为纳音之法，则与"五音所属"并不相同。那么，《乐纬》中所称的"吹律定姓"与通常所言的"五音定姓"不可同语。

"五音定姓"问题，到了唐代依然众说纷纭。唐人吕才称：

> 唯《堪舆经》，黄帝对于天老，乃有五姓之言。且黄帝之时，不过姬、姜数姓，暨于后代，赐族者多。至如管、蔡、成、霍、鲁、卫、毛、聃、郜、雍、曹、滕、毕、原、酆、郇，并是姬姓子孙；孔、殷、宋、华、向、萧、亳、皇甫，并是子姓苗裔。自余诸国，准例皆然。因邑因官，分枝布叶，未知此等诸姓，是谁配属？又检《春秋》，以陈、卫及秦并同水姓，齐、郑及宋皆为火姓，或承所出之祖，或系所属之星，或取所居之地，亦非宫、商、角、徵，共相管摄。此则事不稽古，义理乖僻者也。②

按吕才所言，"五音定姓"方法不过是"承所出之祖，或系所属之星，或取所居之地"，与字音无甚关系。但他又说：

> 言五姓者，谓宫、商、角、徵、羽等。天下万物，悉配属之，行事吉凶，依此为法。至如张、王等为商，武、庾等为羽，欲似同韵相求。及其以柳姓为宫，以赵姓为角，又非四声相管。其间亦有同是一姓，分属宫商，后有复姓数字，徵羽不别。验于经典，本无斯说，诸

① 钱大昕：《潜研堂集》，上海古籍出版社 1989 年版，第 47—49 页。
② 《旧唐书》卷七九《吕才传》，第 2720 页。

阴阳书，亦无此语，直是野俗口传，竟无所出之处。①

此处，吕才根据张、王为商，武、庚为羽，认为"五音定姓""欲似同韵相求"，又据柳姓为宫，赵姓为角，推其法"又非四声相管"。结合上所引汉代关于"五音"定姓诸说，可以看出，无论是汉代还是唐代，"五音定姓"的方法，在当时已经人言人殊，素无定论。即吕才所论"真是野俗口传，竟无所出之处"。

值得注意的是敦煌文献中，也有五音定姓的材料，如编号为 Pel. chin. 3647 中所载"推五姓法"言：

> ……（前残缺）武、许、吕、传（一云商）、余、郎、马、于、韦、仵、诸、吴、卫、郭、臣、虞、邬、扈、袁（一云商）、辅、俱、固、温（一云宫）、蒲、步、祖（一云商，一云徵）、眭（一云商）、胥（一云商）、霍（一云角）、母（定五姓），右前五姓皆依五音韵云。或胡改宝之姓，音虽各别，皆为商姓者，为上代是复姓，属商，或因继嗣他宗，亦取本姓为用，但复姓皆从商姓为定，仍任本姓所属用之。②

按此，则五音定姓当依音韵而定。上引诸姓，从音韵角度而言，大多同韵。可见，以姓字之音定五音所属可能更为普遍。

又编号为 Pel. chin. 2632 写本中有姓氏的五音分类，不言"五音定姓"方法，而是直接将姓氏归类五音之下。如徵音下：

> 李、史、□、田、郑、基、毌、贾、丁、秦、□、曲、申、宁、载、邺、辛、鲁、齐、郎、尹、□、应、礼、直、绝、伏、苟、薛、眥、李、余、腾、己、赍、晋、柴、奚、六、时、歧、伊、儿、友、施、师、单、荀、漆、酉、方、粟、巩、言、知、弦、□、子、士、咸、诸、律、质、宁。

---

① 《旧唐书》卷七九《吕才传》，第 2720 页。
② 《法国国家图书馆藏敦煌西域文献》第 26 册，上海古籍出版社 2002 年版，第 214 页。

其余诸音不再一一列举。这种分类的出现，无疑便于"五音定姓"的直接查对，利于民间流传，另一方面也说明风水"五音"之术在民间的盛行。

宋代官修《地理新书》第一卷中"五音所属"条目下，专门讨论了"五音定姓"问题：

> 五音者，木为角，火为徵，土为宫，金为商，水为羽，其传盖久，惟吕才独以为不然，才，儒者。忿时俗多拘忌而巫史罔惑，故立甚高之论以绝之，以才言为然，则阴阳之妄而卜筮之说可废也。其不可废，则当详是否而择焉。巫史者，愚夫愚妇之耻也，若假于时日，鬼神卜筮以众者，在王制杀无赦。其所谈说又安能荧乱之耳目哉？其惑之者，过矣。固不足与较其是非，禁其诞妄，抑其太甚可也。……
>
> 黄帝时见书传者，姓氏尚少，自后赐族益多，以至于十姓八族。或谓黄帝配五音者，盖假托耳。或谓五音者，五帝之裔以其继武运而相配，如太昊以木德王天下，其后尽为角姓欤。以类推之，则炎帝后属徵，黄帝后属宫，少昊后属商，颛顼后属羽，而五帝子孙，音姓交互，如吕则炎帝之裔，今为羽音矣。李则颛顼之裔，今为徵音矣。
>
> 若以文字止于四声之用，以五音为王，则平声之中合口呼者为宫，开口呼者为商，上声属徵，去声属羽，入声为角。而朱、姚、周、毛俱是平声，配入角音也。蒋、耿、贾、左乃是上声，配入商音矣。
>
> 若以五姓皆因口势呼而配之，口势隆穹者为宫音，口良昌者为商音，口扑捉者为角音，舌抵齿者为徵音，口偻窭者为羽音。则吴、卢平声同韵，口势近于偻窭，卢乃属商，吴乃属羽矣。贾、马俱是上声同韵，口势近于良昌，贾则属商，马则属羽矣。
>
> 或以为辨五味定五音者，非舌不决。夫五音为舌，舌居中者为宫，土位在中也；音发而微下者为商，金性阴沉也；音发而起曲者为角，木性曲直也；音发而舌上者为徵，火性炎上也；音发而舌下者为羽，则水性润下也。此则定五音自然之理。①

---

① 《重校正地理新书》，第12—13页。

按《地理新书》所言，则五音定姓方法有四：一是，以五帝所属之五行相配，如太昊五行之德为木，则其后裔五音为角；二是，以四声所属相配，所谓"平声之中合口呼者为宫，开口呼者为商，上声属徵，去声属羽，入声为角"；三是，以口势的不同确定姓，所谓"口势隆穹者为宫音，口良昌者为商音，口扑捉者为角音，舌抵齿者为徵音，口偻窭者为羽音"；四是，以发音时舌头所处位置，按照五行的特性以配姓，所谓"舌居中者为宫，土位在中也；音发而微下者为商，金性阴沉也；音发而起曲者为角，木性曲直也；音发而舌上者为徵，火性炎上也；音发而舌下者为羽，则水性润下也"。

《地理新书》中所列四法，其实可以归结为两种：第一种就是王符、吕才所言的以"五帝"所属五行之德，将其后裔之姓配以五音；第二种就是以姓氏之字的发音来确定五音所属。无论是四声、口势，还是舌头位置的定五音之法，都是按照字音来确定的。但无论哪种方法，都存在问题。所以《地理新书》的作者又称：

> 以音配姓，则龃龉难安。至于羊则叔虞之后，合属徵音，阳则黄帝别族，合属宫者，又杨则汉太尉之后，合为商音。又如窦则前汉之别族，有将军代田，合属商音，实则夏后之裔。合属角音，亦作徵音。又田、年同用舌势，田为徵音，年为羽音。又有覆姓，取上字者，则东方属商，东门属宫，东郭属羽，公西属商，公丘属徵，公门属宫。用下字者，则闾丘属宫，商丘属徵，毌丘属羽，上下字配之皆不相入夜。或曰音之所兴，先因于律，故孔子吹律知是商人之后，京房吹律自知其姓所由，或因于此乎？然江南刘为角，淮北刘为宫，岂以南北地殊，音律异乎？……
>
> 徐则或羽或商，刘则或宫或角，两呼之姓，百有余家，虽宣父、京房亦何为也，五姓非古也。①

按作者所言，羊、阳、杨三姓，如按音则"五音所属"当相同。但羊为叔虞之后，应属于徵音，阳为黄帝别族，五音当属宫，杨则为商。字虽同音，而"五音所属"却不同。另外，复姓取首字还是下字，江南、淮北

---

① 《重校正地理新书》，第 13 页。

音的不同等等都是"五音定姓"中所无法解决的，所以"虽宣父、京房亦何为也"。

值得注意的是，《地理新书》"五姓所属"中"五姓"分类，保存了许多汉唐之间的"五音"资料。如其中提到的"步六孤"姓为宫姓，按《魏书·官氏志》此姓已经改为"陆"氏，隋唐时当无此姓，可见其所出要早于隋唐。这一点，元人李治在《敬斋古今黈》中已经论及：

> 《地理新书》载三字姓，宫音曰步六孤，商音曰可足浑，角音曰侯莫陈，羽音曰赤小豆、郁久闾，此等已不可考。而又载三字阙五音者，曰破六韩、阿逸多等凡六十姓。前步六孤等皆有音，而此悉阙之。岂前步六孤等五姓可配以五音，而此六十姓俱无所属乎？夫有是姓则有是言，有是言则有是音。而此六十姓无音者，当是昔人以五音姓氏相配时，未始知之耳。且三字姓，其无音者，尚如此之多，况自死独膊、井强六斤等以四字为姓者耶？以是知音姓相属，真同戏论。①

其所论虽然是批驳音姓相属之说，但是其所言"昔人以五音姓氏相配时，未始知之耳"，则正好说明，《五音地理》新书中的五姓材料，其来源甚早。

"五音定姓"之术，是风水"五音"术的基础。五音配五姓的方法，自汉代起一直无定论，但基本方法无非两种：一是以姓氏之字音定五音所属；二是以五帝的"五德"所属，推定其后裔诸姓的五音。但正如吕才与《地理新书》所言，无论何种方法，都难以自圆其说。术数之学，本多附会之处，所以"五音定姓"中的种种自相矛盾之处，亦不足为怪。

三 "五音"宅法

"五音定姓"是一种应用广泛的吉凶判断方法，对此上文已经讨论。其与风水术的结合，按照调节对象的不同，有所谓的"宅法"与"葬法"

---

① 李治：《敬斋古今黈》，景印文渊阁四库全书本，台湾商务印书馆1983年版，第370—371页。

的区别。

五音之术与宅法的结合，始于汉代。王充《论衡》中所提及的《图宅术》一书，是今所见最早的"五音"宅法文献：

> 《图宅术》曰：宅有八术，以六甲之名数而第之。第定名立，宫商殊别，宅有五音，姓有五声。宅不宜其姓，姓与宅相贼，则疾病死亡，犯罪遇祸。①

从王充的简要记载看，《图宅术》是一本运用"五音"判断住宅吉凶的风水书籍，这是毫无疑问的。

首先"宅有八术，以六甲之名数而第之"该作何解？要理解所谓"六甲"和"八术"，唯一能借助的就是王充书中展开批驳的语境。先看王充的批驳：

> 夫人之在天地之间也，万物之贵者耳。其有宅也，犹鸟之有巢，兽之有穴也。谓宅有甲乙，巢穴复有甲乙乎？甲乙之神，独在民家，不在鸟兽何？夫人之有宅，犹有田也，以田饮食，以宅居处。人民所重，莫食最急，先田后宅，田重于宅也。田间阡陌，可以制八术，比土为田，可以数甲乙，甲乙之术独施于宅，不设于田，何也？府廷之内，吏舍比属，吏舍之形制，何殊于宅，吏之居处，何异于民，不以甲乙第舍，独以甲乙数宅，何也？民间之宅，与乡亭比屋相属，接界相连。不并数乡亭，独第民家。甲乙之神，何以独立于民家也？数宅之术行市亭，数巷街以第甲乙。入市门曲折，亦有巷街。人昼夜居家，朝夕坐市，其实一也，市肆户何以不第甲乙？州郡列居，县邑杂处，与街巷民家何以异？州郡县邑何以不数甲乙也？②

关于"八术"，有人望文生义，强解为"八种方法"。根据王充的论述，这个解释显然是错误的。他说："田间阡陌，可以制八术，比土为田，可以数甲乙，甲乙之术独施于宅，不设于田，何也？"王充在批驳中以

---

①　《论衡校释·诘术篇》，第 1027 页。
②　同上书，第 1028—1029 页。

"田"来比附"宅",他认为既然"田"和"宅"都有所谓"八术",为什么宅需要"六甲数而第之",而"田"却没有,因为在王充看来"田"和"宅"在本质上并没有什么不同,都是由土地构成。根据王充这个推理逻辑,对所谓"八术"就不难理解。其实"八术"就是指八个方位,王充说"田间阡陌,可以制八术"。阡陌乃田间小路,所谓"东西为陌,南北为阡",这种纵横交错的阡陌,"田"可以被分割为八个方位,即所谓"八术"。据此可以确知"宅有八术"就是指宅有八个方位,"八术"可能就是后世宅法中的"八卦"定位的方法。

所谓"六甲",一般认为就是指甲子、甲寅、甲辰、甲午、甲申、甲戌。《汉书·律历志》:"日有六甲、辰有五子。"关于"六甲",在《睡虎地秦简日书》中曾经提到了"六甲相逆"的种种禁忌,但和屋宇并无直接关系。不能断定此处"六甲"和《日书》中的"六甲相逆"是否有联系。不妨看看王充是如何论述"六甲"的,他在批驳中多以"甲乙之神"、"甲乙之术"、"甲乙第舍"等来解释"以六甲数而弟之"。又《汉书》中有所谓"八岁入小学,学六甲五方书计之事",似乎也说明"六甲"和方位有某种关联。据此,笔者认为六甲并非通常意义上的"时日"禁忌,而可能就是汉代已经盛行的纳音五行。如果我们把它和"宅有八术"结合起来看,大概是指以"六甲之术"来确立宅第的方位,所以才会有下文的"第定名立,宫商殊别,宅有五音,姓有五声"。

"第定名立,宫商殊别,宅有五音,姓有五声"又如何理解呢?如上所论,通过"六甲之术"来确立宅第方位,再通过纳音五行,又将住宅与五音之间建立了联系,此即是"宫商殊别,宅有五音"。也就是《地理新书》中所言:

> 至于十干、十二支、五行分刚柔之性及其错而为六旬也,则为之纳音以定之,故甲子为木,子为水,配之以金,则相生相克,父子夫妇舍水木尔论金矣。人之姓氏亦犹是焉。[①]

可以看出,所谓"宅有八术,以六甲之名数而第之",其实就是将"八卦"方位与六甲相配,通过纳音五行的方法将住宅配属于"宫、商、角、

---

① 《重校正地理新书》,第13页。

徵、羽"五音，五音又配五行。也就是说按照住宅所从属的方位，通过纳音五行的方法，将住宅配属于五行。

通过上述步骤，《图宅术》就从理论上将住宅和居住者之间通过纳音五行的方法建立起了联系。而宅的五音和姓的五声又分别配属五行，据此就可根据五行生克之理，判断宅的吉凶。所谓"宅不宜其姓，姓与宅相贼，则疾病死亡，犯罪遇祸"。其吉凶判断模式可以图示如下：

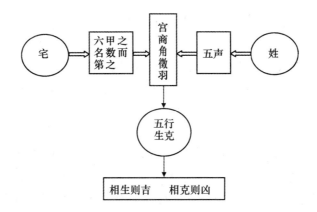

根据以上模式建立起来的吉凶推断体系，构成了《图宅术》的吉凶判断的基本原则。它的应用相当广泛，根据王充的记载，可以知道，在住宅门的朝向选择上就是按照这一原则进行。《论衡》中另一段引文就提供了这一原则的具体应用方法：

> 《图宅术》曰：商家门不宜南向，徵家门不宜北向。则商金，南方火也。徵火，北方水也。水胜火，火贼金，五行之气不相得，故五姓之宅，门有宜向。向得其宜，富贵吉昌；向失其宜，贫贱衰耗。①

从这段引文可以看出，在确定住宅门的朝向时，首先根据纳音五行的方法，将人们的姓与五音相配，如洪姓属宫，钱姓属商，孔姓属角，田姓属徵，冯姓属羽。而这五音又分别相对应于五行中的金、木、水、火、土。五音再与方位配合，即东配角、木，南配徵、火，中配宫、土，西配商、

---

① 《论衡校释·诘术篇》，第1038页。

金，北配羽、水。根据五行相生、相克的原则，人们很容易就可以确定住宅门的朝向。按《图宅术》所言，如钱姓属商，商又属于金，可以知道火克金，而火为南方，所以钱姓之家的门不宜朝向南。

关于《图宅术》中"五音"定吉凶的方法，王符在其《潜夫论》中也曾提及并加以批驳：

> 俗工又曰："商家之宅，宜西出门。"此复虚矣。五行当乘其胜，入居其隩乃吉。商家向东入，东入反以为金伐木，则家中精神日战斗也。五行皆然。又曰："宅有宫商之第，直符之岁。"既然者，于其上皆增损门数，即可以变其音而过其符邪？今一宅也，同姓相代，或吉或凶；一官也，同姓相代，或迁或免；一官也，成康居之日以兴，幽厉居之日以衰。由此观之，吉凶兴衰不在宅明矣。①

王符的批驳集中在两个方面：一是"五音"定宅门，即王允所引的"五姓之宅，门有亦向"。按照"图宅术"的"五音"吉凶理论，商姓之家五行为金，其宅门应向西，因西方五行亦为金。而王符认为门西向则人东入，而东为木，金木相伐，则家中"精神日战斗也"。所以其认为"五音"图宅之法并不符合"五行"生克理论。王符批驳的第二点，集中在"宅有宫商之第，直符之岁"，所谓"宅有宫商之第"即上文所讨论的"以六甲之名数而第之"，是通过纳音五行的方法来确定住宅的五音所属。至于其提到的"直符之岁"，其实就是一种择日与五音相结合的吉凶判定方法。王充《论衡》中称：

> 世俗起土兴功，岁、月有所食。所食之地，必有死者。假令太岁在子，岁食于酉，正月建寅，月食于巳，子、寅地兴功，则酉、巳之家见食矣。见食之家，作起厌胜，以五行之物，悬金木水火。假令岁、月食西家，西家悬金；岁、月食东家，东家悬炭。设祭祀以除其凶，或空亡徙以辟其殃。连相仿效，皆谓之然。如考实之，虚妄迷也。何以明之？
>
> 夫天地之神，用心等也。人民无状，加罪行罚，非有二心两意，

---

① 《潜夫论笺校正·卜列》，第298页。

前后相反也。移徙不避岁、月，岁、月恶其不避己之冲位，怒之
也。……且夫太岁在子，子宅直符，午宅为破，不须兴功起事，空居
无为，犹被其害。今岁、月所食，待子、宅（寅）有为，巳、酉
乃凶。①

上引王充所论，"起土兴工"则有月岁之忌，此即王符所言"直符之岁"。
姓之"五音"不同，其所冲破亦当不同，所以王符称"其上皆增损门数，
即可以变其音而过其符邪？"可见汉代的"五音"宅法与时日是相结合
的，这与后世风水术"形"、"理"、"日"三要素说是一致的。

　　以上所论，即是汉代《图宅术》中所见的"五音"宅法。这一方法
流传甚久，在敦煌文献中仍保存了大量"五音"宅法资料，比如《诸杂
推五姓阴阳等宅图经》、《阴阳五姓宅图经》、《五姓宅经》等。敦煌文献
中"五音"宅法与汉代的"图宅术"相较而言，更为复杂，其应用也更
为广泛。如用"五音"之法修灶、井等。

　　宅法中还有所谓的"形法"，其实质是以住宅或住宅周围的山川河流
之形势来判断居住者的吉凶。此法源头甚早，至少在战国时期就已经出现
较为成熟的"形法"。如睡虎地秦简甲种 15—23 号简背有一段专讲住宅
吉凶的文书，学者们称之为《相宅篇》。② 《相宅篇》就其内容来说是围
绕住宅的主体建筑——"宇"的居址来判断吉凶，以"宇"为中心基点，
同时兼及道路、仓库、门、井、水、厕等各种建筑的方位和布局。这一方
法在汉代继续得到了发展，《汉书·艺文志》著录有《宫宅地形》二十
卷，并且指出"形法者，大举九州之势以立城郭室舍形，人及六畜骨法
之度数、器物之形容以求其声气贵贱吉凶"③。

　　我们知道，汉代宅法理论的核心是"五音"术。尚无材料证明"五
音"术与"形法"在汉代已经结合。到了隋唐时期，"五音"术与"形
法"理论开始结合，敦煌文献中就有许多这方面的材料。如编号为

---

　　① 《论衡校释·闲时篇》，第 981—982 页。

　　② 类似的内容还见于湖北江陵九店楚墓出土的编号为 45—54，56—59 号竹简，参见湖北
省文物考古研究所、北京大学中文系《九店楚简》，中华书局 2000 年版；相关研究可参见刘乐贤
《九店楚简日书》，《华学》第 2 辑，中山大学出版社 1996 年版；晏昌贵、钟炜《九店楚〈日书
相宅篇〉研究》，《武汉大学学报》（人文科学版）第 55 卷第 4 期，2002 年 7 月。

　　③ 《汉书》卷三〇《艺文志》，第 1775 页。

Pel. chin. 3492 的《诸杂推五姓阴阳宅图经》称：

> 第一之宅但然平，第二之宅东南倾，第三之宅地与姓相生者吉。[①]

从上引文可以看出，住宅选择中要注意不仅要"但然平"，还要"东南倾"，此两者均是从地形方面考虑的。在此基础上，进而提出"宅地与姓相生者吉"。那么"宅地"如何与"姓"相生呢？按照五行理论，"宅地"要与"姓"相生，则"宅地"必须有五行的属性。也就说"形法"中的相地必须与五行之间建立联系。这种联系同样是通过"五音"术建立的，同卷写文就直言：

> 推地刑（形），东高（西）下名曰角地，羽居之吉；南高北下名徵地，宫居之吉；西高东下名商地，金居之吉；北高南下名羽地，角居之吉，四方高中央下名宫地，商居之吉。[②]

此即按照地形来确立"宅地"的"五音"属性，进而建立其"宅地与姓相生"的吉凶判断方法。按照文中所言，地形与五音的关系是依照四方地形的高下来建立的。东高西下之地，东方五行为木，五音为角，故"东高西下名曰角地"。同理，则"南高北下名徵地"、"西高东下名商地"、"北高南下名羽地"、"四方高中央下名宫地"。这样依据宅地的高低就可以确定宅的"五音"属性，进而与居住者的"五音"之间建立其吉凶对应关系。如角地，五行为木，木生水，故羽姓居之吉。这种关系一旦建立，则"宅地"与"五音"之间就有了明确的吉凶关系：

> 角居宫，贫穷少子孙，家得廿年后破，□家亦煞长子，出寡妇及刑人；角居商，无后，凶，官事，三年内破家尽；角居羽，大吉，富贵，后向西南徙，三年必破家尽。
>
> 徵居徵，大凶，先富后贫，十三年内即衰，宜改移；若居商，不

---

① 《法国国家图书馆藏敦煌西域文献》第 24 册，上海古籍出版社 2002 年版，第 341 页。
② 同上。

利，散财益，口舌讼斗，先富后贫，六十年出兵死，失火，女妇厄，及改移；若居羽，凶，灭门，不出三年，宜及改移，即免殃，移向西北、北方者，三年灭门，慎，吉。

官居官，平，先富后贫，多死亡及病；若居商，大富贵，保财卅六年，得两县财入家，六十年后衰，宜改移；若居羽，先富后贫，少子有官事，死亡不绝；若居角，大凶灭门；若居徵，大富贵，宜子孙，廿四年得兄后财。

商居商，先富后贫，卅年衰，大凶，宜移改吉；若居角，不宜子孙，口舌官事，大凶；若居徵，大凶，不出三年灭门；若居官，大富贵，宜子孙，卅年后暴财入家，封官禄吉；若居羽，亦大吉，富，二千石，生贵子，多奴婢，吉。

羽居羽，先富后贫，廿五年后暴死，大凶；羽居角，大富贵，富子孙，五十年后则衰；羽居徵，先富后贫，凶；羽居商，亦富贵，出封侯，卅年得两家财，吉，向南移凶，慎之；羽居官，绝灭，大凶。①

以上引"羽"音之姓为例，羽之五行为水，按其所言，居羽地大凶；居角地，角之五行为木，水木相生，所以"大富贵，富子孙"；而居商地，商为金，水金亦相生，故言"亦富贵，出封侯"，又言"向南移凶"，因为南方五行为火，水火相克，所以南移凶；若居宫地，宫五行为土，水土相克，故言"绝灭，大凶"。其他各音亦大同小异，则此吉凶判断方法，与《图宅术》中的"五行生克"理论并无实质区别，只是其判断体系更为复杂。而且在"五音"术中引入"形法"，反映了宅法的变化和发展的历史趋势。这种趋势，在宋修《地理新书》中仍然得到了体现。《地理新书》中引《五音经》云：

东高西下，为之角地，徵羽亦可居之；南高北下，为之徵地，角姓亦可居之。②

① 《法国国家图书馆藏敦煌西域文献》第 24 册，第 341 页。
② 《重校正地理新书》，第 12 页。

就其内容而言，此与敦煌写本《诸杂推五姓阴阳宅图经》一致。《五音经》一书，早已亡佚，且不见相关文献著录，无以判断其具体年代。但其以地势定宅之五音，其术不会早于六朝。按其所言，则东高西下，是角地，角为木，当然适宜角姓所居。徵、羽二姓亦可居者，以为徵为火，木生火，羽为水，水生木，所以角姓之地，徵、羽二姓也可居住。此法与《图宅术》中所言的"五音"之术，明显有所不同，但《图宅术》中所用的"宅姓相宜"的吉凶原则得到了保留。

　　"五音"宅法，在隋唐时期的发展不仅体现在与"形法"理论相结合，还表现为与"日法"的结合。所谓"日法"，即住宅营建中的时日选择。众所周知，时间和方位是中国风水吉凶模式的核心内容。《阳宅十书》便认为："论形势者，阳宅之体；论选择者，阳宅之用。总令内外之形俱佳，修造之法尽善。若诸神煞一有所犯，凶祸立见，尤不可不慎。"这一方法起源甚早，如秦《日书》就有"凡为室日，不可以筑室。筑大内，大人死。筑右□，长子妇死。筑左□，中子妇死。筑外垣，孙子死。筑北垣，牛羊死。杀日，毋以杀六畜，不可以取妇、家女、祷祠、出货。四废日、不可以为室，覆屋"[1]。再如："春三月庚辛，夏三月壬癸，秋三月甲乙，冬三月丙丁，毋以筑室"[2]，等。汉代王充在《论衡·讥日篇》也提到"工伎之书，起宅盖屋必择日"[3]，说明这种风水禁忌在汉代仍然盛行。上引王符、王充关于"直符之岁"批驳，说明在汉代"五音"与"日法"已经初步结合。这一结合在唐宋时期更为明显，编号为Pel. chin. 3281v 敦煌写本称：

　　　　土家，正月架屋吉，二月出孤寡，三月殃祸灭门，四月生贵子，五月、六月大富贵，七月出刑人，八月出贵子，九月出长史，十月大富贵，十一月不吉。十二月宜子孙。

　　　　金家，正月架屋悬官事，二月煞六畜及妇，三月大吉，四月富贵，五月宜子孙大吉，六月宜子孙，七月出刑人，八月出病人，九月疾病，十月、十月大吉，十二月祸至灭门。

---

① 睡虎地秦墓竹简整理小组：《睡虎地秦墓竹简》，文物出版社1990年版，第195页。
② 同上书，第196页。
③ 《论衡校释·讥日篇》，第995页。

木家，正月架屋出贵子，二月大穷耗凶，三月大富贵，四月出贵子，五月益田宅富贵，六月祸之灭门，七月保子孙，八月煞长妇，九月卅年富贵，十月亦宜子孙，十一月多口舌，十二月破灭门。

火家，正月架屋悬官事，二月多口舌，三月灭门，四月出贵子，五月、六月子孙吉，七月、八月出刑人，九月致灭门，十月大吉，十一月□子孙，十二月大富贵。

水家，正月架屋大富贵，二月宜子孙，三月祸致灭门，四月多恶口大舌，五月出子孙孤寡，六月祸致灭门，七月宜子孙，八月增财物大吉，九月祸致灭门，十月大吉利，十一月煞子孙，十二月大吉。①

上文所谓土家、金家、木家、火家、水家即宫姓、商姓、角姓、徵姓、羽姓之家。显然这是将"五音"宅法与"日法"相结合的吉凶判定体系，较上引王充、王符关于汉代时日之忌要更为系统，吉凶判定也更为直观。

究其实质而言，则无论是汉代的《图宅术》、敦煌写本中的《诸杂推五姓阴阳图宅经》，抑或是《地理新书》所引的《五音经》，均是按照一定方法将住宅的"五音所属"与居住者的"五姓所属"相配合，按照五行生克的原理加以判定吉凶。至于具体形式，则随时代的发展当然会有所变化。

四 "五音"葬法

"五音"与"葬法"的结合，可能要晚于"宅法"。就目前所见文献而言，"五音"与"葬法"的结合大约在魏晋六朝时期出现，前文已有讨论。那么，它们是如何结合？它的吉凶判断体系又是怎样的呢？

今天所见，最早论及"五音"葬法的文献是《真诰》。《真诰》卷一〇《协昌期第二》云：

墓之东北为徵，绝命，西北为九厄，此皆冢讼之凶地。若见亡者于其间，益其验也。②

---

① 《法国国家图书馆藏敦煌西域文献》第 23 册，第 32 页。
② 《道藏》第 20 册，第 551 页。

此段文后，陶弘景注曰：

> 此应令以受长史也，但许姓羽音，今云，东北徵绝命，是为不
> 同。又九厄之名，墓书无法。[1]

又同卷"建吉冢法"后，陶弘景亦有注曰：

> 但辟非应是朱鸟，而云冢后，若徵家甲向，朱鸟在西南，羽家庚向，
> 朱鸟在东北，所不论耳。[2]

按《真诰》为道教上清派典籍，因其大部分内容系东晋杨羲、许谧等人
的"通灵"记录，谓是仙真告授，故称《真诰》，齐梁时陶弘景为其作
注。上引陶弘景注中，认为关于墓法的章节内容，是仙真授给许谧的，也
就陶弘景所言"此应令受长史也"。所以陶弘景认为，按"五音"定姓之
法，许姓为羽音，五行为水，方位为北。而仙真所言则是东北为徵，为绝
命，所以陶弘景认为仙真所言与世传的墓法不同。陶弘景以墓书所言与仙
真之诰相比较，足以证明当时有"五音"葬地选择之法。

　而陶注中提到的"徵家甲向，朱鸟在西南，羽家庚向，朱鸟在东
北"，则是将五音与四象相结合的一种吉凶判定方法。"四象"是指青龙、
白虎、朱雀、玄武诸神，是我国古代神话中镇守四方的神祇。早在战国时
期，人们就把龙、虎、凤、龟四大神物配合于四方，称为四灵，形成左青
龙、右白虎、前朱雀、后玄武的方位格局，四灵分别管理四个方位，如
《三辅黄图》卷三曰："苍龙、白虎、朱雀、玄武，天之四灵，以正四
方。"汉代，重四象方位，青龙、白虎、朱雀、玄武备受推崇，被奉为镇
卫四方、驱除邪恶的神异动物，常用于建筑物上并以之来表示东、西、
南、北四个方位，这可从汉代考古大量出土的四神瓦当中得到证实。四象
与葬法结合，最早见于曹魏时期。据《三国志·管辂传》记载，管辂经
过毌丘俭家的墓地时，曾倚树而叹曰：

---

① 《道藏》第 20 册，第 551 页。
② 同上书，第 552 页。

林木虽茂，无形可久；碑诔虽美，无后可守。玄武藏头，苍龙无足。白虎衔尸，朱雀悲哭。四危以备，法当灭族。不过二载，其应至矣。①

管辂所言之朱雀，即陶弘景在注中所言的"朱鸟"。上引《真诰》同卷又言：

范幼冲，汉时尚书郎，接地理，乃以冢宅为意。魏末得来在此童初中，其言曰："我今墓有青龙乘气，上玄辟非，玄武延躯，虎啸八垂，殆神仙之丘窟，炼形之所归，乃上吉冢。"其言如此。②

陶弘景注曰：

四灵虽同墓法，而形相莫辨。又以朱鸟为上玄，亦所未详也。③

此则进一步说明，当时墓法中，确实有以四灵（或四象）之法，与"五音"结合，以判断吉凶，所以陶弘景才会在书中反复加以引用辨正。但因言语不详，今天可能无法确知其吉凶判断体系的具体内容，仅据上引之言稍作推论：

第一，其言许姓为羽音，五行当为水，羽家庚向，庚向为西南之方位，则其坐位应为东北，即坐东北向西南，这当是墓法所言之吉位。而《真诰》中仙真所言则"东北为徵，绝命"，此则与墓法明显不同，所以陶弘景在注中加以引证，特别指出其与墓书的区别。

此处提到的"庚向"之说，即十干中的甲、乙、丙、丁、庚、辛、壬、癸与十二地支，再加上八卦中的乾、艮、坤、巽组成的二十四方位（见二十四方位图）。即《黄帝宅经》中所称的"二十四路"，"二十四路者，随宅大小中，院分四面，作二十四路。十干、十二支、乾艮坤巽共为

---

① 《三国志》卷二九《魏书·管辂传》，第825页。
② 《道藏》第20册，第551页。
③ 同上。

二十四路是也"①。虽然学术界对《黄帝宅经》成书年代尚未有定论，但二十四方位的表示方法可能在汉代就已经形成。据《汉书·成帝纪》："孝成皇帝，元帝太子也。母曰王皇后，元帝在太子宫生甲观画堂。"注引：

> 应劭曰："甲观在太子宫甲地，主用乳生也。画堂画九子母。"如淳曰："甲观，观名。画堂，堂名。《三辅黄图》云太子宫有甲观。"师古曰："甲者，甲乙丙丁之次也。《元后传》言见于丙殿，此其例也。而应氏以为在宫之甲地，谬矣。"②

应劭为汉末人，其言"甲观"为太子宫之"甲地"。虽然颜师古称此"甲地"并非方位，而是"甲乙丙丁之次"的意思，但应劭所言足以说明至少在汉代已经用天干地支表示方位。前所引王充《论衡》中讨论"岁、月所食"文中，亦有"己、酉之地"的说法，也可为证。

《晋书·韩友传》则直接提到了所谓的"庚地"：

> 宣城边洪以四月中就友卜家中安否，友曰："卿家有兵殃，其祸甚重。可伐七十束柴，积于庚地，至七月丁酉放火烧之，咎可消也。不尔，其凶难言。"洪即聚柴。至日，大风，不敢发火。洪后为广阳领校，遭母丧归家，友来投之，时日已暮，出告从者，速装束，吾当夜去。从者曰："今日已暝，数十里草行，何急复去？"友曰："非汝所知也。此间血覆地，宁可复住。"苦留之，不待食而去。其夜洪欻发狂，绞杀两子，并杀妇，又斫父妾二人，皆被创，因出亡走。明日，其宗族往收殡亡者，寻索洪，数日，于宅前林中得之，已自经死。③

边洪向韩友问卜，韩友称其家将遭兵殃，"可伐七十束柴，积于庚地"，并于七月丁酉放火烧之。此亦可证《真诰》中陶弘景所言的"羽家

---

① 《黄帝宅经》，丛书集成初编本，中华书局1991年版，第3页。
② 《汉书》卷一〇《成帝纪》，第301页。
③ 《晋书》卷九五《韩友传》，中华书局1974年版，第2476页。

庚向"之说。

第二，陶弘景在注中言"徵家甲向，朱鸟在西南，羽家庚向，朱鸟在东北"之葬法，是将五姓与墓的朝向结合，并与四灵之形势相结合加以判断吉凶。《赤松子章历》卷五亦言：

> 各用本姓音。角姓，冢讼交通所属勾芒之神；徵姓，冢讼交通所属祝融之神也；商姓，冢讼交通所属蓐收之神；羽姓，冢讼交通所属玄冥之神；宫姓，冢讼交通所属勾陈之神也。①

此内容亦可与上文互相印证，足以说明"五音"与四灵结合，实为魏晋六朝时期墓法的重要吉凶判断体系。《隋书·萧吉传》中也曾谈及"五姓"葬法。

萧吉，本为萧梁之宗室，入隋为官，受命考订古今阴阳书，其颇精于风水之术，并撰有《宅经》八卷，《葬经》六卷。独孤皇后崩，隋文帝命萧吉负责选择葬地：

> 及献皇后崩，上令吉卜择葬所，吉历筮山原，至一处，云"卜年二千，卜世二百"，具图而奏之。上曰："吉凶由人，不在于地。高纬父葬，岂不卜乎？国寻灭亡。正如我家墓田，若云不吉，朕不当为天子。若云不凶，我弟不当战没。"然竟从吉言。吉表曰："去月十六日，皇后山陵西北，鸡未鸣前，有黑云方圆五六百步，从地属天。东南又有旌旗车马帐幕，布满七八里，并有人往来检校，部伍甚整，日出乃灭，同见者十余人。谨案《葬书》云：'气王与姓相生，大吉。'今黑气当冬王，与姓相生，是大吉利，子孙无疆之候也。"上大悦。②

萧吉在为独孤皇后选择葬地时，引《葬书》云："气王与姓相生，大吉。"所谓与姓相生，即以"五音"定吉凶之法。按隋文帝之姓为"杨"，其五音所属为"商"，五行为"金"。而"黑"色的五行所属为水，方位为

---

① 《道藏》第 11 册，第 221 页。
② 《隋书》卷七八《萧吉传》，第 1776 页。

北，四季之王为冬，即萧吉所谓"黑气当冬王"。按五行相生之关系，金生水，所以萧吉称"与姓相生，是大吉利，子孙无疆之候也"。可见萧吉所引《葬书》，其吉凶判定体系确是"五音"墓法。

"五音"墓法，在唐代已经发展成为一套完整的体系。按晁公武《郡斋读书志》"《五音地理新书》"条下言："唐僧一行撰。以人姓五音，验八山、三十八将吉凶之方。其学今世不行。"此即《地理新书》卷六所言"五音三十八将内从外从位"之法，就其实质而言，是将五音与天干、地支加上八卦中的乾、艮、坤、巽相配合所组成的二十四方位配属不同的神煞体系，用以判断吉凶。为了说明其体系，下仅引"角音"之三十八将为例：

角音属木
内从将位：

传送亥	伏尸子	小墓丑	穀将艮	识生申	天仓辰	天柱巽
功曹巳	官国丙	冠带午	大墓未	勾陈坤	沐浴庚	天劫酉
刑劫辛	地劫戌	地户乾				

外从将位：

金匮亥	筋山子	大德子	生气子	了庆丑	缓山丑	玉堂丑
青龙卯	阳气卯	朱雀巽	天门巽	钩陈丙	司命午	死气午
行痕未	印山未	白虎酉	阴气酉	天牢戌	真武乾	华盖乾[①]

可见，"五音"墓法在唐代已经非常细密，每个方位都配以不同的神煞，以此决定吉凶。

在敦煌写本中，亦有"五音"葬法文献。如编号为 Pel. chin. 3647 "五姓方面吉凶"的写本云：

> 官姓土行。辰大暮，戌小暮，葬其地夭。绝世在东方灭门大凶，五刑在北方地被刑戮露尸，一名九丑，大德在西方亦名华盖，又名玄冲，葬其方，世禄长远，大吉。五福在南方一名金匮，一名光（先?）明，名五福，葬其方，世禄遥长，大吉。重阴在四季不宜子孙，财物平，宜庚申辛酉大吉，出公卿，丙丁巳午大吉，出公卿，

---

① 《重校正地理新书》，第51页。

小吉。

　　商姓金行。丑大墓，未小墓，葬其地绝世，大凶，绝世在南金位火名，大灭门，大祸凶。五刑在东方出刑戮人，大德在北方世禄长远，大吉，五福在四季世禄遥长，大吉，重阴在西方少利多害，不宜子孙及财物平，宜葬壬癸亥子大吉，出公卿上，辰戌乾巽小吉。

　　角姓木行。未大墓，丑小墓，葬其地，绝世大凶，绝世在西方，五行在四季，重阴在东方，宜葬壬癸子亥，出公卿，丙丁巳午出令长。

　　徵姓火行。戌大墓，辰小墓，葬其地绝世大凶，绝世在北方，五刑在西方，大德在四季，五福在东方，重阴在南方，宜葬甲寅乙卯出公卿大吉，丑未申辰小吉。

　　羽姓水行。辰大墓，戌小墓，葬此地，凶绝世，绝世在四季，五刑在南方，大德在东方，重阴在北方，宜葬庚申辛酉，出公卿，甲寅乙卯，出刺史二千石，大吉。①

上引材料就是用五音与方位结合，通过五行生克关系进行吉凶判断，这与陶弘景在《真诰》中提到的墓法是一脉相承的。陶弘景称"羽家庚向"，而此材料也称羽姓"宜葬庚申辛酉"，可见其吉凶判定的原则基本一致。为了便于理解这种吉凶模式，现将二十四方位图附下：

二十四方位图

①　《法国国家图书馆藏敦煌西域文献》第26册，第214页。

仅以羽姓为例，羽姓五行为水，庚、申、辛、酉的方位为西，西方五行为金，金生水，故羽姓之家葬庚、申、辛、酉吉。甲、寅、乙、卯方位为东，东方五行为木，水生木，故此方位亦利羽姓之家，所以称"甲寅乙卯，出刺史二千石，大吉"。其余各姓吉凶，亦如此。可见"五音"葬法虽与"五音"宅法有所不同，但其理论核心仍然是"五行生克"，吉凶判定的基本原则是一致的。

"五音"葬法不仅用于葬地的选择，而且对墓穴的深浅、营建中的取土等都有详细规定。如敦煌写本中编号为 Pel. chin. 3747 "入地深浅法"云：

> 从起与性（姓）相生，主吉，从上向甲乙数与姓相生吉。假令宫姓入地三尺为庚，并与姓相生，他皆放（仿）此。[1]

编号为 Pel. chin. 4930 的"造冢墓取土及墓内尊卑法第"言：

> 凡五姓墓六对八将，虽以远（？）占，然于十二辰各有男女、内外九族之位。若欲取土为冢坟及门□，皆不得卅步内取土。取土即伤其命，坐入六对八将及命坐位，在第六卷。又勿犯本姓墓辰上土，大凶。
>
> 角墓未、商墓丑、宫羽墓辰、徵墓戌，不得就（？）院内取土，宜于院外平冶取之。……宫姓取土宜丙、庚、丁、午、甲、酉地吉，宫姓造冢绝手于亥，商姓取土宜壬、亥、辰、戌、子地吉。[2]

"五音"葬法在发展中也逐渐与形法相结合，《地理新书》卷八中有"五音地来势"和"五音大水流势"就是将山水走势与五音相结合进行吉凶判定。如"五音地来势"云：

> 假如山从甲来，作丁向，水流出坤。若商姓用，则天劫、地劫、

---

① 《法国国家图书馆藏敦煌西域文献》第 26 册，第 216 页。
② 同上书，第 26 册，第 281 页。

刑劫俱来射冢,水亦破谷将。又庚辛来山,作癸向,水流出艮,若角姓用,则天、地、刑劫俱来射冢,水亦破谷将。皆非吉也。若用此法,须与本音相利者吉,不相利者从一行"五音所利"。五姓山地,从本音阳气上来,大吉。所利本音生气山,商姓南来,角姓北来,徵东来,宫羽西来者,非八卦中所变生气也。①

文中提到的"一行'五音所利'",当指唐人僧一行所著的《五音地理新书》中的"五音八山、三十八将"之法。据上所言,在考察坟墓的山水走势时,必须将其与五音相结合。其实质仍然是"五行生克"。比如商姓本音气山,据其所言"商姓南来",为什么呢?因为商姓五行为金,火生金,南方为火,故其本音气为"南来"之山。

与"五音"宅法相似,"五音"葬法亦与择日之法相结合。敦煌风水文献中有不少内容涉及择日,且都与"五音"葬法密切相关。如编号Pel. chin. 2534"阴阳书"中提出:

> 凡葬及殡埋斩草日,值灭门日者,妨害深重不可用;若值大祸日者,被劫盗。日音与姓相克害深。②

编号 Pel. chin. 3647"推殡葬法第二"称:

> 先定五姓宫商角徵羽,次定丧主年命年是行年,不得同支。命是本命,干年命,甲乙日是也。次则吉日……次择时……③

上引同卷则进一步提出了五音与择日的吉凶关系:

> 东方葬者不用己酉丑(岁月日同),南方葬者不用甲子辰(岁月日同),西方葬者不用亥卯未(岁月日同),北方葬者不用寅午戌(岁月日同)。右方面,月日各有吞相连,鬼啄生人,姓妨害,深重,

---

① 《重校正地理新书》,第60页。
② 《法国国家图书馆藏敦煌西域文献》第15册,第193页。
③ 同上书,第26册,第214页。

大凶。①

"五音"葬法影响极大。如前所论，"五音"葬法是宋代皇陵选择中的主要方法，朱熹《山陵议状》言：

> 臣尝窃究其所以，皆缘专信台史而不广求术士，必取国音坐丙向壬之穴，而不博访名山，是以粗略苟简，唯欲祔于绍兴诸陵之旁，不惟未必得其形势之善，若其穴中水泉之害，地面浮浅之虞，逼仄伤破之余，惊动诸陵之虑，虽明知之，亦不暇顾。群臣议者又多不习此等猥贱之末术，所以不能坚决剖判，致烦明诏，博访在廷。臣实痛之，其敢无辞以对？②

朱熹所言"国姓"即"赵"。赵氏，按"五音所属"当为角姓，其利为坐丙向壬，也就是坐东南，朝向为西北。这与上引"五音"墓法中角姓宜葬"壬癸子亥"和"丙丁巳午"是完全一致的。即赵彦卫在《云麓漫钞》中所称的：

> 永安诸陵，皆东南地穹，西北地垂，东南有山，西北无山，角音所利如此。③

如上所论，"五音"葬法较宅法晚出，在六朝之后得到迅速发展，体系日益驳杂，并成为宋代皇陵的基本营建依据。就"五音"葬法内容而言，其吉凶判定体系依然是建立在"五音定姓"和"五行生克"基础之上。以此论之，则"五音"葬法抑或是"五音"宅法，仅仅是调适对象不同，其实质并无根本区别。

以上，笔者简单追溯了风水"五音"之术的历史流变，并分别对"五音定姓"、"五音"宅法及"五音"葬法进行了梳理。风水"五音"之术，形成于汉代，主要为"宅法"吉凶判断体系，魏晋六朝时期开始

---

① 《法国国家图书馆藏敦煌西域文献》第 26 册，第 214 页。
② 《朱子全书》第 12 册，第 729 页。
③ 《云麓漫钞》，第 247 页。

成为丧葬风水术的主要方法。进入隋唐时期，风水"五音"术开始逐渐淡出。降及宋金之世，官方仍然使用，但民间逐渐已弃而不用。作为一种术数，一旦失去了民间信仰基础，也就标志着它将很快退出历史舞台。

略论唐朝祥瑞制度

孟宪实

　　祥瑞是一种观念，也是一种制度，是古代中国特有的一种意识形态表达方式，是中国古代天人关系的一种政治体现。祥瑞代表天意，但相关的制度规定都是针对人间的，所以每每会对现实政治产生影响。考察唐朝的祥瑞之制，对于我们全面理解唐代的天人关系和制度精神，皆有一定帮助。本文利用包括敦煌出土文献在内的史料，考察唐朝祥瑞之制，发现唐朝的祥瑞控制和利用，制度性的要件都相对完备，可见唐朝的祥瑞之制是中国古代政治文化长期发展的结晶。

　　自然物体或自然现象，被人们赋予意义，且以天意的名义表达政治寓意，是古代中国人认识自然、应对自然的一种特殊表达系统，因为自然物体与自然现象在政治上的含义有轻重之分，所以古人对此进行分类分等，统称为祥瑞，并针对不同的等级，采用不同的对策。大瑞出现，普天同庆。因为祥瑞的出现与发现有密切关系，甚至于发现祥瑞这也能体现某种天意，于是发现祥瑞往往对发现者的政治前途影响巨大。与此同时，如果没有一个相对完整的确认程序，就无法应付企图利用祥瑞的人群，于是祥瑞的发现、确认，都有程序性规定。当然，确认程序会受到朝廷政治需求的极大影响，所以总体上观察，祥瑞之制总会服务于朝廷政治。此外还有祥瑞的保养、收护的规定，还有祥瑞的记录、入档保存等等都有清晰的制度性规定。这些制度，一方面证明古代王朝对于祥瑞现象的重视，另一方面也体现了祥瑞问题在古代中国有过一个逐渐发展的历程，是今天的研究者应该给予一定重视的课题。

　　祥瑞问题，通常会被认为属于迷信之事。现在看来，作为古代的特殊的意识形态，不仅属于当时的政治观念，也是人与自然关系的一种特殊反映。自然物体与自然现象的神圣化，可以认为是人类尊重自然的戏剧化体现，至少证明人类重视自身行为的自然反应，人类并非完全为所欲为、自以为是。所谓天意，在现实政治中并非倾向明确，天意往往为人所用，包括朝廷的执政者，也包括各式各样的反对派。即使把祥瑞完全归类给政治，也有很多的研究旨趣可以发掘。

以儒家理论为核心建立起来的国家意识形态，在中国古代始终发挥着重要作用。作为国家的系统价值观，举凡政府政策的是非正误，国家代表人物的举手投足，无不囊括在系统评价之中。国家的核心政策，无不与民众相关，而正确与否，则存在天意评价的层次，祥瑞观念因此出现。《白虎通》说道：

> 天下太平，符瑞所以来至者，以为王者承天统理，调和阴阳，阴阳和，万物序，休气充塞，故符瑞并臻，皆应德而至。德至天，则斗极明，日月光，甘露降。德至地，则嘉禾生，蓂荚起，秬鬯出，太平感。①

祥瑞是天意积极的表达方式，与此相对，则有消极意义的表达方式，那就是"灾变"。《白虎通》说道："天所以有灾变何？所以谴告人君，觉悟其行，欲令悔过修德，深思虑也。"② 其实，只有祥瑞和灾变共同组合，才是天意的完整信息。虽然古代政治中，因灾变而激起的政治事件史不绝书，但从制度视角观察，祥瑞才是构成相关制度的主要因素，吉凶之间，人间的偏好还是前者。

故略论唐朝的祥瑞制度，敬请方家指教。

一　祥瑞分等

祥瑞，是王者之德的体现，然而祥瑞品目众多，无法一视同仁，于是分类变得不可避免。唐朝的祥瑞之制，由《仪制令》作出规定，其文曰：

---

① 《白虎通疏证》卷六《论符瑞之应》，新编诸子集成本，中华书局 1994 年版，第 283 页。
② 《白虎通疏证》卷六《灾变》，第 267 页。

仪制令：诸祥瑞若麟、凤、龟、龙之类，依图书大瑞者，即随表奏。其表惟言瑞物色目及出处，不得苟陈虚饰。告庙颁下后，百官表贺，其诸瑞并申所司，元日以闻。其鸟兽之类，有生获者，放之山野，余送太常。若不可获，及木连理之类，有生即具图书上进。诈为瑞应者，徒二年。若灾祥之类，史官不实对者，黜官三等。①

祥瑞等级的具体区分，《唐六典》有清楚的记载，下文列表以示：

《唐六典》祥瑞一览表②

大瑞	上瑞	中瑞	下瑞
景星、庆云、黄星真人、河精、麟、凤、鸾、比翼鸟、同心鸟、永乐鸟、富贵、吉利、神龟、龙、驺虞、白泽、神马、龙马、泽马、白马赤鬣、白马朱鬃之类，周匝角瑞、狮豸、比肩兽、六足兽、兹白、腾黄、駮騄、白象、一角兽、天鹿、鳖封、酋耳、豹犬、露犬、玄珪、明珠、玉英、山称万岁、庆山、山车、象车、乌车、根车、金车、朱草、屈轶、萐莆、平露、篿莆、蒿柱、金牛、玉马、玉猛兽、玉瓮、神鼎、银瓮、丹甑、醴泉、浪井、河水清、江河水五色、海水不扬波之类，皆为大瑞。	三角兽、白狼、赤罴、赤熊、赤狡、赤兔、九尾狐、白狐、玄狐、白鹿、白獐、白兔、玄鹤、赤乌，青乌、三足乌、赤燕、赤雀、比目鱼、甘露、庙生祥木、福草、礼草、萍实、大贝、白玉赤文、紫玉、玉羊、玉龟、玉牟、玉英、玉璜、黄银、金藤、珊瑚钩、骇鸡犀、戴通璧、玉琉璃、鸡趣璧之类，皆为上瑞。	白鸠、白乌、苍乌、白泽、白雉、雉白首、翠鸟、黄鹄、小鸟生大鸟、朱雁、五色雁、白雀、赤狐、黄罴、青燕、玄貉、赤豹、白兔、九真奇兽、充黄出谷、泽谷生白玉、琅玕景、碧石润色、地出珠、陵出黑丹、威绥、延喜、福井、紫脱常生、宾连阔达、善茅、草木长生，如此之类，并为中瑞。	秬秠、嘉禾、芝草、华苹、人参生、竹实满、椒桂合生、木连理、嘉木、戴角麂鹿、驳鹿、神雀、冠雀、黑雉之类为下瑞。

① 《唐会要》卷二八《祥瑞上》，上海古籍出版社 1991 年版，第 618 页。
② 《唐六典》卷四 "礼部郎中、员外郎条"，中华书局 1992 年版，第 114—115 页。

祥瑞分四等，分别为大、上、中、下。这里，大瑞共 64 种，上瑞 39 种，中瑞 32 种，下瑞 14 种。祥瑞等级不同，朝廷重视的程度也不同，尤其是大瑞，明显受到特别对待。《仪制令》规定分明："诸祥瑞若麟、凤、龟、龙之类，依图书大瑞者，即随表奏。"《唐六典》的说法相似，但又有附加内容："若大瑞，随即表奏，文武百僚诣阙奉贺。"① 大瑞表奏，那么上瑞以下是如何报告呢？《仪制令》规定："其诸瑞并申所司，元日以闻。"《六典》的说法是"其他并年终员外郎具表以闻，有司告庙，百僚诣阙奉贺"。

大瑞与其他等级祥瑞的制度差别因此清晰可见。大瑞的报告，即表奏，是以表的方式直接上奏皇帝的，所以称表奏。表，是唐朝上行文书的一种，是群臣上书通于天子的一种文书形式。在唐朝，臣下的表最初是通过门下省上达皇帝，后来改为通过中书省上达皇帝。② 而上瑞以下，则不是直接上表给皇帝，而是上报有关部门，即礼部。《仪制令》称作"并申有司，元日以闻"，联系《六典》是年终由礼部员外郎"具表以闻"，那么礼部就应该是《仪制令》所谓的"有司"。

皇帝制度之下，直接上表给皇帝，单独上奏，与最后由礼部员外郎汇总之后表奏，不论是文书的形式上还是官场影响的实质上，都是不可同日而语的。不仅如此，遇到大瑞，表奏之后还有后续节目，即"文武百僚诣阙奉贺"，这显然成就了朝廷的重要事件。既然文武百僚都要诣阙奉贺，那么是谁表奏大瑞，什么地方发现了大瑞，这些都会变成朝廷上尽人皆知的信息。皇帝对于大瑞的利用、大臣对于该事件的看法建议，可能成就朝廷的一件重大事件。而相关各方，因此展开的机遇完全可能发生迥然不同的态势。尤其是，对于地方政府而言，发现并上报祥瑞，对于地方长官的考课大有益处，他们在这方面的积极性是没有问题的。③

祥瑞分等级，是从什么时候开始的呢？通过《唐六典》的记录，我们可以肯定在开元后期，即《唐六典》修成的开元二十七年（739 年）时，祥瑞确是如此分类的。根据唐太宗的一个诏书，我们至少可以肯定，

① 《唐六典》卷四，第 115 页。
② 参见刘后滨《隋与唐前期的中书省》，吴宗国主编《盛唐政治制度研究》，上海辞书出版社 2003 年版，第 153 页。
③ 《旧唐书》卷二四《职官三》提及地方官考课就有"符瑞尤异"一项。中华书局 1972 年版，第 1919 页。

从贞观之初，祥瑞已经分等对待。《唐会要》记载：

> 贞观二年九月三日诏："朕每见诸方表奏符瑞，惭惧增深，且安危在于人事，吉凶系于政术。若时主肆虐，嘉贶未能成其美。如治道休明，庶征不能致其恶。以此而言，未为可恃。今以后，麟、凤、龟、龙大瑞之类，依旧表奏，自外诸瑞，宜申所司。其大瑞应奏者，惟录瑞物色目及出见处所，更不得苟陈虚词。"①

此诏，《册府元龟》也有记录，其文如下：

> 太宗贞观二年九月，诏曰："自昔帝王，受天明命，其有二仪感德，百灵效祉，莫不君臣动色，歌颂相趋。朕恭膺大宝，情深夕惕，每见表奏符瑞，惭恧增怀。且安危在乎人事，吉凶于政术，若时主肆虐，嘉贶未能成其美；如治道休明，咎征不能致其恶。以此而言，未为可请。自今已后，麟凤龟龙，大瑞之类，依旧表奏；自外诸瑞应奏者，唯显瑞物色目及出现处，更不得苟陈虚饰，徒事浮词。"②

《资治通鉴》记此事与九月丁未（四日），诏令的内容大量简化，为"自今大瑞听表闻，自外诸瑞，申所司而已"。胡注："《仪制令》，凡景星、庆云为大瑞，其名物六十有四；白狼、赤兔为上瑞，其名物三十有八；苍鸟、朱雁为中瑞，其名物三十有二；嘉禾、芝草、木连理为下瑞，其名物十四。"③

由以上诸文献对比分析，现在所知的《仪制令》，一定是贞观二年（628 年）以后修成的，甚至文字都来源于唐太宗的诏令。根据胡三省的引文，我们可以明白，祥瑞等级的划分，也属于《仪制令》的内容，包括各个等级祥瑞的具体名目。胡三省所统计的唐朝祥瑞名物数量，与今本《唐六典》是吻合的，可以说明有关祥瑞名目及其等级是相对稳定的，至

---

① 《唐会要》卷二八《祥瑞上》，第 619 页。
② 《册府元龟》卷六三《帝王部·发号令第二》，凤凰出版社 2007 年版，第 671 页。另《唐大诏令集》卷一一四《政事·祥瑞》也载有此诏，中华书局 2008 年版，第 594 页。《册府元龟》与《唐大诏令集》内容文字相差极小，不影响文意。
③ 《资治通鉴》卷一九三，中华书局 1957 年版，第 6056 页。

少贞观以来没有发生什么变化。

另外，从诏令原文就有"大瑞之类，依旧表奏"的文字看，祥瑞的分类包括等级，在贞观二年之前就应该存在，否则"依旧"二字无法理解。但贞观二年的改变还是存在的，那就是只有大瑞表奏，其他三类祥瑞不再表奏，改为向有关部门申报了。不仅如此，诏令中对于具体祥瑞上报的内容，也给予了清晰的规定，这一点也直接被《仪制令》所吸收。

《贞观政要》记载唐太宗的一段话，与此事有关，其文曰：

> 贞观六年，太宗谓侍臣曰："朕比见众议以祥瑞为美事，频有表贺庆。如朕本心，但使天下太平，家给人足，虽无祥瑞，亦可比德于尧、舜。若百姓不足，夷狄内侵，纵有芝草遍街衢，凤凰巢苑囿，亦何异于桀、纣？尝闻石勒时，有郡吏燃连理木，煮白雉肉吃，岂得称为明主耶？又隋文帝深爱祥瑞，遣秘书监王劭著衣冠在朝堂对考使焚香读《皇隋感瑞经》。旧尝见传说此事，实以为可笑。夫为人君，当须至公理天下，以得万姓之欢心。若尧、舜在上，百姓敬之如天地，爱之如父母，动作兴事，人皆乐之，发号施令，人皆悦之，此是大祥瑞也。自此后诸州所有祥瑞，并不用申奏。"①

此段文字可以补充唐太宗有关祥瑞思想的一些内容。集校作者直接把此文等同于前文的贞观二年九月三日诏书，可能存在一些问题。时间上，或许《贞观政要》的问题比较大，毕竟两者的内容关联性极强，所以此话应该在贞观二年九月前所言。这是谈话，并不是诏书。后来，唐太宗的谈话要落实到制度上，才会有九月三日的诏书以及后来的《仪制令》。在这个谈话中，唐太宗说"自此后诸州所有祥瑞，并不用申奏"，几乎等于否定了祥瑞制度。但是，在后来的诏书中，这一条进行了修改，依然允许大瑞表奏，其他祥瑞申报，这说明太宗妥协了。

从太宗谈话到《仪制令》，我们看到了唐初祥瑞之制的改进，而太宗的思想在这个过程中，发挥了关键作用。

---

① 吴兢撰，谢宝成集校：《贞观政要集校》，中华书局2003年版，第521页。

二　祥瑞上报、确认和表贺

《仪制令》中规定了上报的文字书写，"其表惟言瑞物色目及出处，不得苟陈虚饰"。从上文所知，这条规定也来自唐太宗的诏令。然而，表奏的规定是地方政府向皇帝奏报的规定，而祥瑞的具体发现过程应该在此之前发生。对此，敦煌文献《沙州都督府图经》提供了一些证据。

在沙州刺史李无亏主持或参与的《沙州都督府图经》中，书写了符瑞内容，在全部四条符瑞中，都引用了李无亏的表奏内容，不仅如此，在"五色鸟"、"庆云"、"蒲昌海五色"和"白狼"条中，《图经》还引用了发现者的状文。① 为了说明这一状况，保持原来格式，引文如下：

> 五色鸟
> 右大周天授二年一月，百姓阴嗣鉴于平康乡武孝通园内见五色鸟，头上有冠，翅尾五色，丹嘴赤足，合州官人、百姓并往看，见群鸟随之，青、黄、赤、白、黑五白色具备，头上有冠，性甚驯善。刺史李无亏表奏称："谨检《瑞应图》曰：'代乐鸟者，天下有则见也。'止于武孝通园内，又阴嗣鉴得之，臣以为，阴者，母道；鉴者，明也，天显，日扬光。"
> 庆云
> 右大周天授二年冬至日得支庆（度）崔拐等状称："今日冬至卯时，有五色云扶日，阔一丈巳上，其时大明，大授（校）一倍以上，比至辰时，复有五色云在日四边，抱日，光彩其（甚）鲜，见在官人、百姓等同见，咸以为圣神皇帝陛下受命之符。"刺史李无亏表奏："谨检《瑞应图》曰：'圣人在上，有大光，天下和平。'又曰：'天子孝，则景云出游。'有人从巳西、巳北、巳东来者，咸云：'诸处赦日，亦总见五色云抱日。'"

---

① 研究武则天时期的祥瑞，介永强《武则天与祥瑞》（赵文润主编《武则天研究论文集》，山西古籍出版社 1981 年版，第 160—167 页）、史佳楠《试谈武则天利用符瑞的原因及特点》（《乾陵文化研究》五，三秦出版社 2010 年版，第 30—40 页）都没有使用这个数据。对此研究，可参考牛来颖《唐代祥瑞与王朝政治》，《唐文化研究论文集》，上海人民出版社 1994 年版，第 535—543 页。

蒲昌海五色

右大周天授二年腊月得石城镇将康拂耽延弟地舍拨状称："其蒲昌海水旧来浊黑混杂，自从八月已来，清明彻底，其水五色，得老人及天竺婆罗门云：'中国有圣天子，海水即清无波。'奴身等欢乐，望请奏圣人知者。"刺史李无亏表云："准海水五色大瑞，谨检《瑞应图·礼升威仪》曰：'人君乘土而王，其政太平，则河儵海夷也。'天应魏国，当涂之兆，明土德之昌。"

白狼

右大周天授二年，得百姓阴守忠状称："白狼频到守忠庄边，见小儿及畜生不伤，其色如雪者。"刺史李无亏表奏："谨检《瑞应图》云：'王者仁智明恕心即至，动准法度，则见。'又云，'周宣王时白狼见，犬戎服者'。天显陛下仁智明恕，动准法度，四夷宾服之征也。又见于阴守忠之庄边者，阴者，臣道，天告臣子，并守忠于陛下也。前件四瑞，诸州皆见，并是天应。陛下开天统、殊徽号，易服色，延圣寿，是以阳鸟迭彩，暎澄海以通辉；瑞鸟摘祥，对景云而共色，胡戎唱和，识中国之有圣君；遐迩讴谣，嘉大周之应宝命。"①

祥瑞的最初发现人很难直接向朝廷报告，所以他们自然先向地方当局报告。这种类型的报告在其他文献中也难得一见，因为这才是第一个报告，而这个报告必然会成为地方当局向朝廷报告的根据，包括祥瑞发现时的具体情形、证人等等都来自这个最初的报告。《沙州图经》记录下的四件祥瑞，三件都提及了最初的报告，而这一点在考虑祥瑞制度时是很难注意到的，因为《仪制令》并没有提及这个最初的报告问题。

然后才是地方政府向朝廷的表奏。作为沙州刺史的李无亏，因为他的墓志被发现，所以研究他在沙州的活动资料比较丰富。② 在《沙州图经》

---

① 唐耕耦编：《敦煌社会经济文献真迹释录》，书目文献出版社1986年版，第38页。敦煌所出《沙州图经残卷》，或称《沙州都督府图经残卷》，现在有多个藏号，即有S.2593V、P.2005、P.2695、P.5034，而后面的三个号，内容保存比较多。最全的是P.2005。曹丽萍《敦煌文献中的唐五代祥瑞研究》，2011年兰州大学硕士学位论文，其中第二章对《沙州都督府图经》中的祥瑞有所论证，可参考。

② 王团战：《大周沙州刺史李无亏墓及征集到的三方唐代墓志》，《考古与文物》2004年第1期。

中，每个祥瑞记录时都提及沙州刺史李无亏的"表奏"或者"表"，其中最后一件"白狼"，是上瑞而不是大瑞，难道李无亏也使用表奏的方式向朝廷报告吗？这个问题需要切实研究，否则《仪制令》的条文就变得难以理解。

根据《唐会要》的记载，唐玄宗开元十三年（725 年）曾经下令天下诸州，"不得更奏祥瑞"，其文曰：

> 开元十三年九月十三日，潞州献《瑞应图》，上谓宰臣曰："朕在潞州，但靖以恭职，不记此事。今既固请编录，卿唤取藩邸旧僚，问其实事，然后修图。"上又谓宰臣曰："往昔史官，惟记灾异，将令王者惧而修德。故《春秋》不书祥瑞，惟记有年，圣人之意明矣。"遂敕天下诸州，不得更奏祥瑞。至大历十四年闰五月十四日，泽州进《庆云图》，制曰："朕以时和年丰为嘉祥，以进贤遂忠为良瑞，如庆云、灵草、异木，自今已后并不须进，诸道亦宜准此。"①

但是，搜索各种文献，开元十三年以后，唐玄宗朝廷收到的祥瑞并不少。《册府元龟》记载玄宗此后的祥瑞甚多，无年无之，开元二十二年十月，当年的祥瑞已经多达 21 件，感动得宰相萧嵩不得不率领百官前来庆贺。②这样的例证太多，不可能是例外，唯一的可能便是玄宗的命令"不得更奏祥瑞"不是有祥瑞不向朝廷申报的含义，而是不许直接表奏皇帝而已。那么，地方发现祥瑞应是如何申报呢？李无亏的例证是一个证据，如上文所引"白狼"条，表奏之文，依然是用第二人称来称呼皇帝，如"陛下开天统，殊徽号……"但因为白狼属于上瑞而不是大瑞，所以这个表奏只能上达礼部而已。

与此相似的一个例证，是唐玄宗时期洪州刺史张九龄的一篇奏表，该表也能证明上文提及的开元十三年玄宗的"不得更奏祥瑞"限制的仅仅是上奏的形式。张九龄《洪州进白鹿表》：

> 臣闻：圣法天，则至理调于元气；天表圣则嘉瑞托乎群生。将以

---

① 《唐会要》卷二八《祥瑞上》，第 621—622 页。
② 《册府元龟》卷二四《帝王部·符瑞第三》，第 243 页。

幽赞王泽，觉悟生灵，知至德之所感，如虚响之必应。伏惟开元神武皇帝陛下，道孚神化，体合乾行。品物所资，太和罔不叶。图谍所载，殊祥罔不臻。故郡国上言，日月相继。臣所部豫章县，某月某日，获白鹿一。休气所集，灵质自呈，欲效符社，易为驯狎。臣谨按《瑞应图》云："王者明惠及下，则白鹿见。"又按《孝经援神契》云："王者德至鸟兽，则白鹿见。"盖鹿者，仙寿之物，实为祯祥之表，虽时和岁稔，固不假于羽毛。而天意人事，诚欲伸于耳目。臣不胜感庆之至！谨诣某所，奉瑞鹿表进以闻。臣诚欢诚喜，顿首顿首，死罪死罪！谨言。①

张九龄此表，一方面给出了祥瑞表奏的一般情况，对照敦煌李无亏的例证，可以得知通常的祥瑞奏表大略如此。另一方面，张九龄代表洪州所奏祥瑞"白鹿"与李无亏所奏"白狼"一样，都是上瑞而非大瑞，但张九龄使用的是典型的表奏。由此，我们可以理解《仪制令》的规定"其诸瑞并申所司"，但是具体形式却不是一般的牒，而是表，甚至依然以皇帝为对象。

上奏完成，朝廷还有一个认定的程序，《仪制令》规定"诈为瑞应者，徒二年"。《唐律》的规定与此相同"诸诈为瑞应者，徒二年。若灾祥之类，而史官不以实对者，加二等"。疏议还专门进行了解释："'瑞应'条流，具在礼部之式，有大瑞，有上、中、下瑞。今云'诈为瑞应'，即明不限大小，但诈为者，即徒二年。若诈言麟凤龟龙，无可案验者，从'上书诈不以实'，亦徒二年。"②

看来，上奏祥瑞，很容易陷入不实的窘境。根据《唐会要》的记载，唐高宗就曾发出过祥瑞虚实难明的感叹，其文曰：

　　显庆四年八月二十五日，司勋员外郎源行守家毛桃树生李桃，太子詹事李宽等上表陈贺。上谓侍臣曰："凡厥休祥，虽云美事，若其

---

① 《张九龄集校注》卷一三，中华书局 2008 年版，第 708—710 页。引用何格恩《张九龄诗文事迹系年考》，为开元十八年事。根据的是《南昌府志》卷六五《祥异》所载。顾建国《张九龄年谱》也持此论，中国社会科学出版社 2005 年版，第 164 页。

② 《唐律疏议》卷二五，刘俊文点校，中华书局 1983 年版，第 469 页。

不实，取笑后人。朕尝见先朝说隋炀帝好闻祥瑞，尝有野雀集于殿上，校尉唱云'此是鸾鸟'。有卫士报云'村野之中，大有此物'。校尉乃笞卫士，仍奏为鸾。炀帝不究真虚，即以为瑞，仍名此殿为仪鸾，嗤笑至今未弭。人之举措，安可不思。今李宽等所言，得无类此。凡祥瑞之体，理须明白，或龙飞在泉，众人同见，云色雕绮，观者非一。如此之辈，始号嘉祥。自余虚实难明，不足信者。岂得妄想牵率，称贺阙前。"①

大约正因为如此，上奏表文，"其表惟言瑞物色目及出处，不得苟陈虚饰"。要对祥瑞给予客观描述，反对不必要的夸张书写。同时，我们在《沙州都督府图经》中看到，祥瑞报告者会强调"合州官人、百姓并往看"、"见在官人、百姓等同见"等内容，其实这是在自我证明，所言祥瑞有多人证明，并非虚言。

　　武则天时期，祥瑞报告纷纷然，其实也应该存在相应的确认程序。《资治通鉴》记载长寿元年（692年）的一个祥瑞事件，可以反映这一情形。其文曰：

　　　　襄州人胡庆以丹漆书龟腹曰："天子万万年。"诣阙献之。昭德以刀刮尽，奏请付法。太后曰："此心亦无恶。"命释之。②

胡庆的所为，正是伪造祥瑞，他在龟腹上涂漆并书写"天子万万年"的吉祥话，希望获得朝廷的确认，捞取好处。李昭德看穿了胡庆的把戏，用刀把漆刮尽，证明祥瑞是胡庆诈为而成，根据法律，正可以治罪。龟在祥瑞中，有大瑞曰神龟，有上瑞曰玉龟，看来胡庆所为，是希望他的涂漆写字的龟被确认为神龟。李昭德是宰相，具体职务是凤阁侍郎（中书侍郎）同平章事，他的所为应该就是确认祥瑞。本来胡庆应该处于两年徒刑的，因为武则天愿意从积极方面看待此事，最后胡庆没有受到任何处分，释放了事。

　　只有得到朝廷确认之后，祥瑞才算正式成立。那么，朝廷的确认是以

---

① 《唐会要》卷二八《祥瑞》，第620—621页。
② 《资治通鉴》卷二〇五，长寿元年，第6484页。

什么方式进行的呢？文献也留下一些证据。根据《沙州都督府图经》的记录，在唐高宗弘道元年（683 年）敦煌发现了黄龙，"唐弘道元年腊月为高宗大帝行道，其夜崇教寺僧徒都集及直官等，同见空中一黄龙，见可长三丈以上，髯须光丽，头目精明，首向北斗，尾垂南下，当即表奏。制为上瑞"①。最后一句，即是朝廷的确认方式，正式下发一件制书，并明确为"上瑞"。其实，黄龙不在上瑞名单中，龙已经是大瑞，不知道为什么如此确认。看来，《仪制令》的规定是个参考系统，最终祥瑞等级还是要由皇帝的王言来确定。

对于祥瑞的认定，朝廷的认真程度显然不是十分严格的。贞观时期，凉州都督李袭誉表奏昌松瑞石，"敕遣礼部郎中柳逞驰驿检覆，并同所奏"②。《册府元龟》记录了这件事，为贞观十七年（643 年）八月事。③研究此类制度性问题的文章不多，但还有人探索过。④

确认祥瑞，有时候会导致朝廷意见不一，因为大臣的观点与立场不可能天然一致。武则天长安元年（701 年）三月，《资治通鉴》记录下这个故事：

> 是月，大雪，苏味道以为瑞，帅百官入贺。殿中侍御史王求礼止之曰："三月雪为瑞雪，腊月雷为瑞雷乎？"味道不从。既入，求礼独不贺，进言曰："今阳和布气，草木发荣，而寒雪为灾，岂得诬以为瑞！贺者皆谄谀之士也。"太后为之罢朝。⑤

王求礼与宰相苏味道的分歧很明显，他不认为三月雪为瑞雪，即承认是祥瑞，理据是时令不适合，本应该春暖的时候却下起了雪。最后，王求礼的观点获得了武则天的支持，"为之罢朝"。苏味道恐怕有报喜不报忧的嫌疑，如果正符合武则天的心意，那么宰相脸上也有光彩。没有想到，遇到一个固执的王求礼，让宰相陷入难堪之局。

---

① 敦煌文书 P. 2005。唐耕耦编：《敦煌社会经济文献真迹释录》，第 19—20 页。
② 上官仪：《为朝臣贺凉州瑞石表》，《全唐文》卷一五五，上海古籍出版社 1990 年版。
③ 《册府元龟》卷二四《帝王部·符瑞第三》，第 239 页。
④ 刘海波《唐代祥瑞研究》第二章《唐代与祥瑞有关的事物管理体系》，对于朝廷确认环节的研究值得参考。中央民族大学，硕士学位论文，2012 年。
⑤ 《资治通鉴》卷二〇七，长安元年三月，第 6554 页。

祥瑞，尤其是大瑞，在得到朝廷确认之后，才有进一步的行动，即百官表贺。《仪制令》的具体规定是大瑞"告庙颁下后，百官表贺"。大瑞确认之后，还有一个"告庙"的程序，然后才是"颁下"，那么上文沙州的黄龙被确定为上瑞，可能就不需要告庙了。颁下的应该就是确认祥瑞的制书。《唐六典》没有提及大瑞告庙这个环节，"若大瑞，随即表奏，文武百僚诣阙奉贺。其他并年终员外郎具表以闻，有司告庙，百僚诣阙奉贺"。似乎告庙的只有其他等级的祥瑞，时间是年终。告庙，即告太庙，是向皇帝祖宗报告的仪式。既然其他等级稍低的祥瑞都会在年终告庙，那么大瑞确认之后即告庙似乎于礼更通。对此，《开元礼》的记载有助于理解："凡祥瑞依图书合大瑞者，随时表奏，百官诣阙上表奉贺，告庙颁下。自外诸瑞，并申所司，元日以闻。"①《唐六典》未记录，但《仪制令》与《开元礼》有差异，前者是告庙之后百官表贺，而后者是表贺之后告庙颁下。

看来这需要实例来说明。在大瑞的名单中，有"庆山"一目。武则天统治时期，雍州就报告有"庆山"祥瑞出现。《资治通鉴》记录有：

> （垂拱二年九月）己巳，雍州言新丰县东南有山踊出，改新丰为庆山县。四方毕贺。江陵人俞文俊上书："天气不和而寒暑并，人气不和而疣赘生，地气不和而堆阜出。今陛下以女主处阳位，反易刚柔，故地气塞隔而山变为灾。陛下谓之'庆山'，臣以为非庆也。臣愚以为宜侧身修德以答天谴；不然，殃祸至矣！"太后怒，流于岭外，后为六道使所杀。②

雍州新丰县出现的山体变化——"踊出"，是否是"庆山"，显然存在争议。武则天的朝廷认定这正是庆山大瑞，大肆庆祝，并且改新丰为庆山，而俞文俊上书反对，认为不是祥瑞而是灾变，结果受到流放处分。

如何确切地理解"庆山"不是本文关心的问题，本文的核心问题是

---

① 《大唐开元礼》卷三《杂制》，民族出版社2000年版，十叶。《通典》所记，与《开元礼》无一字之差。中华书局1988年版，第2810页。《通典》此数据来自《开元礼》，所以如此。

② 《资治通鉴》卷二〇三，垂拱二年九月，第6442页。《旧唐书》卷三七《五行志》记此事为光宅元年，应从《通鉴》。

如何理解围绕祥瑞的制度。《全唐文》载有崔融《为泾州李使君贺庆山表》，正与俞文俊所言同一件事，对于我们分析制度流程大有帮助。其文如下：

> 臣某等言，某日奉某月诏书，新丰县有庆山出，曲赦县囚徒，改新丰为庆山县，赐天下酺三日。凡在含生，孰不庆幸……群生幸甚，不任悚踊之至。谨遣某官奉表以闻。①

庆山祥瑞事件，先是雍州表奏，然后朝廷确认，并下达诏书，规定种种庆贺方式，并改新丰县为庆山县。江陵人俞文俊获得庆山的消息，显然也是因为朝廷的诏书。同一诏书，泾州刺史立刻让崔融书写贺表，而俞文俊则是反对朝廷的做法。那么，从制度流程上看，针对祥瑞，地方的贺表是在得到朝廷的诏书之后才会上表奉贺。这样看《仪制令》的写法正确。

不过，同是崔融写的贺表，也有在诏书颁下之前写就的。崔融的《代皇太子贺白龙见表》写于唐高宗时期，文中有天皇、天后之称，其文曰："臣某言，伏见某官等奏称，某月日玉山宫西南王谷上有白龙见。臣闻天地和平，圣人所以乘九五，帝王符命……"② 还没有等到朝廷的诏书颁下，代表太子的崔融的贺表就写出来了，根据是"某官等奏称"。一定有正式的渠道，东宫获知有官员表奏祥瑞，然后才会有这样的反应。这种状况并非如此孤立证据，在崔融的文集中，多有这种为太子书写贺表的文章，多位于这个环节之中，所以这一定是一个常规性的制度。那么，《开元礼》所记的表贺之后告庙颁下，其实也没有错。通常情况下，祥瑞造伪有一定的危险，所以表奏多被确认，因此闻风而动的贺表也就很正常了，不仅不违反制度规定，而且显示了良好的政治积极性。

三 祥瑞的养护和入史

祥瑞的种类繁多，发现之后要如何处理呢？《仪制令》的规定是："其鸟兽之类，有生获者，放之山野，余送太常。若不可获，及木连理之

---

① 《全唐文》卷二一八，第973—974页。

② 《全唐文》卷二一七，第970页。

类，有生即具图书上进。"如此，从具体的形态分类，祥瑞不过两种，可捕捉的送样品给朝廷，不能捕捉的画图上报。麦子一茎多穗，作为嘉禾这是可以呈送样品的，但是树木连理生长，无法把树连根拔起，只好画图进上。庆云、神龙之类，也只能号称多人共见，然后画图进呈了。

可以捕捉到的禽兽类，看来并不是尽数供上，仅仅把样品送给太常寺，其余的放归山野即可。但是，令文把"生获"与"余"对称，含义值得琢磨。如果所有生获的祥瑞都放之山野，就不存在活的样品，所以余下的只能是丧失生命的样品了。太常寺有专门的天府院，"藏瑞应及伐国所获之宝，禘祫则陈之于庙廷"①。天府院的这个功能，收藏无生命的物品没有问题，那么禽兽类的祥瑞，除了图画之外，也应该有一个放养处。太常寺有廪牺署，负责重大祭祀的牺牲事宜，而用于牺牲的，养护十分小心："凡祭祀之牺牲不得捶扑伤损，死则埋之，病则易之。"② 牺牲需要养护，这与活的祥瑞有很多一致性。如果由这个部门负责祥瑞的养护安置，比较顺理成章。

祥瑞资料的保存，即由太常寺的天府院负责，一是供元日奏祥瑞使用，二是供告庙之用。《唐会要》记录唐高宗时期的一次活动，高宗让礼官求证故实，即奏祥瑞和告庙的根据，其文为：

> 仪凤二年二月二十九日，太常以仲春告祥瑞于太庙，上令礼官征求故实。太常博士贾大隐对曰："古者祭以首时，荐用仲月，近代相承，元日奏祥瑞，二月然后告太庙，盖缘告必有荐，便于礼也。又检贞观已来，敕令无文，礼司因循，不知所起。"上令依旧行焉。③

看来这个行之已久的制度，并没有什么法理根据，仅仅因为实施已久。高宗虽然初令调查，最后并无改变，不过是依旧进行而已。

元日奏祥瑞的记载有很多，《大唐开元礼》对于礼仪的记载最详细：

---

① 《唐六典》卷一四，第395页。
② 同上书，第414页。
③ 《唐会要》卷一七《原庙裁制上》，第414页。

初群官将朝，中书侍郎以诸州镇表别为一案，俟于右延明门外，给事中以祥瑞案俟于左延明门外，俱令史绛公服对举案。侍郎、给事中俱就侍臣班。于客使初入，户部以诸州贡物陈于太极门东西厢；礼部以诸蕃贡物量可执者蕃客手执入就内位，其重大者陈于朝堂前。初上公将入门，中书侍郎降，引表案入诣西阶下，东面立；给事中降，引祥瑞案入诣东阶下，西面立。上公将升贺，中书令、黄门侍郎俱降，各立阶下。初上公升阶，中书令、黄门侍郎各取所奏之文以次升。上公贺讫，中书令前跪奏诸方表讫，黄门侍郎又进跪奏祥瑞讫，俱降，置所奏之文于案，各还侍位。侍郎与给事中引案退至东西阶前，案遂出，侍郎、给事中还侍位。①

这个礼仪与奏祥瑞有关的部分，最重要的有两点，一是由给事中准备好"祥瑞案"，然后由令史"对举"祥瑞案，然后给事中引领祥瑞案到东阶下西面而立，由黄门侍郎"跪奏祥瑞"，最后再引领祥瑞案退出。关键是"祥瑞案"应该如何理解。案，应是几案之类的工具，上面放置祥瑞。各地上报的祥瑞的基本方式是图与书，即祥瑞的图形和表奏文字，那么祥瑞案之上应该正是这样的文书图册。《唐六典》记载说"其他并年终员外郎具表以闻"，那么《大唐开元礼》中黄门侍郎所奏的祥瑞报告，应该就是礼部员外郎撰写的。

祥瑞告庙，应该也是这样的一套程序。元日是把祥瑞呈现给皇帝，那么告庙就是把祥瑞呈给列祖列宗。告庙于太庙，高宗仪凤二年（677 年）曾经调查过一次，不仅没有找到经典根据，而且最后也依旧进行，可见新的传统已经形成。这个传统，对后来的皇帝依然有约束力。

大历十四年（779 年）十二月三十日，皇帝命令"元日门下侍郎奏祥瑞，宜停"②。德宗上台有一系列振作时局举措，此年五月即位，当月就有"诏禁天下不得贡珍禽异兽"③，这与后来的停止奏祥瑞之举应该有呼

---

① 《大唐开元礼》卷九七，第 453—454 页。
② 《唐会要》卷二四《受朝贺》，第 534 页。《旧唐书·德宗纪上》的记载是："十二月……丙寅晦，日有蚀之。诏元日朝会不得奏祥瑞事。"第 324 页。
③ 《旧唐书》卷一二《德宗纪上》，第 320 页。

应关系。所以，《唐会要》记载的下面文字，应与上文有关：

> 贞元八年正月，鄂州观察使何士幹献白鹿。上曰："朕初即位，即止祥瑞。士幹致白鹿，其谓我何？还之，彼当惭惧。留之，远近复献。竟不视，遂放于苑中焉。"①

但是，核查《册府元龟》的符瑞门，贞元八年（792 年）之前，并非没有祥瑞，德宗为何对何士幹献白鹿如此有意见呢？在德宗时代，似乎能否允许进献祥瑞，也是要看皇帝的态度的，原来的制度规定让位于皇帝的立场和政策。

顺宗在位时间太短，但也留下了相关政策，有记录如下：

> 永贞元年八月，皇帝诏曰："朕以所宝为贤，至如嘉禾神芝、奇禽异兽，盖虚美也。所以光武形于诏令，《春秋》不书祥瑞。但准令式，申报有司，不得辄有闻献。珍禽奇兽，亦宜停进。"②

不过，顺宗的愿望在元和二年（807 年）以制度执行的名义被否决了，唐朝的祥瑞问题再回从前，政策的改革终于回归原有的制度。《唐会要》记录下这个回归，其文如下：

> 元和二年八月，中书门下奏："诸道草木祥瑞，及珍禽异兽等，准永贞元年八月敕，自今以后，宜并停进者。伏以贡献祥瑞，皆缘腊飨告庙，及元会奏闻，若例停奏进，即恐阙于盛礼。准《仪制令》："其大瑞即随表奏闻，中瑞、下瑞，申报有司，元日闻奏。自今以后，望准令式。从之。"③

在唐代有关祥瑞的文献记载中，大臣们对于某项祥瑞的发现，常常故

---

① 《唐会要》卷二八《祥瑞上》，第 623 页。此处提及的苑中，似乎应该属于太仆寺，但是太仆寺的"沙苑监"开元二十三年省，而未省之前的沙苑监负责养护牛羊，以供朝廷官府之需，其中就有"祭祀"一项。参见《唐六典》卷一七，第 488 页。

② 《唐会要》卷二八《祥瑞下》，第 625 页。

③ 同上。

作惊人之语，有人会郑重其事地向皇帝建议，请允许把这个盛事"宣付史官"或者"望编国史"，而皇帝通常也都是慷慨应允。其实，唐朝有严密的史馆制度，而定期地把祥瑞故事录送史馆是制度规定的内容。史馆有"诸司应送史馆事例"条款，其中第一项便是祥瑞问题："祥瑞，礼部每季具录送。……已上事，并依本条，所由有即勘报史馆，修入国史。如史官访知事由，堪入史者，虽不与前件色同，亦任直牒索，承牒之处，即依状勘，并限一月内报。"①

所有历史文献大约都可以表达研究者的这个普遍看法，历代祥瑞观念和相关制度，都是当时统治者自我合法化的努力。因为祥瑞观念与当时的意识形态系统也存在的内在的联系性，任何单一的判断和研究方向都存在问题。祥瑞之制，尤其是祥瑞数据系统进入史馆，成为未来国史修撰中的当然资料，就此而言，更有力地说明了祥瑞的历史学价值。如果说，政治合法性体现的是当代性话题，那么进入史馆的祥瑞，是在努力影响未来。尽管祥瑞在未来的证明力难以判断，但是力图影响历史的努力毕竟证明了一定的历史观，重视未来的历史地位，至少不能说是政治短见的表现。

《酉阳杂俎》记载了这样一个故事，贬低武则天的意图十分明显，其文如下：

> 予数见还往说，天后时，有献三足乌，左右或言一足伪耳。天后笑曰："但史册书之，安用察其真伪乎？"《唐书》云："天授元年，有进三足乌，天后以为周室嘉瑞。睿宗云：'乌前足伪。'天后不悦。须臾，一足坠地。"②

武则天为了欺瞒后人，不惜用假祥瑞当作工具，她所说的含义很蛮横，祥瑞的真假并不重要，重要的是史书的记录。事实上，即使不以贬损武则天为意，那么武则天所说，不幸正是历史上最真实的一面。只不过，武则天的武周时间短暂，很快受到唐朝的追究，武则天的很多祥瑞故事于是变成为武则天演出失败的证据，而历史上的绝大多数祥瑞的境遇，都未曾如

---

① 《唐会要》卷六三《史馆上》，第1285—1286页。
② 段成式：《酉阳杂俎》续集四，方南生点校，中华书局1981年版，第239页。

此，于是至今闲卧在历史文献之中，安然无恙。

如果，对待那些没有政治顽疾的皇帝，用祥瑞来表达鼓励，是否也是一种向善的举动呢？这已经越过了本文的祥瑞之制界限。不过，用祥瑞之念表达祝福，即使今天，也不失是一个恰当做法。

民族管理与国家认同

孟宪实

中国自古多民族，历朝历代国民，都是多民族的构成。国民的多族成分，不仅是各个历史时期的事实，也会对当时政治产生影响。民族之间的平等、自由之外，作为国民的权利与义务关系，民族文化保存等等，无不需要考察研究。本文从唐朝的制度出发，就唐朝的胡人国民进行调查，从而希望对当时的民族文化认同与国家认同问题有所了解。

一　胡客与唐臣

唐朝是中外文化交流发达的时期，各民族往来频繁。唐朝作为区域大国，政策相对开放，加之传统的怀柔观念，许多外来族群得以进入唐朝疆域。概括地说，作为客使与客商的外来人群，有的虽然可能长期居住在中国，但是客的身份并不改变。对此，可据《通鉴》唐德宗贞元三年（787年）的一条记载进行观察，具体内容如下：

> 初，河、陇既没于吐蕃，自天宝以来，安西、北庭奏事及西域使人在长安者，归路既绝，人马皆仰给于鸿胪。礼宾委府、县供之，于度支受直。度支不时付直，长安市肆不胜其弊。李泌知胡客留长安久者，或四十余年，皆有妻子，买田宅，举质取利，安居不欲归，命检括胡客有田宅者停其给。凡得四千人，将停其给。胡客皆诣政府诉之，泌曰："此皆从来宰相之过，岂有外国朝贡使者留京师数十年不听归乎！今当假道于回纥，或自海道各遣归国，有不愿归者，当于鸿胪自陈，授以职位，给俸禄为唐臣。人生当乘时展用，岂可终身客死

邪!"于是胡客无一人愿归者，泌皆分隶神策两军，王子、使者为散兵马使或押牙，余皆为卒，禁旅益壮。鸿胪所给胡客才十余人，岁省度支钱五十万缗，市人皆喜。①

四十年中，四千多"胡客"（外国人），都保持客人的身份，接受鸥鸿胪寺的供给，而他们原来都是"外国朝贡使者"。因为安史之乱后，朝廷财政紧张，想免除这项支出，但遭到他们的一致反对，最后李泌给出的政策是要他们自己选择，留在中国就放弃这份待遇，可以"授以职位，给俸禄为唐臣"，否则就遣送归国。结果胡客多不愿归，都成了唐臣。继续保留使者身份接受鸿胪寺供应的只剩下十多人。多数人成为神策军的兵卒，不仅加强了神策军的实力，而且节约了政府的财政开支。

　　然而，从"胡客"到"唐臣"，身份明显转变，那么应该办理什么手续呢？是否需要办理手续呢？冯承钧先生早年写作的《唐代华化蕃胡考》，较早研究这一问题，但曾经说到过："昔日惟有归化之说，而无入籍之法"②，那么成为唐臣是否就是入籍呢？当时或许缺乏相关数据，对于入籍问题无法研究，所以冯承钧先生才会有如此一说。

　　向达先生研究各国人在唐朝的情况，分作四类："唐代流寓长安之西域人，大致不出四类：魏周以来入居中夏，华化虽久，其种姓犹皎然可寻者，一也。西域商胡逐利东来，二也。异教僧侣传道中土，三也。唐时异族畏威，多遣子侄为质于唐……此中并有即留长安入籍为民者，四也。"③这里，向达先生虽然细分为四种情况，也是可以简约为两类的，即客居与入籍两种。使者、商人、僧侣为一类，他们是临时来华，背景或有不同，但都是临时居住在唐朝的外国人。这些临时居住者，商人应该是经商完毕就归国，使者应该是完成使命即归国，作为质子的或者有归国机会，或者入籍为唐人。宗教人士，完成任务也应该归国，日本僧人圆仁就在中国滞

---

　　①　《资治通鉴》卷二三二，中华书局1956年版，第7492—7493页。
　　②　冯承钧：《唐代华化蕃胡考》，原载《东方杂志》二十七卷（1930年）第十七期，收入《西域南海史地考证论著汇辑》，中华书局1963年版，第134页。
　　③　向达：《唐代长安与西域文明》，初载《燕京学报》专号第二，1933年10月。收入作者同名著作，生活·读书·新知三联书店1957年版，第10页。

留十年左右最后返国。而新罗、日本僧人就有编入唐籍的情况。① 这些，除了入籍的以外，主要都是客居中国的。而所谓魏周来华的人，当然就是入籍之人。

姜伯勤先生利用吐鲁番出土文书，研究《敦煌吐鲁番所见两类粟特人》，所谓两类，一类是著籍的粟特人，一类是未入籍的粟特"商胡"。② 这与《通鉴》所载的胡客与唐臣，恰好相互对应。这就是说，入籍或者称作著籍的，便是唐臣，而"商胡"与"胡客"一样，是滞留在唐朝的外国人，未曾办理入籍手续。可见，新出数据已经给出了新的知识，唐代的外国人，是存在加入中国国籍现象的。说唐朝不存在"入籍之法"肯定是不确的。

所谓胡客在转入唐臣的过程中，也被称作化外人的归化，或者称归朝。唐令户令中有"化外人归朝"的具体规定，并有"化外人于宽乡安置"的具体条款："诸没落外蕃得还，及化外人归朝者，所在州镇给衣食，具状送省奏闻。化外人于宽乡附贯安置，落蕃人依旧贯。无旧贯，任于近亲附贯。"③ 化外人一般是安置在宽乡入贯，这应该就是具体的入籍之法，所谓"附贯"，即是入籍。入籍唐朝即为唐臣，但是同为入籍之唐臣，是否还有不同？姜伯勤先生指出："著籍粟特人称为当州百姓、庭州根民、都护人、当县夷胡户等，他们有权受田进丁，同时也有赋税、兵役等封建义务，在刑事诉讼中按唐律判决。"④

同为入籍之唐臣，在具体表述上还有如此多的不同，那么他们究竟是身份有所不同还是仅仅表述不同呢？吐鲁番出土的大量唐代文书证明，确有很多胡人成为唐臣。我们先看实例，再来探究这个问题。吐鲁番出土一件唐高宗时期的买驼契约，其中就涉及多种身份称谓。这就是《唐咸亨四年（公元六七三年）西州前庭府杜队正买驼契》：

---

① 《唐会要》卷四九："新罗、日本僧入朝学问，九年不还者编入籍。"上海古籍出版社1991年版，第1011页。此处之籍，应特指僧籍，而非僧人当编入一般户籍。

② 姜伯勤：《敦煌吐鲁番文书与丝绸之路》第五章第一节《敦煌吐鲁番所见两类粟特人》，文物出版社1994年版，第154—198页。

③ 仁井田陞：《唐令拾遗》，1933年初版。长春出版社1989年版，第146页。仁井田陞先生根据的是《白孔六帖》卷三五的"使绝域"条，更具体的是"没蕃人还户贯令"，四库类书丛刊本《白孔六帖》，上海古籍出版社1992年版，第557页。

④ 姜伯勤：《敦煌吐鲁番文书与丝绸之路》，第183页。

1. 咸亨四年十二月十二日，西州前庭府队正 杜　　　

2　交用练拾肆匹，于康国兴生胡康乌破 延 边

3　买取黄敦（䭾）驼壹头，年十岁。其驼及练 即

4　交想（相）付了。若驼有人寒盗偬 佲

5　者，一仰本主及保人酬当，杜悉不知。三日

6　不食水草，得还本主。待保未集，且立

7　私契；保人集，别市契。两和立契，获指

8　□验。

9　　　　　驼主康乌破延

10　　　　驼人杜

11　　　　保人都护人毅

12　　　　保人同乡人康莫遮

13　　　　见人张轨端①

这件契约，我们可以见到几种身份称谓情况。第一，卖骆驼的人是"康国兴生胡"，名为康乌破延，他是客商，外国人。买骆驼人杜某，是西州前庭府的低级军官，当然是唐臣。其次两个保人，是为康国商人康乌破延担保的，负有一定的法律责任，他们一个称作"都护人"，一个称作"同乡人"。所谓同乡人应该是杜某的同乡人，不应该是康乌破延的同乡人，但是康莫遮既然肯替康乌破延担保，同时又都姓康，很可能康莫遮也是来自康国，甚至与康乌破延熟悉的人。而都护人的称谓很少见，姜伯勤先生认为与州县百姓相同属于入籍之人，但是为什么要如此表述呢？都护，应该指安西都护府，所谓都护府下辖安西四镇，所以都护人很可能是指四镇百姓，他们与西州、庭州百姓应该是有所不同的。不然的话，同一件契约，表述相同更容易理解。

化外人归朝，于宽乡入籍，这是唐朝的制度规定。入籍之后，还有优待，就是赋役令规定的赋役免除。唐令有这样的内容："外蕃之人投化者，复十年"，同时同令文规定："其夷獠新招慰及部曲、奴被放附户贯

---

①　唐长孺主编：《吐鲁番出土文书》叁，文物出版社 1996 年版，第 485 页。阿斯塔纳古墓群第 35 号墓出土，出土时间是 1964 年。

者，复三年。"① 招慰夷獠与外蕃人投化不同，后者显然更受重视。那么如何理解夷獠与外蕃人？大约不论外蕃人还是夷獠，都属于化外人，他们的归朝都是受唐朝欢迎的，但是他们的身份不同，决定了受到待遇不同，外蕃人的投化比夷獠招慰更受优待。外蕃人应该是有明确不同国籍的人，而夷獠是游离在所有国籍之外的，可能是特指边缘地区的各族居民。

唐令规定："诸边远州有夷獠杂类之所，应有输役者，随事斟量，不必同之华夏。"② 比如岭南地方"凡岭南诸州税米者，上户一石二斗，次户八斗，下户六斗。若夷獠之户，皆从半输。轻税诸州，高丽、百济应差征镇者，并令免课役"③。高丽、百济是特殊人群，所以有特殊政策，而一般夷獠之户，应该与吐鲁番文书中的"当县夷胡户"是同一个概念。④ 他们在国籍上属于唐朝，但与一般居民又不同。与此同时，唐代史书多留下这样的记载：

> 诸蕃胡内附者，亦定为九等，四等已上为上户，七等已上为次户，八等已下为下户。上户税钱十文，次户五文，下户免之。附经二年者，上户丁输羊二口，次户一口，下三户共一口（五羊之处，准白羊估折纳轻货。若有征行，令自备鞍马，过三十日已上者，免当年输羊）。

《唐六典》卷三"户部郎中员外郎"与《旧唐书·货志》、《册府元龟·邦计部·赋税》、《文献通考·田赋考二·历代田赋之制》的这个记载都很一致，只有主语不同，《唐六典》为"凡诸国蕃胡内附者"，《旧唐书》为"蕃胡内附者"，《册府元龟》为"蕃胡内附者"，《文献通考》为"蕃人内附者"，所指应该相同，但文有异同。同时，也只有《唐六典》记录

---

① 《天一阁藏明抄本天圣令校证》，中华书局 2006 年版，第 392 页。此条明确为唐令原文，参见仁井田陞《唐令拾遗》引证《通典》，第 610 页。

② 《天一阁藏明抄本天圣令校证》，第 390 页。此条明言是宋令，但是来自唐令是没有问题的。参见《通典》，中华书局 1988 年版，第 109 页。

③ 《唐六典》卷三"户部郎中员外郎"，中华书局 1992 年版，第 77 页。参见仁井田陞《唐令拾遗》，第 601—602 页。"轻税"二字，句读有不同，有的学者上属，而李锦绣先生下属，并且找到了"轻税诸州"的其他证据，可以信从。参见李锦绣《唐代财政史稿》上卷第二分册，北京大学出版社 1995 年版，613 页。

④ 唐长孺主编：《吐鲁番出土文书》肆，文物出版社 1996 年版，第 317—318 页。

是"银钱",其他史书都无"银"字。仁井田陞先生用"诸蕃胡内附者",采用了《旧唐书》的具体词汇,加上了令文的用语"诸"字,也没有采用《唐六典》的"银钱"之说。[1]

可以说,内附之蕃胡所纳税钱并不多,但是上引令文明明说投化人"复十年",夷獠新招慰"复三年",这里为什么又开始对内附的蕃胡收钱收羊呢?如此明显的不一致到底应该如何理解呢?是唐代制度存在矛盾,还是我们理解出现困难呢?李锦绣先生《唐代财政史稿》,专设一节"蕃胡内附者税银、羊",引证投化人"复十年"等数据讨论此题。她的结论是值得赞同的,即"给复数年,同于编户与税银羊这两种制度实施的关键在于蕃胡的内附是保存其部落还是打散其部落"[2]。这里可以叙述得更清晰一些,给复十年的外蕃投化与给复三年的新招慰夷獠,关键在于附贯入籍,而税钱税羊的内附蕃胡,是保有部落组织的,他们虽然臣服但并没有以户为单位入籍。

岭南的夷獠户,与西州的当县夷胡户应该都属于内附的蕃胡,虽然没有课役复除,但是享受轻税待遇。所谓轻税,根据李锦绣的考证,就是"半输者,准下户之半"[3]。上文所引在西域有"都护人",应该是没有脱离原来部落组织的四镇居民,属于夷胡户的一种。由此我们可以得出基本结论,胡客之外,唐朝的国民可以称作唐臣,除了编户之民,还包括保持部落形态的内附之民。

二　集中居住

作为唐臣的胡人,既然已经加入中国国籍,那么在中国的生活如何?姜伯勤先生在上引著作中简单总结说:"他们有权受田进丁,同时也有赋税、兵役等封建义务,在刑事诉讼中按唐律判决",这当然是不错的。现在随着研究的深入,更多新资料的发现,现在我们有条件把他们在唐朝的生活状况的基本面描述得更加清晰。

胡人入籍中国,可以散漫地居住,也可以聚集而居。研究发现,在当

---

① 仁井田陞:《唐令拾遗》,第600—601页。
② 李锦绣:《唐代财政史稿》上卷第二分册,第623页。
③ 同上书,第619页。

时的中国，有很多胡人聚落。池田温先生《八世纪中叶敦煌的粟特人聚落》①，就用聚落这个概念。张广达对六胡州的粟特人情况进行了研究，指出："值得注意的是，昭武九姓还沿着东来中国的交通要道和草原内地建立了许多移民聚落。唐代文献，某些穆斯林文献，特别是敦煌和吐鲁番文书向我们揭示了这些昭武九姓移民聚落活动的某些侧面，这有助于我们进一步了解昭武九姓在唐代政治事变和社会生活中的重要作用。"② 荣新江先生延续这个思路，对丝绸之路沿线的粟特人聚落做了全面的调查，他用《西域粟特移民聚落考》和《北朝隋唐粟特人之迁徙及其聚落》两篇论文梳理了丝绸之路沿线的粟特人聚落，并沿着交通线从西域一直延伸到东北的营州地区，把粟特人的中国网络清晰地勾勒出来。③

比较起来，池田温、张广达先生所用聚落一词，更主要的含义是集中居住，而荣新江先生则强调这种集中居住的内部秩序，即自治特色，因此"聚落"就有了新的含义。荣新江先生对于粟特人聚落内部的秩序有一个总结：

> 一般的胡人聚落由胡人集团首领萨宝（原意为队商首领）主持，由于大多数粟特人信奉粟特传统的祆教，所以聚落中往往立有祆祠。萨宝即成为粟特聚落中的政教大首领。……北朝隋唐的中央政府对粟特聚落控制有一个漫长的过程，在北朝早期，大多数聚落不受政府约束，有关的记载也就较少。以后用任命萨宝为政府官员的方式来控制粟特聚落，到唐朝建立时，把正式州县中的胡人聚落改作乡里，如西州的崇化乡安乐里、敦煌的从化乡之类。而位于唐帝国周边地区的一些胡人聚落，如六胡州、柳城等地，基本上维持着胡人聚落的原状。④

---

① 池田温：《八世纪中葉敦煌的粟特人聚落》，原载《ユーラシア文化研究》1，1965年。收入作者《唐研究论文选集》，辛德勇译，中国社会科学出版社1999年版，第3—67页。

② 张广达：《唐代六胡州等地的昭武九姓》，初载《北京大学学报》1986年第2期。收入作者《西域史地丛稿初编》，上海古籍出版社1995年版，第251页。

③ 荣新江：《西域粟特移民聚落考》，初载《西域考察与研究》，新疆人民出版社1994年版，收入作者《中国中古与外来文明》，生活·读书·新知三联书店2001年版，第19—36页。《北朝隋唐粟特人之迁徙及其聚落》，初载《国学研究》1999年，收入《中国中古与外来文明》，第37—110页。

④ 荣新江：《北朝隋唐粟特人之迁徙及其聚落》，《中国中古与外来文明》，第109页。

聚落本来是泛指所有人类的集中居住形态，在荣新江先生的研究中，则强调聚落的自治特性，并以此与隋唐时代的乡里相区分。他又以"从聚落到乡里"为题继续申论这个看法，强调隋唐时代粟特聚落向乡里的转变，"唐朝建立后，把处于正式州县中的胡人聚落改作乡里，两京地区城镇中的胡人不会再以聚落的形式存在，西州的崇化乡安乐里，敦煌的从化乡，大概都是由胡人聚落改建的"①。之所以如此使用"聚落"概念，本文以为是受到古代文献的影响。英藏敦煌文献 S.367 号文书《沙州伊州地志》记载石城镇，"贞观中，康国大首领康艳典东来，居此城，胡人随之，因成聚落，亦曰典合城"②。康艳典所居石城镇，是高宗上元二年（675 年）所改，并隶属于沙州，是此前称之为聚落，正有自治特质。于是，我们可以看到，蕃胡内附，于是可以分作两种居住形态，一是保有部落、有相当自治特性的聚落；二是相对集中的散居，即乡里。两者之间，既存在共时性的特点，也存在历时性特点，即有从聚落到乡里的演变过程。

根据新出土的粟特人墓葬资料，荣新江先生撰文研究粟特人聚落内部的组织结构，具体探讨了萨宝（萨保）、聚落中的种族构成、婚姻形态、粟特人的日常生活、粟特人的丧葬仪式和粟特人的祆教信仰等重要问题。在这篇重要的研究文献中，荣新江先生依然关心两种粟特人聚落问题，指出："我们所要探讨的粟特聚落，是指具有自治性质的移居地，但从自治聚落到中央或地方官府控制以后的胡人组成的乡里之间，有时会有个过渡阶段，甚至两者在文献材料中不易区分。"③

吐鲁番出土文书中，曾经在阿斯塔那 35 号墓中出土了《唐神龙三年（707 年）高昌县崇化乡点籍样》，研究者一致同意那是一个粟特人集中的乡里。④ 池田温先生尤其强调，崇化乡的安乐里才是粟特人集中的地方。⑤ 对此，荣新江先生强调："值得注意的一点是，安乐里的粟特人名直译者

① 荣新江：《从聚落到乡里——敦煌等地胡人集团的社会变迁》，高田时雄主编《敦煌写本研究年报》3，日本京都大学，2009 年，第 29 页。

② 参见池田温《沙州圖經考》，《榎博士還曆紀念東洋史論叢》，东京：山川出版社 1975 年版，第 91—93 页。唐耕耦、陆宏基主编《敦煌社会经济文献真迹释录》第一辑，书目文献出版社 1986 年版，第 39 页。

③ 荣新江：《北朝隋唐粟特聚落的内部形态》，《中古中国与外来文明》，第 115 页。

④ 唐长孺主编：《吐鲁番出土文书》叁，第 533—544 页。

⑤ 池田温：《神龍三年高昌縣崇化鄉點籍樣について》，《中國古代の法と社會——栗原益男先生古稀紀念論集》，东京：汲古书院 1988 年版，第 245—270 页。

较多，年龄大多数在四十以上，而且非常集中，表明他们原本是生活在粟特聚落中的胡人，被唐朝强编入乡里。"① 可见，池田温先生关注的是粟特人的集中居住问题，而荣新江先生强调聚落向乡里的转变。荣新江先生也指出："粟特聚落的转化，并不是唐朝初年短时间里完成的，在不同的地域有着不同的时间，转化的程度也有所不同。"②

就敦煌从化乡的情况而言，根据池田温先生的研究，首先是粟特人比较集中，虽然也有其他族群的居民。池田温先生根据从化乡的差科簿，对当乡人口进行统计，发现可能属于粟特人的姓氏高达九成以上，当然还有张、李、王这些汉姓。从名字上看，池田温先生统计，那些粟特人姓氏的人，在命名上有一半坚持原来粟特人的命名习惯，而另一半人则已经使用了汉人传统的名字。而这个情况又与年龄相关，年老的粟特人多用粟特人的名字，而年轻的则倾向于使用汉式名字。因为粟特人来华，多以男性为主，所以通婚以当地汉人为主就很容易理解，这在粟特人逐渐汉化的过程中也是常见现象。敦煌有祆教寺院，这在《沙州都督府图经》中有明确记载，而池田温先生也讨论到，敦煌祆教寺院（祆神）的存在与从化乡正属同一时期。③

附贯入籍乡里的胡人称作化外人，他们的入籍是归朝行为，对此唐朝的法律特别鼓励，给予的是"复十年"的优待。但是如果保持原来的部落组织状态，唐令称作"内附"，唐朝虽然也给予轻税的优待，但与落户乡里比较起来，优待的程度相去甚远。这个政策差异，毫无疑问显示了唐朝国家意志的倾向性。说到底，这是唐朝政府利用的经济政策性杠杆，吸引粟特等胡人附贯入籍，在这方面，似乎唐朝政府比较注意避免使用强力。如高昌县崇化乡安乐里的情况，既然如此多的粟特人集中在这里，集体迁徙到这里的推测是可以成立的，一个可能是受到唐朝优待政策的引导。正如池田温先生在研究敦煌从化乡时所指出："粟特人的聚落在编入乡里时取这样的乡名，当然只能是按照汉人的华夏意识而确定的。这样一来，聚落的居民在可以从唐朝那里得到与一般汉人相同的权利和庇护的同

① 荣新江：《北朝隋唐粟特人之迁徙及其聚落》，《中古中国与外来文明》，第48页。

② 荣新江：《从聚落到乡里——敦煌等地胡人集团的社会变迁》，高田时雄主编：《敦煌写本研究年报》3，日本京都大学，2009年，第36页。

③ 池田温：《八世纪中叶敦煌的粟特人聚落》，《唐研究论文选集》，辛德勇译，第3—67页。

时，相应地也必须负担法定的公课，应承征发公务和兵役。"①

　　综合池田温与荣新江先生的研究，两种类型的粟特人聚落主要差别表现在以下几个方面。唐朝不再存在区域性如某州的萨保，粟特人保持原有族群的组织方式的存在规模明显降低，粟特人内部婚姻的传统在保持了一段时间后不可避免地发生变化，就连粟特人命名的方式也会随当地的族群环境而改变，他们的日常生活内容也是如此，乡里体制下的粟特聚落，粟特人的特色在减少，汉化程度在提高，但是祆教的信仰一直存在，粟特人集中的地区依然频见祆教寺院。迁徙汉地的粟特人，汉化的过程具有必然性，从内部组织来看，从早期的粟特人聚落到后来的粟特人比较集中的乡里，这个演变过程基本上是一个时间过程。本文的观点认为，这个过程的进行，从族群的大环境来说具有必然性，从唐朝的国家政策来说也具有相当的鼓励与诱导。不管哪一种聚落，毕竟还是同族人相对集中地居住在一起，此外一定还有其他居住方式，比如散居在乡里之间。对比聚落方式的居住，散居的各族国民，各自的民族文化保持情况一定会千差万别。如果从胡人的方面考虑，总体上的估计，这个过程主要是文化适应性的，即可以认为是一种自由选择的结果。②

　　唐朝政府在对待大规模外来族群的问题上，常常会有针对性地制定政策。贞观四年（630年），当唐太宗朝廷击败颉利可汗之后，迅速迎来大规模的来降突厥人，而如何安置，是打乱其固有的族群内部关系即部落系统，还是保留其原有系统，以及安置在什么区域更恰当等问题上，朝廷进行了很认真的讨论。最后，朝廷在反复争论中选择的政策是保留突厥原有内部系统，安置在河套地区，让他们在内部关系和环境上都比较适应。③

　　根据张广达先生的研究，六胡州的设置也是贞观四年灭东突厥之后，最初就是羁縻性质，原有的粟特人社会内部结构保持不变，长官由原来的首领担任。唐高宗时期，派遣汉人为长官，以加强控制。开元十年（722年）康代宾叛乱被朝廷平定，曾经把部分粟特人迁徙到河南及江、淮地

---

　　① 池田温：《八世纪中叶敦煌的粟特人聚落》，《唐研究论文选集》，辛德勇译，第45页。

　　② 李鸿宾先生强调唐朝政府的意志，见《论唐代宫廷内外的胡人侍卫——从何文哲墓志谈起》，初载《中央民族大学学报》1996年第6期。收入作者《隋唐五代诸问题研究》，中央民族大学出版社2006年版，第58—71页。

　　③ 参见吴玉贵《突厥汗国与隋唐关系史研究》第七章《唐朝对东突厥的安置》，中国社会科学出版社1998年版，第227—272页。

区，显然具有惩罚色彩。不过，这些远距离的迁徙的结果并不理想，因为他们纷纷逃跑，最终唐朝政府妥协，再次设立匡、长二州以安置九姓胡人，时间是开元十八年（730 年）。[1] 看来，唐朝政府对于大规模前来的胡人群落，是否采取强硬的离析部落的方法，是要经过认真考虑的，顺应其传统，防止诱发动乱显然是必须给予重视的问题。即是说，面对此类问题，不可能太一厢情愿地进行乡里化安置。

　　总之，在安置外来族群的时候，唐朝政府的基本政策是采用诱导的方式，而对于大规模的族群，则多采取保留原有聚落组织的方式，强力离散部落使之进入乡里组织的政策，比较少见。

三　职业选择

　　粟特胡人是世界闻名的商业民族，是丝绸之路上最活跃的国际商人。入籍唐朝以后，他们的商业传统是否受到影响呢？让我们通过吐鲁番出土文书的数据进行观察。

　　贞观二十二年（648 年），三十岁庭州百姓米巡职，带着他的一个奴隶哥多弥施（15 岁）、一个婢女婆匐（12 岁），还有一个 8 岁的骆驼和 15 口羊，要前往西州（今高昌故城）进行"市易"，向地方有关部门申请手续（"公验"）。一个名字叫作"怀信"的官员在他的申请书上批下"任往西州市易，所在烽塞勘放"等字样，米巡职的申请顺利获得批准。[2] 米巡职是入籍的粟特人，吴震先生认为米巡职是"原出米国之粟特移民后裔"。而申请书中提及"州司"，吴震先生认为是西州政府，这是米巡职贸易完毕向西州政府申请的公验。[3]

　　百姓一定是入籍之人，如果没有入籍的外来商人，通常称作"兴胡"，如开元十九年（731 年）二月，外国商人米禄山把女奴失满儿（11 岁）卖给来自京城的唐荣，地点就是西州市场。而米禄山在名字前有

---

① 　张广达：《唐代六胡州等地的昭武九姓》，《西域史地丛稿初编》，第 246—279 页。

② · 唐长孺主编：《吐鲁番出土文书》叁，第 306 页。

③ 　吴震：《阿斯塔那－哈拉和卓古墓群考古资料中所见的胡人》，《敦煌吐鲁番研究》第四卷，北京大学出版社 1999 年版，第 245—264 页。不过，本文以为，这里出现的"州司"，不该指西州，而应该是庭州。

"兴胡"字样。① 米巡职与米禄山很可能是同族，但是米巡职的申请书上没有月份，只有一个日期，所以不知道米巡职从庭州到西州贸易是什么月份。米禄山在西州卖掉女奴失满儿是开元十九年的二月，不知道米巡职前往西州贸易是否也是相近的月份。不管怎么说，我们通常理解的百姓都是农民，但是米巡职显然不是一般的农民，他至少在农闲的时候是出门贸易的，贸易的物品在羊和骆驼之外还有奴隶，说明米巡职是一个颇有实力的商人。粟特人是著名的商业民族，米巡职虽然入籍唐朝，显然并没有放弃这个传统。按照吴震先生的说法米巡职是移民后裔，那就说明粟特移民在入籍之后，他们的后裔很可能是长期保持着经商的传统。

石染典的实例更能说明问题。吐鲁番出土了一件开元二十一年（733年）石染典买马契，证明石染典在这一年的正月五日从康思里买了一匹六岁马。有保人作证，卖马人也有署名，是一件真实的契约。② 同墓出土的一件文书，被命名为《唐开元二十一年（公元七三三年）染勿等保石染典往伊州市易辩辞》，是石染典要求前往伊州市易，而政府有关部门的询问调查，比如携带的人畜是否合法等，最后文书签署的时间是开元二十一年的正月二十三日，内容是"责保可凭，牒知任去"，批准他前往伊州市易。③ 石染典前往伊州市易所带的商品中就有一匹马，很可能就是之前不久购买的那匹六岁马。

不仅如此，在同墓的文书中，还有一件文书与石染典有关，即《唐开元二十年（公元七三二年）瓜州都督府给西州百姓游击将军石染典过所》。石染典是西州百姓，他前往瓜州市易，获得瓜州政府批准，时间是开元二十年三月十四日，然后离开瓜州前往沙州，途径悬泉、常乐、苦水、盐城戍等守捉，在二十一日到达沙州。沙州市易之后，又要前往伊州市易，沙州批准。到四月六日又获得伊州政府的审批，可能是回西州了。在文书的开头部分，还提到"安西已来"和著名的"铁门关"，证明石染典还曾到达过安西。④ 这样，在开元二十年年初，西州百姓石染典应该是从西州到达安西，然后又从安西到了瓜州、沙州、伊州，可能最后返回西

---

① 《唐开元十九年（731）唐荣买婢市券》，《吐鲁番出土文书》肆，第164—265页。

② 《吐鲁番出土文书》肆，第279页。

③ 同上书，第277—278页。

④ 同上书，第275—276页。参见程喜霖《唐代过所研究》第二章第三节，中华书局2000年版，第95—98页。

州。他的一路所向，都是因为"市易"，很明显是一个地地道道的经商行为。转年开元二十一年，他又提出去伊州市易的要求，并获得批准。可见，石染典是个很专业的商人，而他的正式身份是西州百姓。

在石染典的资料中，他的身份另一种说法是"西州百姓游击将军"。游击将军是武散官，品阶是"从五品下"。[①] 这就是说，石染典说是西州百姓，同时也是武散官。按照《六典》的说法，武散官都要定期值班的，这就是所谓的"番第"，是由兵部负责。那么石染典外出经商，一定是选在没有值班任务的时候。可是，在《唐开元二十一年（公元七三三年）染勿等保石染典往伊州市易辩辞》文书中，石染典要去伊州市易，官府审核资料，保人染勿等向政府担保，说石染典"家宅及妻儿亲等，并总见在。所将人畜，并非寒蚗等色。如染典等违程不回，连答之人，并请代承课役，仍请准法受罪。被问依实，谨辩"。这份文件证明，石染典外出经商，政府审查的时候是需要保人担保的。保人不仅担保石染典情况属实，还保证万一石染典不能及时回来，保人还承诺"代承课役"。也就是说，石染典还有课役问题。那么，游击将军石染典应该有课役吗？这里，保人所谓的课役，或许是指石染典的纳资代役问题。

石染典作为西州百姓，他同时也是一名游击将军。他是入籍的粟特人或者后裔，毫无疑问。而我们这里最为关心的问题就是，他的经商几乎是畅通无阻的，他从粟特人那里继承下来的传统，在作为唐臣的时候保持完好。我们从石染典的例证上似乎可以看到这样的一个事实，入籍的粟特人在职业上显然是可以有所选择的，或者说唐朝的环境下，石染典这样的粟特人是有职业选择机会的，至少粟特人的经商优势和传统得到了保持。

不仅是石染典，我们在许多文书中看到粟特人参与商业活动，如充当保人。石染典买马契约中，充当保人的有"保人兴胡罗世郍（那）年卅、保人兴胡安达汉年卅五、保人西州百姓石早寒年五十"。兴胡是外籍商人，百姓是入籍国民，但是他们同时出现在这个担保文书中，而这类文书是具有法律效力的和相应责任的。兴胡拥有担保资格，应该是政府允许的，而其他百姓出面担保，意味着他们也一定程度地参与商业活动。此时，他们担保石染典，如果有一天他们需要担保的时候，石染典也责无旁

---

① 《唐六典》卷五，中华书局 1992 年版，第 153 页。

贷。池田温先生也注意到，敦煌从化乡的粟特人是间接参与商业活动的。[①]

不仅如此，根据敦煌文书保存的《唐户部格残卷》，记录了垂拱元年（685年）八月二十八日的一道敕，可知关于胡人经商问题，不是西州才有的个别的行为，而是中央政府有统一的权威规定，内容如下：

> 诸蕃商胡，若有驰逐，任于内地兴易，不得入蕃，仍令边州关津镇戍，严加捉搦。其贯属西、庭、伊等州府者，验有公文，听于本贯已东来往。[②]

这道敕，规定了胡人经商活动的管理和范围问题，"诸蕃商胡"是指所有外来商人，他们可以在内地从事商业活动，但是不能进入少数民族地区，特别指示边州的关津镇戍要认真负责，严加看守。不仅是胡商，还有入籍的商人，"其贯属西、庭、伊等州府者"，其中的"其"指代还是"诸蕃商胡"，他们的身份有所区别就是在西州、庭州和伊州有户籍。他们的经商范围是户籍所在地以东地区。

唐朝的格多来自敕，一旦入格，就意味着永久施行。垂拱的这道敕文，完全可以作为上文讨论的石染典的背景来看待。石染典贯属西州（称作西州百姓），前往以东地区经商，申请公验等，一概顺利，之所以如此，是因为朝廷有相关规定。但是，我们同时在石染典的数据中，也看到了与垂拱格不相符的内容。石染典是西州百姓，但是他的经商行程中我们还是看到他在开元二十年曾经到过安西，经过了著名的"铁门关"。他前往伊州、瓜州、沙州是符合垂拱格规定的，即"本贯已东来往"，可是安西和铁门关分明在西州之西，为什么他也能够照样前往呢？

这应该从西域的背景来探究。众所周知，高宗时期因为吐蕃的原因，唐朝在西域遇到了巨大的挑战，朝廷被迫放弃四镇，史称"拔四镇"，时

[①] 关于从化乡粟特人的商业活动，池田温先生写道："令人遗憾的是几乎没有留下什么确切数据，可以直接反映该乡居民的商业活动。但是通过下记各项事实，可以间接地推察他们与商业活动具有密切关联。"池田温：《八世纪中叶敦煌的粟特人聚落》，《唐研究论文选集》，第41页。

[②] S.1344号。唐耕耦、陆宏基编：《敦煌社会经济文献真迹释录》第二辑，全国图书馆文献缩微复制中心1990年版，第571页。

间是咸亨元年（670 年）。期间，唐朝与吐蕃反复争夺西域，但是到垂拱
二年（686 年）再次拔四镇，放弃西域。直到武则天长寿元年（692 年）
十月，王孝杰大败吐蕃，才重新实现了对西域的控制，恢复四镇建制，并
且开始在四镇驻兵。垂拱元年八月，朝廷发出关于胡人经商的敕文之际，
正是西域激战正酣时刻。而王小甫先生研究，垂拱二年的"拔四镇"，从
上一年的一系列行动中已经展开，最初的考虑就是把四镇交给羁縻州府
管理。①

垂拱元年、二年，对于当时的西州而言，战争压力巨大，甚至政府都
无法依法征兵，不得不采取特殊办法，以至于会出现单丁入伍、合家当兵
的情形。② 新近出土的文书资料，继续证明了同样的事实，拔四镇是不得
已的办法，同时导致西州成为经营西域的滩头阵地，压力空前。③ 四镇放
弃之后，西州、庭州和伊州就成了唐朝的西部最前线，只要是国内旅行，
这便是最西端，所以只能由此向东。"其贯属西、庭、伊等州府者，验有
公文，听于本贯已东来往"，其实正是可以在国内自由往来。只有如此理
解，才能够明白，贯在西州的石染典在开元二十年也能前往安西经商，因
为从长寿元年（692 年）开始，四镇再次回到唐朝（武周）的控制之中，
安西自然也进入了合法经商的范围。

荒川正晴先生认为："在唐帝国中央的交通、交易管理体制中，如果
是外国商人，原则上是被禁止自由往来于帝国的领域内的。然而在这当
中，粟特人却是个例外。……不管是定居于中国内地的粟特商人，还是外
来的粟特商人，在唐帝国完备的交通体制下，这些粟特商人在与掌握着通
行权限的各州官员密切接触的同时，进行着交易活动。"④ 这里，我们讨
论的是入籍的粟特人情况，而石染典给出了典型的例证，在职业的选择
上，入籍以后的石染典依然顺利地从事着商业活动。唐朝的法律显然是鼓

---

① 参见王小甫《唐吐蕃大食政治关系史》第二章《唐初安西四镇的弃置》，北京大学出版
社 1992 年版，第 68—88 页。

② 黄惠贤：《从西州高昌县征镇名籍看垂拱年间西域政局之变化》，唐长孺主编：《敦煌吐
鲁番文书初探》，武汉大学出版社 1983 年版，第 396—438 页。

③ 文欣：《吐鲁番新出唐西州征钱文书与垂拱年间的西域形势》，《敦煌吐鲁番研究》第十
卷，上海古籍出版社 2007 年版，第 131—163 页。

④ 荒川正晴：《唐代粟特商人与汉族商人》，《粟特人在中国》（《法国汉学》第十辑），中
华书局 2005 年版，第 102—103 页。

励外来入籍，种种的优惠条件上文已经涉及，而职业上的选择又不受限制，这从一个角度反映了外来入籍者的有利生存状况。

入华胡人的其他情况，如婚姻、信仰等，都可以视作自由存在的。池田温先生研究敦煌从化乡，是有祆教的寺院存在的，而这无疑是粟特人信仰的中心建筑。根据荣新江先生的研究，安禄山叛乱前，也充分利用祆教对当地的胡人进行了组织。[①] 唐代的信仰，基本上属于自由状态。入华胡人与其他国民，都能享受同样的待遇，当然也会遭遇相同的命运，如唐武宗采取打压政策，不仅对于佛教，祆教等也受到冲击。

至于婚姻问题，学者也多有研究，粟特人之间的通婚很常见，异族之间的婚姻也不可避免。安禄山与哥舒翰的故事是人所共知的。因为汉人数量的优势，入华胡人与汉人之间终究会成为最主要的婚姻关系，因此走向最终的汉化，这对于中原的多民族传统而言，是上演千年的固定曲目。

四 一体多元

唐朝的种族与文化，并非唐朝所独有，一体多元的基本格局，可以看作中原的固有传统。多元即民族文化的多元，而一体即是国家的一体。种族文化的存在方式可以是多样化的，部落式聚落存在与乡里式的聚落存在会有很大不同，但是这都不妨碍国家作为最高政治原则的贯彻与执行。如果多元民族文化的存在，最终构成了对国家一体原则的冲击，那么无论如何不能认为这种格局是成功的结构。唐朝民族区域并不一直太平，叛乱之事确有发生，但总体估计，这种一体多元的体制毕竟还是成功的。

拜读张广达先生的论著《唐代六胡州等地的昭武九姓》很容易感受到，唐朝政府在羁縻州府是否维持的问题上，并不是一意孤行的，而维护国家的统一意志是无法否认的，面对反叛必须加以镇压。唐朝的区域设置，基本情形如此，首都是政治中心，外围是一般正州，边疆地区主要是拥有军事能力的都督府或都护府，最外一层是羁縻府州。羁縻府州

---

① 荣新江：《安禄山的种族与宗教信仰》，原载《第三届唐代学术研讨会论文集》，1997年，收入《中古中国与外来文明》，三联书店 2001 年版，第 222—237 页。

以各个民族为主，其组织传统与文化传统等都得保持。中原地区较少羁縻府州的设置，六胡州就不属于传统的中原区域。这种国家区域结构，既是历史的结果，也是制度安排的结果。其中，也体现了对于种族与文化的尊重。

对于入籍的国民，即使外来族群，只在最初享受赋税方面的优惠，过了优惠期，就与一般国民没有任何区别。唐朝对于国民的管理，就入籍之民而言，是没有任何种族考虑的，如果说考虑的话，那也是一律平等而已。因为所有国民根本不做任何族群的区分，没有任何族群的标识。

根据吐鲁番出土文书，我们可以确信有粟特人获得授田，如"右给得康乌破门陀部田三亩"（65TAM42：63）。[①] 这是一件西州授田记录，其中获得三亩部田的"康乌破门陀"，一定是一位来自康国的中亚胡人。为什么如此认定呢？我们的根据来自习惯，我们认为中国人不会如此命名，"乌破门陀"在汉文中不词，没有意义。然而，除此之外，我们也无法获得更加准确的信息。其他方面，姜伯勤先生已经有了研究和结论。[②]

然而，唐朝的这种管理原则，为我们的研究带来了巨大困难。要在具体的文书数据识别出不同的民族是一件困难的工作，原因很清楚，唐朝的户籍制度或者人口管理制度，在落实在具体文书上的时候，从来不给出民族标示。以昭武九姓来说，这些来自中亚的粟特人，是隋唐时期外来人口中最多的，但是在吐鲁番出土文书中，通常我们如果没有详细的墓志文字一般只有通过名字的独特性来识别，说是识别，其实就是推测。唐朝的户籍等制度，只认国民不认民族。凡是入籍者即是国民，除了最初的优待政策（如免税规定）外，与其他国民待遇完全一致。

这个管理传统在中国是有传统的，而研究者也早就形成了一套民族识别办法。如何识别外来人呢？以中亚为例，研究者从很早的时候开始，就利用一种约定俗成的知识，如中亚人来华，通常会用国家的名字作为自己

---

① 《吐鲁番出土文书》叁，第 129 页。

② 姜伯勤：《敦煌吐鲁番文书与丝绸之路》第五章第一节《敦煌吐鲁番所见两类粟特人》，第 154—198 页。

的姓氏。《北史·西域传》在记述康国的时候有如下记录："旧居祁连山北昭武城，因被匈奴所破，西逾葱岭，遂有国。枝庶各分王，故康国左右诸国并以昭武为姓，示不忘本也。"① 至于康国左右到底是哪些国家，各书记录各有不同，比如《通典》记录为"米国、史国、曹国、何国、安国、小安国、那色波国、乌那曷国、穆国凡九国"。② 这种说法流传甚广，是中国中古时期的主流说法。所谓以昭武为姓，甚不可解，而进入中国者，以国为姓，倒是例证特多。冯承钧总结道："自汉迄唐，中亚之人多以国为姓，安息姓安，康居姓康，月支姓支，天竺姓竺，曹国姓曹。"③向达先生也有归纳："凡西域人入中国，以石、曹、米、史、何、康、安、穆为氏者，大率昭武九姓之苗裔也。"④ 除此之外，确实再无良方，而归根结底，是由于古代中国管理国民，并不进行族群区分。

现在所见数据，真正可以确定这些唐臣的原来民族身份，墓志资料是最可宝贵的。2004—2005年，新疆吐鲁番文物局在交河沟西进行抢救性发掘，发现了一个比较完整的康氏家族墓地，出土了一组墓志。其中高昌延昌三十六年（596年）的康某，称作"领兵胡将"，与他相差不远的另外一位名叫康密乃，很显然是胡人名称。但是，他们的后人到了唐高宗时期，已经自称"其先出自中华"了。⑤

讨论粟特人汉化不是本文的主旨，本文强调的是，因为唐朝户籍数据中不注明民族成分，为我们的历史研究带来了很多障碍。但是，就当时的效果而言，我们不得不承认，这个制度是成功的。如果在国民的日常管理中，在所有细节上强调种族性，等于强调不同民族的差异，强化了民族的自我认同，而与此同时，势必产生对国家认同的模糊。一旦民族认同超越国家认同，很容易产生对国家认同的否定，政治动乱甚至叛乱就拥有了思想与感情的基础。从唐朝实施的多民族国家管理制度看，在文化多元问题上的宽松，有利于国家认同，没有造成国家认同与民族认同的结构性内部冲突。

① 《北史》卷九七《西域传》，中华书局1974年版，第3233页。
② 《通典》卷一九三《边防九》，中华书局1988年版，第5255页。
③ 冯承钧：《唐代华化蕃胡考》，《西域南海史地考证论著汇辑》，第131页。
④ 向达：《唐代长安与西域文明》，第12页。
⑤ 李肖：《交河沟西康家墓地与交河粟特移民的汉化》，《敦煌吐鲁番研究》第十卷，上海古籍出版社2007年版，第85—93页。

就一体多元的整体制度安排而言，并非始于唐朝，也没有终结于唐朝。在中国古代的环境中，形成了持续的历史传统，就中国而言，应该说这是一个很重要的经验。

唐代太医署医学生选取标准

——以《天圣令·医疾令》及其复原唐令为中心

张耐冬

宁波天一阁所藏明抄本《天圣令》重见天日后，对唐、宋令研究与日唐令比较研究而言，是一个基础性推进，由于新材料的发现，产生了若干以往从未考虑过的新问题。然而，就此新材料本身而言，似乎对宋代法制与法令体系的发展演变的研究更为有利，而若以此为基点回溯，探寻唐令与唐代法令体系的诸问题，则实属不易。究其原因，就在于《天圣令》本身是一个来源复杂、编订过程亦十分复杂的文献系统，虽然那些未行用的唐令附抄在正文之后，但选取标准、裁剪标准与删定形式，至今尚不明确，置身其间，有如歧路寻羊；虽然《天圣令》并不是偶然所得的断简零编，但亦非原始文献，因此唐令原文与原貌不易得知。若要以《天圣令》为材料来研究唐令与唐代法制，必须要先对其内部存在的文献系统作一个全盘的分析，厘清宋人剪裁、处理唐令的基本理路，在此基础上，才能够对唐令做完整、系统而准确的复原。用这样的角度来看，中国社会科学院历史研究所诸位先生依照《天圣令》文本，创作的"唐令复原研究"，实属不易，可称以《天圣令》回溯唐令的基本参照。①

"唐令复原研究"系列中，程锦女士所作的《唐医疾令复原研究》

---

① 各卷令文的复原，见天一阁博物馆、中国社会科学院历史研究所天圣令课题组《天一阁藏明钞本天圣令校证》下册，中华书局2006年版。

（以下简称《复原》）① 为笔者最为注意者。在盛唐时期，祝史医卜，仍然是官府中负责沟通天人的职位，与前代无异，由此略可窥见"中世"与"近世"的区别。现仅就个人所见《医疾令》之部，以程氏《复原》为基础，略论唐代医学生选取问题，并略涉唐令复原之原则与方法，求教于方家。

本文所论述的唐代"医学生"，为唐代太医署负责教育的医、针、按摩、咒禁诸科学生的总称，而非单指医科一门。由于二者有共同名称，故在此略作说明。而文中所谓"唐代"，亦非李唐王朝三百年之整体，而是有令文规定的制度化时期，即以唐玄宗时期为其下限。

一 相关令文复原的结构考虑

唐代医学生的选取标准与办法，缺乏直接的史料，无论是国家规定还是判例文书。在原始材料缺乏的情况下，可以作为佐证的，仅有《唐六典》、日本《养老令》逸文与《天圣令》三部文献，与《唐会要》、两《唐书》等书中的记载片断。

在《天圣令》发现前，《唐令拾遗补》以丸山裕美子的研究为基础，以《养老令》逸文为史料佐证，产生了一个关于此规定的复原文本；《天圣令》发现后，程锦女士结合这一新出史料，在《唐令拾遗补》的基础上，进行了另外一种复原。今先将这两个复原文本胪列于下，并略作比较：

> ［开七］诸医、针生，以上手医子弟代（世）习者。药园生，取庶人十六已上二十已下充之。业成补药园师。②

> 诸医生、针生、按摩生、咒禁生，先取家传其业，次取庶人攻习其术者为之。③

---

① 各卷令文的复原，见天一阁博物馆、中国社会科学院历史研究所天圣令课题组《天一阁藏明钞本天圣令校证》下册，中华书局 2006 年版，第 552—580 页。

② 仁井田陞著，池田温编集代表：《唐令拾遗补》，东京大学出版会 1997 年版，第 806 页。

③ 程锦：《唐医疾令复原研究》，《天一阁藏明钞本天圣令校证》下册，第 577 页。

这两个复原文本，所反映的是同样的一个问题：唐代医学生的选取标准。虽然这两个文本在医学生分科类别、年龄限制、出身与具体文字等几个方面都有出入，但在主题上二者高度一致，而且结构上也存在共同之处。

这两个复原文本的基本结构为：【分科类别】—【出身】—【其他标准】。

在这一结构中，主体部分的内容是分科类别与出身，即明确医学生的分科（需要选取学生的部类）与出身。这里的出身，应该是能力、素质的标准而非简单的家族仕宦背景。可见，在复原思路上，对于这一主体部分结构的理解，二者高度一致。而所谓"其他标准"，正是两个复原文本存在差异最大的地方。

按照《唐令拾遗补》的复原形式，选取规定为一复合型结构，先述医学生选取问题，再介绍药园生选取标准。医科与针科学生的选取，只有分科类别与出身方面的规定。而药园生的选取，则有此分科、出身、其他标准这样三方面的规定。从结构上来看，对医科与针科学生选取的规定文字，只具有主体部分，而药园生的选取规定，则在主体结构之外，还带有其他标准——附加的年龄规定。

按照《复原》的复原形式，选取规定则是一个具有主体内容与其他标准的单一结构，"其他标准"部分是一个二级标准，即在第一标准（出身）之外，对其他人群（庶人）入选的相关规定。

那么，究竟"其他标准"应该是在第一标准的基础上所做的附加限制，还是在第一标准之外，针对另外一个范围设定的标准？

事实上，这两个文本之间的共同点与差异，以及这种一致性与差异性背后存在的文本结构的同异合离，来源于它们所使用的参照文本之间的差别。

二　令文复原所参照文献的结构考虑

令文复原中出现的同异问题，既然出自相关的起到佐证作用的文献，若要使复原更为合理，就应对这几部文献的结构进行分析。

日本《养老令》逸文的记载为："医生、按摩生、咒禁生、药园生，先取药部及世习，次取庶人年十三已上、十六已下聪令者为之。"① 可见，此段文字的结构为：【分科类别】—【出身】—【二级标准】。

此处的二级标准，含有附加标准（年龄限制与个人素质）。

明抄本《天圣令》卷二六《医疾令》第一条（即"宋1"条）内容如下：

> 诸医，大小方脉、针科、灸科、眼科、风科、疮肿科、咽喉科、口齿科、产科、书禁科、金镞科、伤折科，选补医学，先取家传其业，次取庶人攻习其术者为之。②

此条宋代的令文，结构为：【分科类别】—【出身】—【二级标准】。

从结构本身而言，《养老令》逸文与《天圣令》宋令的结构基本一致，都属于单一结构，不存在几种不同分科、不同标准并存的复合型结构。在关系到医学生选取标准的令文规定中，这种共同的特点，在宋令与日本令中都存在，且二者在时间、地域、制度、文化上都存在极大差异，显见此共同点并非偶然出现的巧合。二者共同的蓝本——唐令，对此问题的相关条文，亦应具有这样一个基本结构，应该可以成立。

由此看来，《复原》中将唐代医学生选取标准的条文复原为单一性结构，在结构上较为合理；《唐令拾遗补》中的复原没有考虑到令文条文自身结构的特点，做出了一个复合型结构的复原，从结构上而言存在偏差。

而与唐令复原关系甚大的另外一种主要文献《唐六典》，由于有关医学生选取的标准并非集中于某一处，而是依照其自身的编纂原则，对相关材料进行分类置放（即所谓"以令式分入六司"），因而难以从中看出令文结构的特点。

以上从复原令文与参照文本两个方面入手，对唐令中关系到医学生选取标准的相关条文应有的结构进行了简要分析，基本确定了"【分科类别】—【出身】—【二级标准】"的令文基本结构。这一结构的确定，属于语文学的问题。在此基础上，我们应对两个复原文本间差异最大、意

---

① 因《养老令》中《医疾令》一卷已不存，相关的辑佚成果均收入《令义解》，吉川弘文馆1985年版。

② 此处所引，为《医疾令》清本，《天一阁藏明钞本天圣令校证》下册，第409页。

见最不统一者进行分析，这种差异，来源于令文内容的不一致，则属于制度史研究的范畴。

三　唐代医学教育与医学培训

两种复原文本的差异，在分科类别、出身、二级标准上都有体现。而有关唐代医学生选取的标准，首先就应确定医学教育的分科。

据前引复原文本与《养老令》逸文、《天圣令》令文，对医学教育的分科有如下几种：

《养老令》逸文	《天圣令》	《唐令拾遗补》	《复原》
医生、按摩生、咒禁生、药园生	诸医，大小方脉、针科、灸科、眼科、风科、疮瘇科、咽喉科、口齿科、产科、书禁科、金镞科、伤折科	诸医、针生，药园生	诸医生、针生、按摩生、咒禁生

其中，《天圣令》中的分科最为详细，程锦女士已对此分科进行过考察，认为其中记载的是宋代医学分科，并将与其关联的教育机构、宋代医政等问题一一揭示，故而此处完全是对宋代制度的描述①，因唐宋间医疗制度与医学分科变化较大，故不能从此条回溯唐代医学教育分科情况；而《养老令》逸文与《唐令拾遗补》则都是在基本的医学分科基础上，另加药园生，只不过对医学分科的表述方式不同；《复原》则以《唐六典》、两《唐书》中记载的医学教育与太医署医学分科为标准。

这里就存在两个问题：

其一，在唐令中，对医学生分科的叙述，究竟是概括性描述（如《唐令拾遗补》）还是全面列举（如《复原》）？其二，药园生在唐代的医学教育体系中，应该处于什么位置，是否应该划入唐代医学生的范围？

对医学生分科的叙述，《唐令拾遗补》采取的是概括性描述，而《复原》采取的是全面列举的方式。值得注意的是，作为资料佐证的《养老令》逸文与《天圣令》的相关文字，属于全面列举，而《天圣令》在全面列举前，也给出了一个概括性叙述"诸医"。那么，唐代中国的史料

---

① 《天一阁藏明钞本天圣令校证》下册，第565—566页。

中，涉及医学生分科时，使用的是怎样的叙述方式呢？

《唐六典》卷一四太常寺太医署"太医令"条下注文曰：

> 诸医、针生读《本草》者，即令识药形，知药性；读《明堂》者，即令验图识其孔穴；读《脉诀》者，即令递相诊候，使知四时浮、沈、涩、滑之状；读《素问》、《黄帝针经》、《甲乙脉经》皆使精熟。博士月一试，太医令、丞季一试，太常丞年终总试。若业术过于见任官者，即听补替。其在学九年无成者，退从本色。①

这是《唐六典》中涉及医科与针科学生时的记载方法，将此二者连称，属于全部列举。而值得思考的是，在《天圣医疾令》的令文与附抄唐令中，以"诸医、针×"指代医学生整体、医师整体的情况极为普遍，宋5、宋7、唐2、唐4、唐6、唐16诸条均属此类。②

由上可知，较为直接的史料（《天圣令》中附抄的唐《医疾令》）、与经过修改的史料（《天圣令》），都有以"诸医、针生"指代医学生整体的情况，可知此用语应为唐令原有之说法，即对唐代医学生总体之概括性描述。同时，无论是经过转写的史料（《唐六典》），还是《天圣令》及其附抄唐令，亦有以"诸医、针生"作为医科、针科学生的全部指代，因此这一说法亦并非概括性描述的专用语。

那么，关于唐令医学生的分科类别，是否应在此处明确地进行全面列举？按照《唐六典》与《天圣令》的叙述，教授各科学生，为各科博士、助教等人的职责，而关于他们的职责、人数规定，应属于《寺监职员令》的规定范畴，无需在《医疾令》中对医学生的分科类别再做重复，故而《医疾令》中对医学生分科类别的叙述，应是概括性说法而非全面列举。《天圣医疾令》"宋1"条中将概括性描述与全面列举方法并存的现象，实属偶然，并非唐令之例。而现在我们所得见的《天圣令》也非全貌，故而为何会出现这一现象，原因亦难推知。

---

① 《唐六典》，陈仲夫点校本，中华书局1992年版，第409页。按：此段文字，在《天圣令》中有相对应的条文，而此处因列举《唐六典》中的用词，故用六典之文。
② 《天圣令·医疾令》中，使用"诸医、针×"说法，除了文中列举的指代全体医学生或医师的情况之外，还有若干条是专门指代医、针两科的学生或医师的情况，与文中所举《唐六典》注文的情况一致。

关于药园生的定位，属于唐代医学教育类型与太医署下对生徒培养的类别区分这一问题。与药园生情况相近的，还有女医。① 笔者的看法是，在唐代，医学教育针对的是医学生，即医生、针生、按摩生与咒禁生，对药园生与女医的候选者进行的教育，则属于医学培训。

《唐六典》卷一四"太医令"条记载：

> 太医令掌诸医疗之法；丞为之贰。其属有四，曰医师、针师、按摩师、咒禁师，皆有博士以教之，其考试、登用如国子监之法。

结合前引《唐六典》太医令条下注文，可知太医署中医师、针师、按摩师、咒禁师，大部分是从相对应的诸科学生中选拔补替，而这些医师是太医署中的主要职员，与此相关的数科教育，自然也是太医署医官的人员保障。而同卷述太医署诸官，医正条下注文称："隋又有药园师、药生等，皇朝因之。"又，药园师条下注文称："京师置药园一所，择良田三顷，取庶人十六已上、二十已下充药园生，业成，补药园师。"②

关于药园生的教育，没有谈到"考试、登用"之法，而只是用"业成"作为标准，说明药园生只要顺利卒业，便有补为药园师的资格。女医的情况与此相近，也没有一个严格而程序化的"考试"、"登用"方法。

由此可见，药园生与女医候选者，属于唐代太医署中为选拔相应人才而进行的医学培训，其性质与今日职业培训较为接近；而医、针、按摩、咒禁诸科，有较为正规的教学内容、教材、考试办法与选拔标准，而且根据《天圣令·医疾令》的记载，这几科的学生在初入学时的拜师"束脩"之礼也与国子监学生相类似。③ 故而，医学生，即接受太医署医学教育的学生，即为医、针、按摩、咒禁诸科学生，而药园生与女医候选者并非正

---

① 关于唐代女医的教习情况，程锦《唐代女医制度考释——以唐〈医疾令〉"女医"条为中心》一文已有较详尽的论述，见《唐研究》第12卷，北京大学出版社2006年版，第53—71页。

② 按：有关药园生的这些规定，在《天圣令·医疾令》中也有相关记载，"考试"、"登用方面"也没有内容的突破，因《唐六典》对太医署基本结构、职员、选补等方面叙述较为系统，故此处以六典为本。

③ 《天一阁藏明钞本天圣令校证》下册，第410页，唐4条。其文字为：诸医、针生初入学者，皆行束脩之礼于其师。医、针生各绢一匹，案摩、咒禁及诸州医生率二人共绢一匹。皆有酒脯。其分束脩，准国子监学生例。

式学生，而只是受培训的学员。

以此考察《唐令拾遗补》与《复原》的文本，《唐令拾遗补》将医学生与药园生并举，混淆了医学教育与医学培训的界限，因而复原有误，而《复原》虽将医学生的分科类别厘清，但在表述方式上则有不妥，应使用唐令中的概括性描述"诸医、针生"。

四　出身与其他标准的判定

分科类别问题基本廓清的基础上，确定出身与其他选取标准，是了解唐令对医学生选取所作的资格限定的关键问题。在这一文体上，两种复原文本与《养老令》逸文、《天圣令》同样有着不同的表述，略如下表：

《养老令》逸文	《天圣令》	《唐令拾遗补》	《复原》
先取药部及世习，次取庶人年十三已上、十六已下聪令者	先取家传其业，次取庶人攻习其术者	上手医子弟代（世）习者	先取家传其业，次取庶人攻习其术者

可见，《复原》与《天圣令》的表述方式一致，《养老令》逸文中的表述，与日本制度有关，而与唐制有较大区别，因此出身问题可不考虑，年龄限制问题可作为借鉴；《唐令拾遗补》则根据《唐六典》中的相关文字复原。

由此，便形成了两种对唐令原文的不同描述，其不同之处有二：

其一，《唐令拾遗补》中的选取标准是单一的出身标准，没有附加限制，也没有二级标准，而《复原》则根据《天圣令》，认为应有出身与二级标准两个层次；其二，在出身标准方面，文字表述的差异背后，其实存在一个选取范围的不同——"上手医子弟代（世）习者"即历代相承的有经验的医官子弟，而"家传其业"既包括医官子弟，也包括民间医生子弟，范围更广。

除此以外，《养老令》逸文与《天圣令》令文比较，也有一不同之处，即二级标准的差异：《养老令》逸文中，有年龄限制，同时也有个人素质（聪令）要求，《天圣令》则只有教育背景（攻习其术）的限制。

这三个差异，正是复原或描述唐令中相关规定的核心问题。

首先，唐令中对选取标准的规定，是单一标准，还是出身标准外另有二级标准？根据前文对《养老令》逸文与《天圣令》的结构分析，这两个同源于唐令的异时、异地法令，都具有出身与二级标准，因此唐令也应是此结构。

其次，在出身标准的规定上，究竟应该是"上手医子弟代（世）习者"还是"家传其业"？《唐六典》卷一四"医博士"条下注文称："晋代以上手医子弟代习者，令助教部教之。"①《唐令拾遗补》即据此复原。对此，程锦女士认为："《唐六典》文字本已经过加工，并且所述乃是晋代，恐不能作复原《唐令》（此处书名号为原有，应无——引者注）之直接根据。"② 此判断似难成立。

先来看"上手医"与"上手医子弟"的用词。考诸两晋文献，并考与晋代相关的四部典籍，未见"上手医"与"上手医子弟"的说法，故而"上手医子弟"之概念，不能够证明"所述乃是晋代"。而"上手医"这一名词，恰恰可以在《天圣令》中找到。《医疾令》"宋5"条为"诸医、针学，各从所习，钞古方诵之。其上手医，有疗疾之处，令其随从，习合和、针灸之法"③。这一条所叙述的是学生跟随有经验的医官现场观摩、实习的规定，由《天圣令》与《唐六典》的记载可知，"上手医"一词在唐、宋时代被使用，并非晋代惯用而唐代已不再使用的旧词汇。

再来看"上手医子弟"这一规定在法令上的周延性问题。若以"上手医子弟"作为身份限制，则此范围之外者，即为不具备这一出身的所有人。而若以《天圣令》和《复原》中所列的"家传其业"作为资格限制，那么此范围较为模糊，究竟是有医官资历者的家传，还是所有行医者的家传？若是前者，则此处文字表述不准确；若是后者，则此处范围极广，甚至包括民间行医者的后代，那么后文"庶人攻习其术"显然就与此产生了交集，因为庶人学习医术，也是一个模糊的表述，究竟是自学，还是跟随师傅学习，抑或与家族中长辈学习？在法令表述中，对范围、身份的界定产生交叉，是不应出现的问题，因此《天圣令》与《复原》在此问题上，都有表述不准确与界定范围不周延之误，而若以"上手医子

---

① 《唐六典》，第410页。
② 《天一阁藏明钞本天圣令校证》下册，第566页。
③ 同上书，第409页。此处用《医疾令》清本。

弟"作为医学生选取标准的身份界定，那么后面的二级标准，即庶人的选取条件，正可与此互补而不相交，这才能构成一个周延的法令表述。

再次，关于二级标准的规定，应该如何表述？笔者认为，唐令中应有二级标准即庶人入选医学生的年龄限制，而《天圣令》中缺少这一限制，正是宋代医学教育制度与唐代不同的表现。《天圣医疾令》中，对于医学生选取的标准无年龄限制，然此条为宋令，即当时行用之令，而此令后所附的唐令，即不行用之令中，却有相关规定。唐9条中有关年龄限制的规定为："诸女医，取官户婢年二十以上三十以下、无夫及无男女、性识慧了者五十人……"① "唐12"条的规定为："京都各置药园一所，择良田三顷，置师，取庶人年十六以上二十以下充生……"② 这两条规定，都可视为唐令的原文，且都是唐令中有而未被选入《天圣令》的条文。其中都涉及了年龄限制，虽然药园生与女医候选者都并非医学生范围，但太医署中对这两类医学培训人员有年龄的限制，正规的医学教育诸科中，对于庶人子弟似乎也应有年龄限制，此为旁证一也。

前文已述，太医署中医学教育诸科学生，在"考试"、"登用"与拜师等方面，都与国子监学生有一致或接近之处。医学教育诸科虽然属于专门教育，但其教育体制与国子监大体相近，而据《新唐书·选举志上》："凡生，限年十四以上，十九以下；律学十八以上，二十五以下。"③ 此为馆学生徒在年龄限制上的规定，由此可推测，医教诸科似亦应有此限制。此为旁证二也。

《天圣杂令》中，有一条关于伎术学生的规定，即"唐1"条："太常寺二舞郎，取太常乐舞手年十五以上、二十以下容貌端正者充，教习成讫，每行事日追上，事了放还本色。光禄寺奉觯、太仆寺羊车小史，皆取年十五以下。其漏刻生、漏童，取十三、十四者充，其羊车小史取容仪端正者。兹（？）十九放还。其司仪署及岳渎斋郎，取年十六以上中男充，二十放还。太史局历生，取中男年十八以上解算数者为之，习业限六年成。天文生、卜筮生，并取中男年十六以上、性识聪敏者，习业限八年成。业成日申补观生、卜师。其天文生、卜筮生初入学，所行束脩一同按

---

① 《天一阁藏明钞本天圣令校证》下册，第410页。此处用《医疾令》清本。
② 同上书，第411页。此处用《医疾令》清本。
③ 《新唐书》卷四四《选举志上》，中华书局1975年版，第1160页。

摩、咒禁生例。"①

　　这一条规定了各类伎术学生（除医学生）的年龄限制，或为明确范围，或为大致范围，且规定中并无出身标准，只有年龄、素质标准。而医学生与以上各类学生同属伎术学生，即便上手医子弟这一出身者不需要年龄限制，庶人出身者也应与以上各类相同，有一个年龄限制。

　　而庶人入选医学生的二级标准中，年龄限制应该在什么范围？此处可注意者，为前引日本《养老令》逸文之文字："医生、按摩生、咒禁生、药园生，先取药部及世习，次取庶人年十三已上、十六已下聪令者为之。"

　　这一条令文的结构应与唐令一致，前文已有说明，而此处的年龄限制，将医学教育诸科与药园生并举，可见对于庶人入选的年龄限制似乎应为同一标准。而"年十三已上、十六已下"者，为日本之标准，以此逆推，结合《唐六典》太医令条下注文（有关药园生者），并《天圣令·医疾令》附抄唐12条对药园生的年龄限制规定，庶人入选医学生的年龄限制似乎应为"庶人年十六以上、二十以下"。（按：程锦女士在《复原》中曾提出："又或许唐令对取庶人有年龄限制，参唐12条应为'年十六以上二十以下'。"② 可见其已意识到《养老令》逸文中透露出的医学生与药园生在庶人选取标准上年龄限制相同的信息，但未进行深究，故而未形成定论。）将此年龄限制标准与太史局历生、天文生、卜筮生等同样需要一定智力与动手能力的伎术类学生年龄限制相对照，亦十分接近。

　　而庶人入选医学生的标准，除去年龄限制之外，是否还有其他条件（素质、教育背景等）的规定？根据前引《天圣杂令》唐1条的规定，有几类取自庶人的伎术类学生在年龄限制的标准之外，还有素质（"容貌端正"、"解算术"、"性识聪敏"）的规定，而无教育背景的规定。由此可以推论，唐令中对医学生取庶人者，或许也有相应的规定。《养老令》逸文中的规定是"聪令"，《天圣令·医疾令》附抄"唐9"条对女医候选

---

　　① 《天一阁藏明钞本天圣令校证》下册，第431—432页。按：此条材料，承彭丽华博士告知，而其硕士论文《唐前期学生免课役研究》（中国人民大学硕士学位论文，2007年，未刊稿）也有部分内容涉及伎术类学生年龄限制与免课役问题之间的关系，探讨这些出身于庶人的学生因入学且所学较为专门，由此失去了承担部分国家义务的时间，并且因入学而要付出相应的财物，因而获得国家免课役的待遇这一政策的出台始末。

　　② 《天一阁藏明钞本天圣令校证》下册，第567页。

者的规定是"性识了慧",与天文生、卜筮生的要求"性识聪敏"相近。因此,《天圣令》中的教育背景限制("攻习其术")在唐令中似不应有,而素质性规定则应有,但文字难以确定。

五　余论

以上是笔者以《天圣令·医疾令》的令文与程锦女士的《复原》,参考其他文献,对唐代医学生的选取标准进行了结构与标准上的探讨。文中涉及若干复原文本的再分析,但笔者无意另做出一份复原,因为复原工作本身应是一个层累形成、渐近真相的过程,而非各执一词的论说。

通过对唐代医学生选取标准的探讨,以及对《天圣令》中相关令文的推敲,笔者所获得的感受是:由医学生的选取,可以看出唐宋间的若干差异,唐代仍有医官子弟优先入选的保护性规定,而宋代则完全放开,无论是"家传其业"还是"攻习其业",都看不出身份的限制,而只能看到技艺、素质的分别,然而这种迹象,在唐代似乎并不明确,案例亦极少,因而难以探究唐宋间此制度为何发生了如此大的变化——然而,若不对令文与其他文献做一近乎枯燥的语文学分析,此种区别亦极难获知。

另一个问题是:唐代史书中时而闪现出的医疗方面的个别问题:灵药、妙手回春的医者、医术匪夷所思的异人,究竟为何以我们今天所看到的这种形态出现在历史上?是因为魏晋南北朝以来神仙之说、方术之学的延续,还是同一时期某些突然出现的名医(如北齐时期的宰相崔季舒)之类传记的影响?对此,不同学者有不同的解释,如从中西文化交流的角度,认为为唐高宗治疗眼疾的侍医秦鸣鹤为景医。[①] 而若从制度的角度入手,应如何解释这类问题?因百思不得其解,故不揣鄙陋,望以此求教于师友。

---

① 黄兰兰:《唐代秦鸣鹤为景医考》,《中山大学学报》(社会科学版)2002年第5期。

"五岭"考辨

刘新光

　　"五岭"一名，首见于《史记》。《史记·张耳陈余列传》：秦"北有长城之役，南有五岭之戍"；《淮南衡山列传》：秦始皇"使尉佗逾五岭攻百越"。①《汉书·张耳陈余传》《伍被传》略同，《五行志》则说：始皇"南戍五岭，北筑长城，以备胡越"。②《史》、《汉》虽提及五岭，却没有具体指明五岭为哪五岭及其具体位置。后人言及五岭，包括在为《史》、《汉》作注时，对五岭的认识出现了偏差，遂产生众多说法，虽有学者考证，也未能达成一致；反观现代地理学对"五岭"的界定，则较为统一，翻开任意一种涉及该地区的地图或地理教科书，都很容易获得以下信息，"五岭"分别为南岭山脉中五座著名的山岭：大庾岭（位于今江西大余、广东南雄交界处）、骑田岭（位于今湖南宜章、郴州交界处）、都庞岭（位于今湖南省道县、江永交界处）、萌渚岭（位于今湖南江华与广西贺州交界处）及越城岭（位于今湖南新宁、东安与广西全州交界处）；又因此五岭之重要，五岭又成为南岭山地的别名。③ 然则《史》、《汉》五岭是否就是今天的五岭？如若不是，它们又是哪五岭？与现代地理学所言五岭有什么不同？《史》、《汉》五岭又是如何演化固定成为现代五岭的？这一演化发生的关键时期是什么时候？本文试对这些问题进行初步探讨，求教于方家。

---

　　① 《史记》卷八九《张耳陈余列传》、卷一一八《淮南衡山列传》，中华书局1959年版，第2573、3086页。

　　② 《汉书》卷三二《张耳陈余传》、卷四五《伍被传》、卷二七《五行志》，中华书局1962年版，第1832、2172、1472页。

　　③ 如《中国大百科全书·中国地理》卷，中国大百科全书出版社1993年版，第342页。

一　唐以前的记载

《史》、《汉》虽未明言五岭为哪五岭，幸有《史记》三家注及《汉书》颜师古注、《后汉书》章怀太子注，引用先人典籍，对"五岭"及其位置做了注释，列述于下：

南朝宋裴骃《史记集解》："《汉书音义》曰，岭有五，因以为名。在交阯界中也。"

唐司马贞《史记索隐》引晋人裴渊《广州记》："大庾、始安、临贺、桂阳、揭阳，斯五岭。"①

唐张守节《史记正义》："《广州记》云，五岭者，大庾、始安、临贺、揭杨、桂阳。《舆地志》云，一曰台岭，亦名塞上，今名大庾，二曰骑田，三曰都庞，四曰萌诸，五曰越岭。"②

唐颜师古注《汉书》："服虔曰，山领有五，因以为名。交趾、合浦界有此领。师古曰，服说非也。领者，西自衡山之南，东穷于海，一山之限耳，而别标名则有五焉。裴氏《广州记》云，大庾、始安、临贺、桂阳、揭阳，是为五领。邓德明《南康记》曰，大庾领一也，桂阳骑田领二也，九真都庞领三也，临贺萌渚领四也，始安越城领五也。裴说是也。"③

唐章怀太子注《后汉书》："领者，西自衡山之南，东至于海，一山之限耳。别标名则有五焉。裴氏《广州记》云，大庾、始安、临贺、桂阳、揭阳，是为五领。邓德明《南康记》曰，大庾，一也；桂阳甲骑，二也；九真都庞，三也；临贺萌渚，四也；始安越城，五也。裴氏之说则为审矣。"④

北魏郦道元《水经注》，以水导山，亦记载了五岭："（连）水出南康县凉热山连溪，山即大庾岭也。五岭之最东矣，故曰东峤山"；⑤"（黄）

---

① 以上两条俱见《史记》卷八九《张耳陈余列传》注，第2574页。
② 《史记》卷六《秦始皇本纪》注，第253页。
③ 《汉书》卷三二《张耳陈余传》注，第1832页。
④ 《后汉书》卷六四《吴祐传》，中华书局1965年版，第2099、2100页。
⑤ 杨守敬：《水经注疏》卷三九，江苏古籍出版社1989年版，第3181页。《后汉书》卷二四《马援传》章怀注："峤，岭峤也。《尔雅》曰：山锐而高曰峤"，第840页。

水出（郴）县西黄岑山，山则骑田之峤，五岭之第二岭也"；"都山，即都庞之峤也，五岭之第三岭也"；"（萌渚）水南出于萌渚之峤，五岭之第四岭也"；"越城峤水，南出越城之峤，峤即五岭之西岭也。秦置五岭之戍，是其一焉"。①

《史》、《汉》及《后汉》的几位注家，最晚为唐时人，其所引诸种注释及所附按语，反映的都是唐及唐以前人们的观点。裴骃所引《汉书音义》，作者当为东汉服虔②；《史记索隐》、《正义》及颜师古注《汉书》所引《广州记》五岭名号相同，只是次序稍异，应是同一本书；邓德明，据岑仲勉先生考证，为南朝宋人③；章怀太子注《后汉书》五岭，盖沿袭颜师古的说法，其引邓德明五岭之第二岭作"甲骑"，实为"骑田"之误④；《舆地志》为南朝陈顾野王的作品。以上诸种解释纷繁复杂，莫衷一是，归纳起来，可得以下几条线索：

①东汉的服虔对五岭作了目前所知最早的解释，尽管他的解释非常简略，没有指明五岭为哪五岭以及具体位置，但从服说可以知道，五岭之为五岭，不是一个模糊的地理名词，并不能理解为笼统意义上的多岭，而是确有五座山岭。

②最早指明五岭为哪五岭的，是晋人裴渊的《广州记》。但此五岭的具体位置，仍不易确定。

③南北朝人邓德明不但指明了五岭为哪五岭，而且将五岭的位置一一作了说明，其中第三岭——都庞领（岭）被安置于九真郡（汉九真郡治今越南清化西北）境。参照服虔及《广州记》的说法，可知五岭并未被限定在南岭及其余脉中，五岭位于现代南岭以南，汉九真、交阯以及合浦郡境的可能性也是存在的。

④北魏郦道元的说法，除第三岭外，其他四岭与邓德明的说法基本相同。第三岭，郦氏认为在桂阳郡（治今湖南郴州市）境，是仍位于今五岭群山之中。

⑤由颜师古注及章怀太子注，特别是颜师古对于东汉服虔认为五岭在

---

①　分别见《水经注疏》卷三八、卷三九，第3211、3205、3125、3121页。

②　岑仲勉：《评〈秦代初平南越考〉》，《中外史地考证》上册，中华书局1962年版，第56页。

③　同上书，第51页。

④　《水经注疏》卷三九，第3211页。

汉交阯、合浦界内的批评，可知，不论唐代有无"五岭"之说，唐人对于秦汉"五岭"及其位置，已经模糊不清。换句话说，假如唐代存在"五岭"之说的话，唐五岭已经和前代，尤其是秦汉五岭有很大差别，五岭及其位置随着时代的发展而发生过变动，大致可以推定。

二　唐人的说法

由于唐以前对五岭的相关记载，不仅简略而且歧义纷出，很难统一；相形之下，唐代典籍中有关五岭的材料则既丰富又具体。因此，后人在考辨五岭时，唐人的记述往往备受重视，甚至以唐人的记载为基础进行探讨。兹先将前代学者提到的、唐人的有关记载分述于后。

《通典》卷一八四《州郡十四》：

> 自北徂南，入越之道，必由岭峤，时有五处。塞上岭一也，今南康郡大庾岭是。骑田岭二也，今桂阳郡腊岭是。都庞岭三也，今江华郡永明岭是。甿渚岭四也，亦江华界白芒岭是。越城岭五也，今始安郡北，零陵郡南，临源岭是。西自衡山之南，东穷于海，一山之限也。[①]

《太平御览》卷五四引《南康记》：

> 秦始皇略定扬越，谪戍五方，南守五岭。第一塞上岭，即南康大庾岭是；第二骑田岭，今桂阳郡腊岭是；第三都庞岭，今江华郡永明岭是；第四甿渚岭，亦江华郡白芒岭是；第五越城岭，即零陵郡南临源岭是也。[②]

此五岭与邓德明《南康记》五岭不同。又据岑仲勉先生考订，李昉所引《南唐记》亦不是邓德明的《南康记》，应为唐天宝时人的作品，因而此

---

① 《通典》卷一八四《州郡十四》，中华书局 1988 年版，第 4911 页。
② 李昉：《太平御览》卷五四《地部一九·岭》引《南康记》，中华书局 1960 年影印本，第 1 册，第 265 页下栏。

五岭应是唐人的说法。①

　　按《元和郡县图志》对五岭的叙述不够完整，因而学者对其不够重视，今人覃圣敏在《五岭辨正》一文中说：

　　　　李吉甫《元和郡县志》亦叙及五岭，惟有缺卷，仅见二岭："越城峤，在（全义）县城（按：中华本无'城'字）北三里，即五岭之最西岭也。""萌渚峤在（冯乘）县北一百三十里，即五岭之第四岭也。"②

此外，由前引颜师古和章怀太子注文，可知唐人对于秦汉五岭，已经不能确知其指，不过，二人均以裴氏之说为审，又实为一说。

　　对比唐与唐以前五岭诸说，不难发现，唐五岭与南北朝时邓德明《南康记》、郦道元《水经注》、顾野王《舆地志》名号基本一致③，五岭位置亦基本相同，唯第三岭都庞改为"江华郡永明岭"了。江华郡，即道州，742年易州为郡，治今湖南道县西，与南北朝时都庞岭所在的蓝山县相去甚远。都庞岭的位置，由原来位于骑田、萌渚岭之间，转移到萌渚、越城岭之间了。这一变化是唐五岭较之前代记载的最大不同！

　　唐人对五岭及其位置的解释，不仅未能澄清唐以前五岭诸说，反倒又增添了新的说法。颜师古与章怀太子对这些异说，大概也不能定夺，因而说："领者，西自衡山之南，东穷于海，一山之限耳，而别标名则有五焉。""一山之限"指的应当就是今天整个南岭山脉；"而别标名则有五"，是南岭又有五个子岭。二人没有辩证诸说，却都直接指认晋人裴渊的说法是正确的。

　　由上述诸段分析可知，探讨"五岭"及其位置问题，不仅涉及五岭名号及具体空间分布，还应将时间因素考虑在内，也就是说，五岭及其位置，起码在唐以前，在不同的历史时段是各不相同的。只有综合把握时空因素，方有可能对五岭作全面的认识，"五岭"方能名至实归。

------

①　岑钟勉：《评〈秦代初平南越考〉》，《中外史地考证》上册，第49页。
②　覃圣敏：《五岭辨正》，《文史》第三十二辑，中华书局1990年版，第44页。
③　《通典》与唐《南康记》记第四岭为"盱渚"，与前引诸书记作"萌渚"或"萌诸"稍异。按地名同名异写，古代非常多见，毋须多议。又顾野王《舆地志》第五岭记为"越岭"，此处或佚"城"字，或为越城岭的简称。

三　后人的探讨

唐以后，唐"五岭"的观念则逐渐为世人接受，遂成为一种固定的说法，并一直沿用至今。宋人王应麟《通鉴地理通释》："秦南守五岭：塞上岭一也（今南安军大庾岭）；骑田岭二也（今郴州腊岭）；都庞岭三也（今道州永明岭）；甿渚岭四也（今道州白芒岭）；越城岭五也（今静江府北、永州南临源岭）。"①《明一统志》"南安府（大庾岭所在）……当五岭最东"；"都庞岭，在永明县北五十里，东北连掩山，西南连荆峡镇。……一名永明岭。秦王翦降百越，以谪戍五万人守五岭，都庞其一也"；"越城岭，在兴安县北三里，即五岭之最西岭也"②。如文初所引，现代地理学对"五岭"及其位置的界定，正是与唐人的"五岭"。

不过，由于五岭诸说差异较大，特别是唐代的五岭说与前代的说法矛盾之处非常明显，学者对"五岭"及其位置的探讨并未停止。宋人周去非在《岭外代答》中说：

> 自秦世有五岭之说，皆指山名之。考之，乃入岭之途五耳，非必山也。自福建之汀，入广东之循、梅，一也；自江西之南安，逾大庾，入南雄，二也；自湖南之郴，入连，三也；自道入广西，之贺，四也；自全入静江，五也。③

在这里，周氏提到了从南宋福建路的汀州（治今福建长汀）进入广南东路循州（治今广东龙川县西）、梅州（治今广东梅州）的道路，并认为五岭非山岭之名，而应是五条入岭的通道。周氏的观点正确与否暂且不论，他以入岭之途，即交通路线的方法来阐释"五岭"，则为我们全面认识五岭及相关问题，提供了新的视角。

清代学者赵一清认同《水经注》的记载，并且认为郦道元的说法与

----

① 王应麟：《通鉴地理通释》卷五"十道山川考·岭南·北据五岭"，四川大学出版社2009年版，第194页。

② 分别见李贤《明一统志》卷五八《南安府》、卷六五《永州府》、卷八三《桂林府》，景印文渊阁四库全书本。

③ 杨武泉：《岭外代答校注》卷一，中华书局1999年版，第11页。

邓德明的说法无关，邓德明的说法是错的，"按《后汉书·吴祐传》章怀注引《南康记》曰：五岭，南康大庾一也，桂阳甲骑二也，九真都庞三也，临贺萌渚四也，始安越峤五也。《广州记》则以为大庾一，始安二，临贺三，桂阳四，而以九真为揭阳，合为五岭。是注所言五岭之次与邓《记》合，第考班志，九真郡有都庞县。应劭曰，庞音龙。师古曰音庞。而桂阳之部龙乃岭峤之名。王象之《舆地纪胜》曰，山之绝顶曰都逢，土人语讹曰庞也。不知都、部字相似，庞龙音相连，而强以都逢为土音。山之绝顶之说，殆因岭峤而傅会邪。此与九真之都庞县无涉，邓记误也。当以南平部龙为是"①。

杨守敬在《水经注疏》中，对五岭的问题作了更为深入的考证：

> 《汉书·张耳传》师古曰："裴氏《广州记》大庾、始安、临贺、桂阳、揭阳，是为五领。邓德明《南康记》，大庾领一也，桂阳骑田领二也，九真都庞领三也，临贺萌渚领四也，始安越城领五也。裴说是也。"《后汉书·吴祐传》章怀《注》引二书，亦以裴说为审，盖见邓《记》九真字不合也。不知邓数五岭，由东而西，则第三岭自当在骑田、萌渚之间。若九真之都庞已至极南，何得以为第三？此由南平都庞亦属桂阳，《记》蒙上省桂阳字。浅人不知，以为有脱文。但见九真有都庞县，遂加九真二字，非《记》原误也。至作都庞，毫无疑义。郦氏所言五岭之次与邓合，盖从邓说，此必作都庞，今本作部龙，乃以形近致误，此可望而知者也。②

杨氏进而批判了赵氏的说法：

> 赵氏拘于都庞之在九真，而云此以部龙为是，疏矣。宋本《寰宇记》，蓝山县，本汉南平也，有黄蘗山，今谓之都庞山，在县南九十里，即是五岭从东第三岭也。宋蓝山在今县北十五里。《通典》又谓都庞岭在永明县，与《注》异。③

① 赵一清：《水经注释》卷三九，景印文渊阁四库全书本。
② 杨守敬：《水经注疏》卷三九，第3205—3206页。
③ 同上书，第3206页。

按汉代桂阳郡南平县南邻桂阳县（治今广东连州），两县大概正以都庞岭为界。由于版本的缘故，有些版本的《水经注》记第三岭为"部龙"，杨氏对于赵氏的考证的批判，亦仅限于第三岭名号的争论，即第三岭究竟是都庞岭还是部龙岭？而对于第三岭的位置，他们并没有分歧，都认为应该在汉南平县（即宋蓝山县，治今湖南蓝山县北）境。① 杨氏除认同《水经注》五岭的说法外，经过考证，还认为邓德明之说实际与郦氏观点一致，甚至是郦氏沿袭了邓氏的说法。由杨氏的考证，则唐以前对于五岭的具体解释，除裴渊《广州记》外，不仅五岭名号一致，甚至叙述的次序也都是由东往西。对于裴渊《广州记》的观点，杨氏大概认为错误明显，故没有加以论述。再以杨氏考定的邓德明"五岭"较之唐代"五岭"，可以发现，两说对于五岭为哪五岭，也是惊人的相同；两说的差异，仅仅是第三岭都庞的位置问题，可惜杨氏对这一问题没有作进一步考证。

近代的法国汉学家鄂卢梭（L. Aurouseau）主多岭说。鄂氏考证秦平南越诸事，首先涉及五岭问题。他认为都庞岭在九真不可信，唐人都庞岭的说法亦不足据，都庞岭"应以部庞（音龙）为是……此第三岭应是部山岭了。此山也在湖南省之南境，可是在蓝山县境，距钟水不远。质言之，在广东西北界附近，而处第二岭之西，第四岭之东。此第三岭应接连州江（广东），而由是直接通至番禺；可是他同第二第四两岭很近，虽然可以通到广东都会，然而不能直接达到一条重要的川流之上。他所经行的道路，不久便到北江同连州江汇流的处所，而与长沙、番禺的大道合而为一"，因而"此第三岭不甚重要"。鄂氏的观点与杨说有类似之处，但他同时并不否认裴渊的说法，认为第三岭的混乱，正是因其"不甚重要"，以致出现了"两种五岭"甚至"六岭"，"总而言之，此六岭，或此两种五岭，皆属两广北界不远的山岭。别言之，有五岭即在南岭山系之中，至若揭阳岭，则在近于广东海岸一小山系之中"。②

岑仲勉在评价鄂氏的著作时，也对五岭进行了考证，认为"五岭之解释，实随北方势力之消长而变迁；揭阳者，鄂氏所谓西汉自闽入粤之通

---

① 又有值得注意者，《南康记》所记五岭，除大庾岭外，其他四岭，三岭之前注以汉县，唯都庞岭前为九真郡，这大概也能作为"九真"为衍文的一个证明。

② ［法］鄂卢梭（L. Aurouseau）：《秦代初平南越考》，冯承钧译，《西域南海史地考证译丛》第二卷第九编，商务印书馆 1962 年版，第 8—20 页。

道，亦最古之说也，故裴氏主之。迨晋穆永和四年（348），升平三年（359），两破林邑，孝武太元六年（381），杜瑗平九真之乱，安帝隆安三年（399），又败范达，宋文元嘉二十三年（446），檀和之大伐林邑，百年之内，屡耀兵威，释五岭者随势力伸张，遂由岭东之揭阳，移为交南之都庞，固顺其自然之趋势者矣"，"《水经注》'部龙之峤'，或作都庞，鄂氏持此为否认九真之证；然道元北人，说许有误，且其书迟于德明当可百年，宋而后交南汉族，势力渐削，沿至中唐，遂代以南方无显然出路之永明岭，得非五岭解释，随民族消长而嬗变耶"。岑氏没有轻易否认历代有关五岭的说法，认为五岭诸说都是对某一历史时期真实情况的反映，"九真"非衍文，"九真都庞"确实存在，五岭并非全部位于今南岭山脉之中，"五岭解释，应随历史之变化，作自然观也"。①

覃圣敏则否定了除《水经注》之外，包括邓德明《南康记》在内的诸家说法。他认为裴渊之说中的揭阳岭，"汉初已为闽越通道，但其时距秦亡已近百载，不可据此以为秦时此道已通……揭岭为僻塞之地，非为要途"，"揭阳岭道之通，或始自佗时"。对于第三岭，他认为邓德明"置都庞于九真境之误，并非自邓德明始，其前东汉服虔《汉书音义》，已将五岭置于交趾、合浦郡境，早开先河"，而唐及唐以后典籍中记载的"今道县、江永都庞岭非五岭"，"五岭第三岭原名当为部山或部龙。因部龙与都庞字形相近，又因永明境有都庞岭，故后人误以为都庞当部龙，致使五岭第三岭移位"，进一步断言，"此历史悬案，今可释然而决矣！"②覃氏认为有些版本的《水经注》记第三岭为"部龙"是正确的，又以此分析第三岭在唐代发生位移的原因。孰不知历代学者，特别是杨守敬对于第三岭已有详细考证，第三岭本来就应作都庞岭。

饶宗颐在《揭岭揭阳山辨》一文中谈到"揭岭为秦五岭之一，置戍所"③，可惜未对五岭作进一步探讨。

综观唐以后对五岭诸说的探讨，多数学者试图肯定唐及唐以前的某一种说法，以此来否定其他诸说，这是较为合理但不一定科学的方法。少数

---

① 《评〈秦代初平南越考〉》，《中外史地考证》上册，第51—52页。
② 《五岭辨正》，《文史》第三十二辑，第46、47、49页。
③ 饶宗颐：《揭岭揭阳山辨》，原载《大光报·方志周刊》第52期，汕头，1948年，转引自《饶宗颐潮汕地方史论集》，汕头大学出版社1996年版，第157页。

例外者，如鄂卢梭的观点，仅仅罗列了诸家说法，并未做太多的考证，没有得出一个较为确定的结论，只是笼统地认为五岭应位于南岭及其余脉中，对于五岭究竟为哪五岭，实际上是模棱两可；岑仲勉注意到五岭在不同历史时期有不同的具体指向，因而没有否定任何一种说法，并尽力将诸种说法出现的时代与当时的情势联系起来，以证明有关五岭的诸种解释，实与中原势力对岭南地区影响的强弱息息相关。这种观点和方法虽然较为新颖，却过于牵强。

四　由《元和郡县图志》相关记载引出的内容

覃圣敏在《五岭辨正》中引用了两条《元和郡县图志》的相关记载，并说"惟有缺卷，仅见二岭"。《元和郡县图志》有缺卷是真，对于五岭的记载，却并非"仅见二岭"。实际上，《元和郡县图志》尚有一条有关五岭的材料，似乎没有受到学者的重视，而这条材料对于解决五岭及相关问题，实在非常关键，《岭南道·始兴县》载：

> 大庾岭，一名东峤山，即汉塞上也。在县东北一百七十二里。从此至水道所极，越之北疆也。越相吕嘉破汉将军韩千秋于石门，封送汉节置于塞上，即此岭。本名塞上，汉伐南越，有监军姓庾，城于此地，众军皆受庾节度，故名大庾。五岭之戍中，此最在东，故曰东峤。高一百三十丈。秦南有五岭之戍，谓大庾、始安、临贺、桂阳、揭阳县也。①

按"秦南有五岭之戍，谓大庾、始安、临贺、桂阳、揭阳县也"一句，较之裴渊《广州记》："大庾、始安、临贺、桂阳、揭阳，斯五岭"，有值得推敲的地方。这两句话表面看起来极为相似，实则大有不同。《元和郡县图志》所记秦五岭，似乎统一认作为五岭所在的五个县名，这应是对

---

① 《元和郡县图志》卷三四《岭南道·始兴县》，中华书局1983年版，第902页。中华书局本同卷校勘记第九八条："'从此至水道'至'揭阳县也'，今按，此一百四字，殿本同，它本脱。"很多学者没有看到这条材料，可能正是由于版本脱漏所致。

《广州记》所记五岭最直接的解释。然而，考五县中揭阳县晋代已废①，至宋代方复置②；大庾县则始置于隋③。唐代以前，五县从未同时出现。所以，若没有缺衍文的话，《元和郡县图志》的此处记载，极有可能是没有弄清大庾县的建置年代，进而没能完全正确阐释《广州记》的记载。④不过，《元和郡县图志》的记载，倒是明确指出晋人裴渊的说法，实际上是秦代的五岭，而且《广州记》所记秦代五岭，并不一定都是岭名，除大庾确为岭名外，其他四名应当是另外四岭分别所在的县名，也就是说，其他四岭分别位于四县境内。这四县的建置情况如下：

　　　始安：西汉置，治今广西桂林；

　　　临贺：西汉置，治今广西贺州东南贺街；

　　　桂阳：西汉置，治今广东连州；

　　　揭阳：秦置，治今广东揭阳西北。⑤

以上四县，除揭阳外，另外三县都是汉代始置，再参照大庾之名最早出现于汉代，因而《广州记》所记五岭又可能是后人对秦五岭的一种追述。秦代五岭，尤其除大庾之外的四岭，或本无具体所指，仅以四县笼统称之；或四县境内各有同名四岭，设县之时，皆以岭为名。

　　《元和郡县图志》的记载并非只是一条孤证，也不是李吉甫的一家之言。唐颜师古的观点，实际上是与《元和郡县图志》基本一致的。按颜师古注"五岭"，出现在《汉书·张耳陈余传》："秦为乱政虐刑，残灭天下，北为长城之役，南有五领之戍"⑥ 一文之下，颜师古以裴渊的说法为是，所指正是秦代的五岭。而章怀太子没能理解颜师古的意思，在注后汉

---

　　① 《宋书》卷三六《州郡志二》，中华书局 1974 年版，第 1091 页。

　　② 《宋史》卷九〇《地理六》，中华书局 1977 年版，第 2237 页。

　　③ 《隋书》卷三一《地理下》，中华书局 1973 年版，第 881 页。

　　④ 此外，最大可能是"大庾"后缺一"岭"字，若果真是这样，则秦代五岭及其位置就更容易判断了。还有两种可能：(1)"县"字为衍文，则《元和郡县图志》的记载与《广州记》完全相同；(2)"揭阳"与"县"之间缺"揭阳"二字。"揭阳，县也"，当是对揭阳县这一唐代已消失的古县名的解释。又据前引校勘记，诸多版本《元和郡县图志》已脱佚这段话，发生衍文或缺字亦极有可能。

　　⑤ 以上四县始置年代，俱见《汉书》卷二八《地理志》，第 1596、1629、1594、1628 页。

　　⑥ 《汉书》卷三二《张耳陈余传》注，第 1832 页。

史事时简单承袭了师古的观点。

较之秦代五岭，汉代五岭的范围开始缩小，由《元和郡县图志》可知其最东一岭为塞上岭（汉以后又名东峤或大庾岭），在唐始兴县（治今广东始兴西）东北一百七十二里，与前面诸说中提到的大庾岭实为一岭。其他四岭，据前引《元和郡县志》两条记载及对杨守敬相关考证的分析，可以知道，汉及汉以后乃至今天，五岭的名号再没有发生变化，存在争议的只是第三岭都庞的位置问题，即都庞岭究竟位于汉代桂阳县（治今广东连州）还是唐代江华郡（治今湖南道县西）。这一争议实际上非常容易解决，因为前一种观点至迟在南北朝时已经出现，而后者则出现于唐代。除塞上岭外，汉代其他四岭的位置，应以杨守敬的考定为准：骑田岭和都庞岭，都在今广东连州北；萌渚岭，在今广西贺州北；越城岭，在今广西桂林北。

相对于汉代五岭，唐人所述的五岭，仅是都庞岭由原来骑田、萌渚之间，转到萌渚、越城岭之间，即今湖南道县南（唐代亦称永明岭）了。其他四岭，仍然和汉五岭完全一致。

此外，东汉服虔认为五岭在交阯（合浦）界中。据岑仲勉先生考证，裴骃《史记集解》所引《汉书音义》一书的作者，正是东汉服虔。《汉书音义》理应与颜师古所引服说一致，因此，或《汉书音义》缺，或颜氏所引衍"合浦"二字。颜师古认为"服说非也"；岑仲勉则认为依服氏之说，应有一五岭"在广州之西南"的汉交阯与合浦郡境[①]；覃圣敏则否定服虔的说法[②]。按汉代虽有交阯郡、交阯县，但交阯亦可以代指岭南的广大地区，《史记·五帝本纪》：禹之功，"南抚交阯，北发西戎"[③]；西汉又设有交阯刺史部，《汉书·地理志上》："南置交阯，北置朔方之州。"[④]即便交阯、合浦并指汉郡，服虔以二郡指代岭南，亦不是没有可能。

五 结语

由前面对五岭及相关问题的探讨，我们可以得出以下结论：

---

① 《评〈秦代初平南越考〉》，《中外史地考证》上册，第53页。
② 《五岭辨正》，《文史》第三十二辑，第46页。
③ 《史记》卷一《五帝本纪》，第43页。
④ 《汉书》卷二八《地理志上》，第1543页。

①五岭为哪五岭，秦汉两代发生了变化。秦代甚至秦以前五岭的具体所指较为模糊，后人记载甚至以五岭所在的县来指称。秦代五岭的范围，较之汉代五岭也相对广泛，向东延伸至南岭余脉的最东段，今闽南、粤西北地区。

②汉代五岭，方可谓名至实归，也就是说，"五岭"缩小为今天南岭的地理范围。并且，其五座山岭的名号在汉以后亦固定下来，再未发生变化；五座山岭的具体地理指向，除第三岭外，亦从未发生变动。

③汉代第三岭都庞岭的位置，至迟在唐代发生了变动。唐代五岭说成为后世乃至今日的"五岭"。

有关五岭的基本问题，可以说已经得到了澄清。然而，五岭为什么在不同的历史时期会发生如此巨大的变动？对于这些问题，宋人周去非的观点兴许可以提供一些线索。周氏认为，"自秦世有五岭之说，皆指山名之。考之乃入岭之途五耳，非必山也"，随后罗列出了五条"入岭之途"。① 周氏以过岭通道的观点解释五岭，虽然较为独特，却并非首创。《晋书·地理志》："自北徂南，入越之道，必由岭峤，时有五处，故曰五岭。"② 《通典》亦言："自北徂南，入越之道，必由岭峤，时有五处。"综观三家说法，五岭虽不能按周去非的理解，完全指五条"入岭之途"，但五岭与过岭通道之间关系非常密切，却从而可知。

按整体上呈东西走向的南岭山脉，绵延横亘于今湖南、江西与两广的交界处，对于山岭两侧的交往非常不利。但是，南岭群山之中的一些山岭因为具有独特的地貌特征，或形成低谷走廊，或形成构造断裂盆地，或较为低矮而较易翻越，遂成为南北交通的天然孔道。这些通道旁边的山岭历来为世人所重，至秦"时有五处"，五岭因以得名。③

此外，周氏又言："乃若漳、潮一路，非古入岭之驿，不当备五岭之数。桂林城北二里，有一丘高数尺，植碑其上曰桂岭。及访，其实乃贺州实有桂岭县，正为入岭之驿。全、桂之间皆是平陆，初无所谓岭者，正秦汉用师南越所由之道。桂岭当在临贺而全、桂之间实五岭之一途也。"④

————————

① 杨武泉：《岭外代答校注》卷一，第11页。按周氏的观点，实际以裴渊的观点为是，这又为《元和郡县志》的记载提供了支持。

② 《晋书》卷一五《地理志下》，中华书局1974年版，第464页。

③ 《中国大百科全书·中国地理》卷，第342页。

④ 《岭外代答校注》卷一，第11页。

漳州（治今福建漳州市）、潮州（治今广东潮州市）之间的傍海古道为后代新开，与本文关系不大，暂不讨论。① 但周氏的论述，尤其他的实地考察却说明了一个简单的道理：过岭诸道并非一时开通，而是随着时代的发展逐渐开辟的；并且，在不同的时代，过岭诸道的地位又是不同的。探讨五岭具体位置的变动原因，正应从这一客观事实出发，考究五岭通道地位的变化与五岭名称变化的互动关系。

仍有值得注意的是，即便唐及唐以后以唐说为准的记载，当叙及都庞岭时，往往仍然按照汉五岭的顺序，以都庞为"第三岭"。都庞岭的位置为什么会发生变动？后人缘何未对五岭重新排序，而是继续沿用汉五岭的顺序？又《淮南子·人间训》："（秦）又利越之犀角、象齿、翡翠、珠玑，乃使尉屠睢发卒五十万为五军，一军塞镡城之领，一军守九疑之塞，一军处番禺之都，一军守南野之界，一军结余干之水。"② 秦五军与五岭有什么关系？这些问题的答案，似乎仍要从历代过岭交通的变迁入手来获取，将另文详析之。

---

① 杨武泉在《岭外代答校注》中对这一条道路进行了考证："五岭诸说中，惟晋裴渊《广州记》谓五岭中有揭阳岭。揭阳，汉县名，晋无。地在今广东省东部，宋时为潮、梅二州。潮之东为漳州，梅之东为汀州。《代答》盖以揭阳岭在汀、梅之间，与漳、潮无涉也。然汉武帝时，东粤王余善请以卒八千，从楼船将军击吕嘉等，兵至揭阳，'以海风波为解，不行'（见《汉书·两粤传》）。其进军道路必傍海，与漳、潮一途相合，则揭阳岭亦涉漳、潮。《代答》之说，未可尽信也"又为一说。见《岭外代答校注》卷一，第12页。

② 《淮南子集释》卷一八《人间训》，中华书局1998年版，第1289页。

帝国路线的选择:历代
五岭交通格局的变迁

刘新光

在现代地理学中,"五岭"分别指南岭山脉中五座重要的山岭,甚或代指整个南岭山地。由于其独特的自然地理特征,五岭自古以来便是南北交通大道。这些南北大道在承担沟通南北的任务中起到了重要作用。不过,由于种种原因,历代文献对于五岭、五岭信道及相关问题的记载多有混淆,过往学界对于五岭史地问题的研究集中在五岭名号及其地望,五岭与岭南地区开发、南北交流等问题上,如覃圣敏《五岭辨正》[①]及拙文《"五岭"考辨》[②],基本厘清了五岭名号及地望问题;王元林《秦汉时期南岭交通的开发与南北交流》[③],详细考证了秦汉时期五岭通道的开发维护及其带来的岭南地区城市建设与中外经济交流等问题;陈代光《论历史时期岭南地区交通发展的特征》[④],既讨论了五岭通道及岭道的修缮问题,又注意把五岭信道放在全国的视角,特别是大一统王朝的背景下来讨论其重要性,很有启发意义。可惜该文是以整个岭南地区交通发展为核心进行的讨论,尽管过岭通道是文章讨论的重点,仍然不能将过岭交通格局在历史时期的变迁充分展现出来。尤其当我们弄清五岭名号及地望在历史时期的演变后,应该更能够深刻理解五岭交通格局的变迁背后隐藏的,历

---

① 覃圣敏:《五岭辨正》,《文史》第三十二辑,中华书局1990年版,第44页。

② 刘新光:《"五岭"考辨》,《国学学刊》2009年第4期,第67—74页。

③ 王元林:《秦汉时期南岭交通的开发与南北交流》,《中国历史地理论丛》2008年第4辑,第45—56页。

④ 陈代光:《论历史时期岭南地区交通发展的特征》,《中国历史地理论丛》1991年第3辑,第75—95页。

代中原王朝对岭南乃至更远地方经略之时，对五岭通道的最优化选择。这种选择与当时的社会政治、经济及自然地理条件密不可分，其选择则深刻了岭南地区的发展，还对中国社会产生的深远影响。

一　路通南北:"五岭"与五岭通道

　　现代地理学中，"五岭"分别指大庾岭（位于今江西大余、广东南雄交界处）、骑田岭（位于今湖南宜章、郴州交界处）、都庞岭（位于今湖南道县、江永交界处）、萌渚岭（位于今湖南江华与广西贺州交界处）及越城岭（位于今湖南新宁、东安与广西全州交界处）等五座南岭山脉中重要的山岭。[①] 五岭中的萌渚岭、都庞岭、越城岭和骑田岭等，则呈东北—西南走向，岭与岭之间常有低谷分布或构造断裂盆地，是天然的交通孔道。大庾岭虽为东西走向，但"山间却存在一些低矮的垭口"，翻越较易，"如梅岭（即大庾岭）山口，海拔高程仅430米，成为沟通赣粤的孔道"[②]。从黄河流域南下的势力，势必选择这些通途进一步南下，经略岭南，故而过岭交通一直是先人较为注意的问题。

　　值得注意的是，古代五岭与现代五岭并非完全一致，而是在名号和地望上都存在差异，且随着历史的演进发生过巨大的变化，对于这一问题，拙文《"五岭"考辨》已做了详细考证，此不赘述，仅将考证结论简述如下:

　　（1）历史上分别存在着三种"五岭"，它们分别行用于不同的时代，即秦五岭、汉五岭以及至迟在唐代出现的"唐五岭"。

　　（2）秦代五岭的具体所指较为模糊，除大庾为岭外，其余四名皆是岭所在的县名:大庾（即今大庾岭，在今广东始兴东北）;始安（治今广西桂林）;临贺（治今广西贺州东南贺街）;桂阳（治今广东连州）;揭阳（治今广东揭阳西北）。秦代五岭覆盖的范围相对广泛，向东延伸至南岭余脉最东段的今闽南、粤西北地区。

　　（3）汉代五岭的范围开始缩小，塞上岭（汉以后又名东峤或大庾岭），在今广东始兴东北;骑田岭和都庞岭在今广东连州北;萌渚岭，在

[①]　《中国大百科全书·中国地理》卷，中国大百科全书出版社1993年版，第342页。
[②]　陈星:《江西通观·山脉纵横》，人民日报出版社1987年版，第13页。

今广东贺州北；越城岭，在今广西桂林北。

（4）汉以后，汉代的五岭名号再未发生变化；五岭的具体位置，除第三岭外，亦从未发生变动。

（5）五岭之中的第三岭都庞岭，至迟在唐代发生了变动，由今广东连州移到湖南道县南的永明岭。唐代五岭说固定下来为后世沿袭，直至今日的"五岭"。

与"五岭"对应的便是五岭通道问题。《晋书·地理志》："秦始皇……以谪戍卒五十万人守五岭。自北徂南，入越之道，必由岭峤，时有五处，故曰五岭。"① 北宋余靖却说：

> 凡广东、西之通道有三，出零陵（治今湖南永州）、下离（漓）水者，由桂州（治今广西桂林）；出豫章（治今江西南昌）、下真（浈）水者，由韶州（治今广东韶关）；出桂阳（治今湖南郴州）、下武水者，亦由韶州。

余靖仅叙述了三条过岭通道：由今湖南永州溯湘江而上，过五岭后入漓江，经广西桂林；由今江西南昌溯赣江、章江而上，过五岭后入浈水，经广东韶关；由今湖南郴州过五岭后入武水，同样经过韶州。秦代北方入越之道尚有五处，缘何到了宋代却变成了三道？宋代过岭通道是否仅有三条？

余靖又言："无虑之官峤南：自京都沿汴绝淮，由堰道入漕渠、溯大江、度梅岭、下真水，至南海之东、西江者，唯岭道九十里为马上之役，余皆篙工、楫人之劳。全家坐而致万里，故之峤南虽三道，下真水者十七八焉。"② 可见，假使宋代入岭南仅有三道，而这三条道路的地位又各有不同。宋代由京都去岭南就任的官员，常走的路线是沿汴河入淮河，由淮河入运河，再沿运河进入长江，溯江而上转入赣江，度过大庾岭后，由浈水入珠江水系，转赴岭南各地。此又反映出过岭诸道，虽开辟较早，路线较多，但在地位上又各有不同。那么，在不同的历史时期，过岭诸道的地

---

① 《晋书》卷一五《地理志下》，中华书局 1974 年版，第 464 页。

② 余靖：《韶州真水馆记》，《武溪集》卷五，景印文渊阁四库全书本，台湾商务印书馆 1986 年版。

位是否一成不变? 过岭诸道所承载的运输职能有什么不同? 这些都是需要
探讨的问题。

宋人周去非在《岭外代答》中说:"自秦世有五岭之说, 皆指山名
之。考之, 乃入岭之途五耳, 非必山也。"与一般意义上的理解不同, 周
氏认为五岭指"入岭之途", 而不一定是山岭。周氏如此理解, 并非空穴
来风。东汉许慎《说文解字》:"岭, 山道也。"① 可见, 岭确实有山路的
意思。不过, 五岭并不能像周氏那样, 随之被简单地理解为入岭之五途。
《广雅》"岭, 阪也"②, 王力先生也认为, "岭"与"领"同源, "'领',
是脖子, '岭', 是山坡。这与'颠'是头顶, '巅'是山顶, 是一致
的"③。可见岭的本意为山坡。山坡往往较为平缓, 人们可以较为容易的
通过, 久而久之, 便有可能形成山道。明人张自烈说:"岭, 山道, 山之
肩领可通道路者。"④ 可见, "岭"字本身就体现出山岭与道路交通之间的
密切关系。进之, 岭又可指代整个山体。《后汉书·郑弘传》章怀太子
注:"峤, 岭也。"⑤《尔雅》:"锐而高, 峤。"晋郭璞引《字林》:"山锐
而长也。"⑥ 岭与峤相通, 因而"岭南"又被称为"峤南"。可见, "岭"
由本意的山坡, 转而指代"锐而高"、"锐而长"的山岭。以"岭"指
山, 体现出岭的重要地位, 而这种地位的形成, 又当与岭为人们提供越岭
通道这一重要作用有关。"自北徂南, 入越之道, 必由岭峤, 时有五处"
反映出"五岭"本身就深深烙上了交通的烙印, 有学者因此认为"途以
岭显, 实应兼存"⑦。

由前面所论, 五岭与交通路线密不可分, 几乎每一道岭都为人们提供
了便利的越岭之道。但在不同的历史时期, 五岭存在着不同的名号及具体
位置, 则又反映出不同的历史时期, 过岭通道在时空上也发生了变化。前
引宋人周去非文以"五岭", "非必山也", 而是入岭的五条道路的观点并

---

① 许慎:《说文解字》卷九下, 中华书局 1963 年版, 第 191 页。

② 王念孙:《广雅疏证》(下) 卷九下, 上海古籍出版社 1983 年版, 第 1182—1183 页。

③ 王力:《同源字典》, 中华书局 1982 年版, 第 329 页。

④ 张自烈:《正字通》寅集, 中国工人出版社 1996 年版, 第 304 页。

⑤《后汉书》卷三三《郑弘传》, 中华书局 1965 年版, 第 1156 页。

⑥ 郝懿行:《尔雅义疏》中之七《释山第十一》,《〈尔雅〉、〈广雅〉、〈方言〉、〈释名〉清
疏四种合刊》, 上海古籍出版社 1989 年版, 第 221 页。

⑦ 周去非著, 杨武泉校注:《岭外代答校注》卷一"五岭", 中华书局 1999 年版, 第
12 页。

不可取，但他由这个观点出发，详细列出了五条"古入岭之驿"：

> 自福建之汀，入广东之循、梅一也；自江西之南安逾大庾，入南
> 雄二也；自湖南之郴入连三也；自道入广西之贺四也；自全入静江
> 五也。①

周氏考订的第一条道路"自福建之汀，入广东之循、梅"之路，在大庾
岭道之东，与汉以后五岭局促于现代五岭的范围不同。显然这条"古入
岭之驿"，所指应当就是秦代穿越汉揭阳县境的过岭通道。按汉揭阳境域
广大，清人温仲和在《求在我斋集》中说："汉揭阳一县，地兼有今潮州
（治今广东潮州市）九县。嘉应（治今广东梅州市）一州平远、镇平两县
之地，正与汀赣交界。由大庾之东，穷至于海，为汉揭阳地。"这一地区
"皆复岭重冈，深林丛谷"，为南岭山脉的余脉，后世因而将其统称为
"揭岭"、"揭阳岭"，故温氏又言"自北而来，虔赣与汉揭阳县相接之地，
皆复岭重冈，深林丛谷，即嘉应镇平、平远、长乐、兴宁，汀赣相连之
界，其山皆可以揭岭统称之"②。由此，秦代最东面一条过岭道路，大致
可以确定，即由福建的长汀至广东梅州、龙川。

秦代的第二条过岭通道——大庾岭道，正是周氏考订的第二条道路。
按大庾岭是"五岭"中最为稳定的一岭，大庾岭道也是五岭通道最为稳
定的一条。另外三条过岭道路，所经三县都与周氏考订的另外三线所经道
路相同。可见，周氏所考的这五条"古入岭之驿"，应当正是秦代的五岭
通道。需要指出的是，秦代的五岭通道并非秦代方才形成，早在先秦时期
就应存在，一直发挥着沟通南北的作用。只是秦统一六国，拓土南越，过
岭诸道方纳入帝国交通体系中来。

到了汉代，五岭的名号及其具体位置都发生了变化，因而过五岭的通
道也随之发生变化。较之秦代五岭，汉代五岭开始名至实归，五岭分别指
称五座山岭，位置也开始确定下来。少了最东面的"揭阳岭"，大庾岭成

---

① 《岭外代答校注》卷一"五岭"，第11页。
② 温仲和：《求在我斋集》，转引自饶宗颐《揭岭揭阳山辨》，《饶宗颐潮汕地方史论集》，
汕头大学出版社1996年版，第157页。与此岭被后世称为揭（阳）岭一样，后世也出现了始安
岭、临贺岭以及桂阳岭等名号，应是对《广州记》的误解所致，但已经约定俗成，毋须多论。

为五岭最东一岭;桂阳县则确定了两座山岭:骑田和都庞;临贺县确定了萌渚岭;始安县确定了越城岭。过岭通道因之发生变化,主要体现在,原本视作一途的桂阳县道,汉代得到细化,其他三条通道则变化不大。与此相对应的是,过五岭的通道也大致可以湘水和赣水流域分为东西两线,这也是本文将要重点讨论的部分。又至迟在唐代,五岭中的第三岭——都庞的位置发生了变化,由今湖南蓝山县境转移到了湖南道县境,五岭通道又增加了一条穿越新都庞岭的道路。

以上初步探讨了伴随着"五岭"的变迁,过岭通道随之变化的情况。值得注意的是,仅就过岭通道而言,这些道路并非一时开通,并且不会局限于五条,而是同时存在更多的通道;特别是五岭位置发生了变迁以后,旧有的五岭通道依旧发挥着作用,只是作用大小的问题。像秦代过揭阳岭的道路,后来不仅没有因为五岭范围的缩小而失去作用,相反过岭道路甚至还有所增辟。[1] 但是,在不同的时代应该都存在着五条主要的过岭信道,每条信道所经过的山岭,往往成为当时的"五岭"之一。既然五岭与交通的关系如此密切,那么反过来说,交通路线的变迁是否对五岭名号及其位置的变迁同样产生过巨大作用?甚至,"五岭"的演变是否正因为随着人们对过岭通道的全方位认识,包括路线、里程以及运输能力等诸多问题认识的深入而发生的呢?

二　线分东西:早期的交流与秦下百越

早在先秦时期,五岭南北的交往已经相当活跃,靠近五岭的南越与中原的关系密切。春秋战国时期,中原各国混战不止,一部分人离开中原,来到比较安定且物产丰富的岭南地区,他们没有受到中原社会大变革的冲击,因而仍保存了商代和西周的埋葬习俗。粤北及桂北的地区曾发现了大量的春秋战国墓。这些墓葬都具有中原地区商和西周墓葬的特点,特别是具有明显的楚文化特征,而墓葬中出土的青铜器,则兼有中原和岭南地方特色。值得注意的是,这批墓葬在空间上的分布在南下五岭后南北纵向的

---

① 周去非又言:"乃若漳(治今福建漳州市——引者注)、潮(治今广东潮州市)一路,非古入岭之驿,不当备五岭之数",说明这条揭阳岭南的傍海道是后来的新道。见《岭外代答校注》卷一"五岭",第11页。

河流附近，如恭城、平乐在漓江流域，清远、四会在北江流域，罗定在罗定江流域等。并且，这些流域在空间上，又主要分布在西江水系的北面，以及北江水系的西部几条支流。表明岭南地区和中原楚文化的交往就是沿着南岭山地的河谷进行，而且这些支流的北端，正是秦五岭通道中过桂阳、临贺及始安三县的道路。由这三路北上，进入湘江流域，正是当时楚国的势力范围。可见，春秋战国时期，楚国与岭南交往频繁，这与南岭西段过岭通道的畅通有着密切关系。① 有学者认为，这一时期五岭南北的交往主要体现商业上，商业的发展可能是促进南越与中原交往的重要原因。② 后来秦始皇发兵岭南，是"利越之犀角、象齿、玳瑁、珠玑"③，说明秦以前就有商人把这批特产运到中原贩卖。《汉书·地理志》说："粤地……处近海，多犀、象、毒冒、珠玑、银、铜、果、布之凑，中国往商贾者多取富焉。"④ 反映的也是中原商人贩运南越特产的事实。春秋战国时期中原和南越关系的进一步密切，以及南越青铜文化的发展，为秦始皇统一岭南奠定了基础。以后，秦汉进军岭南的军队，基本上是沿着这些河流而下的。

从秦军南下百越，文献中开始有了对五岭信道较为明确的记录。秦统一六国后，开始向岭南进军，"三十三年（前214年——引者注），发诸尝逋亡人、赘婿、贾人略取陆梁地"⑤。《淮南子》对秦的行军路线有详细记载："使尉屠睢发卒五十万为五军，一军塞镡城之领；一军守九疑之塞；一军处番禺之都；一军守南野之界；一军结余干之水。"⑥ 按《淮南子》记载秦五路军的用词，非常微妙，它分别用了"塞"、"守"、"处"、"守"以及"结"等词汇，这与后世汉武帝出兵南越，史书载汉军行进路线的用词，有很大差异。秦军似乎是先戍守住了几条入越通道，进而向百越进发，因此，五路秦军是否全部翻越五岭向百越进攻？究竟有多少秦军

---

① 本段论述详参廖国一《论古代南越与中原的关系》，《广西师范大学学报》2002年12月，第100页；广东省博物馆《广东考古结硕果，岭南历史开新篇》，《文物考古工作三十年》文物出版社1979年版；广西壮族自治区《三十年来广西文物考古工作的主要收获》，文物出版社1979年版，第325—348页。

② 廖国一：《论古代南越与中原的关系》，《广西师范大学学报》2002年12月，第100页。

③ 何宁：《淮南子集释》卷一八《人间训》，中华书局1998年版，第1289页。

④ 《汉书》卷二八下《地理志》，中华书局1962年版，第1670页。

⑤ 《史记》卷七《秦始皇本纪》，中华书局1959年版，第253页。

⑥ 《淮南子集释》卷一八《人间训》，第1289页。

越过了五岭?

　　按镡城,县名,《汉书·地理志》做"镡成",当为秦置,属黔中郡,汉属武陵郡,治今湖南靖州,东南与广西始安隔越城岭相望。始安正为秦五岭通道之一,因此,第一路秦军正是在秦五岭最西面的始安县境内构筑要塞。九疑,山名,亦作"嶷",正位于汉桂阳县北,第二路秦军把守五岭中桂阳县道的九疑山要塞。番禺,县名,在今广州市仓边街附近,南越的政治中心所在。第三路秦军越过五岭,在番禺附近驻守。南野,县名,秦置,治今江西南康西南章水南岸,县南即是大庾岭。过大庾岭便是南越之地,第四路秦军应当就驻扎在大庾岭上。余干,县名,西汉置余汗县,后世改名余干,治今江西余干。"余干之水"即今信江。信江源自武夷山脉,西流经余干县注入鄱阳湖。逆信江及其支流,有数条通道穿越武夷山脉,进入闽越境。第五路秦军集结于余干县,正是切断了闽越进入中原的通道,在防住闽越进犯的前提下,秦军甚至可以由此道随时攻入闽越之地。

　　由上面的分析可以看出,秦军出兵百越,虽兵分五路,却并不一定是齐头并进,共征番禺。中路军已经进发到番禺城下,东路军却仍然集结在余干之水。秦军最初的行进路线未能与秦代五岭通道完全吻合。个中原因,虽与当时的政治形势息息相关,道路交通条件的客观约束也是不容忽视的因素。按秦军过岭,粮草等大宗后备物资,因为五岭山地的阻隔,不能完全实现水运,未能及时补充到前线,秦军战斗力因之大大削弱,"三年不解甲弛弩,使监禄无以转饷,又以卒凿渠而通粮道"[1]。为了保障前方军需,秦始皇命史禄开凿人工运河,这便是造福后世的灵渠。灵渠的开凿,沟通了湘、漓二水,长江水系与珠江水系联系起来。这条完全贯通的水道,就位于秦代五岭中最西面的始安县境,也就是秦军"塞镡城之岭"的地方,"湘水之南,灵渠之口,大融江、小融江之间,有遗堞存焉,名曰秦城,实始皇发谪戍五岭之地"[2]。

　　不过,灵渠虽然凿通,大量的秦军物资可由灵渠转输供应,但秦军的主要行进路线却并不一定是这一条。这主要因为由中原南下,特别是由关中南下番禺,经此条过岭通道远较过桂阳县的通道迂远。《元和郡县图

---

① 《淮南子集释》卷一八《人间训》,第1289页。

② 《岭外代答校注》卷十"秦城",第400页。

志》记载了唐代广州（与汉代番禺治同一地）至国都长安，"取郴州路四千二百一十里"①。唐代郴州与汉代桂阳郡同治一地（今湖南郴州），可知此路正是秦桂阳县道。而取桂州路（治今广西桂林，即汉始安县治）至长安，则为五千四百零五里。② 可见，由桂阳县过岭，较之由始安县过岭，可以节省一千二百里左右。较之位置更东的大庾岭道，也十分近便。这虽是唐代的记录，依然具备可参照性。兵贵神速，尤其在当时的生产条件下，秦军主力多走桂阳岭道，而庞大沉重的军需物资则多由始安水道转运，都是较为合理的。③

三　重西轻东：汉代对湘水通道的重视

《史记·南越列传》载秦末南海尉"任嚣病且死，召龙川令赵佗语曰：'……秦为无道……中国扰乱，未知所安，豪杰畔秦相立。南海僻远，吾恐盗兵侵地至此，吾欲兴兵绝新道，自备，待诸侯变……'即被佗书，行南海尉事。嚣死，佗即移檄告横浦、阳山、湟溪关曰：'盗兵且至，急绝道，聚兵自守！'"任嚣提到的"新道"，唐司马贞《史记索隐》注引汉末魏初苏林的说法，"秦所通越道"④；《汉书》颜师古注曰："秦所开越道也。"⑤ 又赵佗移檄绝道的几个关隘：横浦关，《史记索隐》引《南康记》："南野县大庾岭三十里至横浦，有秦时关，其下谓为'塞上'"，在今江西大庾岭东南；阳山关，《史记索隐》引姚氏案："阳山县……上流百余里有骑田岭，当是阳山关"，在今广东阳山县西北；湟溪

---

① 李吉甫：《元和郡县图志》卷三四《岭南道·广州》，中华书局1983年版，第886页。

② 据《元和郡县图志》卷三四、三七："广州：正西微北至端州沿溯相兼二百四十里"，"端州：东至广州二百八十四里……西至康州二百九十里"，"康州：东至端州一百九十里……西北溯流至封州一百二十五里"，"封州：东南沿流至康州一百二十里……西北沿流至梧州五十里"，"梧州：东南沿流至封州五十里，西北至桂州六百三十里"，"桂州：北至上都三千七百五里……东南水路至梧州六百三十里"，第886—918页。

③ 值得注意的是，秦五岭通道中，似乎揭阳岭道一直没有得到利用。按南岭山脉东段当时正是闽越与南越的分界线，揭阳岭道则为闽越通南越之途。"结余干之水"的秦军是否由闽越之地，转而穿越揭阳岭道进入南越；抑或攻入百越的军队转而向东拓土，经由揭阳岭道进闽越？这些都无从考证。唯秦代五岭之为五岭，并不是因为秦五军而产生，只应是当时甚至更早的人们对南岭群山的总称，秦五岭与五军是不同的概念，应于理不悖。

④ 《史记》卷一一三《南越列传》，第2967—2968页。

⑤ 《汉书》卷九五《南粤传》，第3848页。

关，在今广东英德县西南连江注入北江处。[1] 由横浦关北行，便是大庾岭道；由阳山关北上，就是九疑山，九疑山附近正当桂阳岭道；湟溪关则在下游控扼着这两条道路的交汇点，成为南越政治中心——番禺北方的门户。赵佗绝道的这几个关隘，都位于五岭通道南端，可见赵佗确实意在保境自备，绝兵自守。"盗兵"不一定来自中原，至少也应当是今江西、湖南境的割据势力，他们多取这两条通道入越，说明这两条道路沟通南北的作用已较为明显。

汉武帝时，为控制南越政权，"元鼎四年（前113年），汉使安国少季往谕王、王太后，以入朝，比内诸侯；令辩士谏大夫终军等宣其辞，勇士魏臣等辅其缺，卫尉路博德将兵屯桂阳，待使者"[2]。此桂阳为县，已为马王堆汉墓出土的地图所证实[3]，桂阳岭道的重要性由此可见。后南越反叛，武帝派韩千秋率二千人讨越，"韩千秋兵入，破数小邑。其后越直开道给食，未至番禺四十里，越以兵击千秋等。遂灭之"。此次进军，本是汉军轻敌，以为可以轻而易举地击败南越，所以兵发仓促，冒然进军，势必选择较为便捷的入越之道。南越灭韩千秋军后，"使人函封汉使者节置塞上"。《史记索隐》引《南康记》以大庾岭一名塞上，《元和郡县图志》亦言："大庾岭……即汉塞上也……越相吕嘉破汉将军韩千秋于石门，封送汉节置于塞上，即此岭。"[4] 由吕嘉封送汉节于大庾岭，可知韩千秋军或正由大庾岭道入越。且千秋冒进，过岭之后，粮草似乎不能及时供应，只得就地取粮，可见大庾岭道与桂阳岭道有相似之处：虽利于行军，却由于山路过长，不能运送大量军需物资。

此后，汉武帝开始大规模向南越用兵。"令罪人及江淮以南楼船十万师往讨之。"《史记·南越列传》详细记载了行军路线：

> 元鼎五年（前112年——引者注）秋，卫尉路博德为伏波将军，出桂阳，下汇水；主爵都尉杨仆为楼船将军，出豫章，下横浦；故归义、越侯二人，为戈船、下厉将军，出零陵，或下离水，或抵苍梧；

---

① 《史记》卷一一三《南越列传》，第2969页。

② 同上书，第2972页。

③ 谭其骧：《马王堆汉墓出土地图所说明的几个历史地理问题》，《文物》1975年6期，第22页

④ 《元和郡县图志》卷三四，第902页。

使驰义侯因巴蜀罪人，发夜郎兵，下牂柯江：咸会番禺。①

汇水，又名湟水，即今连江。这里，较为明确的行军路线有：伏波将军走桂阳岭道；楼船将军走大庾岭道；驰义侯走牂柯江道；弋船或下厉将军的一路走漓水所经的始安岭道。唯不能确定的是"抵苍梧"一军的行进路线。按五路汉军的进军计划，最终都要"咸会番禺"，故驰义侯、弋船和下厉将军的军队在向番禺进军的过程中，势必都要途经苍梧（今广西梧州），但史书将"或抵苍梧"一军单独记载，表明弋船或下厉将军的两路军马，必有一支直指苍梧。这一路军队的行进路线，应当就是秦代的临贺县境内的过岭通道，即由零陵南下过五岭后，入贺江直抵苍梧，然后由苍梧顺江东下进军番禺。

　　汉军虽兵分五路进讨南越，其进度却又各不相同。行军较为顺利的是走大庾岭道的楼船将军杨仆，"元鼎六年冬，楼船将军将精卒先陷寻陕，破石门，得越船粟，因推而前，挫越锋，以数万人待伏波"。寻陕在今广东清远市东北、英德县西南；石门，《史记索隐》引《广州记》："在番禺县北三十里。昔吕嘉拒汉，积石镇江，名曰石门"。走桂阳岭道的伏波将军，"将罪人，道远，会期后"。伏波将军的行进路线"道远"，并不能单纯理解为由桂阳岭道入越较大庾岭道远，而应是路博德"发罪人"所致。此外，杨仆所率全为"精卒"，行军速度势必极快。较之于其他三路，这两路汉军最先进抵番禺城下并迅速败南越，"戈船、下厉将军兵及驰义侯所发夜郎兵未下，南越已平矣"②。

　　1972 年，长沙马王堆三号汉墓出土的"西汉初期长沙国深平防区图"，为我们把握当时的五岭通道提供了实证。据谭其骧先生考证，这幅地图描绘的范围虽然较广，相当于今广西全州、灌阳一线以东，湖南新田、广东连州一线以西，北起新田、全州一线，南达广东珠江口外的南海，但图中主要部分是墓主的驻防区域，即九疑山附近的"大深水"流域，比例尺介于十五万分之一到二十万之一之间。九疑山西麓，深水岸边的"深平应是驻防的大本营所在，也就是三号墓墓主生前的常驻地"。汉政府在九疑山西麓筑塞设防，深水流域无疑是南北交通要道之一。溯深水

---

① 《史记》卷一一三《南越列传》，第 2975 页。
② 同上书，第 2975—2977 页。

西南行,可抵长沙国的南界桂阳县;沿深水支流西南行,可由营浦(治今湖南道县北)或今江华县过萌渚岭,下临贺县,直抵苍梧。前述"抵苍梧"的汉军,很可能走的就是这条过萌渚岭的道路。相形之下,九疑山东麓,尽管"已不在三号墓墓主人驻防范围之内","仅仅画出县治和一些道路,不画乡里",在这幅图中地位并不重要。实际上,九疑山东麓亦是一条重要的过岭通道:由溯湘江支流春陵水南下,经图中所绘春陵、烆道、南平以及龁道等县,从九疑山东麓过岭,顺连江直抵汉桂阳县。这些"秦代已经有了的县",较之三号墓主驻守的九疑山西麓的大深水流域要多得多,因而这条路线的重要性也显而易见。① 这条路的东面,还有一条十分重要的路线,即溯春陵水或耒水南下,过今骑田岭后,或下武水,抵曲江(治今广东韶关市),或同样由连江下桂阳。这两条同下桂阳的路线,由于距离特近,且有重合,因而常被视为一途,秦代的桂阳岭道,反映的就是这种情况。②

东汉初年,卫飒"迁桂阳太守。郡与交州接境,颇染其俗……先是含洭、浈阳、曲江三县,越之故地,武帝平之,内属桂阳。民居深山,滨溪谷……去郡远者,或且千里……飒乃凿山通道五百余里,列亭传,置邮驿"③。伏波将军马援平岭南徵侧、徵贰起义时,为解决粮饷,对灵渠水道进行整修,"开湘水为渠六十里"④。章帝时,郑弘"奏开零陵、桂阳峤道,于是夷通,至今(刘宋)遂为常路"⑤。桂阳峤道毋需多言,零陵峤道极有可能是临贺岭道以及与灵渠水道并行的始安岭陆道。灵帝时,桂阳太守周憬又对桂阳岭道进行了修治。与卫飒通山道不同,周憬对过岭南的武水进行了整修。本来,由桂阳过岭后,有两条水道南下番禺,一为武水,一为连水,而武水较近。但武水穿越崇山峻岭,水流湍急,特别是流经坪石至乐昌一段,号称"六泷",最为险恶,商旅往来,十分不便。周

---

① 谭其骧:《二千一百多年前的一幅地图》,《文物》1975 年第 2 期,第 43—48 页;《马王堆汉墓出土地图所说明的几个历史地理问题》,《文物》1975 年第 6 期,第 20—28 页。

② 有学者认为汉代的都庞岭就应在九疑山东南,详梁国昭《都庞岭何在?——对祝鹏先生有关古都庞岭考证的补充与修正》,《热带地理》1989 年第 1 期,第 48—53 页。

③ 《后汉书》卷七六《卫飒传》,第 2459 页。

④ 李昉:《太平御览》卷六五《地部三〇·江南诸水·漓水》引《郡国志》,中华书局 1960 年影印本,第 1 册,第 311 页下栏。

⑤ 《后汉书》卷三三《郑弘传》,第 1156 页。按同传载:"旧交阯七郡贡献转运,皆从东冶泛海而至,风波艰阻,沉溺相系",可知其时海道已通,但由于不在本文讨论范围,故不详论。

懔命人排除巨石，高填下凿，截弯取直并疏浚河床。[1] 西面的始安岭道则因为灵渠的开通，珠江水系与长江水系相连，中原物资可以顺水运至岭南。此外，由马王堆汉墓地图可知，处在桂阳与灵渠间的临贺（即萌渚岭）一道也十分重要。

秦汉时期特别是汉武帝以后，是过岭交通发展的一个重要时期。秦汉两朝对南越的军事活动，促进了过岭通道的开辟，而过岭通道在秦汉王朝军队南下的过程中，又分别承担着不同的运输任务和职能。桂阳与大庾岭道，由于距离南越政治中心最近，因而成为主力军队南下的首选通道。再考虑到秦汉王朝的国都所在的关中地区，处在这里的帝国中枢在考虑经略岭南之时，尽管山路迂绕，路程最近的桂阳岭道毫无疑问是最佳选择。这条岭道不仅成为重要的军事通道，使节、商旅等亦多取道于此，因而备受时人重视，两汉时期曾前后五次整饬该地区岭道。

最深有意味的是，这么多次的整修岭道，全部都发生在今天湘水流域上溯穿越五岭的大道之上，竟没有一次在东面的赣江流域。较之桂阳岭道，大庾岭道除路程稍远外，岭道亦过于狭窄，甚至不能通车运，"以载则曾不容轨，以运则负之以背"[2]，只能依赖人力背负过岭。更有甚者，岭北的赣江水道也不利于航行，"赣川石阻，水急行难，倾波委注，六十余里"[3]，至南朝梁末，情况依旧，《陈书》："南康赣石旧有二十四滩，滩多巨石，行旅者以为难。"[4] 同样是陆路里程过长，大宗物资运送不易，湘水上溯岭道却一再被整饬，其为交通重心所在不言而喻。岭南地区以至交阯、海外蕃国入贡都多取此道北上中原。

四　东西易位：隋唐时期大庾岭道的后来居上

魏晋南北朝时期，秦汉时期开辟的过岭交通格局出现了一个特殊的局面，那就是中原大乱，统一的局面不复存在。从三国孙吴定都建业到东晋南朝定都建康（治今江苏南京市），都是偏安江左的政权。较之中原的洛

---

① 洪适：《隶释》卷四《桂阳太守周憬功勋铭》，景印文渊阁四库全书本。

② 张九龄：《开大庾岭路记》，《全唐文》卷二九一，中华书局1983年版，第2950页。

③ 杨守敬：《水经注疏》卷三九，江苏古籍出版社1989年版，第3230页。

④ 《陈书》卷一《高祖纪上》，中华书局1972年版，第5页。

阳,建康位于长江下游地区且位置偏东。因而建康与岭南地区的交通,势必会选择五岭信道中位置同样偏东的大庾岭道,大庾岭道逐渐受到重视和利用。如东晋义熙六年(410 年)广州刺史卢循北上建康与梁末陈霸先由始兴郡(治曲江县,今韶关市西南)北上平侯景之乱,都取道大庾岭,循赣水北上进而沿江东下。不过,这毕竟是分裂时期的特殊情况,与放眼于全国的视角还须区别对待,待隋唐一统,五岭交通格局的变化才具有决定性意义。

隋唐一统,关中重新成为全国的政治中心,形势似乎与秦汉时期非常相似,但是五岭交通的格局却没有重蹈秦汉时期的覆辙,反而是东面大庾岭道的后来居上,逐渐取代西面四条过岭通道,成为南北交通首要的交通路线。大庾岭道地位攀升动力,主要归功于外部因素,那就是隋代大运河的修筑。大运河将黄河流域与江淮以至东南沿海紧密联系起来,东南地区的财赋,通过这条运河,可以顺利地运到中原乃至关中地区。大运河逐渐成为南北物资交流的大动脉。与这条位置偏东的水道相呼应,随着岭南地区日渐发展,与中原地区的交通也亟待加强,客观上需要一条靠近大运河的道路,大庾岭道的重要性开始凸显。隋末有林士弘起义,似乎可见端倪。

林士弘起义,不仅占据了今江西全境,还从大庾岭南下攻占番禺及其附近地区,史载:"林士弘者,饶州鄱阳人也。大业十二年(616 年——引者注),与其乡人操师乞起为群盗。师乞……攻陷豫章而据之,以士弘为大将军。隋遣持书侍御史刘子翊率师讨之……隋师败绩。大业十三年,徙据虔州,自称皇帝,国号楚……攻陷临川、庐陵、南康、宜春等诸郡,北至九江,南洎番禺,悉有其地。其党张善安保南康郡,怀贰于士弘,以舟师循江而下,击破豫章。士弘尚有南昌、虔、循、潮数州之地……武德五年(622 年——引者注),士弘遣其弟鄱阳王药师率兵二万攻围循州,刺史杨略与战,大破之。士弘惧而遁走……其年,洪州总管张善安……发兵讨之,会士弘死,部兵溃散。"[1] 林士弘的割据长达六年(617—622年),势力地跨五岭南北,固然与隋末唐初社会变乱,尤其是唐初无暇南顾有关。但其能够跨岭而治,表明大庾岭南北的交往已日渐增多,大庾岭道至少在区域交通中的地位已非常重要。

---

①　《旧唐书》卷五六《林士弘传》,中华书局 1975 年版,第 2276 页。

前面已经介绍了大庾岭道的缺陷，即岭道的狭窄与赣江水道的险滩。不过，随着大庾岭道重要性的日益凸显，这些问题都要被克服。终于，唐开元四年（716 年），张九龄奉命开大庾岭路，据所撰《开大庾岭路记》：

> 初，岭东废路，人苦峻极，行径夤缘数里，重林之表，飞梁嶪峨，千丈层崖之半，颠跻用惕，渐绝其元。故以载则曾不容轨，以运则负之以背。而海外诸国，日以通商，齿革羽毛之殷，鱼盐蜃蛤之利，上足以备府库之用下足以赡江淮之求，而越人绵力薄材，夫负妻戴，劳亦久矣。

新路开通以后，"坦坦而方五轨，阗阗而走四通，转输以之化劳，高深为之失险"，大庾岭道交通条件大为改善。① 文初已有交待，大庾岭较之于其他四岭，相对低矮，山间多旷谷，垭口较易翻越。对于赣水险滩，唐路嗣恭子应贞元（785—805 年）初年，"出为虔州刺史……凿赣石梗崄以通舟道"，赣水河道亦得到整治。② 从此，除大庾（治今江西南康）至浈昌（治今广东南雄）间约九十里为陆路外，其他皆可以水路相通，大庾岭道在唐代南北交通中扮演越来越重的角色，逐渐取代五岭通道中西线的主导地位，上升为主要的过岭之途。

唐代诗文中对大庾岭的记述也明显增多。中宗神龙元年（705 年），宋之问坐与张易之交通之罪，贬岭南泷州（治今广东罗定市东南）。他由长安出发，经洪州赣水南下，越大庾岭赴泷州。沿途宋之问创作了大量唐诗，其中《早发大庾岭》、《度大庾岭》、《题大庾岭北驿》三诗直接提到了大庾岭。③ 对中原前往岭南路线记载最为清晰的，是唐中后期的李翱。宪宗元和三年（808 年）十月，李翱应岭南节度使杨于陵之辟为幕府，元和四年（809 年）正月，李翱由洛阳出发，南下赴广州就任，他在《来南录》中详细记载了沿途所经。④ 唐宣宗大中三年（849 年），润州司马许浑转任监察御史亦取道江西南下广州巡察。其《丁卯集》卷上《别表兄

---

① 《开大庾岭路记》，《全唐文》卷二九一，第 2950 页。
② 《新唐书》卷一三八《路嗣恭传》，中华书局 1975 年版，第 4624 页。
③ 《全唐诗》第二册卷五一、卷五二，中华书局 1960 年版，第 623、640、641 页。
④ 李翱：《来南录》，《李文公集》卷一八，上海古籍出版社 1993 年版，第 89—90 页。

军倅》诗并序记其始末:"余祇命南海,至庐陵,逢表兄军倅奉使淮海,别后却寄诗。"许浑巡察事毕后仍循原路返京口,有诗《韶州韶阳楼夜宴》记其由广州北上,停于韶州,其后北上,过大庾岭,有《南海府罢归京口经大庾岭赠张明府》诗。

大庾岭道在唐后期几次对岭南的军事行动中也发挥了重要作用。唐懿宗咸通三年(862年)交趾发生变乱,唐廷派军平乱,《资治通鉴》载:"康承训至京师,以为岭南西道节度使,发荆、襄、洪、鄂四道兵万人与之俱。……秋,七月……时诸道兵援安南者屯聚岭南。"① 并由江西、湖南水道运粮,"南蛮陷交趾,征诸道兵赴岭南,诏湖南水运自湘江入澪渠,并江西水运,以馈行营诸军。湘、澪溯运,功役艰难"。② 按唐廷此次出兵岭南,就交通而言,与秦汉对南越的军事行动颇有相似之处。除数路并出外,还由水道运粮接济,但与秦汉时期最大不同之处在于,江西即大庾岭一路不仅是军队南下的通道,并且与灵渠水道一样担负起漕运的任务。

咸通六年(865年)唐又置镇南军于洪州,积粟驻守以接应岭南。"杨收建议,以'蛮寇积年未平,两河兵戍岭南冒瘴雾物故者什六七,请于江西积粟,募强弩三万人,以应接岭南,道近便,仍建节以重其权。'从之。五月,辛丑,置镇南军于洪州。"③ 唐后期江浙与江西皆是唐廷财赋的重要来源,由江西南取大庾岭道南下又十分便利,唐廷在江西积粟援助岭南,可谓最明智的选择。这种情况在唐末卢光稠、刘隐之争中表现得更为明显:

> (昭宗天复二年,902年)虔州刺史卢光稠攻岭南,陷韶州,(胡三省注:韶、虔二州相去虽六百余里,特以大庾岭为阻,而实邻境也。)使其子延昌守之,进围潮州。清海刘隐发兵击走之,乘胜进攻韶州。隐弟陟以为延昌有虔州之后,未可遽取;隐不从,遂围韶州。会江涨,馈运不继,(胡注:自广州运粮以馈韶州行营,常溯流而

---

① 《资治通鉴》卷二五〇《唐纪》懿宗咸通四年(863年)三月条,中华书局1956年版,第8104、8105页。

② 王溥:《唐会要》卷八七《漕运》,中华书局1955年版,第1599页。

③ 《资治通鉴》卷二五〇《唐纪》懿宗咸通六年(865年)四月条,第8111页。

上；江涨则水湍急，不可以溯，馈运由此不继。）光稠自虔州引兵救
之；……大破隐于城南，隐奔还。①

韶州、虔州虽有大庾岭之隔，实已往来便利，可互相支持。据岭南广州
者，对虔州、韶州常须加意防备，即因军队常由此南下。

唐末黄巢起义曾由福建南下攻陷广州，唐廷遂欲于广州剿灭黄巢。
"贼更推黄巢南陷广州，（高）骈建遣（张）潾以兵五千屯郴扼贼西路，
留后王重任以兵八千并海进援循、潮，自将万人徭大庾击贼广州，且请起
荆南王铎兵三万壁桂、永，以邕管兵五千壁端州，则贼无遗类。"② 唐将
领高骈计划兵分郴州，循、潮傍海道以及大庾三路进击广州，同时桂州、
永州、端州各驻重兵以防贼西逃。高骈的围堵策略几乎封住了所有的过岭
通道，其中又以大庾岭道为重中之重。

五　重东轻西：宋以后固化的格局

唐代形成的五岭交通格局，在宋代得到进一步确定。宋人已经注意到
这一交通格局的巨变，对唐以来所形成的新过岭交通格局，有意识地加以
评述，文初引北宋名臣余靖的论议已相当具体，不仅如此，他还说：

> 唐汉之西都也，绎湘衡而得骑田，故武水最要。今天子都大梁，
> 浮江淮而得大庾，故真水最便。骑田虽乘驿旧途，而王官往来太平水
> 道，是以风亭水馆、高台上舍，徒在真水。不视溪山巧拙而偏诊左臂
> 者，势使之然耳。③

欧阳修则说："江西出岭，路绝近，次则出湖南，已为稍远。"④ 宋人眼中
的大庾岭道已毫无疑问成为五岭通道的主导。宋代对于大庾岭的重视，还
体现在对岭道的修饰方面。仅举北宋嘉祐八年（1063 年）蔡挺、蔡抗兄

---

①　《资治通鉴》卷二六三，昭宗天复二年（902 年），第 8589 页。

②　《新唐书》卷二二四《叛臣传下》，第 6394 页。

③　《武溪集》卷五《韶州新修望京楼记》，景印文渊阁四库全书本。

④　欧阳修：《文忠集》卷六九《与王深甫论世谱贴》，景印文渊阁四库全书本。

弟治路一例，"知南安军提点江西刑狱提举虔州监。自大庾岭下，南至广，驿路荒远，室庐稀疏，往来无所芘。挺兄抗时为广东转运使。乃相与谋课民植松夹道，以休行者"①。清顾祖禹记为："宋嘉祐八年（1063年），蔡挺详刑江西，弟抗漕广东，乃商度工，用陶土为甓，各甃其境，北路广八尺，长一百零九丈，南路广一丈二尺，长三百一十有五丈，仍复夹道种松，以休行旅，遂成车马之途。"② 明清时期相关记载更是不胜枚举，前辈学者已有相关论述且不影响本文论断，此不赘述。③

隋唐时期形成的重东轻西的过岭交通格局，此后数百年间，再没有发生变动。即便如元明清三代国都定在今日北京，隋代大运河演变为京杭大运河，不仅不会影响大庾岭道的主导地位，还进一步有所加强。直到近代新式交通工具，特别是轮船的引入、海运开始兴起，不仅极为繁荣的大庾岭道首先受到沉重打击，五岭其他交通线也同样沉寂下来。只是到了近代，随着五口通商活动的发展和粤汉铁路的通车，大庾岭道这条商路彻底萧条下来，而西面的湘江通道则再一次勃兴，一切似乎又回到了秦汉时期五岭通道西重东轻的局面，就像是完成了一个轮回，只不过已经进入现代化交通工具的时代，与过去不能同日而语。

六　余论

张泽咸先生在《唐代工商业》一书中说："如果说，汉代出航是以徐闻、合浦为主导，到了唐代，航运已是彻底地让位于广州，它已成为全国最大的外贸中心。"④ 汉代徐闻（治今广东徐闻县西南）、合浦（治今广西浦北县西南旧州）二县，位于唐代广州（即汉代番禺）西南。汉代番禺虽为岭南政治中心，出航却以徐闻、合浦二港为主，个中原因，虽与岭南地区的政治、经济及军事等形势有关，但不可回避的事实就是，岭北的中原及关中地区与南洋甚至更远地方政治、经济等方面的往来，在更多地取道湘江水道过岭之后，更愿意顺着水路南下由徐闻、合浦直接向南航

---

① 《宋史》卷三二八《蔡挺传》，中华书局 1977 年版，第 10575 页。
② 顾祖禹：《读史方舆纪要》卷八三，中华书局 1957 年版，第 3715 页。
③ 陈代光：《论历史时期岭南地区交通发展的特征》，《中国历史地理论丛》1991 年第 3 辑，第 94—95 页。
④ 张泽咸：《唐代工商业》，中国社会科学出版社 1995 年版，第 224 页。

行。这样不仅可以缩短路程，还可因灵渠转输大宗物资，从而尽可能地减少海运之险，故而形成了合浦成为岭南西部地区的区域中心城市，并在陆上向南辐射到交阯；徐闻则更多得辐射到对岸的海南岛。同一时期粤东地区的番禺则有点"偏安"，并没有像唐代那样成为整个岭南地区的中心城市。

这种格局在唐代得到彻底改变。唐代广州才成为全国最大的外贸中心，同时也奠定了岭南地区中心城市的地位，究其原因，除去岭南地区在汉唐间数百年的社会经济发展之外，外部原因仍然不可小觑，那就是隋代大运河的凿通对沟通南北的重要作用，以及随之而来的五岭交通格局的转变，即大庾岭道在五岭交通格局中扮演着越来越重要的角色，以致成为南北交流的主要通道。在这种局面下，离大庾岭道较近的广州，就一举超越汉代的合浦、徐闻成为南北政治、经济、文化交流的岭南重镇，成为唐代最大的外贸中心。

与此相对应的是徐闻、合浦的衰落，其原因也可以从这个角度来考虑。除去常态化讨论的徐闻、合浦两地自身的先天不足，外部因素同样需要注意，大庾岭道的崛起，使得南北交通的重心整体东移，番禺地位的攀升必然影响到徐闻与合浦的发展。旧有西部岭道虽然还在，依然可以发挥沟通岭南西部甚至更南的地区的作用，但以中原王朝经略岭南角度出发，势必会选择更为容易的东道。重东轻西的结果便是徐闻、合浦为代表的岭南西部地区越来越被忽视，地位越来越低，进而影响唐及唐以后中原王朝对于极南边疆的态度及措施。

还有值得注意的，五岭交通格局在历史上的变迁，还会影响五岭南北地域发展的差异，特别是岭北的湘江流域和赣江流域，在不同的历史时期分别作为连通南北的主要通道。如赣江流域，在隋唐时期后来居上，超越湘江流域成为五岭交通格局中最为重要的角色。唐人已经深刻认识到江西地区的崛起，李肇有言："凡东南郡邑，无不通水，故天下货利，舟楫居多……舟船之盛，尽于江西，编蒲为帆，大者或数十幅……江湖语云，水不载万。言大船不过八九千石，然则大历、贞元间有俞大娘航船最大，居者养生送死嫁娶，悉在其间，开巷为圃，操驾之工数百。南至江西，北至淮南，岁一往来，其利甚溥，此则不啻载万也。"① 重东轻西的五岭交通

---

① 李肇：《唐国史补》卷下，景印文渊阁四库全书本。

格局给赣江流域带来的最直接后果便是该地区经济的快速发展。五代、两宋时期表现得最为明显，道路的拓展、新的建制城市大量出现、赋税商税的大量增加，学者已多有论及。经济的巨大发展，从而带动了江西地区文化的大发展，这些都是另外的话题。

天下之重,重在襄阳

——古代襄阳军事战略枢纽地位及其他

刘新光 黄朴民

　　襄阳,因地处"襄水"之阳而得名①,位于汉江流域中游,秦岭—大巴山余脉之中,是湖北省的西北重镇。襄阳处水陆交通要冲,东下武汉,西连商洛,北通南阳,南结江陵,以其贯通南北、承启东西的地理位置,自古即为四方辐辏,素有"七省通衢"的美誉。改革开放以来,襄阳的社会经济得到快速发展。特别是2004年,襄阳市正式被湖北省政府确定为"省域副中心城市",目标是要建设可以与省会武汉相媲美的大都市。随后襄阳的经济建设可以说是呈现出井喷式的发展,城区面积不断扩大,国民生产总值在鄂省仅仅落后于武汉、宜昌稳居第三位。② 这些都是过往襄阳不曾出现的盛况,特别是当我们把目光投放到历史长河中时,襄阳出现在人们视线中时,往往伴随着那些刀光剑影、打打杀杀的军事战争与纵横捭阖、运筹帷幄的政治斗争,以至于似乎一提到襄阳,必定与兵火联系在一起。纷繁的军事战争与政治斗争能够一再在襄阳这一特殊的历史舞台上上演,正是襄阳独特自然地理条件在中国古代政治军事大战略中地位的体现。有基于此,本文试对历史上襄阳的地缘优势,区位价值及其在古代军事战略中的枢纽地位等问题展开讨论,以期获得对襄阳更为全面深刻的认识。

---

① 《水经注》卷二八《沔水》注引东汉应劭文,杨守敬、熊会贞《水经注疏》,江苏古籍出版社1989年版,第2371页。按"襄水"地望,杨、熊在疏中有详细考证,今从之。

② 左继宏、游学民:《襄樊成为湖北省域副中心城市的条件分析》,《科技管理研究》2009年第9期,第97页。

一　"天下之吭"与"天下之腰膂"

明末清初著名学者顾炎武在《形势论》中，"尝历考八代兴亡之故，中天下而论之"，八代乃"昔之都于南者，吴、东晋、宋、齐、梁、陈、南唐、南宋，凡八代"，他说：

> 窃以为荆襄者，天下之吭；蜀者，天下之领；而两淮、山东，其背也。蜀据天下之上流，昔之立国于南者，必先失蜀，而后危仆从之。蜀为一国，而不合于中原，则犹可以安……赵鼎言：经营中原自关中始，经营关中自蜀始，幸蜀自荆襄始。陈亮言：荆襄据江左上流，西接巴蜀，北控关洛，楚人用之虎视齐晋，与秦争帝。东晋以来，设重镇以扼中原。孟珙言：襄樊，国之根本，百战复之，当加经理。盖宋人之论如此。及元取宋，果自襄阳城以度鄂，故以天下之力围二城者五年，及其渡江，不二年而取临安矣。故无蜀犹可以国，东晋是也；无荆襄不可以国，楚去陈徙寿春是也。无淮南北，而以江为守则亡，陈之祯明、南唐之保大是也。故厚荆襄急。①

按顾氏从建都于南方的八个政权出发，将南北对峙的前沿阵线分为三个大区，即荆襄、蜀及两淮，通过一千多年间的攻守形势的分析，赋予荆襄在天下大势中最高的地位，为"天下之吭"。与荆襄之"吭"对应的蜀之"领"与两淮之"背"，战略地位都要低一些。顾氏还认可三位宋代极具代表性的言论，特别是宋将孟珙说"襄樊，国之根本"，以至于"无荆襄不可以立国"。

顾炎武重在讨论有明以前的八代南方割据政权，另一位明末清初著名学者、历史军事地理学家顾祖禹则在《读史方舆纪要》，以明代的地域格局为重点，详细论述了襄阳在"湖广"中的地位。他在《湖广方舆纪要序》中开篇即说：

> 湖广之形胜，在武昌乎？在襄阳乎？抑在荆州乎？曰：以天下言

---

① 顾炎武：《顾亭林诗文集》卷六《形势论》，中华书局1983年版，第124页。

之，则重在襄阳；以东南言之，则重在武昌；以湖广言之，则重在荆州。……何言乎重在襄阳也？夫襄阳者，天下之腰脊也。中原有之，可以并东南。东南得之，亦可以图西北者也。故曰重在襄阳也。①

顾氏以襄阳的战略地位，不仅位居湖广几个战略重镇的头把交椅，甚至为天下之腰脊，最为要冲。在评价唐初于襄阳置山南道时，又评价襄阳乃"天下之要领，襄阳实握之"。以"腰脊"与"要领"并誉，再加之顾炎武的"天下之吭"，襄阳的军事战略地位从而可见。

　　以两位顾氏所论，他们不约而同地注重襄阳在地缘地势方面的优势，而且这种优势在历代军事战事中体现得淋漓尽致。实际上，持有与两位顾氏类似观点的人并不少见，甚至早在他们之前就已屡见史籍。如三国时期的曹魏明帝曾说："先帝（曹操——引者注）东置合肥，南守襄阳，西固祁山，贼来辄破于三城之下者，地有所必争也。"② 西晋庾亮也说："襄阳北接宛、许，南阻汉水，其险足固，其土足食。臣宜移镇襄阳之石城下，并遣诸军罗布江沔"③，亲自坐镇襄阳体现了庾亮对于襄阳的重视。亮弟庾翼亦上表朝廷："计襄阳，荆楚之旧，西接益梁，与关陇咫尺。北去河洛，不盈千里，土沃田良，方城险峻，水路流通，转运无滞。进可以扫荡秦赵，退可以保据上流……辄量宜入沔，徙镇襄阳。"④ 庾翼长期谋划坐镇襄阳，积蓄力量，就是看中了以襄阳为东晋北伐的门户，无论是北上中原还是西入关都能够进退自如，成就功业，襄阳实在是英雄用武之地。

　　以荆州、襄阳而言，襄阳的地位同样非常重要，甚至在军事上高于荆州，"江陵去襄阳，步道五百，势同唇齿。无襄阳，则江陵受敌不立"⑤，襄阳与荆州唇齿相依，正是襄阳的屏蔽确保荆州无忧，一旦襄阳丢失，荆州门户洞开，就无法自立了。唐人李吉甫在《元和郡县图志》中也说："襄阳去江陵陆道五百里，势同辅车，无襄阳则江陵受敌。自东晋庾翼为荆州刺史，将事北伐，遂镇襄阳。北接宛洛，跨对樊沔，为荆郢之北门，

　　① 顾祖禹：《读史方舆纪要》卷七五《湖广方舆纪要·序》，中华书局 2005 年版，第3484 页。

　　② 《三国志》卷三《明帝纪》，中华书局 2011 年版，第 87 页。

　　③ 《晋书》卷七三《庾亮传》，中华书局 2008 年版，第 1923 页。

　　④ 《晋书》卷七三《庾翼传》，第 1934 页。

　　⑤ 《南齐书》卷一五《州郡志》，中华书局 1972 年版，第 273 页。

代为重镇。"① 南宋建炎元年（1127 年），丞相李纲向宋高宗上奏："臣尝言车驾巡幸之所，关中为上，襄阳次之，建康为下。陛下纵未能行上策，犹当适襄、邓，示不忘故都，以系天下之心。不然，中原非复我有，车驾还阙无期，天下之势遂倾不复振矣"②，甚至有劝高宗以襄阳为"南都"之意，以表示光复故土之心。南宋高宗绍兴四年（1134 年），有伪齐刘豫遣刘麟并大将李成等兵十万众，占据均、襄、随、郢等州，宰相朱自非与李纲持同样观点："襄阳上流，襟带吴蜀，我若得之，则进可以蹙贼，而退可以保境"③，即派岳飞前往汉沔督理军务。诸如此类的言论，历史上不胜枚举。那么，襄阳为什么会在不同的历史时期被不同的人们视作天下之重呢？这一切都还要从襄阳独特的区位优势与自然地理条件说起。

著名历史学家严耕望先生在《唐代交通图考》第四卷论古代中国交通大势："古代中国之疆域以黄河、长江流域为主体，而中隔秦岭、伏牛、桐柏、大别诸山脉，使南北交通局限于东西中三主线。西线由关中越秦岭西段，循嘉陵江入巴蜀。东线由河淮平原逾淮水至长江下游之吴越。中线由关中东南行，由河洛西南行，皆至宛郡，再循白水流域，南下襄阳，复南循汉水至长江中游之荆楚。"而"襄阳，向来就是联系长江中游与中原、关中地区的交通枢纽。由襄、邓西北陆行过武关、蓝关，或自襄州溯汉水、丹水入商州，再转陆路经蓝关，或自襄州溯汉水至洋州，转陆路经梁州入褒斜道越秦岭，均可至长安；由襄州北行经南阳、方城可至洛阳；南行经荆襄大道至江陵，或溯湘江越南岭至广州，或经沅水入桂，或西上入蜀，或东下吴越；东南循汉水而下，经郢、鄂入江，亦得联络吴越岭南"④。在隋代开凿大运河之前，中道在南北交通上居绝对优势。隋代凿通大运河后，中原地区的地缘政治逐渐东移的趋势愈发明显。关中的长安在经过隋唐时期繁盛之后，开始被后来建都于北方政权放弃，东部中原地区的洛阳、开封开始受到重视。在这种情况之下，位于中道上的重镇襄阳不仅没有因为东部的崛起而衰落，反倒愈发显得重要。这主要就是因为襄阳四通八达的交通枢纽地位，除了能够西北通过汉水、丹水谷地的商山

① 李吉甫：《元和郡县图志》卷二一《山南道二》，中华书局 1983 年版，第 528 页。
② 《宋史》卷三五八《李纲传上》，中华书局 1977 年版，第 11257 页。
③ 徐梦莘：《三朝北盟会编》卷一五九"绍兴四年五月"，上海古籍出版社 1987 年版，第 1151 页。
④ 严耕望：《唐代交通图考》第四卷，上海古籍出版社 2007 年版，第 1039 页。

武关道直通关中外,襄阳向北直通南阳的"南襄隘道"这时体现出更为重要的价值。

东晋襄阳名士习凿齿在《襄阳耆旧记》中说:"襄阳城,本楚之下邑,檀溪带其西,岘山亘其南,为楚之北津也。楚有二津:谓从襄阳渡沔,自南阳界出方城关是也,通周、郑、晋、卫之道;其东则从汉津渡江夏,出平皋关是也,通陈、蔡、齐、宋之道。"① 按我国地形地势为西北高东南低,山脉水路多呈东西流向。秦岭诸山是我国南北地理分界线的西段,在其向东延伸到淮河流域的过程中,地势不断降低,襄阳就位于这些山脉中的一个重要谷地。襄阳西北是秦岭—大巴山的余脉大荆山;北面为豫西山地伏牛山及南阳盆地;正南直抵荆州;向东则为桐柏山—大洪山。此外,汉江自西北穿过襄阳东南流出谷地峪口,来了一个大转弯,从荆山与大洪山之间的宽阔谷地几乎呈正南方向流去,在经今潜江市东折后最终武汉市境汇入长江。襄阳以东及东北,还有唐河、白河及淌河等河流从南阳盆地自东北而来,于襄阳境内最终汇成唐白河入汉江。自襄阳渡河,经南阳出方城关,学界一般称为"南襄隘道",是历史时期早已经形成的一条通往中原的大道。又汉水还是一条重要航道,历史上这一地区的军事活动常以汉水为主要通道。从江汉平原溯汉水而上,经潜江、钟祥、宜城及襄阳,从汉水北经唐白河,再分由支流唐、白河可至南阳或方城。继续溯汉水西上,可通至今河北丹江口、郧县及陕西汉中。由汉水支流丹水通关中更不必赘述。可以说,襄阳正是关中、汉中、南阳及湖湘江汉的大枢纽。由这个枢纽,可以轻松与中原、关中、巴蜀及广大江南地区连缀起来,为中原与南方的交会之地。楚之北津的襄阳,具有天然的便利交通条件,再加上襄阳与樊城夹汉水而立,"面崇山以为固",地势险要,易守难攻,便利的交通与突出的军事地理条件,是襄阳成为得天独厚的军事战略枢纽的基础。

隋代凿通大运河,大规模物资的运输开始侧重由东面的运河北上,带动了中国南北交通的重心的东移,即便如此,襄阳一道依然发挥着重要的作用。唐中期爆发安史之乱,中原一度陷落,但襄阳一直牢牢为唐王朝控制,汉水道一直畅通无碍,东南地区的物资得以通过这里转输蜀中唐廷及中原的唐军。唐后期藩镇割据,中央财赋更是仰仗东南,元和二年(807

---

① 习凿齿:《襄阳耆旧记》卷四《城邑》"北津"条,荆楚书社 1986 年版,第 311 页。

年）李吉甫上国计簿，称"总计天下方镇四十八，州府二百九十五，县千四百五十三……每岁赋税倚办止于浙江东西、宣歙、淮南、江西、鄂岳、福建、湖南八道四十九州，一百四十四万户"[①]。八道财赋的转运，除去运河大通道外，同样会取道汉水襄阳，杜牧曾上书言："江淮赋税，国用根本，今有大患是劫江贼耳"，"濠、亳、徐、泗、汴、宋州贼多劫江南、淮南、宣、润等道，许、蔡、申、光州贼多劫荆襄鄂岳等道"[②]，荆襄鄂岳等道正是转输中原的要途，才容易招来大患之贼。

　　然则大运河的凿通，是东晋南朝南方地区渐次得到开发、定都于北方的统一政权需要有效控制南方一个客观需要。经过隋唐五代的发展，南方地区的社会经济进一步发展，南北实力对比同样开始发生变换。而同一时期的北方时常陷于战乱，民生凋敝，社会经济停滞不前。在这种情况下，南北对峙的局面逐渐成为中国地缘政治大势的新动向，并且越来越明显。在这种情势下，不仅如东晋南朝那样存在于分裂时期，就连一统的王朝，如宋元明甚至是清，南北对立的问题都一直客观存在。一旦王朝出问题，特别是王朝末期，政治混乱，社会动荡，民生凋敝，在发生农民战争或者北方胡族南下的情势下，位于南北节点上的襄阳都会是南北对弈中一枚极为重要的棋子。因此，处于"腰脊"和"要领"地位的襄阳以其枢纽地位，无论是重要的政治事件还是军事战役，甚至经济活动、交通路线等，襄阳都堪负其任。战争时期自不必再论，承平时代，襄阳以其地缘之利，不仅是区域性经济文化中心，还在政治上承担重要职任，南朝时的雍州、唐代山南东道以及宋代京西南路，都曾以襄阳为辖区的政治中心所在，例如唐太宗时就是以"天下之要领，襄阳实握之"，置山南道于此。道虽无治所，襄阳却在实际政务运作中越来越承担起道治的功能。

二　英雄用武之地与地缘政治

　　由于襄阳在整个中国的军事地理中的枢纽地位，历史上重要政治军事活动，往往都要以占据襄阳来取得战略上的主动权。清人顾栋高在《春

---

① 《资治通鉴》卷二三七"唐宪宗元和二年"，中华书局1956年版，第7647页。

② 杜牧：《上李太尉论江贼书》，董诰等编：《全唐文》卷七五一，上海古籍出版社1990年版，第3452页。

秋大事表》卷四《楚疆域论》中说:"余读春秋至庄六年楚文王灭申,未尝不废书而叹也。曰'天下之势尽在楚矣'。……是时齐桓未兴,楚横行南服,由丹阳迁郢,取荆州以立根基。武王旋取罗、都,为鄢郢之地,定襄阳以为门户。至灭申,遂北向以抗衡中夏。"① 早在先秦时期,楚国与中原的齐、晋争霸,与秦的多次战争,襄阳已逐步开始体现其军事战略价值。前引东晋习凿齿言襄阳为"楚之北津",《水经注·沔水》则称之为"楚之北津戍也",顾名思义,"北津戍"赋予了襄阳战略要地的身份,襄阳最初应该是从一个楚国重要的军事要塞兴起的,之后的历史时期,发生在襄阳的著名战事数不胜数。特别是经过秦汉数百年的发展,中原地区的社会经济得到迅速发展,有学者甚至认为襄阳在东汉末年甚至取代南阳成为新的"天下之中"。② 南阳的富庶,客观上加强了南阳与南方汉水、长江流域的联系,使得南襄隘道平时更加繁忙,战时则进一步凸显战略控制的价值。汉末群雄逐鹿,到最终出现的魏、蜀、吴三国鼎峙,正是襄阳军事战略地位价值的体现。故清人吴庆焘在《襄阳兵事略·序》中说:"世之言形胜者,荆州而外必及襄。其用兵萌于春秋,苗于东汉,枝于三国,蔓于东晋六朝,而樛于宋之南渡,史策具在,可坐而稽也。"③

以北方政权南下言,三国时期的曹操、前秦的苻坚、北魏的拓跋宏都曾试图争襄阳而图江南,虽然结果并不理想,襄阳的战略地位却彰显无疑。荆州之争几乎贯穿整个汉末三国时期。汉末襄阳一度为刘表控制,初平二年(191年),孙坚围攻襄阳,就是想拿下这个"楚之北津",却夜袭岘山中箭而死,被刘表大败于襄阳。赤壁之战,曹操未能一举平定江南,失掉江陵,赖襄阳有重兵把守,牢牢控制,正是扼守住了这个南下的桥头堡,长期成为孙吴和蜀汉的心腹之患,也为后世西晋平吴打下了地缘基础。如建安二十四年(219年),关羽攻樊城,利用汉水暴涨之机,淹没于禁等七军,于禁被迫出降。曹操唯恐汉水南岸的襄阳城再有闪失,一面派大将徐晃赴救,一面策动孙权攻荆州。关羽腹背受敌,只好撤军。后来,曹操失南郡北归,周瑜力劝孙权:"据襄阳以蹙操,北方可图也。"④

---

① 顾栋高:《春秋大事表》卷四《楚疆域论》,中华书局1993年版,第525页。
② 王子今:《汉代南阳的交通地理形势——兼论诸葛亮躬耕南阳的战略选择》,《南都学坛》2004年第1期,第6页。
③ 石洪运、洪承越点校:《襄阳四略》,湖北人民出版社1999年版,第159页。
④ 《三国志》卷五四《周瑜传》,第1264页。

关羽再围襄阳，孙权随即派军进攻关羽，关羽撤军，此后孙吴屡攻襄阳，都不能攻下，致使襄阳始终被曹操所控制。司马懿曾经向曹操说："襄阳水陆之冲，御寇要地，不可弃也。"① 西晋平吴，名将羊祜就是看中了襄阳的战略地位，坐镇襄阳长达十年，都督荆州诸军事，为平吴打下了充分的基础。此后的隋灭陈，唐初平萧铣，北宋平江南，蒙古灭南宋等等著名的战例，无不受益于先拿下襄阳这个战略要地。以襄阳攻荆州，再南下荆湘，顺流而下，水陆夹击，顺利平定江南各地。

以南方势力北上而言，东晋时期的桓温、庾翼、刘裕等，宋代的岳飞、吴拱等都极为重视襄阳的屯驻，李纲、胡安国、胡宏及陈亮等人也都建议重点经略襄阳。南宋末年的宋蒙襄阳之战可谓襄阳在军事战略战术双重经典案例。襄阳之战虽以宋军城破战败告终，但战争持续数年，无论守城将领的智谋，还是襄阳的区位优势都在这场战争中发挥得淋漓尽致。

南宋李纲在分析认六朝能够保有江南的原因，就在于"强兵巨镇，尽在淮南、荆襄间"②，而不像当时"大将拥重兵于江南，官吏守空城于江北"的危险形势。前引东晋大将庾亮及其弟庾翼对襄阳战略地位的剖析，都是以襄阳为南方政权的门户积极谋划北伐。之后桓温自江陵北伐，经襄阳北上，终于进入中原地带。至太元三年（376年），前秦苻坚派遣军攻下襄阳，直至淝水战后前秦元气大伤，东晋趁机收复襄阳，保住了半壁江山。东晋后期大将刘裕则同样以襄阳、南阳为前线向关中、洛阳进军。南朝上承东晋的守势，虽然在宋文帝元嘉年间以襄阳为基地直指潼关，但只是昙花一现，很快退守淮南、荆襄一线，襄阳依旧是防守要地。至南朝后期北方势力越来越强，梁陈则不断陷入内部纷争，西魏乘萧梁内乱，拉拢占据襄阳的萧詧，进而在荆州拥立其为傀儡政权，将襄阳牢牢控制在手中，为后世隋平陈打下了基础。隋文帝平陈，先是废掉荆襄的傀儡政权西梁，襄阳遂成为修造战船，屯聚物资的基地，汉水道正是平陈之役的重要通道。至隋末萧铣割据湖湘，唐初武德年间即分兵出襄州道讨灭。

以北制南或以南驭北的形势在两宋之时体现得最为彻底，不论是定都

① 《晋书》卷一《宣帝纪》，第3页。
② 《宋史》卷三五九《李纲传下》，第11263页。

于中原的北宋，还是"行在"临安，都充分认识到了襄阳的重要地位，不仅是南北军事对峙中的北宋末年还是宋末元初，即便是承平时期，襄阳都被宋王朝认为最为重要的统制要地。这一点南宋初年的胡寅给予了最清晰的表述：

> 昔祖宗宅都于汴，其势当自内而制外，是故置京西路，而襄州在汉水之南，则以制湖北也；置湖北路，而岳、鄂在荆水之南，则以制湖南与江西也。今建都江左，未能恢复中原，则当自南而制北……置于湖北者治荆南，而分兵屯襄，则东南之势全，恢复之基立矣。①

按胡氏所言"祖宗"当指宋太祖赵匡胤，北宋定都汴京（治今河南开封市），位于中原地区，对于南面的江汉平原乃至长江以南的广大区域，势必会从站在中原的角度，以地缘政治的思维去考虑如何通过行政区划上的合理措置，才能实现南方地区的最有效控御。对于南方地区，"自内而制外"就意味着"自北而制南"，而京西路、湖北路的设置，就是其中的典型。京西路的襄州（治今湖北襄樊市），宋廷这种划分的目的，胡氏也说得非常明白，就是要通过襄州"以制湖北"，襄州的战略地位显而易见。但"靖康之难"，北宋亡，赵宋政权的国都，也从地处中原的汴京，转变为东南一隅的南宋"行在"——临安。国都位置虽然发生了变化，"自内而制外"的"意"却丝毫未变，只是胡安国认为应该在空间思维上来一个180度大转弯，从原来的"自北而制南"变成"自南而制北"，胡氏新的区划方案，要放弃襄阳而以荆南治湖北。胡氏的政论意在恢复中原，所言并非不正确，却并未完全被朝廷采纳，南宋政权还是大体继承了北宋的行政区划体系，事实证明，这样的行政区划体系，对于只求偏安的南宋政权来说，依然是合理有效的。襄阳虽非治所，却长期是京西南路转运使的常驻之所，是对抗金人和蒙元的前沿阵地。当时持这种观点的人并不少见，除前引诸人的观点外，如陈亮亦认为："襄汉者……控引京洛，侧睨淮蔡，包括荆楚，襟带吴蜀，沃野千里，可耕可守，地形四通，可左可右。"② 金、元之兵因此不敢轻易攻打襄阳，直到宋末元初的襄阳之战则

---

① 胡寅：《斐然集》卷二五《先公行状》，中华书局1993年版，第541页。
② 陈亮：《陈亮集》卷二《中兴论》，中华书局1974年版，第23页。

是消灭南宋统一中国的关键一役。

宋蒙之间的襄阳之战，从南宋咸淳三年（1267年）秋蒙将阿术进攻襄阳的安阳滩之战开始，经多次双方拉锯，持续长达六年，终因元军锯断浮桥木桩，以斧断锁，放火焚桥，切断两城的联系致襄阳孤城无援，继以回回炮猛轰城墙。樊城先被阿术攻拔，襄阳守将吕文焕孤守危城，至咸淳九年（1273年）初吕文焕力竭出降，襄阳之战终以襄阳陷落告结束。宋与蒙元在汉水中游一地对峙长达六年之久，充分体现出双方对于襄阳军事战略价值的认识。之前蒙古多次攻宋，都因为战略主攻方向失误而接连吃败仗，僵持多年，进展缓慢。忽必烈最后吸取了南宋降将刘整的建议："攻宋方略，宜先从事襄阳……如覆襄阳，浮汉入江，则宋可平也。"[①] 蒙元军绕过长江、嘉陵江上易守难攻的山城，改由襄阳突破，取道襄阳正中南宋命门。宋王朝同样极为重视襄阳的得失，才有了旷日持久的襄阳之战。拿下襄阳后，元军果然再没有遇到重大障碍，1276年，元军三路会师临安，宋亡。1279年，元兵追击南宋残余势力至今广东崖山，陆秀夫负帝昺跳海，最终统一全国。

综合以上史实，襄阳一地，实在如文初所引两位顾氏所言，是天下的战略要地中的重中之重。襄阳的得失，往往关系全国形势的安危，这一点在中国古代王朝的后期体现得越来越突出。无论先秦时期的楚国北上中原，还是汉唐的大一统，六朝的经营与守御，都充分意识到了襄阳的战略价值，而宋元襄阳之战则体现出王朝后期对于襄阳地位的认识，已经提升到决定王朝命运的最高地位。

三　双城襄阳：微观上的战略形胜

评判历史时期襄阳的军事战略价值，如果只讨论位于今天襄阳市主城区、汉水南岸的襄阳古城，并不能获得全面的认识。考量襄阳在古代军事史上的地位，还一定要将隔汉水而立的樊城囊括在内。[②]

---

① 陈邦瞻：《宋史纪事本末》卷一〇六"蒙古陷襄阳"，中华书局1977年版，第1131页。

② 按樊城西北、距离江岸较远的山前平原地带，除樊城以外还有邓、平鲁、鄾等城。特别是邓城，隋唐以前有邓县、邓城县的建制，长期为该区域的中心城市，唐宋以后逐渐被樊城取代，体现了樊城后来居上的历程，是为北岸"双城记"。有关由邓城至樊城的关系演进，详参王先福《邓城——樊城演进历程考》，《襄樊学院学报》2007年第1期，第84页。

今天的汉水穿襄阳市区而过，分出南北两岸的襄阳和樊城，二城夹汉水而立。襄阳城南有岘山，西南列山如屏，群峰对峙，地势险峻；樊城周边则地势相对平坦，适宜农耕。襄阳新建城区也主要集中在汉江北岸旧樊城周边扩展，也是为南岸地形地势所限而北岸则相对平坦的缘故。除去南岸襄阳古城面向群山并有汉水三面环抱，既扼汉水咽喉又有利于军事上的防御，具备天然重要的军事战略价值外，樊城的历史演进也有其不同于襄阳城的特色，正是这些特色使襄阳、樊二城辅车相依，唇亡齿寒，忽视或否定樊城的价值，就不能全面把握襄阳的军事战略价值。襄阳、樊城独特的双城制，在历史上更凸显其优良的区域特点与军事战略地位。

襄阳城邑的最早之立，或可追溯到春秋楚国的"北津戍"。而据《汉书·地理志》，作为行政区划的襄阳县，至迟在汉代已经设立。"秦兼天下，自汉以北，为南阳郡，今邓州南阳县是也；汉以南，为南郡，今荆州是也"①，汉承秦制，基本保持了这种建制，《汉书·地理志》记载襄阳县为西汉南郡所属之县。此时的襄阳城的规模，应较先秦有所扩大。《汉书·高帝纪》记载，汉高祖"六年冬十月，令天下县邑城"，颜师古注："张晏曰：皇后、公主所食曰邑，令各自筑其城也。"而《水经注·沔水》载："沔水又东……西去城里余，北流注于沔。一水东南出，应劭曰：'城在襄水之阳，故曰襄阳。'是水当即襄水也。城北枕沔水，即襄阳县之故城也，王莽之相阳矣，楚之北津戍也，今大城西垒是也。"② 可见，至迟由西汉至北魏，襄阳城已经构筑并逐步扩大。"（沔水）又与襄阳湖水合。水上承鸭湖，东南流，径岘山西，又东南流，注白马陂水。又东，入侍中襄阳侯习郁鱼池……其水下入沔。""襄阳湖水"就是唐宋以后直到近世所称的襄水。③《元和郡县图志》亦载："（襄阳）在襄水之阳，故以为名。"东汉末年，荆州刺史刘表将荆州治所迁至襄阳，襄阳开始成为地方一级行政区域的治所，到了建安十三年（208年），曹操占领襄阳城设置襄阳郡后，襄阳一直是区域中心城市。

经过考古工作者的努力与学者的考证，汉末以来的历代樊城城址大体都位于今天汉江北岸之上。而且，时间越往后城址越往南即朝汉江方

---

① 《元和郡县图志》卷二一《山南道二》襄州，第527页。
② 《水经注》卷二八《沔水》，《水经注疏》，第2371页。
③ 同上书，及熊会贞按，第2380页。

向移动,清代樊城最靠近江边。考虑到汉江江岸沙洲的侵蚀堆积,北岸应该有一个不断生长的过程,故历代樊城城址应该都是临水而立,至少离江岸不远。例如《水经注·沔水中》载汉末樊城"城周四里,南半沦水,建安中关羽围于禁于此城,会沔水泛溢三丈有余,城陷,禁降"①。樊城南面即是沔(汉)水,关羽围困于禁之时正赶上汉水暴涨,得天时地利攻陷樊城。历史上的樊城应该一直都是一座汉水北岸临水而立的城池。

樊城活跃在历史舞台则要晚得多,《水经注·沔水》引《汉晋春秋》说东汉末年:"桓帝幸樊城,百姓莫不观。"樊城此时逐渐活跃起来。又前引《水经注》载关羽水淹樊城事,《三国志》载:东汉建安二十四年(219年),"羽率众攻曹仁于樊"。樊城城墙则可能在此之前已经筑成。樊城的兴起,可能与汉江北岸沙洲在历史时期不断向襄阳方向淤涨形成的凸岸有关。北岸地势平坦开阔,大量经南襄隘道南下的人们,需要在这里渡江到襄阳城下。而汉水川流湍急,舟楫不易渡过,人们常常需要在北岸停驻。渡口与水旱码头的建立,四方辐辏,加之樊城周边地势相对平坦,农业生产发达,人口稠密与物资积聚,客观上也需要筑城,于是有樊城之立,樊城一旦建成,遂与襄阳夹江而峙,互相依托,形造掎角之势。历史上的樊城因朝代更替、辖属关系多有变更。晋永嘉丧乱,北方特别是关中大批流民南下,纷纷涌入襄阳城对岸的山前河流冲积平原定居,于是东晋有侨雍州的设置。雍州治襄阳郡,襄阳开始以地方一级政区的身份统理汉北。孝武帝时于汉北侨置京兆郡。西魏时终于置樊城县,隶属河南郡。北周废入安养县后,历隋唐有安养、临汉等县之设,唐贞元二十一年(805年),将临汉县治所移至古邓城,置邓城县,至南宋绍兴七年(1137年)废属襄阳县,在经历了一千多年演变之后,襄阳县终于跨江治汉北。

按襄阳县的跨汉而治,实是长期以来两地间联系不断加强的体现。以大道言,以南襄隘道为核心的襄阳城辐辏四方,这其中最重要的一程便是渡过汉水,襄阳与樊二城正像是汉水两岸的桥头堡,二城成掎角之势,必然需加强联系。以微观而言,对岸的樊城周边人口稠密,社会经济发达,渡过汉水诉求同样强烈。以至于宋代为方便二城间联系,南宋初年甚

① 《水经注》卷二八《沔水》,《水经注疏》,第2375页。

至在二城之间架设了浮桥。浮桥的架设，沟通了南北，也使汉北为襄阳县统理提供了便利条件。①

襄、樊二城的掎角之势，在南宋抗击金、蒙元的战争中充分发挥了重要作用，这是襄樊二城在军事史上最重要的出演。《宋史·孟珙传》载嘉熙三年（1239 年），宋京西湖北路制置使孟珙在奉命收复信阳、樊城、襄阳、光化以及息、蔡等失地后上疏朝廷，云："襄、樊为朝廷根本，今百战而得之，当加经理。如护元气，非兵甲十万，不足分守。"② 襄阳之战中，襄樊在多次尝试获得外援失败的恶劣形势下，区区一地独立抗击蒙军围攻长达六年之久，双城防御的战术功不可没。唇亡齿寒，樊城失而襄阳城陷，襄阳陷则荆襄上游门户洞开，长江上流防线即失去支柱，顺流直下，下游更是无法抵挡，"无襄则无淮，无淮则江南唾手可下也"③。整个南宋的战略防御体系遭到沉重打击，国门洞开，宋祚大势已去，迅速败亡，以至于以顾祖禹为代表性的观点：宋的灭亡"自襄樊始矣"。

四　成败襄阳：不仅仅是军事

"大率襄之为地：一统，则小丑跳梁者易以平；分裂，则重镇屹立者难与争。"④ 有学者统计，迄明末，襄阳位居中国古代战争发生最多地点的前列⑤。诚然，每当讨论襄阳的历史，人们难免会与战争联系在一起，这是襄阳的一大特色，也是襄阳在中国古代军事史中战略价值与地位的体现。襄阳的这种价值与地位，又不仅仅关乎军事，还有更多值得探讨的问题。

有人说"宋亡之后无中国，明亡之后无华夏"，在这里无意展开有关"宋亡"与"明亡"、"中国"与"华夏"所体现出的王朝鼎替与文化存

---

① 按襄、樊二城之间的往来，舟楫摆渡向为主流。宋代浮桥的架设，方便了两岸交通，但不利于汉水上下游通航，故宋末毁后仅于明中后期曾有复建，见万历《襄州府志》卷一八《津梁》。明末浮桥再毁后清代不再架构。

② 《宋史》卷四一二《孟珙传》，第 12376 页。

③ 《元史》卷一六一《刘整传》，中华书局 1976 年版，第 3788 页。

④ 《襄阳兵事略·序》，《襄阳四略》，第 160—161 页。

⑤ 胡阿祥等：《兵家必争之地》第二讲"中国古代战争的时空分布"，海南出版社 2007 年版，第 54 页。

亡之间关系的探讨。单就"宋亡"而言，一般认为是 1279 年崖山一役战败，陆秀夫负帝昺投海自尽，南宋残余势力的彻底灭亡，蒙元最终征服整个中国，中国第一次整体亡于游牧民族，故又有"崖山之后，已无中国"之说。然则就前述顾祖禹的观点，南宋之亡实始于襄樊之失，"观宋之末造，孟珙复襄阳于破亡之余，犹足以抗衡强敌。及其一失，而宋祚随之。即谓东南以襄阳存，以襄阳亡，亦无不可也"，襄阳对于江汉、东南乃至全国不仅具有重要的战略作用，甚至承载了极为关键的文化蕴意。

顾祖禹在《读史方舆纪要》论湖广形胜时，有这么一段论述："汉都长安，而荆州首列南郡；晋都洛阳，荆州先治襄阳，平吴之后，改治江陵。唐都长安，而十道之设，山南道则治荆州。开元改置，则山南东道治襄阳。宋都汴梁，分湖南北为两路，治江陵、长沙，后复增置京西南路，治襄阳。盖天下之形势，视建都者为推移，藩屏之疏密，视建都之向背如耳。"① 顾氏注意到天下之形势，以建都者的意图为推移，这一特点在湖广地区体现得最为充分，其中襄阳又扮演了重要角色。今人饶胜文在《布局天下——中国古代军事地理大势》一书中，则将中国古代军事地理大势归纳为"四角四边"。"四角"，即关中、河北、东南、四川；"四边"，即山西、山东、湖北、汉中；中原乃"合天下之全势"②。

按自先秦时期，黄河中下游地区的华夏族，以其典型的农耕生产方式，取得了高于周边的社会经济实力，继而不断向周边区域扩散，挤压攘却以游牧渔猎为主要经济方式的部落。"诸夏"与蛮夷戎翟间的和战关系，正是这种现象的真实写照。在这一社会大背景下，南方长江中下游、四川盆地也逐次得到开发。以大一统政权而论，自西周以降，中国的政治中心大致经历了一个自西向东，进而由中原而至北方（北京）历史演化进程。这一演化进程首先体现出早期黄河流域东西方向的对峙与融合，其次展现出中原文化与周边游牧渔猎文明的征服与整合。以分裂政权论，秦汉以降，无论是三国、南北朝、五代十国，还是赵宋蒙元，抑或南明满清，基本是南北对立的面貌呈现出来。这一对立所代表的是长江与黄河这两大流域的地理空间上的对抗。再进一步细化地理单元，则可以关中、河北、东南、四川、山西、山东、湖北、汉中及中原等所谓的"四边四

---

① 《读史方舆纪要》卷七五《湖广方舆纪要·序》，第 3486、3487 页。
② 饶胜文：《布局天下——中国古代军事地理大势》，解放军出版社 2006 年版。

角"。可见，无论是古人视建都之向背的疏密藩屏，还是今人大地理观下的历代军事地理，襄阳都无疑处在极为显著的位置。而无论如何划分这些地理单元，当我们探讨其相互之间的联系时，就如顾祖禹所言，处于"腰膂"和"要领"地位的襄阳以其枢纽地位，为一幕幕历史大戏构建了英雄用武的华丽舞台，一直承担着重要的职能。

微观区域中襄阳、樊城的"双城记"，又是襄阳军事战略枢纽地位的细化与升华，宋末元初的襄阳之战，是襄阳在中国政治和军事史上最华丽的出演。襄阳陷落，南宋迅速败亡。元明清时期的襄阳因为国都北迁、经济重心的东移以及京杭大运河的修通等因素而在政治和经济上相对落寞，但是一到非常时期，襄阳以其天下枢纽的地位又会立刻在历史的舞台上活跃起来，英明的统治者也从来没有忽视襄阳的战略地位，放松对襄阳的控御与利用。可以说，襄阳的历史几乎就是中国历史的缩影。这一点，即便是在经济建设大潮中的新时代，依然值得我们持续的关注和研究。

"中国人起源"说在明清天主教中文文献中的叙事转变

——审视天主教在华发展态势的一个新路径

吴莉苇

一 引言

　　明清之际天主教在华发展有明显的阶段性特征，论者详备。大而论之，通常以耶稣会士传教区的发展为主线划分为三个阶段：第一阶段即草创时期，为1583年罗明坚（Michele Ruggieri）和利玛窦（Matteo Ricci）进入广东肇庆至1610年利玛窦去世；1610—1706年是将近百年的持续增长阶段；由于教廷对待中国祭祀礼仪的态度日益严峻，康熙帝又不满外人干涉中国事务，故而在1706年底开始要求传教士领票传教，由此步入衰退式增长阶段，直至乾隆朝结束，或者也可以将衰退式增长阶段的开端定为雍正即位的1723年。

　　这样的划分其实是以耶稣会士适应政策的核心内容所带来的效果为衡量标准，而适应政策的默认核心通常集中在礼仪政策上，这与17世纪后期至18世纪中叶的中国礼仪之争有直接关系。关于天主教从兴旺到衰落的转折原因，人们习惯于归结为，礼仪之争和教廷对祭祖问题的不宽容直接导致中国传教区与中国主流社会关系的彻底转变。实际上，无论是适应政策的核心内容，还是影响天主教发展态势的因素，都并非如此单一，不同因素通常在不同时期内发挥主要作用。如何去理解天主教在明清之际的发展，其实就是去理解一种外来传统试图在中国社会争取显赫地位而造成的两种传统之冲突，如何去描绘和解释这样的冲突，必须要多因素、多角度同时衡量。

在明清中国天主教史上，礼仪之争固然是非常突出的因素，但没有它也会有别的原因导致类似结果。从利玛窦之后诸耶稣会士的工作趋势来看，就可以判断终有教义传播之热情过盛而导致其忽视中国社会特征的局面。在1610—1706/1722年间的持续增长阶段，天主教社群并非一帆风顺，而是至少经历过三次严重打击，万历末期和崇祯时期已经有两次官方反天主教事件，康熙初年又有一场影响面更广的"历狱"。对于这几次事件，教史文献和常见的研究都倾向于认为每次都有引发事件的特定负面因素，亦即，总是有某些人在起不良作用。也许，明代消亡和耶稣会士在清初很快重树地位，使得明末两次事件在天主教人士眼里只是偶发的障碍，并未影响其高歌猛进的发展方针，并未审视士人社会态度的转变。也许，"历狱"风波中杨光先本人的作用及钦天监的派系斗争使得"历法"因素成为当时许多人和诸多当代研究者关注的焦点。然而笔者认为，这三次事件已经表明，天主教在那个时代环境中有着不可逾越的障碍，即对抗主流社会所引发的风险。三次事件实为同一个问题的反复发作。

关于明末两次反天主教事件所呈现的天主教传统与中国传统的冲突点，笔者已有论述。此次想针对引发"历狱"事件的一个并不常为人注意但却很关键的冲突点——李祖白《天学传概》中关于中国人来自如德亚的论述，来讨论耶稣会士在华发展策略的趋势变化，从这样一个角度审视天主教传统与中国传统在明清时期无法避免的冲突。

李祖白之书可谓引发"历狱"的直接导火索，但这并非偶然，而是耶稣会士传教态度由隐趋显这种变化导致的必然。由于"历狱"对此后耶稣会士的发展策略又有直接影响，所以1664年发生的事件——李祖白出书与传教士遭黜——堪称一个转折点。此事件既是天主教对自身发展态势之乐观期望的表达，又引发天主教社会与士人社会的重大冲突，从而促使天主教社会愈加疏远同士人社会的互动。此后直至康熙晚年禁教时期，天主教呈现出较为独立但又较为封闭的发展态势，此种态势就与主流社会的关系而言，是收缩，但就天主教社群自身的发展而言，又是持续扩张。

二　17 世纪 60 年代之前关于人类
起源问题的叙事基调

在耶稣会士出版的中文宣教作品中，必提无疑的教义首为原罪，次为天主降生救赎世人，因而人类元祖之说也一定提及，而诸如大洪水、摩西颁诫等教义，在不那么详细铺陈《旧约》的作品中可能会略而不谈。不过，在 17 世纪 60 年代之前刊刻的作品中，即使提到亚当、厄袜①是万民之祖，也不会特意说及其与中国人的关系，行文容易让教外人与中国固有之始生男女传说牵合。这个时期涉及诺厄②与大洪水的作品也不会明确诺亚后裔与中国人起源的关系。

1. 谈论元祖而不谈大洪水的作品

此类作品数量较多，而且绝大多数仅是约略提到天主创生亚当、厄袜使为人类之祖，也常同时提到天主为大父母。有时称亚当、厄袜为"吾人"之祖，也只能算含蓄地把中国人包括在内。本文要考虑的是作品在"公开"说话状态中的教义表达程度，故而以刊刻时间为序，依次是：苏若望（Jean Soerio）《天主圣教约言》，明末刊刻之罗雅谷（Jacobus Rho）《天主经解》第四章《天主为人生父六征》，崇祯元年（1628 年）始刻之艾儒略（Giulio Aleni）《万物真原》第十篇《论天主造成天地第十》，艾儒略 1629 年撰写之《弥撒祭义》下卷第三《悔罪诵解罪经》，约 1638 年刊刻之阳玛诺（Emmanuel Diaz Junior）《景教流行中国碑颂正诠》（解景教碑文"洎乎娑殚妄施，钿饰真精……"），及其《天学举要》对原罪之回答，约 1642 年刊刻之孟儒望（Jean Monteiao）《天学略义》之《天主降生为人之义》章，高一志（Alphonse Vagnoni）1624—1640 年间撰写之《寰宇始末》上卷第十七章《人类造始》，何大化（António de Gouvea）

① 翻检明末文献和清朝文献，大体上明末文献写作"厄袜"（偶尔还作"陁袜"）和"元祖"，而清初文献写作"厄娃"和"原祖"，只有在清朝初期顺治至康熙初年刊出的文献可能还继承明末用字。本文依循原文，论明末文本时用"厄袜"，论清初文本时用"厄娃"。另需注意，艾儒略的作品似乎都写作"原祖"，而他的一些作品是入清才刊。这两点也可有助于判断没有出版信息之文献的刊刻时代。

② 因本文涉及的作品都将 Noah 译为"诺厄"，个别写作"诺陁"，所以文中也都是用"诺厄"，以求统一。

约 1655 年刊刻之教义问答手册《天主圣教蒙引要览》对"何谓原罪"之回答。①

需略加注意的是罗明坚《天主圣教实录》。此是目前所见明末耶稣会士中文著作中唯一很详细地铺陈《创世记》教义而异国风味明显的作品，当然也是最早一部，撰于 1584 年，但并未即刻刊行。第四章《天主制作天地人物》谈论创世距今的时间，也谈天主六日创世的故事，并提到第六日创造繁育人类之"人祖"，第五章《天神亚当》又明确亚当为普世之祖。②

罗明坚之叙述是对《创世记》的直接铺叙。其时罗明坚初入中国，无暇仔细考虑传播圣经教义要顺应中国人态度的问题，所以内容之正宗性不言而喻，则以中国人观点来看自然诸多怪异。此书倘在罗明坚、利玛窦入华之初就大张旗鼓地印行，只怕耶稣会士前景难以言说。事实上，此书的正式刊刻时间在傅泛际（Francesco Furtado）任副省会长的 1630—1636 年，因刊本有"值会傅泛际准"字样。此时，由龙华民引起的术语之争告一段落，南京事件也已消停，福建事件大体尚未发生，亦即，天主教会正处在一个比较稳定的阶段和比较宽容的社会环境中。如此，傅泛际翻出前辈旧著刊行，恐是基于对当时形势的乐观估计。

2. 提到诺厄洪水却不涉及与中国人起源之关系的作品

这类作品数量不多，目前只见到汤若望（Johann Adam Schall von Bell）《主制群征》（1629 年刻）和阳玛诺《圣经直解》（1642 年刻）。它们虽然对大洪水教义或世界编年史有详细介绍，但似乎刻意不谈中国人在这个框架中占据何等位置。

---

① 苏若望《天主圣教约言》，载钟鸣旦、杜鼎克编《耶稣会罗马档案馆明清天主教文献》第二册，台北利氏学社，2002 年，第 286 页。罗雅谷《天主经解》、艾儒略《弥撒祭义》、阳玛诺《天学举要》、高一志《寰宇始末》及何大化《天主圣教蒙引要览》，分别收入钟鸣旦、杜鼎克、蒙曦编《法国国家图书馆明清天主教文献》第二十一册（第 187—188 页），第十六册（第 561—562 页）第二十三册（第 275 页），第二册（第 227 页），第二十三册（第 554 页），台北利氏学社，2009 年。艾儒略《万物真原》（乾隆五十六年重订本），收入钟鸣旦、杜鼎克、黄一农、祝平一等编《徐家汇藏书楼明清天主教文献》第一册，新庄：辅仁大学神学院，1996 年，第 208 页。阳玛诺《景教流行中国碑颂正诠》和孟儒望《天学略义》，载吴相湘《天主教东传文献续编》第二册，台北：台湾学生书局 2000 年版，相关内容见第 671、872 页。

② 罗明坚：《天主圣教实录》，载吴相湘《天主教东传文献续编》第二册，第 781—782、787 页。

《主制群征》之《十四以神治征》详细说明诺厄洪水始末，但回避洪水之后人类的繁衍问题："《经》纪，在昔，人类纵欲无制，怙终不悛，犯主义怒，加罚大发洪水，湮没天下。且先百年，即降儆，命圣诺厄造一巨舟，所以处其家人，暨凡禽兽一偶于其中，以俟后命始出者。盖大主罚恶，不难尽灭其类，再为创造，所以然者，存后裔耳。及其将罚也，猛雨四十日无间，地面全没，鸟兽诸种，有听命来舟者，人物共处一舟。历岁水退，乃出，凡属有生，在舟外者悉死，盖物本为人，人既不存，物即无用，因并灭之。"①

《圣经直解》是首次明确将圣经年代同中国编年史对应的耶稣会士中文作品。诺厄是圣经世界编年史中一个重要记时标志，自然要提到，但即使如此，阳玛诺也未明言此事件与中国人起源之关系。②

3. 艾儒略的略显激进之言

艾儒略入闽初期的诸多言论就试图破除中国中心论，抬高基督教、圣经、如德亚。《万物真原》（1628 年）第一篇《论物皆有始》在世界寿命问题上表面肯定中国主流认识，实际多方抬举圣经，呈现基督教传统要与中国传统分庭抗礼的姿态。此篇第一个要点是，证明天地有始、人类有始、万物有始。当然，皆是因天主而开始。第二个要点是证纪年之长短，世界肇始距今只有几千年而不是亿万年，各国经典中留下的最古老的记录正是关于肇始之时的记录。这一观点与中国主流观念并无显明出入。第三个要点是，名义上依傍中国正统经典，像中国主流一样批驳《路史》、《资治通鉴外纪》之类作品，称圣经所载世界延续时间与中国六经相符，暗自则抬高圣经所记，强调其中皆为信史，而中国的女娲、共工等说定是传说。③ 以上三个要点除暗示人类不仅有天主这一大父母，还有共祖，暨圣经所记之共祖，并抗言天主经与中国经典权威性相埒，中国史书中关于开辟阶段的模糊之处，可得天主经印证。但是，艾儒略毕竟还不敢称天主经高于中国经典，更没有谈论伏羲从哪里来的问题，虽然将中国有人类的记录始点同太西关于亚当的记录并举，却也还不明说两家所记人类开端在

---

① 汤若望：《主制群征》卷下，载吴相湘《天主教东传文献续编》第二册，第 602—603 页。

② 阳玛诺：《圣经直解》，收吴相湘《天主教东传文献三编》第四册，台北：台湾学生书局 1998 年版，第 1559、1730 页。

③ 艾儒略：《万物真原》，《徐家汇藏书楼明清天主教文献》第一册，第 165—170 页。

同一时间或亚当即为元祖。

此外，李嗣玄摘、李九功校《西海艾先生语录》上卷称："天主经典，昭如日星，吾大西七十余国，人人奉之，奚啻中国六经，家弦户诵而已乎！此皆从如德亚国，相传而来，其可以天主不降生此土，而疑其偏僻者耶。"① 此语录的刊刻时间虽然不详，但既是语录，便知艾儒略在福建活动期间（1625—1649 年）对教友私相传授时，已经开始突出如德亚的地位。但此处仍只论圣经在西方的普及程度和权威程度有如六经在中国，甚至高于六经，因为流传于七十余国间，他尚不敢直称六经本于天学云云。又有 1629 年撰成的《弥撒祭义》下卷第十《移经台右，奉香，诵万热略经》，指明如德亚是上邦，"台左即如德亚国，原系万民初生祖地，自有天地以来，常存天主圣教，代代相传不绝者也。台右者，即天下诸国，向来失传真教。今以《经》自左至右，乃指天主降生后，圣教从如德亚传于他国也"②。但他此时还没有公然说出，中国文化来自西方，或中国人来自西方。

似乎随着在福建根基稳固，艾儒略（及其他在闽耶稣会士）的言辞越发"激进"和"不经"。《口铎日抄》卷三《答天下万民共出一祖》（约 1635—1636 年首刻）明确说亚当、厄娃的后人分住各国，而且中邦有人类始自羲皇，其时人类分析，始及中土。③ 这就说明了中邦之始祖也正是原祖后裔。首先要注意，这份"口铎"是针对教徒内部的问答，其次则是当时福建的教会正处在迫教风波之前的蓬勃发展中，这两点都会影响到耶稣会士的说话态度。艾儒略被研究者定性为以传教为导向的传教士，其实这不完全是他个人性情所致，而要与明末（尤其是福建）天主教逐渐蓬勃的趋势结合考虑。传教士表达教义时的正统程度和以圣经观念为诠释其他文化之当然基础的思想特征之流露，与传教事业的发展形势成

① 李嗣玄摘、李九功校：《西海艾先生语录》上，载钟鸣旦、杜鼎克编《耶稣会罗马档案馆明清天主教文献》第十二册，第 289 页。

② 艾儒略：《弥撒祭义》，载钟鸣旦、杜鼎克、蒙曦编《法国国家图书馆明清天主教文献》第十六册，第 577 页。

③ 艾儒略等：《口铎日抄》，载钟鸣旦、杜鼎克编《耶稣会罗马档案馆明清天主教文献》第七册，第 342—343、194—195 页。按此书编辑刊刻者李九标提供之凡例与目录，是书前六卷收录崇祯三年至八年（1630—1635 年）艾儒略等神父的答问宣教之言。其中前四卷，即截至崇祯六年九月的，曾先行刊刻，则约为 1635—1636 年。

比例地表现。艾儒略还有比《口铎》之中更"激进"的言辞，但却不是于他在世时公然行世，而直到1663年方由传教团决定刊出，这与1664年刊出《天学传概》恐怕颇有关联，故而置于下文。

4. 耶稣会士指导下的中国教友之言论

明末一些士人天主教徒关于元祖的说法通常符合中国传统之下"有天地然后有男女，有男女然后有夫妇"之框架，他们都是所谓第一代天主教徒，即以儒生改而入天主教的那些人。比如韩霖《铎书·和睦乡里》言及："自古至今，九州岛万国，人以亿兆计，溯其初只是一夫一妇所生。"① 段衮、韩霖的《辨教论》谈到创世至摩西受诫的年代间隔，又谈摩西与基督降生间的年代间隔，但并未显示此年代体系与中国历史有何关系，充其量被教外人士认为是对外国历史的叙述。值得注意的是"每遣生圣贤于各国中，代立正训，俾民不迷，如我中华之先诸圣贤是也"② 一句，明说中国圣贤是天主所遣，开始偏离中国正统。不过，只要对于"天主"和"天"的关系还持有利玛窦时代的认识，此句尚不至于让教外士人觉得不可接受。

李九功《慎思录》第一集有一段除引庞迪我（Diego de Pantoja）《人类原始》，还坚称"圣经灼无可疑"③，而《人类原始》中教义之正统性及表达之明确性，一如罗明坚《天主圣教实录》。庞迪我此书是在其身后刊出，下文再论。从艾儒略传教之直接与激切就可推测，与他过从甚密的李九功以圣经为基本权威，无可讶异。

李九功《问答汇抄》第二卷《人始生原罪》条摘引来自朱宗元《答客问》的内容，有"凡我人类，咸厥子孙"④ 之句。朱宗元大约二十出头就成为一名热忱而纯粹的信徒，《答客问》正是22岁那年撰写，其对信

---

① 韩霖：《铎书》，载钟鸣旦等编《徐家汇藏书楼明清天主教文献》第二册，第678页。

② 段衮、韩霖：《辨教论》，载钟鸣旦、杜鼎克、蒙曦《法国国家图书馆明清天主教文献》第六册，第515页。

③ 李九功：《慎思录》，载钟鸣旦、杜鼎克编《耶稣会罗马档案馆明清天主教文献》第九册，第160—161页。《慎思录》刊本提到审定者为何德川，即何大化。何大化在福建活动先是1647—1652年，再是1669年历狱平息至1677年他去世。《慎思录》的刊出时间应是这两个时期之一。

④ 李九功纂：《问答汇抄》第二卷，载钟鸣旦、杜鼎克编《耶稣会罗马档案馆明清天主教文献》第八册，第289—290页。

仰之迫切于此可见端倪，但他在顺治朝又考取了功名。① 《拯世略说》则是朱宗元 1644 年（顺治甲申年）撰成，现有版本刊刻时间不详，此著《天地原始》一章大逆不道之意也颇明显，指出如德亚国是唯一存有关于天地开辟时期之记载的国家，以此证明中国传统中对过于久远年代的记载不可信，还讲到亚当、厄袜是人类之祖，大洪水之后仅存诺厄一家。

> 但万国史书，无记开辟事者，惟如德亚国存之。自有天地至今顺治之甲申，仅六千八百四十四年，中间复遭洪水之厄。洪水已前，人类已繁衍如今日，因其背主逆命，悉淹没之，仅存大圣诺厄一家八口；自洪水至今，四千八百余年耳；开辟之距洪水，可二千余年。中国之有人类，大抵自伏羲始，故一切制度规模，悉肇于此数帝。……六日之后，乃生人类男女各一：男曰亚当，女曰厄袜。②

不过细看布局，却见他仍将诺厄洪水和"中国之有人类，大抵自伏羲始"作为两个事件各自叙述。文章呈现的整体意图是证明世界历史不会超过六七千年，反驳"二百七十万年"之类说法，这并不违背主流士人的意见。虽说他用外国证据来证明此点，但在明末也有教外士人有类似做法。所以，朱宗元对如德亚上邦地位的表达是含蓄隐晦的。

无名氏《破迷》，著者与刊刻时间不详，但文中提"大明"，又写"厄袜"，可见是明朝作品。其"破人迷风水地理"一章言人祖亚当、厄袜起自西土，中国天文之传也是西来，只是中国早期记载都已丧失，所以

---

① 《答客问》现今仅见法国国家图书馆一个 1697 年福建人林文英的抄写本，故对其刻印状态不是十分清楚。从张能信为此书写的第一篇序可知，书成之后以抄本形式在士人信徒或慕道者中流传，1642—1643 年间朱宗元本人重加改订，张能信作序，后有蔡铁重订之序，1660 年涞宇兴序，但这几篇都未说明是否配合刻本。1662 年吴宿《答客问今本序》表明他与李奭校订此书及重刻，而同年李奭《答客问序》称"朱子《答客问》一编梓行已久"，由此可以推测，1643年之后此书当以刻本行世。《答客问》诸序，收刘凝《天学集解》卷六，第 39—45 页，圣彼得堡俄国公共图书馆藏钞本影印。朱宗元传记见方豪《中国天主教史人物传》中，第 91—98 页。《答客问》法国国家图书馆藏本信息及本文见郑安德《明末清初耶稣会思想文献汇编》卷三。李九功《问答汇抄》编纂年可能在 1674 年之后，因审阅者刘蕴德自题天学学人，而刘蕴德 1674—1680 年间受洗。

② 朱宗元：《拯世略说》，王美秀、任延黎主编《中国宗教历史文献集成：东传福音》第五册，黄山书社 2005 年版，第 268 页。

导致中国人不明就里。① 这些说法已是相当大胆。至于此书是中国人撰写还是传教士撰写，无以明辨。由于文中较详细地反驳中国风水算命和民间信仰，比如将玉皇之为神同姜子牙封神联系起来等，推测可能出自中国人之手。

5. 作品的社会影响推测

显然，明末耶稣会士在利玛窦的示范效应下懂得，有违中国传统的观念不可对中国主流社会公开宣讲，尽力在有可能被外人看到的作品中保持"谦虚"。但他们在真正的传教活动中，并不会忽略宣讲正统观念。因此我们看到，接受天主教的明末士人一方面都在耶稣会士的耳提面命之下接受了关于人类共祖的教义和世界历史本出一源的教义，另一方面也深深懂得，这些言论只能内部传授或私下讨论，不能造次到贸然公示。

同时，以上作品一开始默认的阅读对象似乎就不是教友和慕道者以外的社会。这些作品之刊刻并不是为了提升耶稣会士的知名度，如那些科学或道德著作之功用。这一点从作品的序跋情况便可见一斑。利玛窦的作品和其他耶稣会士的世俗主题著作中通常可以看到名公序跋，序跋者除耶稣会士的友人，还常有请托之作。此种状况明显表现出早期耶稣会士试图利用中国传统的人际关系网络确立自己的"西儒"、"西士"形象。然而上文诸多作品的序跋情况显示，它们的问世过程中没有教外士人参与。

以耶稣会士作品而论，苏若望《天主圣教约言》没有序跋，罗明坚《天主圣教实录》、艾儒略《万物真原》和《弥撒祭义》、阳玛诺《天学举要》和《圣经直解》仅有自序。阳玛诺《景教流行中国碑颂正诠》在自序之外，参与校订者皆是耶稣会士，费奇规（Gaspard Ferreira）、艾儒略、孟儒望。②《口铎日抄》的序者张赓、林一儁、李九标皆为天主教徒。孟儒望《天学略义》有天主教徒张庚序。高一志《寰宇始末》无序跋，但修润者中韩云、段衮自题天学"学人"，但另两位修润者李烨然、卫斗枢身份不详。汤若望《主制群征》，有自序及天主教徒李祖白跋，三位订

---

① 无名氏：《破迷》，载钟鸣旦、杜鼎克、蒙曦编《法国国家图书馆明清天主教文献》第十一册，第520—521页。

② 《天主教东传文献续编》所收无序，《东传福音》第一册所收1927年上海土山湾慈母堂重刻本有序及订正者名单。

正者皆耶稣会士，龙华民（Nicolas Longobardi）、罗雅谷、高一志①。何大化《天主圣教蒙引要览》于自序之外有天主教徒佟国器序。

以中国天主教徒的作品而论，朱宗元《答客问》众序作者张能信、蔡铁、涞宇兴、吴宿、李奭皆是天主教徒（或慕道友），其《拯世略说》只有自序（刘凝所录序言抄本写作《拯民略说自序》）。李九功《问答汇抄》本就是未刻之抄本，校对者为其子李奕芬，无疑是天主教徒，审阅者刘蕴德1674—1680年间于南怀仁手中受洗，1684年加入耶稣会，1674年之前因在钦天监任职已经与耶稣会士过从甚密，恐怕早就是慕道友②。李九功《慎思录》之三篇序言分别出自三位天主教徒刘蕴德、严赞化、李奕芬。此书是李奕芬为其父整理，由耶稣会士何大化核准后在本地刊出，参与此书校订者蔚然成群（18人），以福建人为多。这些人虽然不是人人可考，但至少祝石、陆希言是天主教徒，王谦（多默）、杨玛窦、李昭璠（圣望）从名或字可判断是天主教徒，而李昭璠和郭鸿业都被李奕芬题为"门人"。它显然就是福州地区天主教徒共同发声的一次刊刻举动。段衮、韩霖《辨教论》及无名氏《破迷》均无序跋。韩霖《铎书》固然有教外人士李政修和李建泰之序，但此书不同于上述，并非教会作品，而韩霖意欲隐晦宣教，也只落得教外读者看不懂。

因此可以推测，这些作品主要是供教会内部（包括慕道者）使用，不是用来向中国主流社会宣传推广天主教的。而即使如此，也以不张扬和少触犯中国传统禁忌为基本撰述态度。这同时也说明，一群中国籍天主教徒已经形成一个圈子，互相传阅和作序，通过个人关系扩大影响，全然不像利玛窦时代众多教外士人写序的情形。我们当然无法确切知道一个地区、一个阶段或一个耶稣会负责人决定刊刻哪些书和在什么时间刊刻的具体理由，也不知其中是否包含明确的全盘规划。但是，当所有现存某阶段作品中包含共同特征时，我们可以把它视为体现特定时代之思想的特征。

---

① 《天主教东传文献续编》所收无序跋，序及跋见刘凝《天学集解》卷五，第23—26页。
② 刘蕴德传记，见费赖之《在华耶稣会士列传及书目》，中华书局1995年版，第402—403页，及方豪《中国天主教史人物传》中，第227—230页。

三　1665 年前后关于中国与如德亚 关系之叙事的起伏转折

事实上，耶稣会士们的隐忍之情在等待转变的机遇，新进教友们的热切之情也在等待宣示的场合，只要社会环境（主要是政治环境）足够乐观，就有机会展示完整的真实面目。所以，天主教以汤若望之故在顺治一朝所受之恩遇似乎就成为中国天主教社团改变态度的理由。

1. 康熙初期的传教形势

1664 年，李祖白不仅在《天学传概》①中写出惊世骇俗之语，还通过利类思向教外士人许之渐讨序。这似乎表明，教会方面意欲此书公行于士人社会中，以为天主教张目。此举之大胆程度不言而喻。不过，一些迹象表明，《天学传概》的出版不是孤立事件，经过顺治一朝，天主教徒们的乐观情绪使他们已不满足于小心谨慎地掩藏教义与中国传统的乖离之处。

顺治朝，不仅耶稣会士在钦天监呼风唤雨、深受皇恩，而且全国传教形势喜人。1610 年，全国天主教徒不过 2500 名，1636 年时耶稣会士负责的天主教徒 3.8 万多人，到 1637 年前后全国教友增长到 4 万名左右。到 1650 年，中国共有 15 万天主教徒，1664 年则有 20 万人，大多数由耶稣会士管理。另有数据称耶稣会士负责的天主教徒在 1663 年有 114100 人，到 1664 年时又骤增至 248000 人，这一年全国教友则接近 25.5 万人。至于北京地区，1663 年所记天主教徒约 13000 人，而从崇祯时期努力到 1658 年，总计受洗者仅 5000 人。1645 年明清易代之际，中国共有 23 位耶稣会士，1664 年有 30 位。1664 年，耶稣会士在十三省有 159 所教堂和 41 处住院。这些数据表明，顺治朝的天主教确实突飞猛进，这不仅体现在耶稣会士方面，也体现在托钵修会那边。

1664 年，多明我会士有 10 名神父在中国，他们拥有约 11 处住院和 21 所教堂，管理 1 万名天主徒，分布于浙江、福建、广东。方济各会士传教区随着利安当（Antonio Caballero/ Antonio de Santa Maria）1650 年

---

①　有一种意见认为《天学传概》的作者不是李祖白，而李祖白因此文枉死。其实，在《天学传概》文章中有李祖白以第一人称叙述的字句。

在山东济南定居而开始稳步发展，1653 年同时有 4 位会士在中国活动，截至 1664 年在中国拥有 3 所教堂和 1 处住院。虽说山东的传教区在 1664 年的"历狱"事件中遭到重创，但广州的方济各会传教区却在 1664—1665 年间有不错的发展，据说这期间方济各会士在广州拥有近 4000 名领洗者。考虑到 1630 年代方济各会和多明我会还在因为立足中国的问题焦头烂额，那么 1664 年达到的程度堪称瞩目。①

传教形势之喜人难免会推动传教士的宣传热情，汤若望对顺治帝的描述——不仅亲信汤若望，还乐听汤若望讲授教理，当时诸宫廷耶稣会士皆盼他成为又一位君士坦丁大帝②，充分说明耶稣会士们几乎相信天主教在中国的胜利举目可见。甚至即使顺治在 1660—1661 年间人生的最后阶段皈依佛教，时任耶稣会士南京会长的刘迪我（Jacques Le Favre）仍敢在 1664 年自信满满地向罗马报告："满人准许，以如同在欧洲一般的自由在中国传布福音。"③ 关于中国人出自如德亚或如德亚优于中国之类言论较为密集地出版公示，正是在这个阶段和此种背景之下，可以设想，此种出版行为绝对非心血来潮或头脑发热，而是天主教社群对当前形势加以评估后做出的自认为契合形势之举措。

2. 公开发布关于中国与如德亚之关系的激进言论

在《天学传概》刊刻之前，教会已经有所动作。艾儒略有两部公然宣示如德亚是中华之上邦的作品，它们偏偏就在 1663 年刊出，而尚未看到它们此前曾被刊出的线索。其一为《天主降生引义》，现存光绪版跋文

① 关于传教区的统计资料来自 Latourette, *A History of Christian Missions in China*, pp. 107, 111, 117 – 118, 128, 158; Paschal M. D'Elia, *The Catholic Missions in China*, Shanghai, 1934, p. 39. n. 9, pp. 42 – 43; Arnuf Camps, *The Friars Minor in China*（1294 – 1955）: *Especially the Years 1925 – 55*, Rome, 1995, pp. 6 – 7; 魏特著《汤若望传》，杨丙辰译，商务印书馆 1949 年版，第 334、348 页；荣振华著《在华耶稣会士列传及书目补编》，耿升译，中华书局 1995 年版，第 800、806、811 页；高龙鞶著《江南传教史》第一册，周士良译，新庄：辅仁大学出版社 2009 年版；沙百里《中国基督徒史》，中国社会科学出版社 1998 年版，第 150—151 页；王治心《中国基督教史纲》，上海古籍出版社 2004 年版，第 114 页；李宽淑《中国基督教史略》，社会科学文献出版社 1998 年版，第 75 页；汤开建《明清之际方济各会在中国的传教》，收入卓新平主编《相遇与对话：明末清初中西文化交流国际学术研讨会论文集》，宗教文化出版社 2003 年版，第 246—254 页；崔维孝《明清之际西班牙方济会在华传教研究（1579—1732）》，第 128 页。

② 费赖之：《在华耶稣会士列传及书目》，第 174—175 页；魏特：《汤若望传》，第 298—306 页。

③ 魏特：《汤若望传》，第 349 页。

显示 1663 年刻过，其上卷第三章《如德亚国恒存圣教真传》明确称赞如德亚是上邦。《西海艾先生语录》和《弥撒祭义》只说如德亚是圣教源头，此处则称赞该地是人类元祖诞生之地，大圣代出而能保持造物主真传之地。从"圣教（天主教）真传"之地变为"造物主真传之地"，又将造物主真传等同于天主经典之圣训，细心人士肯定能辨认出其中意旨之扩大，不再满足于接受天主教与儒教并行的价值，而意欲突出来自如德亚的天主教是唯一正教。不唯如此，下卷第十三章《降世不必在中邦》更公然挑战晚明士人一直不能释怀的"中国中心观"，宣称如德亚位于三大洲之正中，地理位置和气候条件优于中国，又是生民之祖国，是当仁不让的圣土，天主降生此地至为合理。①

《天主降生引义》中对如德亚地位之推重，俨然就是李祖白《天学传概》中相关言论的先声。而艾儒略《天主圣教四字经文》则确定了大洪水与中国居民之关系，明确宣告属于亚洲的中国之居民正是诺厄长子的后裔，而且是在大洪水之后两百年，移民才抵中土："诺厄父子，复居陆地。长子名生，次子名冈，其第三子，名雅佛德，其后子孙，分居各方。亚细亚国，皆生之后，利未亚民，乃冈之嗣，欧罗巴人，雅佛德后。洪水之后，天下人稀，经二百季，方及中土，东西南北，俱事上帝。"②

《天主圣教四字经文》撰于 1663 年的跋文显示，是年李奭（筠西）受聂姓传教士（聂伯多 Pietro Canevari）之托校刻此书，并得中国副省会长汤若望许可。跋文作者吴宿（汉通）与负责校刻的李奭都是天主教徒。这似乎说明该书以前未曾刊刻，而《天主降生引义》也于 1663 年才正式刊刻，未知是否两书言辞太激进之故。倘若前此不刊是因其中有明显触犯中国传统的言辞，那么在 1663 年之际汤若望许可刊出关涉中国人起源的说教，一反他本人此前的审慎态度，或可表明耶稣会传教团对于传教前景的乐观估计。下一年，李祖白的《天学传概》即行刊出，想必是同一种集体心态下的产物。

其实，晚于罗明坚而早于艾儒略便毫不粉饰地宣讲人类起源教义，甚

---

① 艾儒略：《天主降生引义》，光绪十三年上海慈母堂道原精萃活字版本，王美秀、任延黎主编：《中国宗教历史文献集成：东传福音》第四册，第 22、37 页。

② 艾儒略：《天主圣教四字经文》（跋文显示 1663 年刻），载钟鸣旦、杜鼎克编《耶稣会罗马档案馆明清天主教文献》第二册，第 316—326 页。

至还将中国人纳入这一体系的，是庞迪我《诠人类原始》。[①] 此篇是《庞子遗诠》中最后一篇，采用同时代耶稣会士习用的问答体，以中国人口吻提出对中国早期历史开端和数万载之说的疑问，在答言中，庞迪我洋洋洒洒地叙述了圣经编年体系和人类与万物之被天主创造，大洪水始末及此后人类繁衍，巴别塔分音后人类散居四方，尤其说到，洪水之后一二百年，移民才至中土，时当中国史书中的伏羲、神农，最后竟说，孔子所称西方之圣人当指如德亚圣人。[②]

此段言论与《天学传概》相比，忤逆性毫不逊色，倘被教外士人看到，一定遭到痛斥。但是，我们却不知晓关键环节——《庞子遗诠》的刊刻时间。作为教义讲授文的《庞子遗诠》显然是庞迪我身后方才刊出，而现存刊本中无序跋亦无刊刻时间和地点，也无核准人或校刻人姓名。《天学集解》卷二目录中有一篇题《庞子信经遗诠》的序或跋，然而本文缺失。当今有关庞迪我及《庞子遗诠》的介绍也都无法提供这方面信息。[③] 仅能推测不是他1618年去世后即刻刊出，因为1616年南京反教事件的影响总要持续一段时间，庞迪我正是因为这场风波被遣送至澳门，耶稣会士因此理应谨慎行事。此书的社会影响也无从察知，甚至它的写作时间是在大为士人称道的《七克》（1614年刻）之前还是之后亦无法求索。不过，从《诠人类原始》之文可知，耶稣会士来华不久便已将中国历史起源纳入圣经中的世界历史图景中，只是迟迟不敢公开宣示。而这种态度到了1663年前后出现显著改变。然而上述艾儒略两部作品和庞迪我的作品似乎仍属着眼于教会内部的作品，因为它们没有特地请某位有名望的教外士人提携。以此背景衡量，李祖白在《天学传概》中不仅发表有关中国传统之由来的激进言辞，还请了许之渐作序，似乎想让此书在更大范围内被认可，此举在正统士人眼里可谓嚣张跋扈，因为李祖白不留余地地断

---

①　艾儒略《天主降生引义》和李九功《慎思录》中提到的《人类原始》应该就是这一篇。

②　庞迪我：《庞子遗诠》第四卷，载钟鸣旦、杜鼎克编《耶稣会罗马档案馆明清天主教文献》第二册，第232—236页。

③　如费赖之《在华耶稣会士列传及书目》，第76页；方豪《中国天主教史人物传》上，第146页；徐宗泽《明清间耶稣会士译著提要》，上海书店出版社2006年版，第64页；A. Wylie, *Notes on Chinese Literature: With Introduction Remarks on the Progressive Advancement of the Art; and a List of Translation from the Chinese into Various European Language*, Shanghai: The American Presbyterian Mission Press, 1902, p. 174.

言中国人、中国古圣之训、中国之教统统是如德亚后裔与余绪：

> 天学，天主教学也。天主……中土尊称之曰上帝，兹以其为天地之主宰，故质称天主也。……缅昔天主上帝，于厥世始，开辟乾坤，发育万物，所以资人安居利用者悉备，而生初人，男女各一……方开辟时，初人子孙聚处如德亚，此外东西南北并无人居。……其后生齿日繁，散走退逖，而大东大西，有人之始。其时略同，考之史册，推以历年，在中国为伏羲氏，即非伏羲，亦必先伏羲不远，为中国有人之始矣。惟此中国之初人，实如德亚之苗裔，自西徂东，天学固其所怀来也。生长子孙，家传户习，此时此学之在中国，必昌明于今之世。……则中国之教，无先天学者乎？①

李祖白文中将中国儒家文化视为外来之物，进而推演到中国皇帝也是外国人出身，从传统中国文化观念的角度出发是完全无法接受的，尤其是后者，在清朝初期格外敏感。因此杨光先对李祖白的指控可谓切中要害："妖书，谓东西万国皆是邪教之子孙，来中夏者为伏羲氏，六经四书尽是邪教之法语微言。岂非明背本国，明从他国乎？""历代之圣君圣臣，是邪教之苗裔，六经四书是邪教之微言，将何以分别我大清之君臣而不为邪教之苗裔乎？""苗裔我君臣，学徒我周孔，祖白之意若曰，孔子之道不息，天主之教不著。"② 既然涉及如此严重的问题，李祖白引来杀身之祸也不奇怪。《天学传概》中的忤逆言论在"历狱"事件中有着突出作用，这也可从下述事件得到旁证。1665 年礼部审讯身在山东的利安当等五位传教士时特地询问，《天学传概》是否汤若望令他人撰写，又寄送他们，并要他们予以传播。方济各会士利安当、耶稣会士汪儒望（Jean Valat）、多明我会士郭多敏（Domique Cororado）三人只敢供称，是上年一位无名者路过济南天主堂时留下的，并非汤若望特地带来安插。③ 这正说明，各

---

① 李祖白：《天学传概》，载吴相湘编《天主教东传文献续编》第二册，第 1055—1061 页。

② 第一句引文见《请诛邪教状》，第二、三句见《与许青屿侍御书》，载杨光先等撰、陈占山校注《不得已》，黄山书社 2000 年版，第 5—14 页；亦见吴相湘编《天主教东传文献续编》第三册，第 1075—1087 页。

③ 《礼部尚书祁彻白等题复审栗安党等五名西洋人传教案本》，载中国第一历史档案馆等编《明清时期澳门问题档案文献汇编》第一卷，人民出版社 1999 年版，第 49—50 页。

修会的传教士此时都认识到《天学传概》一书的危险性。

　　同是在 1664 年，利安当《天儒印》刊刻，此书关键不在讲述人类起源，而在于将四书中诸多格言从基督教角度重新解释，俨然以基督教道理为理解中国圣训的准则，对中国经典施以基督教神学诠释。此举与明末第一批士人天主教徒的解释法正好相反，与当初利玛窦《天主实义》的比附法相比，对中国经典的"冒犯"更进一层。[①] 不仅如此，奉教士人尚祜卿 1664 年为《天儒印》所写序言显示，他对于天主教之正统地位的接受度、对于以天主教教义作为理解其他文本和事物之指南的认可度不逊于李祖白。尚祜卿在序言第一部分极力阐明天主造人并赋予人以明德之性，中国古代哲人包括其内，倘若只知孔子之贤而不知其贤明所由以来，则犯了未能认识事物本源之失。序言第二部分讲他自己学习天主教的经历和心得，强调《天儒印》提供了理解四书的指针，以天学之旨作为指针，就可拔除章句字面意义之干扰，而知四书原是天主留下的印迹。[②]

　　《天儒印》倘被主流士人社会注意到，理应要引起口诛笔伐。但是，此书的影响远不及李祖白《天学传概》，利安当未来得及因《天儒印》引发任何风波，便因"历狱"事件而被捕入狱。《天儒印》于 1664 年刊出，直可视为天主教群体对此时期整体传教形式持乐观评估的一种反应，而且此书也请教外人士（魏学渠）作序，正有在大范围内推广之意图。可见天主教此时已深入足以令传教士和上层信徒斗志昂扬的程度。

　　3. 李祖白事件后天主教徒态度之逆转

　　面对《天学传概》引起的风波，耶稣会士的第一反应似乎不是妥协于中国现实，而是为李祖白辩护，以利类思为典型代表。1665 年利类思（Lodovico Buglio）撰写《中国初人辨》，附《不得已辨》之末，对杨光先及中国正统态度进行强硬反击，堪称此期间耶稣会士持续高涨之传教情绪的爆发。而且，此篇是专意给教外人士看的。文中直言中国人与世界各地的人都是如德亚国人之苗裔，且依据正是圣经，全不管中国人能否接受此种言论，还批评不接受此论的中国人是见识不广、不明事理：

---

　　① 利安当：《天儒印》，载吴相湘《天主教东传文献续编》第二册，第 1001 页。

　　② 尚祜卿：《天儒印说》，载利安当《天儒印》，《天主教东传文献续编》第二册，第 989—992 页。

（初人）生必有地，据《天主经》为如德亚国。……既有普世初人，方有各国之初人。据《经》，各国初人皆普世初人之后，则如德亚国之苗裔。岂中国初人独否耶？杨光先捏据，以为罪案。推其意，以为中国人耻言生于他国。今请得而辩之。谓中国初人非他国之苗裔，则他国之初人，乃中国之苗裔，望所必然。但合考中西古史，不载中国初人远游他国，而西史载如德亚国初人远游东来。则谓中国初人生自他国，为有据，而谓他国之初人生自中国，无所凭。如初人生与他国，即为中国之初人，不得不为他国之苗裔，此必然之理，何足云耻哉！①

但是，利类思的激进态度似乎没有被中国教友完全接受，身为中国文化传统之一分子，他们显然感受到了《天学传概》造成的问题有多严重。目今所见两篇中国天主教徒针对杨光先《不得已》的辩护作品，与利类思的辩护词有明显差异，完全不敢就中国人来自如德亚一说发表意见。

无名氏《天主教缘由》有不少段落直接针对杨光先的指控，篇首只写到顺治对天主教的恩遇而未涉及康熙，当是杨光先事件同时期作品，其中还有字句表明写于利类思《不得已辩》之后。篇中多次提到"我国"，又提"与西洋修士本书可证"，显示为一中国人撰写。此篇与李祖白文章相类之处是，直接以圣经为信史，而且理直气壮地说"杨光先诬捏声陷，妄列罪端"。② 然而，文章只辩称《天学传概》所言开辟事、天主教原由、顺治帝之恩遇并非伪造，开辟之事不能因中国史籍失载而就认为别国史传不可信，天主造万民之祖是合理之事。对于李祖白文章中最刺眼的字句，此文却不敢像利类思那样直接申辩，不敢重复中国人出自如德亚、六经出自天学之义。

何世贞《崇正必辨》后集是康熙壬子年（1672 年）针对杨光先的条驳，此时"历狱"已经平息，耶稣会士获得康熙支持，杨光先已经被黜

---

① 利类思：《中国初人辨》，载吴相湘编《天主教东传文献》，台北：台湾学生书局1997年版，第329—332 页。

② 无名氏：《天主教缘由》，载钟鸣旦、杜鼎克编《耶稣会罗马档案馆明清天主教文献》第八册，第146—147 页。

身死。此种背景下，何世贞拿出杨光先之文进行条驳，颇像马后炮，也许是因为天主教重新树立地位而显露扬眉吐气之意。

何世贞的辩论一类是试图用中国资料旁证或辅证天主经所载不应有疑，如《天主事迹皆有实理》、《天主降生之时，非人可以私意拟议》、《天主降生事迹天神庆报预载西史有何不可》诸条。但他第一没有正面响应"天主"之说为何不是怪谈，第二依据孔子权威推断世界没有一千多万年，却未正面辩解为何圣经编年正确，第三直言中国史传也有记载表明但凡圣王出世，天皆有预兆，因此西方古经中圣哲在天主未降之前的预言当然可信。① 何世贞的另一类辩论是暗示如德亚为上邦。《天主宰制非一国》条，针对杨光先"如德亚一国之理，独主一国，岂得称天主哉"而辩，天主不独主掌如德亚一国，其如太阳之光，照耀四方，只是有些地方的人不肯承认和接受。此中有认可如德亚因是元祖诞生及天主降生之地而为上邦的意思。《西儒言理之正，谤者实未经目》条提出，中国虽大，不足以成为西域之指导，中国道理不足以说明西方。② 然而，暗示如德亚是上邦似乎就是何世贞最激进的辩护词，一如《天主教缘由》，他始终不敢针对杨光先指责李祖白谬言中国文化起源之说进行反驳，充其量是把如德亚传统作为不亚于中国传统的东西加以肯定。

此外，朱宗元《天主圣教豁疑论》很可能也是 1664 年刊刻，此篇明确叙述人类起源问题，很像是与《天学传概》呼应，但语气仍有保留之处，亦不敢全力捍卫李祖白的过激言辞。③ 朱宗元文中也提到中国文籍对于古史的记载不够完整，然而中国所阙不意味着举世无由，如德亚国恰有关于世界初始阶段和世界寿命的详尽可靠记载。朱宗元毫无保留地肯定如德亚的历史记载，也肯定大洪水中的幸存者是现代人类的祖先，这已是很激进的信仰表达，并且可以反映当时中国天主教徒的普遍态度。但是在涉

---

① 何世贞：《崇正必辨》后集，载钟鸣旦、杜鼎克、蒙曦编《法国国家图书馆明清天主教文献》第十六册，第 41、54、71 页。

② 同上书，第 50—51、142 页。

③ 此篇无论是《天主教东传文献三编》所收，还是《东传福音》所收，都没有序跋或明确刊刻信息，仅题为"甬上朱宗元述，泰西瞿笃德订"。从耶稣会士瞿笃德（Stanislas Torrente）在华经历来看，他最可能与朱宗元接触的时间就是唯一在内地的时期——1664 年在赣州至 1665 年被拘期前夕，而这期间又正是"历狱"风波最猛之时，未知朱宗元此文不是为了回应李祖白而作。瞿笃德传记见费赖之著《在华耶稣会士列传及书目》，第 339—340 页。

及中国时，他依然持较为谨慎。明末耶稣会士作品不乏笼统地称诺厄子孙遍居万国，朱宗元也采用此种说法，恰恰没有走出李祖白那一步，指明伏羲与诺厄子孙是否有关系，或点破中国人是如德亚人后裔。此外，朱宗元在整篇《天主圣教豁疑论》中虽盛赞天主教，却仍保持排斥佛老、糅合天儒的态度，认为儒家之失仅在缺少关于天主三位一体、一位降世救赎、万民复活审判、天地人物如何产生等真理的解说。① 此种糅合性态度与李祖白直指中国之教并无比天学高明之处也有明显差异。

上述三部作品，尤其是"历狱"平息后何世贞的退缩调和姿态在同时期耶稣会士身上也反映出来，或正表明耶稣会士经历这场风波后再次认识到谨慎从事的必要性。康熙九年（1670 年）南怀仁刊刻《教要序论》，只叙述天主为大父母及元祖而不述大洪水后人类散居，且恢复明末常见的叙述风格，"天地万物齐备了，然后造二人，一男一女。男名亚当，女命厄袜。这两人为我们人之元祖，普天下万民，皆是从这两人生出"②。又说："天主生万物，然后生人……天主与以传类之能，使传人类，天下万民皆从此两人生，故亚当厄袜为万民元祖，吾人皆当相亲相爱，如同一父母之昆弟。"③

四　重新确立地位的天主教对待中国人起源问题的态度

1669 年（康熙八年），"历狱"得以平反，先前被拘捕的传教士纷纷回归各传教区，耶稣会士重新在皇帝身边获得器重，进而也为天主教区的存在与发展带来宽容环境，甚至 1692 年康熙帝还颁发了中国天主教史上津津乐道的《容教敕令》。此时直至 1721 年 1 月 18 日康熙帝针对教廷《自登基之日》中文译本批复说"以后不必西洋人在中国行教，禁止可也，免得多事"④，通常被视为天主教史上的繁荣期。但这个繁荣期并不

---

① 朱宗元：《天主圣教豁疑论》，载吴相湘《天主教东传文献三编》第二册，第540—545 页。

② 南怀仁：《教要序论》，载钟鸣旦、杜鼎克、蒙曦编《法国国家图书馆明清天主教文献》第二十四册，第23 页。

③ 同上书，第62 页。

④ 方豪：《中国天主教史人物传》中，第334—335 页。

意味着基督教与中国主流社会的互动更加开放或频繁，而表现为其作为中国社会的一个边缘兼异质存在体于私下里日渐壮大。此种趋势可以从很多议题中得到表现，而有关人类由来及中国人由来之问题的叙述方式也在配合着环境的变化，描画出此种趋势。

1669 年之后涉及人类起源问题（不一定涉及中国人由来）的教会中文作品中，以目前所见而论，教义问答书是主要类别。简单的教义问答书扼要介绍原罪与人类元祖，一如前文所引明末众多作品，通常不提与中国人起源的关系。除耶稣会士作品，还有其他传教士和中国教友的作品。如康熙乙卯年（1675 年）刊耶稣会士柏应理（Philippe Couplet）《天主圣教百问答》、无名氏《天堂直路》第一篇《初造世》及第二篇《原祖犯罪》、方济各会士卞芳世（Francisco Peris a Concepcion）《进教领洗捷录》以及任斋主人《问释氏轮回答》。①

还有一些教义问答作品很详细，先依据圣经铺陈一段教义，然后设立问答要点，像既有课文又有练习题的教科书。目前见到两部这样的作品，详细讲授《创世记》基本教义，自然少不了大洪水和诺亚三子三分天下之教义，则事实上暗指中国人是诺亚后裔。

无名氏《万物始元》撰著年不详，但写"厄娃"，故推断出自康熙以后。《人类败坏第三章》讲了原罪传递给子孙，也讲了大洪水事件唯诺厄一家接到天主警示而幸免，并断称，其他人尤其是教外之人都在洪水中死绝。本章问答要点之一更突出单只诺厄一家得免。《性教行时第四章》进一步申明，"诺厄三子曰生、曰冈、曰雅弗，其复传人类普四方，因万民皆兄弟，理宜相爱者也"②，暗指中国人也在此列。无名氏《圣鉴切要》撰著年不详但应是清朝作品，内容与《万物始元》差不多然语言较为雅

---

① 这四部作品及相关内容依次见钟鸣旦、杜鼎克、蒙曦编《法国国家图书馆明清天主教文献》第二十四册，第 230 页；第二十四册，第 391—393 页；第十八册，第 102 页；第十二册，第 154—155 页。无名氏《天堂直路》有"厄袜"，这是明末作品对夏娃的通常写法，但丛书编者提供的总目显示此篇作者是四川的巴黎外方传教会成员，则应当是清朝作品，见丛书第一册，《序言》第 40 页。据崔维孝《明清之际西班牙方济会在华传教研究（1579—1732）》（第 215 页），卞芳世 1672 年入华后主要在广州和澳门活动，至晚 1685 年仍在中国并任方济各会中国传教区会长，故《进教领洗捷录》为"历狱"之后的作品。《问释氏轮回答》撰著年不详，从字号推断为中国人作品。

② 无名氏：《万物始元》，载钟鸣旦、杜鼎克编《耶稣会罗马档案馆明清天主教文献》第十三册，第 254 页。

驯，但不知两书谁先谁后。其《洪水罚恶第三章》与《性教第四章》与《万物始元》上引两章基本一样，仅个别措辞有异。[①]

教义问答书之外，还有一部1690—1691年每日讲道汇编——无名氏《无题》，其中多处包含关于人类起源教义的明确说法。关于万民出自天主、传自亚当的叙述与从前的作品相比，并无特别显眼之处。类似早期耶稣会士，并不特意辨析作为一个群体的中国人来自哪里，更强调天主是大父母，生养万民，赋予人类以灵魂和肉躯，故而人类皆为兄弟。这与中国旧有的"天生烝民"之意可以调和，如（1690年11月）十月二十三日、（1690年9月）八月二十五日、（1690年9月）八月初十日、（1690年6月）五月十四日诸条。

讲道中还时时指出，如德亚是天主造原祖之地，世传天主教之地，天主以为本国而躬自降生之地，故其国为上国，其人为天主特顾之人，先知辈出且留下不可不听之丰赡撰述，圣贤历来生活在如德亚故当以西方史传之载为是。这就相当于是在呼应李祖白的言论，只不过还没有明确声称六经之道理来自如德亚，如（1690年6月）五月十三日、（1690年7月）六月十二日、（1690年11月）十月二十七日、（1690年9月）八月十一日诸条（1691年1月）十二月二十七日。又有（1690年11月）十月十七日一条，在讲身教之必要时，提到洪水荡尽苍生，唯余诺厄一家。[②]

将上述教义问答书、瞻礼讲道辞同1669年之前的教理讲授作品相比，首先可知，这类作品属于稳定的内部文献，内容和叙述方式不会因外部事件而有明显变化，只会因听讲者的层级有繁简之分。这意味着，基本教义在信徒圈内一向得到严格和全面的教授。1669年之后若说有什么明显变化，那就是教义问答书和礼仪指导书的作者除了传教士，还有一些出自中国籍天主教徒，且往往不具名，或仅用号，而无真名。其次，这时期的教义问答书常常是抄本，且字迹不雅，更是这类作品仅在信徒圈内流传的明证，甚至可以说明参与者中缺乏高层知识分子。正因

---

① 无名氏：《圣鉴切要》，载钟鸣旦、杜鼎克编《耶稣会罗马档案馆明清天主教文献》第十四册，第19—22、26—27页。

② 无名氏：《无题》，载钟鸣旦、杜鼎克、蒙曦编《法国国家图书馆明清天主教文献》第九册，第304、132、67、330—331、221—222、325、437、291、70、278页。

为是针对内部的教义宣讲，而不是《天学传概》那样的对外辨教作品，不需要特意解说中国传统与圣经传统的关系，只需要宣讲圣经传统而让信众坚持该传统就可以达到传播信仰的目的。最后，这时期流传下来的中文教会作品只有此类纯供内部的文献涉及人类起源议题，辨教类、教史类、神哲学类、论天儒关系类作品却不再谈人类起源教义，尤其是中国人由来问题①，似乎暗示教会内部对于 1664 年事件中的核心禁忌问题已经有所了然，而不再轻率对外界宣示其态度，回归到耶稣会士入华初期。

可见，信仰的深入巩固与教会圈的封闭似成正比。"历狱"平息之后天主教在中国社会之整体地位得以恢复和巩固的代价是，不能再次公开忤逆主流传统。这又加重另一种倾向，即以外国传教士为领导的中国天主教社团不再致力于同中国主流交往（除了脸面上的需要），满足于隔绝主流但内涵纯粹的发展模式。耶稣会士冯秉正（Joseph Marie de Mailla）的作品证明，即使致力于讨好皇帝的宫廷耶稣会士，在其私下传教工作中也力求教义的纯粹，力求剔除中国传统的干扰性认识，而不再关心基督教与儒学是否可以沟通对话。

冯秉正《盛世刍荛·救赎篇》是一部教义宣讲作品，当然要讲到天主创人类元祖，又讲道："八口之外，尽行湮灭，后来人类，俱系八口的支派。……惟如德亚一国，离我们中国不甚远，同在亚细亚洲内，先知之圣，世世相传，比别国更显更详，即天主所定降生之处。"② 此言已然"不经"，而书中还有一大段辨教内容，针对人们对圣经传统和中国传统之不同可能产生的疑问进行解答，此中对中国传统中不符基督教之义的否定急切干脆，比如辨第一问时说："总之，《周易》始于伏羲，《尚书》始于尧舜，从前本无正史可查，各国自有各国的凭据，何必借中国为印证？……今别国具有始末根由，正先儒当日欲闻而不得闻之事，反叱为讹

---

① 按徐宗泽《明清间耶稣会士译著提要》之分类，前文述及的众多明末作品大多属于"真教辩护类"。讲道辞（包括口铎、瞻礼单）被归为"圣书类"。但是他将《天主圣教百问答》和《天主圣教蒙引要览》这类简明教义指导手册或问答册也归为"真教辩护类"，"真教辩护类"在他的分类体系中显然是一个包罗博杂的类目，其实教义问答书更适合单独有一个次类。

② 冯秉正：《盛世刍荛·救赎篇》，载钟鸣旦、杜鼎克、蒙曦编《法国国家图书馆明清天主教文献》第二十五册，第 230—231 页。

传。难道中国无史可查，把那世上开首的事情都该没有了。"① 辨第十二问时又说："中国之人，不知别国，就像此时的人不知前代，事同一例。要知道前代的凭据，现有各代之史，要知道别国的凭据，亦有各国的书。今以别国之书尽同图谶，不可为凭据，倘别国之人将中国之经传子史，亦说尽同图谶，尊驾肯服不肯服？"② 这两段义正词严地否定中国传统的文化中心观，指中国文献所能印证的地理范围十分有限，倘以中国文献不载之事为世上未发生之事，未免见识太狭且不讲道理。冯秉正的争辩口吻不同于早期耶稣会士作品中与儒生论道的口气，倒与利玛窦反佛时的强硬口吻如出一辙。

在这样的发展态势下，同治年间（1865年）上海天主教徒胡璜编辑《道学家传》③，在抄本序言中对中国人起源问题重申李祖白的观点，便不足为奇，这时的天主教徒已经同中国主流社会有很大距离。其中的《原祖历代宗谱合中国朝代年历略记》和《中国帝王纪》也是李祖白言论的翻版，撰著人与年代不详，可能是清前期作品。而且，此着年复一年增补抄录，却从未有让教外人士观览之意。

综上所述，明清之际天主教圈子对"中国人起源"问题的描述方式正是窥探天主教在华发展阶段性特征和发展模式的又一路径。可以看出，17世纪中叶是一突出关节点。天主教在此时已经赢得相当多民众支持，于是暗自尝试要走出中国主流文化的阴影甚至有分庭抗礼之心。然而一旦如此举措，便立刻遭到主流社会的严厉对待，为继续生存起见，一方面在某种程度上屈从主流，另一方面则在更大程度上隔离主流。此种发展实况与其说见证了利玛窦有先见之明——将创造适于中国之新基督教的理想定义为一项长期事业，不如说又一次生动地表明两种各具生命力的强大传统在古代社会遭遇时所不可避免的硬性冲撞。在两种传统间的张力不可能消失也不具备谈判意识和等量谈判筹码的时代，

---

① 冯秉正：《盛世刍荛·救赎篇》，载钟鸣旦、杜鼎克、蒙曦编《法国国家图书馆明清天主教文献》第二十五册，第243—245页。

② 同上书，第285—286页。

③ 胡璜：《道学家传》，载钟鸣旦等编《徐家汇藏书楼明清天主教文献》第三册。此书所收录文章始于明末，但现存抄本是民国时期扩充本，因其中《中国帝王纪·朝代记》记录了自顺治到宣统诸帝的在位时间，并注明宣统三年逊位民国。

天主教在中国的曲折发展无法修正。不过，此类问题虽无法在历史情境中妥善解决，探究其历史踪迹对于在当今社会思考各传统之共容想必有所裨益。

晚明杭州佛教界与天主教的互动

——以云栖袾宏及其弟子为例

吴莉苇

　　耶稣会士罗明坚（Michele Ruggieri）和利玛窦（Matteo Ricci）来华之始便对佛教持排斥态度，这既是由于他们在进入肇庆以前就对中国佛教有所了解并对其宗教性质和社会地位产生不良印象，也是因为他们在肇庆、韶州活动的初期阶段已经与当地佛教僧侣发生数次利益纠纷，包括已经意识到了彼此存在着争夺信徒的矛盾。他们之所以在这期间仍自称"僧"并着僧服，是出于一些现实苦衷，而非如日本耶稣会士那样出于对佛教的错误期待。① 待到利玛窦于 1595 年确立了以"儒衣儒冠"行世的策略之后，既意味着要投儒士所好，也意味着与佛教僧侣公开决裂，自此更加不掩饰与佛教之间的对抗与竞争关系。概而言之，以利玛窦为首的耶稣会士对佛教的苛刻态度在晚明贯穿始终。然而，佛教人士对天主教的反应颇为迟缓，并且还有着从温和到强硬的转变过程。而且，在佛教界与天主教人前一阶段的论道抗辩之中，杭州云栖寺袾宏大师周围一群人显是佛教界主力。以上现象正适合考察晚明佛教的历史处境如何影响着佛教应对天主教这一新挑战的方式，也反映出江南地区在明末同时成为佛教重地和天主教重地之后出现某种程度的文化冲突。

---

　　① 林中泽《从利玛窦的书信和日记看晚明的天、释关系》对这个问题已有详细论证，无需笔者画蛇添足，该文刊《学术研究》2009 年第 4 期，第 96—101 页。

一　虞淳熙言不尽意与克己慎终

1599 年，利玛窦在南京与雪浪大师（释洪恩，字三怀/淮/槐，号雪浪）辩论。从利玛窦对谈话经过的描述可见，他那时已经确立对佛教坚决打压的严正态度。[①] 他还从这次会谈中受启，特意在《天主实义》（1595—1603 年扩充定稿）增补与此次论题有关的批评泛神论的一章。[②] 至于《天主实义》中关于六道轮回、杀生与斋戒、天堂地狱等的论述，更是对佛教毫不留情地批评。1607 年撰成的《畸人十篇》[③] 则几乎重复了《天主实义》中关于轮回和斋戒的言论，同时深化了对佛教之现世报和天堂地狱论的批评。这些足以表明，利玛窦对佛教的尖刻立场一以贯之且不加掩饰。利玛窦在这两部著作中所指摘的佛教思想主要有三方面：第一，佛教提倡"空无"，亦即虚无，此与天主理大相刺谬。此论点散见于各处，比如《天主实义》第二篇《解释世人错认天主》数次提到。第二，六道轮回观念以及基于此而产生的戒杀与斋戒观念。《天主实义》第五篇《辩排轮回六道、戒杀生之谬说，而揭斋素正志》专门反驳这一系列观念，《畸人十篇》第六篇《斋素正旨非由戒杀》继续此种讨论。第三，佛教地狱观念及本世之报观念的谬误，主要见《天主实义》第六篇《释解意不可灭，并论死后必有天堂地狱之赏罚，以报世人所为善恶》和《畸人十篇》第八篇《善恶之报在身之后》。

另一方面，在利玛窦及其作品于士人群中声誉日隆的十几年间，佛教界却无人对利玛窦的言论提出正式反驳。雪浪大师对于他同利玛窦的会谈

---

① 见利玛窦、金尼阁著《利玛窦中国札记》，何高济等译，中华书局 1985 年版，第 365—366 页。

② 按《利玛窦中国札记》第 369 页所述，增加的是关于泛神论的一章，那恐怕是指第二篇《解释世人错认天主》，雪浪大师与利玛窦谈了两个问题，一是关于天地和万物创造者，二是关于物体在心中还是客观存在，后者又与第一个问题直接关联。

③ 按利玛窦 1608 年 3 月 8 日写给耶稣会总会长的一封书信所言，《畸人十篇》1607 年撰成。书信收 Matteo Ricci, *Lettere*（*1580 – 1609*），引自 Iso Kern, *Buddhistische Kritik am Christentum im China des 17. Jahrhunderts*, Bern: Peter Lang, 1992, S. 51。

全无记载，如今看到的都是利玛窦的一面之词。① 直到 1607—1608 年，佛教居士虞淳熙因受邀为《畸人十篇》作序而终于按捺不住，开始代表佛教与利玛窦进行论辩。虞淳熙（1553—1621 年），杭州钱塘人，历任兵部职方司主事、礼部主客司员外郎、吏部稽勋司员外郎。早年便已信佛，因父丧第一次停职还乡时，从杭州云栖寺袾宏大师受皈依五戒。万历二十一年（1593 年）因派系斗争而从吏部稽勋员外郎任上遭罢还乡，从此专心修佛，并配合袾宏倡导大规模放生活动。② 1607 年底或 1608 年初，虞淳熙应杭州知府翁周野之邀为《畸人十篇》作序。③ 随即，虞淳熙又特地致书利玛窦评《畸人十篇》④，收到利玛窦回信后明显不满，将利氏回函转寄袾宏（或者也送去利玛窦的著作），希望袾宏出面批驳。由于袾宏婉谢，虞淳熙便认真阅读《天主实义》，于 1608 年的某个时间撰写论战文章《〈天主实义〉杀生辨》。⑤ 以上场景构成佛教徒与天主教徒正式论辩的第一回合，并且这一回合中包含着关于佛教徒与外国传教士直接论战的难得记载。虽说雪浪与利玛窦的会谈也是一次直接交往，但更是偶遇而非蓄意论道，外加缺乏雪浪方面的记录而无法确切了解佛教徒在这场论辩中

---

①　洪恩有《雪浪集》上下卷存世，上卷为诗，下卷为偈语杂著，其中未记录与利玛窦的谈话，也无论及天主教的篇章言辞。罗光在《利玛窦与佛学》一文中［刊《辅仁大学神学论集》第 56 号（1983 夏），第 227 页］称此次辩论之后，三淮作《天总四说》，利氏又作答，这些都被收入《辩学遗牍》。此语显是混淆了洪恩与袾宏，而所谓利氏对《天说》四则之答也是他人托名。

②　虞淳熙传记主要有两篇，一是其好友黄汝亨所写《吏部稽勋司员外郎德园虞公墓志铭》，收黄汝亨《寓林集》卷一五，明天启四年刻本，又收贺复征《文章辨体汇选》卷七二二，景印文渊阁四库全书本，台湾商务印书馆 1986 版。另一篇来自佛教界，同时收录于彭希涑《净土圣贤录》卷七和彭际清《居士传》卷四二，分别见河村照孝编集《卍新纂大日本续藏经》，东京：株式会社国书刊行会，1975—1989 年，第 78 册、第 88 册。这篇佛教界的传记称来自《德园集·附录》，但现今可见的明刻本《虞德园先生集》没有此篇附录。

③　Iso Kern 据利玛窦 1608 年 3 月 8 日写给耶稣会总会长的书信推断虞淳熙之序写于 1608 年 3 月 8 日之前，见 Iso Kern, *Buddhistische Kritik am Christentum im China des 17. Jahrhunderts*, S. 52。此序未见于《天学初函》本《畸人十篇》，现仅见于《虞德园先生集》，万历癸亥（1623 年）刻本，卷六，第 31—33 页，四库禁毁书丛刊本，北京出版社 2000 年版。翁周野之名与职见虞淳熙此序及《答利西泰》。

④　虞淳熙书信亦写于 1608 年 3 月之前，利玛窦 1608 年 3 月 8 日致总会长书信已提到这封信。

⑤　时间顺序依据袾宏复虞淳熙函和虞淳熙《〈天主实义〉杀生辨》中的言辞，但都未提及确切时间。

的表现和感想。而奉佛的李贽虽然与利玛窦数次会面，但他的记录表明，李贽是以儒者的身份与利玛窦交接。

虞淳熙这三篇作品给人的总体印象是，利玛窦的反佛言论令他颇受刺激，批评利玛窦及其学说的口气一篇比一篇严峻，然而他加以批评的内容和辩解的方式却始终迂曲萦回，即使涉及要害也如蜻蜓点水。此种态度耐人寻味。

在《〈畸人十篇〉序》中，一如所有为利氏作品写序的文士，虞淳熙也称赞利玛窦的人品才华，并称其事天之学与中国传统一致，所不同者只是我质彼华，中国之学侧重通过存心养性的修为体现天意，利氏之学则讲求以天为心性之父而通过侍奉的行为体现尊敬。接下来介绍利玛窦天堂地狱说的要点和此说对人心的影响，并提到利氏认为轮回说是佛教徒骗中国人的鬼话。随即还夸利玛窦几乎可以跻身中国圣贤之列以辅佐圣王。但笔锋一转，他开始指责利氏天堂地狱说功利性太强，会使人只为了回报（求升天而避入地）而事天，不如中国追求存心养性、天人合一的事天之学高明。利玛窦频频指责佛教轮回说和地狱说只重一时一刻的行为而致人目光短浅，虞淳熙在此反指基督教天堂地狱说导向功利主义。就所论的问题而言，双方可谓针锋相对，针对佛教与基督教中同样关涉个体未来命运的教义互争短长。可是，虞淳熙虽然直击要害问题，言辞却委婉非常，尤其不表明自己的佛教立场和对佛教地狱说的见解，只是立足于儒家的事天敬天和修身养性之说，大谈心性与太极、上帝彼此间自然生发、浑然一体的关系。

婉辞微讽之后，虞淳熙再转话锋，称利玛窦的学说虽然没什么大不了，但对于华夏也稍有效用，让人知道些许从前不知之物，毕竟以中国之大，何所不容。结尾时，他没有像同时代其他儒士惯常所为，引"东海西海，心同理同"之论，称利氏之学合于中国之学，而是明说两者不同——从东西方物性不同论包括思想取向在内的出产亦不相同，东方属阳重生道，西方属阴重死道——并暗示说这些不同虽可交往却恐难于契合，故而他表态"请得神交西泰，各操东西之券"，却偏不写一般人们会期待的"两券两合"之类言辞。假如明了虞淳熙的佛教立场，也就可以明了他此处蕴含的实际态度是，代表佛家宣明佛教与基督教互不相同。

只不过，虞淳熙在这篇序言中仍小心翼翼地让言辞符合儒士一贯风范，试图从儒家的角度而非佛家的角度挑剔基督教。但此序对《畸人十

篇》的批评态度于隐晦言辞之下并非难以辨认，或许这就是李之藻编辑
《天学初函》时不收录此篇序文的原因。虞淳熙随后专程致函利玛窦，谈
对《畸人十篇》的感想，正见"序"这种旨在美言的文体令他意犹未尽。

　　虞淳熙在书信起首照例客气一番，表明自己久已因利玛窦的天文、数
算之技而对他心向往之。然而客套过后立即表示，读《畸人十篇》后对
利玛窦产生不同认识，有些话不吐不快。他首先抗议利玛窦藐视释迦的态
度是无知之举，然后称其对天堂地狱的论述是未得佛教要旨而肆意妄评。
这两点反驳统共一百五十字左右，接下来用了近六百字洋洋洒洒地批评利
玛窦对佛教及其历史懵然不知，要求他多读些佛典史传再考虑是否攻击佛
教。这部分言语风格激越，与《〈畸人十篇〉序》截然不同。不仅以挑战
口吻建议利玛窦阅遍佛藏后写一部瑕衅大全然后公开摆擂，还以高姿态训
诫，只有当他对佛教有足够了解，佛教界人士才乐于与之论战，否则有欺
客之嫌。继之又急切宣明，否定佛教的价值无异于否定中国两千年来圣贤
之智慧，特举陆象山、王阳明和朱元璋对佛教的认可来证明佛教一贯符合
中国正道，利玛窦攻佛犹如以卵击石。①

　　然而另一方面，虞淳熙在情辞激愤的同时于反驳的内容却多有保留。
此信绝大篇幅是以各式直击侧讽之法敦促利玛窦先要认真学习佛书而后再
思言之有据。它更像一篇呼吁书而非反驳之论。虞淳熙在此信中对利玛窦
反佛观点的唯一直接响应是针对利玛窦"天上地狱之年日不同"论。

　　利玛窦这样讲是为攻击佛教的相对性时间观念。他说："天上地狱之
年日不同，而佛氏曰'入地狱受苦若干劫止'，虽长固不为过；惟曰'居
天堂若干劫'，即速逝之甚也。"② 这表明，他冠于佛教之罪名是以有限并
等长的时间长度度量在天堂和地狱的时间，从而歪曲了天堂和地狱的永恒
无限。就算入地狱的若干劫可以理解为很长的时期，权且跟永罚的意思沾
边，但用"若干劫"来度量居天堂的时间，则系藐视永福。

　　佛教认为入地狱和居天堂都只"若干劫"，其实表明了对永恒和短
暂、苦与乐的相对性认识，佛教之"劫"已经是通常计量单位所不能度

---

① 虞淳熙此信收于《辩学遗牍》，题《虞德园铨部与利西泰先生书》，见朱维铮主编《利
玛窦中文著译集》，复旦大学出版社 2001 年版，第 657—658 页。亦见于《虞德园先生集》卷二
四，第 1—3 页，题《答利西泰》。

② 利玛窦：《畸人十篇》，朱维铮主编：《利玛窦中文著译集》，第 487 页。

之极长时间，但毕竟不是"永远"。此种相对性观念正是佛教与基督教的重大差异所在，然而利玛窦无心探索此差异可能给自己带来的思想价值，却自作主张地将"若干劫"视为确指的度量单位，再行指摘佛教不理解时间之真义。而他在论述中还试图使用一对有明显逻辑漏洞的例子完成概念偷换——将佛教所要表达的、他也不否认的感觉上的时间长短（人们感觉欢乐时光过得快而苦难时光过得慢）替换为天堂和地狱的物理性时间长短不同，以此反驳佛教"天堂和地狱都止若干劫"的观念。

　　虞淳熙注意到利玛窦的上述批评后，并没有利用利玛窦明显的逻辑矛盾进行反攻，却只针对利玛窦提到"佛氏曰'入地狱受苦若干劫止'"，举反例证明佛教也认为地狱之劫无穷尽，"岂不闻佛书有云：入无间地狱穷劫不出，他化自在天，寿一昼夜为人间一千六百岁乎？"[1] 这意味着他在附和利玛窦的永罚观念，所批评的只是利玛窦读书不够从而不知道佛教原来也持此种观念。作为通篇对利玛窦反佛观点的唯一直接响应，却透露出虞淳熙不反对天主教的天堂地狱观点，相当矛盾。结合此句之下他指责利玛窦未全窥其秘便贸然宣战，更表明他的批评要点是利玛窦的无知之失，而不是天学与佛教的内在冲突。他在篇尾更明白地说利氏之学与佛学无异，"第六经子史，既足取征，彼三藏十二部者，其意每与先生合辙。不一寓目，语便相袭，讵知读《畸人十篇》者，掩卷而起曰，了不异佛意乎！"[2]

　　由此可见，写这封信时，虞淳熙似乎没有像利玛窦那样把天主教置于佛教的对立面，却视利玛窦为一个暂时无明但终可教化之人。难怪不少人认为，虞淳熙志在调和佛耶。李之藻为《辩学遗牍》写跋时想必也体认到虞淳熙此种态度，所以称虞淳熙与利玛窦的书信言语"往复不置，又似极相爱慕"，进而惋惜两人终于未能面谈，否则，以两人之见识，"更可使微言奥旨，大豁群蒙"[3]。但是，只要看过利玛窦的回信就知，利玛窦并无爱慕调和之意。而对虞淳熙来讲，调和至少不是他的全部意图，因为他收到利玛窦的回函后立即与佛教领袖袾宏沟通。虞淳熙致袾宏之信今

---

① 虞淳熙：《答利西泰》，《虞德园先生集》卷二四，第1页。
② 同上书，第2—3页。
③ 李之藻：《凉庵居士跋》，载朱维铮主编《利玛窦中文著译集》，第680页。又见李之藻辑《天学初函》（二），台北：台湾学生书局1986年版，第688页。

已无从得见，但从袾宏的回信中可约略推断，虞淳熙转寄利玛窦的书信并希望袾宏留览之后以佛教领袖的身份反驳利玛窦。可见，虞淳熙有心反击天主教，只是又犹抱琵琶半遮面。可惜，袾宏未如虞淳熙所愿向天主教发难。而虞淳熙也未如袾宏所建议，静观其变，却写了一篇正式的论战文章《〈天主实义〉杀生辨》①，从虞淳熙文中有关言语可知，此文写于收到利玛窦回信及袾宏回信之后。恐怕是利玛窦的回函终究令他意气难平。虽然缺失了虞淳熙致袾宏那封可能表明他当时心情的关键书信，但阅过利玛窦的回函，虞淳熙宁愿沾染口业也想一辩的情绪便不难理解。

　　利玛窦在信中虽起初力图表现客气婉转，然而字里行间都是辩论意味。比如他承认虞淳熙提到的佛经所谓"地狱穷劫不出，天堂一日千岁"为言之有据，也承认"鄙篇所述，'了不异佛意'，是诚有之"，但他毫不避讳地宣称，关键在于佛教与天主教未尽合辙，且这些不同之处定需揭示清楚，而这归根结底就是他一贯宣称的虚实之别，此外还谈了天主的概念与佛教不同。尤其是他写道："则台教云'不尽通佛书，不宜攻舍卫城'，窦亦将云'不尽通天主经典，岂能隳我圣城，失我定吉界耶？'究心释典，以核异同，窦将图之；究心主教，以极指归，非大君子孰望焉！"②这无异于公然挑战，难怪虞淳熙又特地寻找《天主实义》来读并不惜等了一个月。③所以，《〈天主实义〉杀生辨》是虞淳熙认真阅读了利玛窦的基本教义著作之后的言论，并非虚言诋毁。

　　虞淳熙这篇文章从三个角度论述为何天主教反戒杀为错误论调（主要针对《天主实义》第五篇），第一，用"万物一体"观念反击利玛窦的"天主生万物以存养人"观念；第二，质疑天主至善全能；第三，质疑将恶事（主要指杀生）理解为天主的意图，因为这会带来反尘世、非道德的结果。其中"万物一体"是核心论点，后两点反映"万物一体"观与"天主有目的造万物"观的一些具体冲突。

　　"万物一体"可谓虞淳熙心目中的佛教真义，也是戒杀生的基本理论

---

　　①　此文收徐昌治辑《破邪集》卷五，第12—14页，日本安政乙卯（1855）翻刻本；亦收《虞德园先生集》卷二〇，第20—23页。

　　②　《利先生复虞铨部书》，收《辩学遗牍》，见朱维铮主编《利玛窦中文著译集》，第662页。

　　③　《虞德园先生集》中的断句方法是"一月而阐，《实义》不得，今其书具在"；《破邪集》1855年刻本中的断句是"一月而阐《实义》不得，今其书具在"。

依据。任何生物均有"灵明涉入，岂容分别大小耶"①，所以爱惜其他生灵就是爱惜自己。天主至善全能之论一向难以为所有中国知识分子接受，无论纯粹的儒家士人，还是虞淳熙这般儒佛兼修者，或是佛教丛林人士。他们忍不住基于现实的善恶感受而发问，倘若天主至善全能，为何要允许世间有诸恶事恶物，而不肯真正成全他所眷爱的人类？至于杀生这等恶事，利玛窦只是说人不避杀食动物或可解脱动物被人奴役的劳苦，基于基督教认为人与动物有本质差别的观点，这不会推出人可能为求解脱而自残。基督教对于人的生死另有一套规则，事实上正鼓励人承受世间诸苦而反对杀人和自杀。但虞淳熙推论出，利玛窦的话鼓励杀人，符合天主意图之举却会带来反道德、反尘世结果。这正表现出佛教和基督教关于灵魂和生命之本体的观念差异，虞淳熙坚信人类和动物草木都有灵明涉入、不分大小，是为"万物一体"，所以反戒杀或鼓励杀动物就意味着鼓励杀人。

　　"万物一体"与"天主生是天地及是万物，无一非生之以为人用者"② 体现佛教与基督教在生物之存在价值问题上的内在矛盾，也体现佛道影响下之中国思维与基督教时代之欧洲思维的一种本质差异。"万物一体"论题完全可以展开触及天主的性质和灵魂的性质问题，而天主、灵魂、天堂地狱又是《天主实义》和《畸人十篇》中宣扬的核心基督教教义及所明示与佛教不同之处。虽说《天主实义》花了大量篇幅论戒杀之谬，但其着眼点是戒杀与荒谬的灵魂轮回相关，亦即此节从属于灵魂论。所以，假如双方各陈己见并质疑对方的逻辑困境，激烈交战场景不难想象。然而实际上，无论是利玛窦在《天主实义》中的论述，还是虞淳熙在《〈天主实义〉杀生辨》中的驳论，都没有就这两种观念的核心冲突展开论述。利玛窦的缺失有自己的逻辑理由，因为他仅将"戒杀"理解为轮回说的必然产物，所以只要论述清楚万物与人的固定关系、天主为世人的情怀和轮回说的谬误，"戒杀"的理由便如空中楼阁。他既然还不懂得"万物一体"一说，自然不会就此设论。利玛窦是否看过《〈天主实义〉杀生辨》，目前无人知晓。虞淳熙就不同了，他是特地驳斥《天主实义》，居于可后发制人之境，然而他既未阐释"万物一体"的含义，也不利用此理论正面质疑万物为人而存在这一基本观点的是非，全篇只围绕着不戒

---

① 虞淳熙：《〈天主实义〉杀生辨》，《虞德园先生集》卷二〇，第 20 页。
② 利玛窦：《天主实义》第五篇，见朱维铮主编《利玛窦中文著译集》，第 52 页。

杀的现实坏处曲喻旁指，并且不成体系，常根据利玛窦某句具体言辞的字面意义进行举反例或归谬式反驳。所以他事实上没有响应利玛窦对"戒杀"观念深层矛盾的质疑。

总之，作为一篇专门的驳论文章，《〈天主实义〉杀生辩》似嫌避重就轻。而序言、书信、驳论，三篇文章的语气虽然日趋严厉，辩论态度却一贯剑指偏锋，序言和书信涉及天堂地狱问题，但隐晦潦草，特意写了一篇驳论却不肯大方阐述己方的基本观念及其与对方间的差异，仅就只言词组归谬其不合现实之处。那么，我们应当质疑虞淳熙的理解能力和逻辑辩论能力吗？1615 年袾宏《天说一》和约 1636 年通容《原道辟邪说》直指天主和灵魂，这表明佛教界不是看不懂耶稣会士的作品，也不是对这类问题无话可说。所以，与其设想虞淳熙有思考障碍，不如另寻原因。

原因一方面在于，虞淳熙终究还是士大夫，身上必然有儒佛混合特色，用儒学观念与天主教商榷在所难免，比如在《〈畸人十篇〉序》中所谈之"天"就是儒家之天，《〈天主实义〉杀生辨》中围绕现实坏处谈反戒杀之弊也是依傍儒家观念。其中涉及反戒杀与对待尘世态度的关系一节更体现虞淳熙的儒佛混合性，即虞淳熙将儒家的乐生惜命观念扩展至于动物，指出动物也如人一样眷恋尘世和亲人，人的恻隐之心不应只针对人类，还应针对动物，"且牛马性喜驰驱，同惜驱命；游牝舐犊，煦煦相乐。试令受一时之痛，免终身之患，不胜悲号觳觫，奔走而避之。为牛马计而拂其性，所谓'无恻隐之心，非人也'"①。另一方面则不是虞淳熙个人的原因，而是环境原因。在虞淳熙与利玛窦辩论这个时期，天主教虽标榜反佛，但对佛教发展的实际影响尚不明朗，而佛教自身处境则有不少难题，所以佛教界力求谨慎稳妥。虞淳熙已然代表佛教界发声，却还力求说服天主教进行调和，袾宏大师选择缄口则更能说明此时佛教界对天主教的基本态度。

虞淳熙与利玛窦的书信往来中有一段令人感兴趣的花絮。虞淳熙的言辞在笔者看来相当激烈，利玛窦却在向罗马总会长谈论时屡称虞氏来信非常客气。1608 年 3 月 8 日致总会长书称虞淳熙"给我写了一封相当长的信，在信中，他一方面表扬这部作品，另一方面又请求我停止反对这个偶

---

① 虞淳熙：《〈天主实义〉杀生辨》，《虞德园先生集》卷二〇，第 23 页。

像教的辩论，他还非常客气地向我指出（这样做）会给我带来的坏处"①。
可是虞淳熙不仅不客气，也没有表扬《畸人十篇》，他只表扬天算之学。
从利玛窦 1608 年 8 月 22 日再致总会长书可知虞淳熙和利玛窦的往来通信
只有一回，两人各止书一札——"（虞淳熙）给我写了一封有很多页的
信，要求我别再诋毁佛教并且仔细钻研佛教书籍。但是我写了一封回函，
这封回函可能会致使他再也不写同类书信了"②。这说明利玛窦所称的
"客气"的确是指传世这封口气完全不客气的《答利西泰》。利玛窦不可
能读不出这封信的态度，这从他言辞犀利的回信就可度知。但他仍然在向
上级汇报工作时轻描淡写、避重就轻，见证了耶稣会士出于宣传目的而倾
向于在给欧洲的各类报告中粉饰太平的一贯策略。利玛窦还在 1608 年 3
月 8 日信中向总会长解释虞淳熙给他写信的原因，称《畸人十篇》1607
年写好后已经以抄本形式流传，包括在佛教昌盛的浙江省，所以招致信奉
佛教的致仕官员虞淳熙不满，为此特地给他写了一封信。利玛窦这段话读
起来，重在夸大《畸人十篇》的社会影响力，同样是对传教成果进行夸
饰的手法。其实，从虞淳熙的《〈畸人十篇〉序》和《答利西泰》，只能
看出虞淳熙写信的主要动因就是《畸人十篇》的反佛言论，他是否害怕
此书的社会影响则无法擅断。于是，我们既看到佛教界在天主教声威初显
时期的矛盾心情，又看到耶稣会士在同一时期高调宣扬自己的胜利。

二　莲池袾宏隐忍不言与忍无可忍

　　大约在 1608 年春，虞淳熙转寄利玛窦回函与袾宏③，袾宏复虞淳熙
一函，简截扼要，兹录全文如下：

---

　　① Matteo Ricci, *Lettere*（*1580 - 1609*），S. 345/6，引自 Iso Kern, *Buddhistische Kritik am Christentum im China des 17. Jahrhunderts*，S. 53.
　　② 同上。
　　③ 袾宏传记，第一手有虞淳熙《云栖莲池祖师传》，收《虞德园先生集》卷九，第 5—10
页。又有《杭州府云栖莲池袾宏大师》，收性统编集《续灯正统》卷四一，见《卍新纂大日本续
藏经》第 84 册。关于袾宏的研究专著可见释圣严著，《明末中国佛教之研究》，关世谦译，台
北：台湾学生书局 1988 年版；释圣严《明末佛教研究》，台北：东初出版社 1987 年版；Chün-
fang Yü（于君芳），*The Renewal of Buddhism in China: Chu-hung and the Late Ming Synthesis*，
New York: Columbia University Press, 1981。

　　利玛窦回柬，灼然是京城一士夫代作。向《实义》、《畸人》二
书，其语雷堆艰涩。今柬条达明利，推敲藻绘，与前不类。知邪说入
人，有深信而力为之羽翼者。然格之以理，实浅陋可笑，而文亦太长
可厌。盖信从此魔者，必非智人也。且韩、欧之辩才，程、朱之道
学，无能摧佛，而况蠢尔么魔乎！此么魔不足辩，独甘心羽翼之者可
叹也。倘其说日炽，以至名公皆为所惑，废朽当不惜病躯，不避口
业，起而救之。今故等之渔歌牧唱、蚊喧蛙叫而已。①

信中表明，袾宏已然被利玛窦的毁佛言论激怒，但是又认为利玛窦是无知
妄作之人，本身不值一驳，只因有中国人士为之羽翼，才得嚣张一时。这
究竟是展示当世高僧的大度，还是轻敌？更值得注意的是信文结尾之言，
"倘其说日炽，以至名公皆为所惑，废朽当不惜病躯，不避口业，起而救
之"。"名公"一词从来不用于指佛僧道士，所指总是有儒学背景的名流。
可见，袾宏以为，假如硕儒公卿亦为利玛窦之学所惑，则佛教中人就必须
要出面辩论，此前姑且静观时势。为何一名佛教高僧站在佛教的教义立场
已经可以与天主教展开一场旗鼓相当的辩论之时，却坚持认为佛教的介入
时机是天主教对儒学产生了明显不良影响之际呢？至此我们看到虞淳熙和
袾宏双双心怀苦衷，虞淳熙想捍卫佛教却不肯直截了当地为佛教代言，而
撺掇袾宏出山，袾宏已经认识到天主教会给佛教带来挑战，却拒绝虞淳熙
的请求而摆出一副安之若素的模样。至于信首说利玛窦复虞淳熙函为京城
士人代撰，与其理解为他果然如此判断，不如理解为他避实就虚，试图向
虞淳熙证明，自己相信利玛窦这一"蠢尔么魔"不足与辩，以此婉谢虞
淳熙望其出面的请求。反过来，虞淳熙似也对袾宏的苦衷心领神会而特意
回护，在《〈天主实义〉杀生辨》中提到"云栖师尝言：'诸君若皆信
受，我将著破邪论矣。'盖怜之云"②。袾宏之言被稍加改动，"名公"变

---

　　① 袾宏：《答虞德园铨部》，原收《云栖法汇·遗稿》，1919 年陈垣校订新刊的《辩学遗
牍》中收录此信，《天学初函》本《辩学遗牍》未收，此处引自朱维铮《利玛窦中文著译集》，
第 663 页。亦可见于孔宏点校《竹窗随笔》，北京图书馆出版社 2005 年版，第 381—382 页，此
版以金陵刻经处《云栖法汇》为底本辑录袾宏部分作品，包括《竹窗随笔》、《竹窗二笔》、《竹
窗三笔》和《遗稿》，《遗稿》"书信"部分为选录，《答虞德园铨部》一篇词句与陈垣所录
无异。
　　② 《虞德园先生集》卷二〇，第 21 页。

为"诸君",骂利玛窦为"么魔"之言绝口不提,则将袾宏欲以儒生动向为绳墨的无奈态度变为不轻易打击弱势群体的慈悲心怀。事实上,虞淳熙与袾宏的态度都暗示出佛教只能借捍卫儒学正统的名义辟天主教的不得已之况。袾宏的高姿态与其说表明了佛教对自身的信心——如他信中所宣称,韩欧程朱都不能摧佛,不如说表现了佛教当时的困境——它不能张扬自身,只能打扮成儒学的有益助手。虞淳熙身为信佛的士大夫,对这一点的体认也当是沦肌浃髓。

袾宏这一忍让静观便是七年,直到利玛窦去世也未发片言。但是他却在1615年奋笔疾书《天说》三则外加《天说余》。①《天说》四则中的辩驳并非条条直击要害,而且也难免定要附和儒学观念,本文对此不再详细评析,而要提请关注的是,其中直指"天主"这一核心问题,也就利玛窦一向用以诘难佛教的轮回与儒家现实人伦需要间之矛盾作出合理解释。

《天说一》明白解释佛教的"天主"概念,指天主教盗用"天主"之名,却根本不懂天说,将一个小小的忉利天王视为宇宙之主宰。天主教非要借一个来自佛教的"天主"词汇指称自己的至高神,这使佛教完全有理由指责天主教一叶障目。将天主教的"天主"视为佛教之忉利天王而加以抨击,在儒生的言论中也多次见到。不过,只有在袾宏这里,才看到一段对佛教宇宙观的清晰概论,使人明白为何"天主"(忉利天王)不过相当于一诸侯。

> 按经以证,彼所称天主者,忉利天王也,② 一四天下,三十三天之主也。此一四天下,从一数之而至于千,名小千世界,则有千天主矣。又从一小千数之而复至于千,名中千世界,则有百万天主矣。又从一中千数之而复至于千,名大千世界,则有万亿天主矣。统此三千大千世界者,大梵天王是也。彼所称最尊无上之天主,梵天视之,略似周天子视千八百诸侯也。彼所知者,万亿天主中之一耳。余欲界诸天,皆所未知也。又上而色界诸天,又上而无色界诸天,皆所未

---

① 按袾宏弟子张广湉记,此篇成于1615年春(万历四十三年春),写成后未刊,当年七月袾宏去世,此文后来才逐渐流行。见张广湉《证妄说》,载徐昌治《破邪集》卷七,第32A页。

② 徐昌治:《破邪集》所收无"也"字。

知也。①

袾宏展示了佛教宇宙观，并给人以一种远高于天主教宇宙观的想望。他还指出，佛教宇宙观中是有一个统管三千大千世界的主宰，可惜利玛窦还不认识他，以此表明利玛窦境界不够。袾宏又评论道，利玛窦赋予"天主"另一质量"无形无声无色"，于是他在把"天主"等同于忉利天王的同时，还把"天主"等同于非人格的理，如此矛盾的言论正见利玛窦智巧有限。袾宏正面地以佛教宇宙观冲撞天主教宇宙观，此举的价值不在于可以看出谁高谁下，而在于表明佛教有足够的内涵与实力同天主教抗衡，佛教并不是此前在士人言论和利玛窦理解中呈现出的那种卑微、迷乱乃至猥琐的面貌。

袾宏在《天说二》中又以富有逻辑且通达人情的方式调和了佛教轮回观与儒家现实人伦需要间的矛盾，以此响应利玛窦一向以来的指责。袾宏指利玛窦依据《梵网经》"一切有生皆宿生父母，杀而食之，即杀吾父母"之言，推论佛教让人不得行婚娶、不得置婢仆、不得乘骡马，因为婚娶者、奴役者、骑乘者皆可能是此人前世父母。② 袾宏说，之前士人僧人均不能回答这个质疑。的确，虞淳熙就没回答。但袾宏给出一个堂堂正正的解答。袾宏称，《梵网》止是深戒杀生，只说"一切有命者不得杀"，未尝云"一切有命者不得嫁娶、不得使令"③。利玛窦的推论看似聪明，其实是以辞害意，故意以偏概全，此种设难之法违背于常识中可通之基本道理而故意刁难，"是谓骋小巧之迂谈，而欲破大道之明训也"。

袾宏又仿照利玛窦的以一例百之法破解利玛窦设立之难题。既然利玛窦把佛教禁杀前世父母的教诲任意扩大，推出佛教禁人婚娶等等，袾宏就故意将儒家的一条规则照样推延至导出荒谬结论，"《礼》禁同姓为婚，故买妾不知其姓则卜之，彼将曰：'卜而非同姓也，则婚之固无害。'此

---

① 袾宏：《天说一》，见孔宏点校《竹窗随笔》，第 174 页。《天说》数则原收《竹窗三笔》，又收入徐昌治《破邪集》卷七，第 1—4 页。

② 利玛窦在《天主实义》和《畸人十篇》中都没有明确引用《梵网经》，但他在《天主实义》第五篇从佛教禁杀生和倡轮回推论佛教禁人嫁娶，第七篇重复此论（朱维铮：《利玛窦中文著译集》，第 51—52、83 页），袾宏认为他是针对《梵网经》之言而行议论。

③ 袾宏：《天说二》，见孔宏点校《竹窗随笔》，第 175 页。本段和下一段的袾宏之言皆出自此篇，不一一加注。

亦曰:'娶妻不知其为父母、为非父母则卜之。卜而非己父母也,则娶之亦无害矣。'"将儒家规则荒谬化,人们本能地就会认为这个推论荒谬,袾宏便借此说明,荒谬的正是利玛窦那种推论法。袾宏还指出,世间常见少年居官乘轿而长者从侍,这其实无异于以父母为隶卒,因为"《礼》云:'倍年以长,则父事之'"。就算如利玛窦所说,佛教反对此种行为,那也恰恰不违背礼制,何谬之有。不过,袾宏更具大师风范之处在于,他不仅仅指出利玛窦之推论法的不恰当,还以通达世情的姿态表明佛教的要旨是教人行善,对于在世俗社会中难免要存在的、儒学并不排斥的人情世故,佛教无意干涉,"夫男女之嫁娶,以至车马僮仆,皆人世之常①法,非杀生之惨毒比也"。此语既出,利玛窦逞口舌之辩的姿态便令人印象深刻。袾宏在《天说余》中再次强调,杀生是大恶,不可卜,而一定要禁止,应当区分什么是关涉基本是非原则的而加以严禁,什么则涉及人情世法而可通融。

　　袾宏的辩论不可谓不铿锵有力。然而,当虞淳熙需要他祭出此番言辞面折利玛窦之时,他惜言如金,却在等了许多年以后,突然之间对着已然作古的利玛窦来了一声棒喝。此中缘由值得推敲。

　　《天说一》开篇就以当年虞淳熙的请求为写作缘由,但故意抹去时间差,仿佛他是一认识到天主教对佛教的危害便挺身而出:"一老宿言:'有异域人为天主之教者,子何不辨?'予以为教人敬天,善事也,奚辨焉?老宿曰:'彼欲以此移风易俗,而兼之毁佛谤法,贤士良友多信奉故也。'因出其书示予,乃略辨其一二。"② Iso Kern 推测,袾宏撰写《天说》可能与杨廷筠改宗天主教直接相关,1612 年或 1613 年受洗改宗的杨廷筠曾是袾宏门下居士。③ 此论言之有理,连杨廷筠这一奉佛的士大夫都被天主教所惑,符合袾宏当年所设底线,"名公皆为所惑",况且还是他自己的弟子,正是忍无可忍之处。但袾宏毕竟是在杨廷筠领洗两三年后才写了《天说》,拖宕不少时日,这恐怕就不能全归之于杨廷筠个人信仰的转折。更合理的解释要结合这期间浙江地区尤其是杭州的天主教发展状况。杨廷筠改宗后热心教务的示范效应和利玛窦去世后耶稣会士日渐趋于

---

① 《破邪集》为"尝",以下两处"魂常在"亦同。
② 袾宏:《天说一》,见孔宏点校《竹窗随笔》,第 174 页。
③ Iso Kern, *Buddhistische Kritik am Christentum im China des 17. Jahrhunderts*, S. 9, S. 76.

传教导向所带来的成果，这应该才是让袾宏揪心之处。

1611 年，郭居静（Lazare Cattaneo）携金尼阁（Nicolas Trigault）、钟巴相至杭州，是为杭州开教之始。第一大成果是令杨廷筠入教，据说此后，郭居静的成果是使杭州新入教者人数与上海相等，而郭居静居上海两年便赢得二百信徒。① 可见，郭居静来杭短短数年，天主教已经表现为佛教的强大竞争对手，再也不是利玛窦时期仅侧身士人游学逞辩的状况。所以哪怕信从者"必非智人"，哪怕名公尚没有"皆为所惑"，身为佛教领袖的袾宏也再不能袖手旁观，再加上他可能已自知不久于人世。袾宏于1615 年春撰《天说》，是年秋天（七月初四）去世。② 袾宏直到临终前才拍案而起，更显得他一向以来的态度是能忍则忍。虞淳熙与袾宏面对利玛窦对佛教的攻击，基本态度是忍让兼含蓄地反驳，此种态度之形成需要结合时代特征加以思考。

本文所涉及的时期正是佛教步出濒灭状态而迈向复兴之时，袾宏正是领导晚明佛教复兴运动的四位大师之一。利玛窦同虞淳熙论学的这期间，佛教在中国社会处境不佳，而在政治纷扰和丛林操守之外，佛教在如何确立自身地位问题上最觉困扰的，实为儒学对佛教的态度。从根本上决定佛教发声方式（包括佛教与基督教的碰撞方式）的，正是儒学对佛教的态度而非政府对佛寺的扶植与否。然而从宋代以来，儒学便对佛教忽冷忽热、不咸不淡、阴采阳黜，令佛教地位尴尬。明前期佛教在信仰层面的兴盛使儒学更有理由疏远佛教，明朝中叶佛僧屡屡卷入重大政治事件无疑令士大夫认为佛教逾规越矩而更生厌憎，晚明时期的思想困惑与政治危机被正统派儒士归因于王学左派与"狂禅"风潮，而不管佛教界如何判断，"狂禅"都被主流儒士归为佛门。如何在这些关节上搞好同儒学的关系是晚明佛教复兴运动需谨慎应对的问题。居士佛教运动和在教义方面强调慈悲，这两项易与世俗接轨的内容成为复兴运动的重要标志（尽管就佛教界自身而言，四位大师复兴的重大贡献在于重振戒律、规范仪轨、编纂经典），这恐怕应被视为佛教有意识响应儒学之压力的举措。四位大师大力宣扬三教合和，也是为了让复兴的佛教获得儒学的善待。

---

① ［法］费赖之著：《在华耶稣会士列传及书目》，冯承钧译，中华书局 1995 年版，第 60、116 页。

② 释圆悟《辨天三说》和张广湉《证妄说》皆提到云栖去世时间。

　　此外，晚明佛教还面临其他教派的竞争，比如正德嘉靖年间兴起、万历以后大行的脱胎于禅宗之罗教（无为教）① 就是与佛教争夺信徒的强劲对手。天主教在中国建立基业后也扮演着这种角色。但是，佛教在与各个民间教派或邪魔外道竞争时又颇束手束脚，它不能把自己降格到民间教派的地位而要维护自己在中国的合法宗教地位，所以要尽量避免"口业"，它还要维护自己的知识地位即顾忌儒士对这类竞争行为的看法。佛教在与天主教相遇时便吞咽着此类矛盾和苦衷。与天主教遭遇时还有一个额外困境，天主教力图把自己打扮成儒学的助手，而这种助手地位是佛教一直以来苦心经营所欲获得并维系之物，所以双方多了一层争取儒学认可的矛盾，在这场争夺中佛教同样要顾忌儒学的反应。虞淳熙与袾宏介入与天主教的辩论都在 1616 年沈㴶发难之前，此时由于儒学对天主教的态度尚未显出有利于佛教的表征，佛教人士难免投鼠忌器，不敢就两教的是非直陈无隐。佛教采取这种策略是长久以来经验积累之结果，因为佛教在中国努力多年之后，实际上所拥有的也只能是儒学的助手地位，此种地位还常常因儒士的反复而颠簸摇摆，明朝中后期则正是处在波谷之时。所以，虞淳熙与袾宏言辞闪烁之间的苦衷正是当时佛教社会处境的折射，袾宏的《天说》甚至都已经表明，儒家认为不违反人伦的行为，佛教不会去干涉。基于此种处境以及调合儒佛的一贯策略，佛教在与天主教相争之时，虽然对于天主教的破坏性比儒学敏感，却不便高声控诉，同时还要对儒士旁敲侧击、冀其警醒。

　　1616 年南京的反天主教事件可视为中国主流社会对天主教态度发生转变的一个征兆，而 1633—1636 年福建福安地区对天主教的敌视态度对浙江省也产生了影响，因为福建士人黄贞特地跑来浙江请人撰文驳斥天主教。黄贞写于 1639 年仲春的《〈破邪集〉自叙》表明，他花了七年时间在闽浙邀人撰文。② 由于儒生开始表态反对天主教，佛教界突然变得活跃起来，以云栖寺为核心的浙江佛教界在 1635—1637 年间似乎成为反驳天主教的主力军，在中断二十年之后，有意将始于虞淳熙而经袾宏明确的反天主教态度转化为一场公众运动。

---

① 此教派亦有摩尼教痕迹。
② 黄贞：《〈破邪集〉自叙》，载徐昌治《破邪集》卷七，第 25A 页。

三 云栖门人友人直面挑战与据理力争

相关人士的叙述表明，云栖门人在 1636 年前后对天主教发难的直接导火索是一部名为《辩学遗牍》的天主教小册子。该册子浙版由李之藻负责刊印，其中收录前文所论虞淳熙与利玛窦的往来书信，以及一篇题名《利先生复莲池大和尚〈竹窗天说〉四端》的文章，正是针对袾宏《天说》诸篇的反驳。而其闽版中收录的杨廷筠跋还有一句话，称袾宏临终反悔，"闻其临终自悔，云'我错路矣，更误人多矣'。有是哉？此诚意所发，生平之肝胆毕露，毫不容伪也"①，更被云栖门人视为侮辱。《辩学遗牍》中可以辨认的两个天主教徒身影杨廷筠和李之藻都是杭州人，后来又有一位因杨廷筠而归信天主教的范姓人士与袾宏之居士弟子张广湉辩论。② 1635 年针对《辩学遗牍》展开反击的佛教界人士则是袾宏居士弟子张广湉与宁波天童寺友军释圆悟，云栖门人释大贤及杭州积翠寺释普润也加以响应。③ 接续云栖寺门人维护袾宏名誉之战，稍晚于 1636—1637 年又出现了另一批佛教徒反驳天主教的论文，此时不针对《辩学遗牍》，而指向利玛窦基本著作和整个天主教，参与者皆是与闽浙有关的佛教中人：福建福清人、天童寺僧释通容，云栖门人释成勇，福建罗川人释如纯。这场争论实际上能够反映出，当时杭州地区天主教势力已成气候并与固有的佛教势力产生利益矛盾，印证了袾宏临终前决定反击天主教时的忧虑之心。

---

① 杨廷筠：《弥格子跋》，载朱维铮主编《利玛窦中文著译集》，第 681 页。此跋仅见于《辩学遗牍》闽中初刻本，不见于李之藻《天学初函》本即今梵蒂冈藏本，陈垣整理《辩学遗牍》新刻本时发现了闽刻本而重新纳入此跋。张广湉《证妄说》全文引用此跋。

② 据释圆悟：《辨天三说》，载徐昌治《破邪集》卷七，第 17B 页。

③ 圆悟传记有其门人道忞所撰《明天童密云悟和尚行状》，收道忞《布水台集》卷一六，《嘉兴大藏经》第 26 册，台北：新文丰出版公司 1987 年版，据《径山藏》藏版。普润禅师传记见际源、了贞辑，达珍编《正源略集》卷二，《杭州积翠唯一润禅师》，收《卍新纂大日本续藏经》第 85 册。张广湉在《证妄说》篇首自题"云栖弟子"。圆悟《辨天二说》和释大贤《附缁素共证》文中提到张广湉字梦宅，但圆悟误将他的名字写为单字"湉"。张广湉曾集《释门真孝录》，其小传见道盛《〈释门真孝录〉序》，收觉浪说，大成、大然等校《天界觉浪盛禅师全录》，《嘉兴大藏经》第 34 册。释大贤小传见《云栖纪事·录贤》之《大贤》条，收《云栖法汇》卷二三，《嘉兴大藏经》第 33 册。

《辩学遗牍》编纂者不详,《天学初函》刊本题"习是斋续梓",李之藻跋中仅称得自友人。《利先生复莲池大和尚〈竹窗天说〉四端》一文的作者亦不详,肯定是托名利玛窦。云栖门人已经指出,利玛窦在祩宏撰《天说》之时已去世五年,但李之藻和《辩学遗牍》的初刊者竟皆不察。恐怕不是不察,而是故意要秉承此文作者意图,制造出利玛窦同虞淳熙及祩宏针锋相对的印象。研究者推测此文作者或为徐光启,或为杨廷筠。①杨廷筠更有可能,因为不仅其闽中初刻本有杨廷筠之跋,他还在跋文中表达自己看过《天说》后的感慨,"予视沈僧《天说》,予甚怜之。不意未及数月,竟作长逝耶!"②杨廷筠既然对《天说》不满,写篇文章反驳是在情理之中,而杨廷筠曾从祩宏学佛,在反驳先师的文章中托名避讳也合乎常情。如是杨廷筠所写,估计不会晚于1615年太久。

这批佛教人士之所以反击天主教,既有《辩学遗牍》诋毁祩宏造成的直接刺激,也包含黄贞"破邪"运动的影响。《辩学遗牍》浙版既由李之藻刊刻,不能晚于李之藻去世的1630年秋。而李之藻在跋中称利玛窦、祩宏及虞淳熙都已去世,"莲池弃儒归释,德园潜心梵典,皆为东南学佛者所宗,与利公昭示之学,戛戛乎不相入也。兹观其邮筒辩学语,往复不置,又似极相爱慕,不蕲以其所学深相订正者。然而终于未能归一,俄皆谢世,悲夫!"③此中虞淳熙去世最晚,逝于1621年,所以刊刻时间不早于1621年。即使此册在1630年方行刊刻,云栖门人直到1635年才发起反击,这也显得过于迟钝。何况张广湉的驳论显示,他同时看到了包含杨廷筠跋文的闽刻本,亦即早在杨廷筠去世的1627年之前,此册已经印行。

然而,按照圆悟《辨天二说》的记载,则并非佛教徒不肯及时反击,而是他们一直没看到《辩学遗牍》。此文称,张广湉于崇祯八年(1635年)八月二十一日将圆悟《辨天初说》(崇祯八年八月五日撰)拿去杭州天主堂,请求辩学,遇到耶稣会士傅泛际(François Furtado)与李之藻的公子,离开时获赠《辩学遗牍》。④这似乎说明,此是杭州云栖门人首次知道《辩学遗牍》。张广湉则在《证妄说》中证实,自己确是因为教堂赠

---

① 朱维铮主编:《利玛窦中文著译集》,第656页。
② 杨廷筠:《弥格子跋》,载朱维铮主编《利玛窦中文著译集》,第681页。
③ 李之藻:《凉庵居士跋》,载朱维铮主编《利玛窦中文著译集》,第680页。
④ 释圆悟:《辨天二说》,载徐昌治《破邪集》卷七,第13B页。

送而第一次看到《辩学遗牍》，而且这个是李之藻的刻本。他接着说，正在为此书中之内容惊骇怀疑之时，恰好"禅客复持闽中所刻《遗牍》，又增有弥格子一跋"①。张广湉在短时间内同时看到《辩学遗牍》于不同时间刊刻的两个版本，此前它就不为天主教外之人所知吗？此般流通程度未免太不如人意。作为一份专门与杭州佛教领袖抗辩的文本，天主教人理应让此文本广为传播，才有助于扩大教会在当地的影响。而闽中禅客又是何时得见《辩学遗牍》，至1635年方才拿出示人？

由于《辩学遗牍》的版本和流传状况全不清楚，所以无法判断究竟是佛教徒掩盖他们早已看到此书却迟迟不肯表态的尴尬，还是天主教徒有意不让此书为更多人所知。但是，我们可以看到，黄贞在这期间的努力和闽浙士人对他的响应的确促成云栖门人和友人从沉默转化为迎战。普润在响应张广湉之前，已于1634年仲秋驻锡福建漳州时写有反天主教文章《〈诛左集〉缘起》，并不涉及《辩学遗牍》，正可视为受黄贞鼓舞的一例。此外，天童寺圆悟的《辨天二说》、《辨天三说》虽然与张广湉的《证妄说》、《证妄后说》互为表里，都有针对《辩学遗牍》的因素，但《辨天初说》起首称，黄贞拿来天主教书籍给他看，促使他撰文反驳。而张广湉又是因了《辨天初说》才得见《辩学遗牍》，继而撰写《证妄说》。

由圆悟《辨天二说》、《辨天三说》可知，张广湉曾多次去杭州的天主教堂要求辩论。《证妄说》未题写作时间，但恐是张广湉1635年秋天看到《辩学遗牍》闽刻本后随即动笔，主要针对《辩学遗牍》中的伪造成分：第一，杨廷筠在跋中杜撰袾宏临终反悔之言，诬蔑先师；第二，《利先生复莲池大和尚〈竹窗天说〉四端》绝不可能是利玛窦所作。关于袾宏临终反悔反天主教之言，张广湉以亲历之人的身份记录实况，称绝无此节，弥格子所谓亲见亲闻完全是无根之谈。他又说，弥格子此跋不见于浙版《辩学遗牍》而只见于闽版，正是弥格子言语欺人的一个旁证，"盖谓可以欺千里外之闽人，而浙中之耳目难掩耳"②。关于反驳《天说》之文不可能出自利玛窦，张广湉据天主教文献《利子行实》（应是艾儒略《大西西泰利先生行迹》）和庞迪我等乞收骸骨疏文，指出利玛窦于万历三十八年（1610年）去世，而袾宏的《天说》写于万历四十三年（1615

---

① 张广湉：《证妄说》，载徐昌治《破邪集》卷七，第32A页。

② 同上。

年），利玛窦当然不可能对着自己去世五年后才问世的文章发表驳论。

指斥《辩学遗牍》之核心篇章的年代误植和弥格子跋文诽谤袾宏，这是云栖门人和友人反驳天主教时的一个重点。普润为《证妄说》题的跋文和云栖弟子大贤《附缁素共证》都重复此点，同时强调《证妄说》的拨乱反正之功。普润并感慨《辩学遗牍》竟然在袾宏去世二十年后诬陷之。当然普润以及其他佛教辩护者都误以为《辩学遗牍》是新近成文。圆悟在《辨天三说》结尾也提到这个明显的年代误植错误。然而，由《辩学遗牍》而针对天主教展开抨击，则只有张广湉和圆悟为之。

张广湉《证妄后说》更多是在表态，表明事到如今，佛教徒不得不与天主教徒交锋的原因和必要性。先替袾宏申明写《天说》辩论的原因不是出于妒忌而故意破坏天主教，又引袾宏对虞淳熙所言"倘其说日炽，名公皆为所惑……"称眼下正是其说日炽，其徒日昌，已经到公然诬蔑佛教领袖的地步，所以此时与天主教辩论，正是继先师未竟之志。他还提到，学佛者固然以慈悲为怀，但在大是大非面前不能一味退让、任人诽谤，当遭他人诋毁之时，有必要向世人澄清自己的宗旨与立场，不该以不与无缘者逞口舌是非之辩为借口而逃脱责任，"是则学佛者，当心契佛心，行合佛行，以承佛志，以绍佛愿，何乃高视空谈而谓一切是非莫辩耶？今子是莫辩而非有辩，当下分别宛然，是非蜂起，一切莫辩之说将谁欺乎？"① 接着，张广湉说他对天主教人并无仇雠嫉忌之心，本来也赞赏他们教人去恶为善，但他们"执性颠倒，妄计邪因，不得佛意"，亦即是天主教徒对佛教徒太不宽容，所以他的举动只是捍卫佛教徒应有的利益。最后一部分，他以类似虞淳熙的笔法，将天主教徒不戒杀生斥为其不真正懂得"善"的证据。此段是文章中针对天主教教义的唯一评论。

张广湉并不是只说要辩论而已，他的实际行动在圆悟的文章中得以展现。圆悟于崇祯八年八月五日写了《辨天初说》后，有意向天主教人索辩，特遣门人在杭州公示，但半个月都无回音。在此情形下，张广湉表现出非常积极的态度，特地携此文赴杭州天主堂索辩，《辨天二说》记载发生于八月二十一日和二十四日的两段情景。《辨天三说》又记当年孟冬张广湉再持圆悟新文去天主堂索辩而与一位范姓天主教徒当面辩论的场

---

① 张广湉：《证妄后说》，载徐昌治《破邪集》卷七，第37A页。

景。圆悟为佛耶之间的直接交涉又留下一笔宝贵记载，这样的场面为人所知者屈指可数。

张广湉八月二十一日来天主堂时遇到耶稣会士中国副省会长傅泛际①，傅泛际对圆悟《辨天初说》表现出无力应对的尴尬，但他又表示，愿意与佛教进一步辩论。圆悟称，所有记载都依张广湉亲述。张广湉在此可能有夸大成分，因为《辨天初说》短短几句，并没有正面指摘天主教哪里不如佛教，只是以佛教的典型语言强调天主教执着妄念，聪明而无智慧，非有佛缘者。大体仍是表现出佛教本来并不想与此等外道小道辩论的姿态。张广湉的夸饰置于教派相争的背景下不算稀奇，耶稣会士在他们的叙述中也常夸大与人辩论的成效。

三天后，张广湉又来索要傅泛际所允诺的书面辩论，却被一名教堂守门人挡在门外，且此人以强硬态度告诉张广湉，《辨天初说》及圆悟本人都不足与辨，与这样的人辩论则陷入是非之争。司阍人还指出，佛教是因害怕自己的信徒转投天主教门下，才著文贬低天主教，根本不是想要论道，"实非欲与我辨者，不过恐其徒归依我教，故作是说以遮之耳"②。当张广湉提出要买天主教书籍，司阍人严辞拒绝，理由是不想入教的人没资格看他们的书，"我教中书不卖钱者，唯真归向天主，然后与之一二。不然，纵欲求之，不可得也"③。

张广湉描绘的天主堂守门人一副趾高气扬并拒绝与教外人士多相往来的姿态，竟然连宗教书籍都不肯让外人看，这本来不符合天主教的传教态度。剔除张广湉情绪因素造成的夸大，或者这名司阍人本人的品格因素，我们仍可以看到一个事实，即天主教在杭州地区已经成其为一股可以自我发展的势力，既不隐瞒与佛教之间存在现实利益矛盾（争夺信徒），也不像最初阶段那样着意关心与教外人士保持友善。对于此时的天主教社群而言，作为一个团体和一种力量发展的需求超过与人论道辩难的需求。此种特点在数月后张广湉与另一名中国天主教徒的辩论中越发明晰地呈现出来。

① 文中称傅泛际为"主教"，此时中国尚无主教职务，所以此处指其为传教士领导者而言，非指 Bishop。
② 释圆悟：《辨天二说》，载徐昌治《破邪集》卷七，第 14A 页。
③ 同上。

　　圆悟《辨天三说》记，当年孟冬张广湉再持圆悟《辨天二说》去天主堂，天主堂派了一位范姓中国教徒来应对，此人从杨廷筠而信教。范君不仅表现出自己对佛教的争辩不感兴趣，还告知，教会决定不与佛教辩论，"凡有书出来无不收，然必不答，实告于公，此是教中大主意"。①于是张广湉说，是天主教方面先来挑战，希望就谁是唯一真理辨个清楚以达归一之境（这在《利先生复莲池大和尚〈竹窗天说〉四端》中说得很明白），傅泛际还当面应允辨答，如今却又食言。于是范君说，天主教与佛教原本不同，不求相合，故而不必辩论，各人选择哪个教自有其高下之判，"教中虽有欲归一之说，然而佛教与天主教原是不同，必不可合者。盖佛教虽重性灵而偏虚不实，唯我天教明言人之灵魂出自天主，则有着落，方是大全真实之教。虽然佛教以天堂地狱教化众生，而我天教亦以天堂地狱教化众生，如两医者，尔我如病人，随服其医之药，唯期疗病而已，何必是此非彼，况又欲合众医为一耶？如病不瘥，则更医可也"。②

　　张广湉质问，既然天主教现在承认不同教派对真理的表达可以不同而允许让人选择，那么为什么天主教要刻意排佛，为什么不能安心接受并行不悖的状态。范君的回答又表现出，教派利益所指，不竞争不行，"教门不同，自然要如此辟"。③张广湉由是指出，天主教只是为了派别之争，不是为了达成道理归一。范君倒也承认，但又强调自家信徒修行要求高，信仰坚贞，远非佛教信徒所能比，以此说明天主教优于佛教，"范君曰：'然。敝教皈依者，必先与讲明天主大义，至再至三，然后受教，其进若此之难，故其出教亦不易。不似学佛之徒，倏尔进，倏尔退。故彼欲化我，虽是好心，而我辈断断无舍天教而复皈依佛者，不必空费许多气力。'"④最后不忘指出，袾宏的《天说》四条未能成功辨倒天主教，圆悟也不可能超过袾宏。

　　范君的言论充分显示，天主教对于道理之辩已无兴趣，更关心信徒发展。利玛窦曾与三淮辩论各自宇宙论之高下，利玛窦又曾与虞淳熙争论各自天堂地狱观和人类与他物之关系，袾宏和圆悟的文章都围绕"天"和

---

①　释圆悟：《辨天三说》，载徐昌治《破邪集》卷七，第17B页。
②　同上书，第18A页。
③　同上书，第18B页。
④　同上书，第18B—19A页。

"杀生"问题，因为他们的印象中这是天主教徒辩论的主要议题。但是，张广湉两次与天主教徒的谈话完全不涉及理论问题的讨论，因为对天主教而言，此种敲门砖式的举动已经不再必要。张广湉经历的辩论场景不同于三淮，不同于虞淳熙，它暗示出天主教在杭州一带的发展规模与社会影响。天主教发展已经进入一个新的阶段，其与佛教共存及竞争的局面将会成为一个长久事实。天主教对此已经有了充分信心，但佛教似乎还没有做好这种准备，还希望能够在道理上归化"外道"。这不仅表现在圆悟此时仍针对《辩学遗牍》辩论，还表现在1637年前后出现的新一批佛教徒辩论文中。不过，1637年的事不便视为是袾宏事件的延续，而应另外考察，所以本文略过不论。我们仅选圆悟的文章看一下当时佛教中人与天主教人辩论的另一类场景。

　　1635年时，虽然杭州天主教人已经懒得与佛教辩论，但是《利先生复莲池大和尚〈竹窗天说〉四端》如前文所论，却是远早于此时的作品，它直接针对袾宏《天说》进行辩解。而圆悟的《辨天二说》《辨天三说》又是在尚未领悟天主教人新态度的情况下针对《利先生复莲池大和尚〈竹窗天说〉四端》的回应。于是这三组文本及其作者构成了不同于张广湉所历的另一种辩论情景。首先，依然是传统的道理之争，其次，彼此都有时间差，如果《利先生复莲池大和尚〈竹窗天说〉四端》作者是杨廷筠，则构成两场生者对死者的答辩。

　　《利先生复莲池大和尚〈竹窗天说〉四端》将《天说》四则一一照录，于每一则后进行辩解。对于《天说一》，此文的响应方式仍是争辩"天主"是谁以及"天主唯一"。承认忉利天王只是小王，大梵天王也不过是佛之弟子，所以，将忉利天王等同于"天主"是袾宏一厢情愿的错误。天主唯一，则真理唯一，佛教以佛为主即意味着不接受天主，因此是错误的。"故我以天主为主，汝以佛为主，理无二主，即无二是，无二是，即无二生利乐，无二不受甚深地狱之苦，此岂小事，可相坐视者。西士数万里东来，正为大邦人士认佛为主，足可叹闵故也。"[①] 文中又以四大洲知识和西国天文观反驳三千大千世界论，指中国佛经中的宇宙论肯定是六朝译经时误译并掺杂神仙家之论所致。袾宏曾指，天主教所说天主的另一层含义表明这就是理，文中反驳说，天主不可为理，因为"理者虚

---

① 《辩学遗牍》，载李之藻《天学初函》（二），第654—655页。

物，待物而后有"。①

对于袾宏《天说二》和《天说余》中不可从戒杀生过度穿凿的论述，《利先生复莲池大和尚〈竹窗天说〉四端》一文首先用《天主实义》中的驳轮回论加以反驳，仍是轮回对反轮回。其次，谈论卜筮之法的害处。这两条辩解完全不体察袾宏是针对利玛窦的一个具体逻辑错误进行反驳。最后，论绝对禁杀并非古今通法，也非天主之意，天主少杀生以存养人类，正是天主爱其所创之物的一种表现，不可与滥杀相等同。这条理由又回到佛教与基督教的人与自然之关系的根本分歧上。

袾宏在《天说三》中称中国古代事天之学已备，天主教没必要另制新声。《利先生复莲池大和尚〈竹窗天说〉四端》一文便讽刺袾宏到这里为何肯谈儒家之天，然后辨天主教并非新说，而有古老传统，只因中华久已断此传统，误以之为新说。此处对儒家古代之天的认识一仍当初，以其与天主教相合。

可见，《利先生复莲池大和尚〈竹窗天说〉四端》是纯粹的道理辩论，是利玛窦同虞淳熙及袾宏之间争论的延续。而在这篇文章中，天主教与佛教旧有的争论模式再度上演，亦即，天主教与佛教因为根本道理上的差异而不可避免地各持己见，根本不可能达成谁说服谁的效果。如果说虞淳熙还试图劝说利玛窦不要排佛而寻求融合，那么袾宏在《天说》中已经隐含着需要辩论而不是单纯容忍的态度，而到了圆悟这里，他彻底放弃基于双方的相似性以寻求和平共处的意图。

《辨天二说》的主旨便是批评天主教起初生事想要辩论，现在却又退缩并指责佛教好辩，而天主教之所以不肯辩，是其不能，非是不想。圆悟明确表白，面对此种情形，倘若他也置之不理，则曲直莫分，所以"汝不能辨而我必辨之"。② 圆悟声明，自己辩论所凭者为"至理"，天主教却执着名相，执意区分天主、佛、众生，显然不明理、不达道。于此，再一次呈现出佛教与天主教在根本宇宙论上的差异。张广湉去教堂遭逢守门人贬低圆悟，圆悟也对此作响应，称自己五年来未离甬东，去年更不曾去到武林，守门人却说他去年曾来教堂索辨并且失利，不知从何谈起。守门人此言正触犯自家十诫之八"勿妄证"。

---

① 《辩学遗牍》，载李之藻《天学初函》（二），第663页。
② 释圆悟：《辨天二说》，载徐昌治《破邪集》卷七，第14B页。

《辨天三说》对范君关于佛教的如下指摘进行条驳：佛教偏虚不实，灵魂出自天主，天主教之天堂地狱观更高明，天主教信徒更坚定，云栖都辨不过，天童更无须辨。这篇驳论中包含着体现佛、耶基本差异的道理之辨，如佛教恰恰是去虚立实，希望教导人放弃空相而存养本性，灵魂只是生死之大兆而非本有之性灵，天堂地狱是业力所召，所以佛教才针对此设立教化之道，天主为虚名、天主教所谓之天堂也是妄想空相，佛则是觉相。

除此之外，圆悟的辩论中也有浓厚的派别斗争意图，以期为佛教赢得更高地位。比如，佛教旨在让人觉悟，是让人识悟本性的更好方法，他出面与天主教辩论的目的不是求胜，而是要向人展示道之所在，肯皈依佛教者皆是有觉悟之人，佛教虽不强迫无觉悟之人，但对于诋毁佛教之人也要提醒此乃折福之举。他更强调，关键不在于是否他比云栖更高明，而在于辨明道理是职责所在，西人及其教派态度不对，只想指责别人，根本就是哗众取宠只图扩大自己势力的小道，"西人惟求过人，遂忘当世有不可欺之贤哲，自心有不可昧之寸灵，一味诬人以显己，饰诈以惊愚"。[①]

天主教方面是否对圆悟的文章有进一步响应或反应？并无记载可供推测。围绕云栖寺而起的佛教与天主教界的纠葛于此似乎戛然而止，云栖寺在佛、耶互动中的作用告一段落。与此同时，东南佛教界对天主教的全面抨击却挟此声威而登场。前文提到的1637年以来的辩论文章和1643年杭州灵峰寺蕅益智旭（苏州人）再辑《辟邪集》，都表明佛教界有意对天主教表明严正态度。这种转变自然有儒士对天主教态度转变的影响，正如前文所论，佛教在明代的处境导致它在这场与竞争对手的争夺中被迫唯儒士马首是瞻。但这种转变中当然也有自虞淳熙以来云栖寺门人与天主教抗辩之努力的示范效应。佛教中人的态度从虞淳熙式的忍让调和到日趋严厉，亦与杭州及整个东南地区天主教势力构成佛教重大竞争对手的态势密切关联。在同样的态势之下，天主教对佛教的态度却从力辟转变为懒得争辩，足见当时天主教对自身的发展有足够信心与乐观期望，哪怕它已经开始遭

---

① 释圆悟：《辨天三说》，载徐昌治《破邪集》卷七，第29B页。

到中国主流社会的排斥。[①] 这正说明天主教在民众之中吸引力颇大，而当时的佛教似乎还未及认真考虑天主教吸引力之由来。

佛教与天主教在晚明的这场互动限于利益纠葛、互争短长，这受限于两种文化和两种宗教相遇时的历史条件，我们不能设想那时双方就可以考虑到对话和沟通。我们恰恰从明末杭州佛教界与天主教界的互动看到，在一个并不有意倡导文化交流的时代，两种传统遭遇之后，为保持自身特色会怎样地本能性自卫。我们由此更能体认，文化与思想的对话为何应该是当今世界的基本议题。

---

① 笔者亦曾讨论明末主流社会对天主教态度之转变，见拙文《介乎国体安危与华夷之辨之间——中国古代政府对待外来宗教的基本态度辨析》，刊《中华文史论丛》2012 年第 3 期（2012年 7 月），第 91—123 页。

陈梦家与简牍学

王子今

  陈梦家是中国大陆于简牍学方面有显著的突出贡献的学者。他主持了武威汉简的整理和校勘，推定其中的《仪礼》简为与二戴本有所不同的庆氏本，第一次比较全面地将简牍研究与文献研究结合起来，使传统文献研究在方法上有所革新，也使简牍学的研究领域有所扩展。陈梦家又曾经负责《居延汉简甲乙编》的编纂工作。对于居延汉简的研究，他改进了以往就简牍论简牍的方式，重视简牍出土地点的分析，于是将简牍学从单纯的文字研究和文书研究，提高到科学地运用现代考古学理论与方法的高度，提高到通过简牍资料的研究，从较宽层面认识历史文化的高度。学术界对于汉代的简册制度、烽燧制度、邮传制度、职官制度、纪时制度的认识，都因陈梦家的研究而得以深入。他承担叙论、校记、释文的《武威汉简》，以及汉简研究专著《汉简缀述》，已经被看作简牍整理和简牍研究的经典。

  由于陈梦家的工作成绩，中国大陆的简牍研究，在 20 世纪 60 年代并不落后于海外，而此后大陆地区的简牍学，也因此具有了良好的学术基础和合理的科学导向。

一 简牍学研究与历史文献的整理

  陈梦家从 1960 年开始从事简牍学研究。

  1959 年 7 月，甘肃武威出土大批汉简。甘肃省博物馆请中国科学院考古研究所支援整理。时任所长的夏鼐委托陈梦家担任这项工作。1960

年6—7月，陈梦家前往兰州参加了这批简的整理和研究工作。① 有的学者在回忆文章中写到当时的情形，"要把这批出土的散乱残断的竹木简，加以整理复原，并确定它是一本今已失传的《仪礼》本，这首先需要临摹、缀合、校刊等技术性的工作，任务是艰巨的。当时博物馆的新馆还没有盖起来，只在一间仓库样的工房内工作"。"时值盛夏"，陈梦家"不分上下班，晚上在灯光下用放大镜俯身工作"。当时不仅物质条件十分困难，陈梦家还承负着不能个人发表文章，不能对外联系等精神方面的压力。"但他全不计较，发扬古代文化的责任感促使他忘我地工作，仅用了三个月的时间便完成了任务。一九六二年出版了《武威汉简》一书，供学术界研讨。"

据陈梦家的同事回忆，自参与并主持武威汉简的整理和研究之后，"梦家先生的研究兴趣，陡然从金文铜器方面转到了汉简方面"。一位学养深厚的，已经在古文字学、青铜器学、古文献学等领域取得重要成果的学者②热情投身于简牍学研究，这实在是中国简牍学的幸事。

由于逐渐形成了利用陈梦家的研究成果为基础，遵循陈梦家的研究范式进行工作的简牍学研究群体，方才使得此后若干年考古发掘中出土的大批简牍数据具备了可以进行整理和研究的前提。后来李学勤所提出"对

---

① 关于陈梦家参与整理武威汉简的时间，有不同的说法。周永珍说"一九五九年夏，我陪同先生到甘肃省博物馆工作"（周永珍《忆梦家先生》，《文物天地》1990 年 3 期）；《汉简缀述》编者说在 1960 年夏，"一九五九年七月，武威磨嘴子六号墓发现了四六九枚竹木仪礼简，梦家先生于一九六〇年六月至七月间去兰州参加了这批简的整理和研究工作"（《汉简缀述》，中华书局1980 年版，第 317 页）；徐苹芳《中国汉简的发现与研究》也说陈梦家"1960 年起研究汉简"（《汉简研究的现状与展望》，1992 年汉简研究国际讨论会报告书，关西大学出版部 1993 年 12 月版，第 40 页）；王世民《〈尚书通论〉前言》也说其事在 1960 年 6 月（《尚书通论》，河北教育出版社 2000 年版，第 4 页）。本文从 1960 年说。

② 陈梦家 1956 年在《尚书通论》初版序中写道："我于二十五年前因研究古代的宗教、神话、礼俗而治古文字，由于古文字研究而转入古史研究。"据周永珍说，"在甲骨学上，他对董作宾的'贞人'说和甲骨断代有所补充和纠正，将所谓'文武丁卜辞'，区分为'自组'、'子组'和'午组'，首先作出它们应属武丁时期的推断。所作西周铜器的断代研究，对郭沫若创立的标准器断代法也有进一步的发展，从不同角度把分散的铭文内容串连起来，探寻判断年代的根据，阐述重要史事和典章制度，并且比较深入地研讨了铜器的组合、形制和花纹问题"。"另外，他还对《尚书》、《竹书纪年》等古史文献、西周年代、六国纪年和历代度量衡问题等，作过一定的专门研究。"周永珍：《陈梦家》，《中国大百科全书·考古学》，中国大百科全书出版社 1986年版，第 68 页。

古书的反思"①、"走出疑古时代"② 等论点所体现的利用新出简牍资料的
历史文献研究的进步，正是以此为条件的。

　　武威汉简本《仪礼》的发现，是 20 世纪简牍佚籍第一次比较集中的
发现。武威汉简本《仪礼》的整理，也是中国历史文献学在 20 世纪取得
的重大成就之一。

　　陈梦家在历史文献研究方面的成果，原已有《老子今释》③、《尚书通
论》④ 等多种。⑤ 郭沫若曾经考论《周易》的"经部作于战国初年的楚人
馯臂子弓"，而《易传》"著书的年代当得在秦始皇三十四年之后"。他以
为八卦的构成时期不在春秋以前的主要论据，是金文中"决不曾见有天
地对立的表现"，"确实可靠的春秋以前的文献也没有天地对立的观念"。⑥
对于郭沫若有关《周易》成书年代的推定，陈梦家指出，天地上下对立
的观念发生很早，甲骨卜辞中有牝牡合书，左右对称诸例，有"下上若"
的说法，金文亦见此例，这就是上天下地之意。郭沫若以春秋前不可能存
在天地对立的观念而断言《易》之不产生于春秋之前，是缺乏力证的。
陈梦家指出，"《易》无成于春秋中叶以后的确证。而《史》《汉》所叙
传《易》系统中的馯臂子弓亦自无理由认为作《易》者"。⑦ 就《易》学
而言，陈梦家的许多论著其实都有所涉及。李学勤《周易经传溯源》引
录陈梦家《殷虚卜辞综述》⑧、《西周铜器时代》、《六国纪年》⑨ 等专著以

　　① 《李学勤集》，黑龙江教育出版社 1989 年版，第 41—46 页。

　　② 《走出疑古时代》，辽宁大学出版社 1994 年版，又修订本 1997 年版，第 1—19 页。

　　③ 商务印书馆 1945 年版。

　　④ 商务印书馆 1957 年版；又增订本，中华书局 1985 年版。

　　⑤ 陈梦家发表的历史文献研究论文，还有《古文尚书作者考》（《图书季刊》新 4 卷第 3、
4 期，1944 年）、《汲冢竹书考》（《图书季刊》新 5 卷第 2、3 期，1944 年）、《尧典为秦官本尚
书考》（《清华学报》14 卷 1 期，1947 年）、《世本考略》（《周叔弢先生六十五岁生日纪念论文
集》，1950 年）等。

　　⑥ 郭沫若：《青铜时代·〈周易〉之制作年代》，《郭沫若全集》历史编第 1 卷，人民出版
社 1982 年版，第 381 页。

　　⑦ 陈梦家：《郭沫若〈周易的构成时代〉书后》，郭沫若《周易的构成时代》附录，长沙
商务印书馆 1940 年版。

　　⑧ 科学出版社 1956 年版；中华书局 1988 年版。

　　⑨ 学习生活出版社 1955 年版。

及《解放后甲骨的新资料和整理研究》①、《战国楚帛书考》② 等论文，共计十三处之多。③ 可知陈梦家的学术工作对《易》学进步确有贡献。

可以看到，陈梦家以实践体现出对王国维"古来新学问起，大都由于新发见"，"纸上之学问赖于地下之学问"以及"二重证据法"的主张的信服和遵从。他以敏锐的学术眼光，发现甲骨文数据、金文数据和帛书数据的文化价值，并且认真投入研究，不久就成为这些领域公认的专家。从这一角度说，他始终站在学术的前沿，始终勤于探讨，勇于攻坚，于是成为成就卓著的古文字学家、考古学家。

陈梦家重视全面的学术训练，重视从不同角度切入，以探索古代文化。在谈到研究古史的道路时，他曾经说："在工具方面，没有小学的训练就无法读通古书，无法利用古器物上的铭文；没有版本学和古器物学的知识就无从断定我们所采用的书本和器物的年代；没有年代学、历法和地理作骨架，史实将无从附丽。"④ 正是因为对古代文化多层面、多方位的关注，使得他在并非专意研究古文献时，也能够通过对古文字学、古器物学、古史年代学、古历法学以及历史地理学的探讨，极大地推进了历史文献的研究。

在讨论马王堆帛书《周易》的卦序卦位时，李学勤提到陈梦家的简牍学研究成果：

关于"帝出于震"章的来源，至少有两条线索可寻。

《汉书·魏相传》云："又数表，采《易阴阳》及《明堂月令》表奏之，曰：……东方之神太昊，乘震执规司春；南方之神炎帝，乘离执衡司夏；西方之神少昊，乘兑执矩司秋；北方之神颛顼，乘坎执权司冬；中央之神黄帝，乘坤艮执绳司下土。"所述五方之神本于《月令》，而八卦方位与"帝出于震"章相合，陈梦家先生考定此奏在汉宣帝元康年间，距《说卦》的出现不过几年，所谓《易阴阳》可能是另一种《易》书。

① 《文物参考数据》1954 年第 5 期。

② 《考古学报》1984 年第 2 期。

③ 李学勤：《周易经传溯源》，长春出版社 1992 年版，第 2、3、5、13、127、128、134、137、178、179、192、197、213 页。

④ 转见周永珍《忆梦家先生》，《文物天地》1990 年 3 期。

关于陈梦家先生的"考定"，李学勤注："陈梦家：《汉简年历表叙》，《汉简缀述》，中华书局 1980 年。"① 这只是陈梦家的简牍研究收获应用于历史文献研究的一例。

陈梦家直接以简牍研究推进历史文献研究的工作，当然是武威汉简的整理和研究。

1959 年 7 月，甘肃武威磨咀子六号汉墓出土汉简 480 枚，以木简居多，竹简较少。其中除 11 枚为日忌及杂占简外，其余 469 枚均为《仪礼》简。② 武威出土的汉简《仪礼》，被认为是"从所未有的发现"。如陈梦家说："先秦典籍的原本，今已无存。今欲见汉代典籍的面貌，大约不外帛本、简本、纸本和石本。帛本、纸本未有出现，而近世在洛阳故城南太学遗址所出的熹平石经，其中虽有《仪礼》残石，散在四方，就可以搜集到的仅有数百字（详《汉石经集存》第三九二至四七〇号）。今此所出《仪礼》，竹简、木简并有，存四百六十九简，二万七千三百三十二字，首尾完整，次第可寻，实为考古发现上非常的一件大事。"③ 后来简本和帛本汉代文献屡有发现④，当然非 20 世纪 50 年代所能预见，但是武威汉简《仪礼》发现的意义和整理的功绩依然未能稍减。

武威汉简《仪礼》甲、乙和丙本不但有竹、木之异，它们之间的内容亦有所异，甲、乙本是《服传》而丙本是《丧服》经记。甲本七篇篇首题记篇题篇次，反映其编次和今本编次不同，和两戴本及刘向《别录》本亦不同。不但篇次不同，篇题亦有所异。陈梦家指出："甲本将士礼置于前半，而将诸侯大夫礼置于后半，其先后次第似有胜于两戴与《别

① 李学勤：《周易经传溯源》，长春出版社 1992 年版，第 213 页。

② 武威《仪礼》简共有三本：（1）甲本木简，宽 0.75 厘米，长 55.5—56 厘米，约合汉尺二尺四寸，共七篇：《士相见》16 简，《服传》57 简，《特牲》49 简，《少牢》45 简，《有司》74 简，《燕礼》51 简，《泰射》106 简，共 398 简；（2）乙本木简，宽 0.5 厘米，长 50.05 厘米，约合汉尺二尺一寸，只《服传》一篇 37 简；（3）丙本竹简，宽 0.9 厘米，长 56.5 厘米，仍约合汉尺二尺四寸，《丧服》一篇 34 简。

③ 甘肃省博物馆、中国科学院考古研究所：《武威汉简》，文物出版社 1963 年版，第 4 页。

④ 参看骈宇骞、段书安《本世纪以来出土简帛概述》，万卷楼图书有限公司 1999 年版；陈松长《帛书史话》，中国大百科全书出版社 2000 年版；王子今《简牍史话》，中国大百科全书出版社 2000 年版。

录》者。"①

　　经过整理和研究判定，"武威出土甲、乙、丙三本《仪礼》九篇，除甲、乙本《服传》和今本有很大的出入外，其它甲本六篇和今本大略相同，丙本《丧服》经、记同于今本。但它们的篇次既不同于两戴，又不合于《别录》、郑玄，它只能是三家以外的一个家法本子"②。陈梦家认为，根据文词和字形的考察，"这个本子也很可能是庆氏《礼》，故其经文不甚离于今本，其文句略同于今本，而其字形有异于两戴本和今古文并存的今本者"③。

　　陈梦家为《武威汉简》所写的《叙论》，全文凡 113000 千字，又《校记》60000 字。作为《仪礼》研究来说，完成了分量最为充实，而质量亦尤为优异的研究论著。

　　利用简牍资料研究历史文献，陈直的《汉书新证》和《史记新证》有值得称道的贡献。陈直《汉书新证》即"以本文为经，以出土古物材料证明为纬。使考古为历史服务，既非为考古而考古，亦非单独停滞于文献方面"，"有百分之八十，取证于古器物"。陈直所做工作，以"证"为主，其中也涉及对历史文献的校订。我们说用考古资料考订和校正历史文献，自然以简帛本文献的发现最值得重视，这涉及简帛的版本学价值的问题。李学勤说，尽管出土简帛文献"就有传本的几种而言，其与传本的不同，不一定是简帛比传本好"，然而通常说来，"新发现的简帛书籍大多数是佚书秘传，年代又这么古远，自然是不容置疑的善本"④。研究保存较完整的简牍本文献，陈梦家进行了富有开创性的工作。此后卓有成就的新发现先秦秦汉简帛文献的研究，从某种角度来说，其实都是陈梦家的事业的继续。陈梦家的武威汉简《仪礼》研究，在一定意义上为简帛佚籍研究确定了一种样式，一种规范，一种标尺。

　　陈梦家的武威汉简《仪礼》的研究，还引发了有关《仪礼》研究的有意义的讨论。沈文倬不同意陈梦家以为武威《仪礼》为庆普本的意见，

---

　　① 甘肃省博物馆、中国科学院考古研究所：《武威汉简》，第 12 页。

　　② 同上书，第 13 页。

　　③ 同上书，第 52 页。

　　④ 李学勤：《新出简帛与学术史》，《简帛佚籍与学术史》，台北：时报文化出版企业有限公司 1994 年版，第 6 页。

认为简本《仪礼》是"古文或本"。① 高明通过对武威简本《仪礼》的研究，考察两汉时期今古文的实质和变化，得出结论：武威简本《仪礼》是目前所见第三个汉本；据校今古文及简本的差异主要是各自使用本字和假借字；东汉今古文的分歧实质是两派解经对经文的谐声字取舍不同。②

二　简牍学研究与古代制度的复原

1957 年，劳榦的《居延汉简图版之部》在台北出版。三年之后，1960 年，他的《居延汉简考释之部》也得以面世。1959 年，在陈梦家主持下，据马衡保存的 148 版图版，计 250 多枚简牍，整理出版了《居延汉简甲编》。《甲编》中所收部分简牍，是劳榦的论著中所没有的。以这两部书，以及贝格曼去世后由斯德哥尔摩民族学博物馆东洋部部长索马斯达勒姆（Bo Sommarstrom）整理出版的《蒙古利亚额济纳河流域考古研究》为依据，内容完整的《居延汉简甲乙编》得以于 1980 年出版。《居延汉简甲乙编》出版后，使简牍学研究层次的深入和研究领域的拓宽得到了新的条件，许多研究者相继发表了有关居延汉简的专著和论文，涉及汉代史研究的论著，也普遍开始重视利用简牍数据。

应当看到，大陆的汉史研究，因《居延汉简甲编》的出版得到了新的契机。如果考虑到大陆经历 1966 年开始的"十年动乱"的特殊背景，注意到"文革"后恢复高考最先入学的历史系七七级、七八级史学新人当时只能通过这部书接触简牍资料，则《居延汉简甲编》的学术意义更应当得到肯定。

在 1962 年初，《武威汉简》的编写工作最终完成之后，陈梦家接着便集中精力，对居延汉简、敦煌汉简和酒泉汉简进行了整理工作。其中包括对居延汉简的出土地点与额济纳河流域汉代烽燧遗址的分布和形制的研究。其意义对于简牍学至为重要，是因为这一工作第一次使得中国简牍研究正式置于现代考古学理论与方法的基点上。从 1962 年初到 1966 年 9 月逝世前，在三年多不满四年的时间里，陈梦家共完成了 14 篇论文，约 30

---

① 沈文倬：《〈礼〉汉简异文释》（一），《文史》第 33 辑，中华书局 1990 年版。
② 高明：《论武威汉简〈仪礼〉与〈仪礼〉郑注》，《周秦文化研究》，陕西人民出版社1998 年版，第 906—922 页。

万字。①

　　应当说，主要是居延汉简研究的成绩，使得陈梦家成为公认的大陆简牍学研究者中成就最为突出的学者。陈梦家推出的研究论著，使得大陆简牍学研究迈进新的阶段。

　　陈梦家有关居延汉简的论文，在他生前已经发表五篇，即《汉简考述》②，《汉简所见奉例》③，《汉简所见居延边塞与防御组织》④，《汉简年历表叙》⑤，《玉门关与玉门县》⑥。由于其研究成果的数量和质量，陈梦家在当时的简牍学研究中已经成为公认的学术权威。

　　在 1966 年 9 月逝世前，陈梦家又完成了 9 篇研究汉简的论文。即：《汉简所见太守、都尉二府属吏》、《西汉都尉考》、《关于大小石斛》、《汉代烽燧制度》、《河西四郡的设置年代》、《汉武边塞考略》、《汉居延考》、《西汉施行诏书目录》、《武威汉简补述》。这九篇生前尚未发表的论文，加上已经发表的五篇，以及原先作为《武威汉简》中的一章的《由实物所见汉代简册制度》，共计 15 篇，编为《汉简缀述》一书，于 1980 年由中华书局出版。据此书编者的《编后记》，没有发表的 9 篇论文，"有的是初稿，有的已修改誊清，看来当时梦家先生是准备将它编辑成册的，《汉简缀述》就是他自己题的集名"⑦。有的学者则说，陈梦家"亲自将其集结为《汉简缀述》一书"⑧。

　　陈梦家在谈到写作《殷虚卜辞综述》时，曾经说道："作此书时，曾时常注意到两件事：一是卜辞、文献记载和考古材料的互相结合；一是卜辞本身内部的联系。"⑨ 他在进行汉简研究时，依然"时常注意"这两个方面。同时，通过汉简研究，考察当时的制度，尤其为陈梦家所关注。他在《汉简考述》中写道："我们在整理汉简的过程中，感到汉简

---

　　① 《〈汉简缀述〉编后记》，《汉简缀述》，中华书局 1980 年版，第 317 页。

　　② 《考古学报》1963 年第 1 期。

　　③ 《文物》1963 年第 5 期。

　　④ 《考古学报》1964 年第 1 期。

　　⑤ 《考古学报》1962 年第 2 期。

　　⑥ 《考古》1965 年第 9 期。

　　⑦ 陈梦家：《汉简缀述》，第 317 页。

　　⑧ 王世民：《〈尚书通论〉前言》，陈梦家：《尚书通论》，河北教育出版社 2000 年版，第 4 页。

　　⑨ 陈梦家：《殷虚卜辞综述》，中华书局 1988 年版，第 9 页。

的研究不仅是排比其事类，与文献相比勘或者考订某些词、字或片断的历史事件，而需要同时注意以下诸方面：第一，关于出土地问题，即遗址的布局、建筑构造，以及它们在汉代地理上的位置。""第二，关于年历的问题，利用汉简详确的排列'汉简年历表'，可以恢复两汉实际应用的历法。""第三，关于编缀成册和简牍的尺度、制作的问题。""第四，关于分年代、分地区、分事类研究与综合研究相互结合的问题。"陈梦家说，"凡此皆需先加分别，然后才可综合不同年代、不同地区的汉简，互相补充，全面的研究表现于汉简上的官制、奉例、历制、烽火制、律法、驿传关驿等等，并与文献互勘，用以了解汉代经济的、社会的、军事的种种面貌"①。

《汉简缀述》正是循这样的思路从事考察，充分利用简牍材料，对于汉代的政治制度、军事制度、邮驿制度进行了说明的。

对于武威郡以及武威郡治姑臧的考论，已见于《武威汉简》之《叙论》。②《河西四郡的设置年代》一文又依据简牍数据，分别为河西四郡设置作时间定位，订正了史籍记载的错误。此外，《玉门关与玉门县》、《汉武边塞考略》、《汉居延考》等论文，都是军事历史地理的专论。陈梦家在这组论文中从不同层次说明了汉代河西作为重要的政治历史舞台的形成过程。因为是以出土简牍作为主要研究资料的，所以其结论的可信度相当高。这一方面研究的重要性，正如陈梦家所说，"没有……地理作骨架，史实将无从附丽"。《汉简考述》一文的第一篇《额济纳河流域障塞综述》，第二篇《邮程表与候官所在》，也是以地理"作骨架"的工作，从而为进一步的研究准备了基本条件。

同样，如果没有"年代学、历法""作骨架"，"史实"也"将无从附丽"。也就是说，如果只有空间的定位，没有时间的定位，则历史认识的基点仍然不存在。陈梦家利用居延汉简所进行的关于"年代学、历法"的研究成果，有题为《汉简年历表叙》的论文。

《汉简所见居延边塞与防御组织》在《汉简考述》部分恢复汉代居延边塞防御组织的基础上，又做了进一步的工作。所使用材料，以居延简为主，也部分利用了敦煌简和酒泉简。陈梦家强调，汉代北方诸郡，

---

① 陈梦家：《汉简考述》，第 2 页。
② 甘肃省博物馆、中国科学院考古研究所：《武威汉简》，第 3—4 页。

由于地理上、军事上和经济上的关系，和内郡在组织上稍稍有所不同。出于防御武备、屯田、转输以及处理民族关系的需要，"边郡守除了直辖诸县民政外，还要管辖二或二以上的部都尉，而在其境内存在有受制于中央大司农、典属国的农都尉和属国都尉。边郡太守府和内郡一样，有一套治事的官僚组织，即阁下和诸曹，另外又有仓库。太守所属的部都尉，也是开府治事的，它也有略同于太守府的官僚组织，即阁下和诸曹；除官僚系统外，它有候望系统（候、塞、部、隧），屯兵系统（城尉、千人、司马），屯田系统（田官），军需系统（仓、库）和交通系统（关、驿、邮亭、置、传、厩等）。后者或者属于郡"①。陈梦家还指出，边郡太守兼理本郡的屯兵，其所属长史专主兵马之事。在其境内的属国、农都尉，虽然在系统上属于中央典属国与大司农，但是也兼受所在郡的节制。至于部、郡都尉，则直属于郡太守。张掖郡属下的两个部都尉，各守塞四、五百里，凡百里塞设一候官，有候统辖而与塞尉直属若干部；部有候长、候史，下辖数隧；隧有隧长，率卒数人。② 这篇论文，主要论述了防御组织中的候望系统，亦兼述屯兵系统的一部分，以简牍数据与文献记载相结合，将有关组织的结构体系，大体已经梳理清楚。

对于边郡太守府和都尉府的官僚组织和属吏，文献记载虽有涉及但是不免阙失疏略。陈梦家在《汉简所见太守、都尉二府属吏》一文中就此专门进行论述。此项研究据陈梦家自述，"以汉简为主而与史书相印证，并利用少数的汉代铜器、碑刻、封泥、印玺上的铭文稍加补充。它对于西汉晚期和东汉初期的边郡官制，提供了比较详备的系统"③。重视多种文物数据的综合利用，并且结合"史书"记载，以相互印证，这种方法在汉史研究中的运用，曾经先有杨树达《汉代婚丧礼俗考》和《汉书窥管》的范例④，而陈直的《汉书新证》和《两汉经济史料论丛》等论著其应

---

① 陈梦家：《汉简所见居延边塞与防御组织》，《汉简缀述》，第 37 页。
② 同上书，第 68 页。
③ 同上书，第 97 页。
④ 参看王子今《〈汉代婚丧礼俗考〉导读》，杨树达《汉代婚丧礼俗考》附录，上海古籍出版社 2000 年版，第 25 页。

用尤为练达。① 而陈梦家在汉简研究中注意"以汉简为主而与史书相印证",同时又"利用"其他文物数据以为"补充",这一方法对于汉简研究者的启示意义无疑也是显著的。

关于汉简官制研究,陈梦家又有《西汉都尉考》一文。他指出,部、农、属国都尉和少数骑都尉都是边郡防御的重要设置,其分布和兴废都有关两汉边防守备的兴衰。② 这一研究,也丰富了我们对于汉代制度的认识。

可以反映当时社会政治生活和社会经济生活若干重要信息的汉代所谓奉给或吏禄制度,其内容包括秩级、奉禄数量、官职和奉禄性质。陈梦家以河西出土汉简补充文献记载之不足,在《汉简所见奉例》一文中总结了两汉时期有关制度的变化,他指出:"两汉奉例的变化可分为以下诸期:(一)汉高祖末及惠帝初,因秦制以石为秩,初具二千石至佐史诸秩等第。(二)武帝末至西汉末以钱为奉,间代以布帛,其间秩名减除、官职秩级有升降,三百石以下两度益奉什五。(三)王莽(新)承西汉奉钱之秩,最后六年曾企图以谷物代钱为奉,建武二十六年以前似受其影响。(四)东汉建武二十六年四月创立半钱半谷奉例,施行至东汉末,未有变更,延平例中所见半谷为半米。""由此可知班固《汉书·百官公卿表》所代表的,往往是班固当时理解的西汉之制,不尽符合不同年代稍稍改易的地方,其例与《地理志》相同。"官员的秩级与奉禄,是政治制度、经济制度的重要构成内容,《汉简所见奉例》一文使两汉奉例的历史演变趋势得以明朗,实是对于汉代制度研究的重要贡献。陈梦家在文章结尾处自谦地说,"作者初治汉书,很不熟悉,而汉简数据又尚待系统整理,因此本文所涉论的必有不少错误,希望读者指正"③。虽然随着资料的日益增多和研究的逐步深入,对于这一制度的认识也一定有所推进。但是陈梦家的工作对于此项研究的贡献,有必要给予充分的肯定。

汉代烽燧制度应用于军事防御和信息传递,是当时体现先进技术的一

---

① 李学勤:《陈直先生其人其事》,黄留珠:《陈直先生治学精神与思想初探》,《陈直先生纪念文集》,西北大学出版社 1992 年版,第 22—25、47—56 页。

② 陈梦家:《西汉都尉考》,《汉简缀述》,第 134 页。

③ 陈梦家:《汉简所见奉例》,《汉简缀述》,第 145 页。

种文化存在。有关汉代烽燧制度的研究，王国维、劳榦、贺昌群等学者曾经各有专论。① 陈梦家搜集较多的汉简资料，对诸家之说有所补正，实际上大大推进了这项研究的深入。他在《汉代烽燧制度》一文中就烽台的建筑、烽火记录、烽具、烽火品、烽燧的设置和烽燧的职责六个方面对汉代边防烽燧体系的结构和作用进行了全面的总结。陈梦家所进行的汉代制度前与《墨子》城守之法后与唐代《烽式》的比较，对于全面认识汉代烽燧的形制有积极的意义，对于简牍研究的方法，也提供了可资借鉴的样板。

三 简牍学研究与社会文化的考察

在陈梦家的学术工作中，古文字的考证，古器物的考证，古文献的考证，往往都并非就文字而文字，就器物而器物，就古书而古书的研究，而最终都归结于对中国社会文化的考察，对中国社会文化的理解。他的《殷虚卜辞综述》的许多章节，其实都是通过文字和器物，展示了社会文化的多彩的画面。陈梦家的简牍学研究，同样与有些学者从字到字，从简到简，从物到物的惯式不同，而是于具体的研究之中，透露出他对社会文化的深刻体味，对社会文化的宏大关怀。

《武威汉简》的"释文"部分有"杂简及其它考释"一节。其中首先是"日忌、杂占木简考释"。列有"日忌木简"七枚，"杂占木简"四枚：

　　一　河平□〔年〕四月四日诸文学弟子出谷五千余斛　六（背）
　　　　□□□不乏塞人　买席辟壬庚　河魁以祠家邦必扬　（正）
日忌木简甲
　　二　甲毋置宅不居必荒　乙毋内财不保必亡　丙毋直衣□……
日忌木简乙

① 王国维《流沙坠简》卷二《烽火类》（中华书局1993年版）；劳榦《居延汉简考释》考证四（商务印书馆1949年版），《释汉代之亭障与烽燧》（《中央研究院历史语言研究所集刊》十九本，1948年10月），《从汉简所见之边郡制度》（《中央研究院历史语言研究所集刊》八本二分，1939年9月）；贺昌群《烽燧考》（中央大学《文史哲》季刊第2期，1940年，又《北京大学四十周年纪念论文集》乙编上，《贺昌群史学论著选》，中国社会科学出版社1985年版）。

三　丁毋威□□多作伤　戊毋度海后必死亡　己毋射侯还受其央
日忌木简乙

四　〔庚〕……　　　　〔辛〕……　　　壬毋□□必得
日忌木简乙

五　　　　　　　　〔辰〕毋治丧
日忌木简丙

六　午毋盖屋必见火光　未毋饮药必得之毒　申毋财衣不烦必亡
日忌木简丙

七　酉毋召客不闹若伤　戌毋内畜不死必亡　亥毋内妇不宜姑公
日忌木简丙

八　□有生财有吏事　有恶言者有客思之有谛泣　令人远行
杂占木简

九　……有憙事　君思之　君子思之　有憙事　令人得财
杂占木简

十　……有　取有　之者有风雨
杂占木简

十一　……见妇人
杂占木简

　　陈梦家随后有约五千字的考论。如分析简一，指出"河魁乃十二神中之土神，主疾病"，"据出土简，知汉世有祠河魁之俗矣"。又指出："'以保家邦'之邦不避讳，同出《仪礼》简则皆避之，知民间卜筮书可不避也。"陈梦家还写道："另有一简，过残。又有席片一，上亦有墨书迹。"这些现象，也值得研究者参考。对于河西汉简中所见"占书、日禁之书"等，陈梦家分析说："汉俗于日辰多忌讳，又信占验之术，王充讥之。《后汉书·张奂传》谓'武威俗多妖忌，凡二月五日产子及与父母同月生者悉杀之。奂示以义方，严加赏罚，风俗遂改'。所谓妖忌乃土著之所信奉，而统治阶级之迷信实无所异。此改风易俗之张奂，在武威任内生子猛，占曰'必将生男，复临兹邦，命终此楼'，后果验云。不信民间之忌而信占验之术，此所以此墓主虽为饱学经师而于日禁之书有死生不能忘者，故与所习儒书同殉焉。"① 鲁迅《中国小说史略》第五篇说："中国本信巫，秦汉以来，神仙之说盛行，汉末又大畅巫风，而鬼道愈炽。"② 应当说，在整个汉代，巫风和鬼道都全面影响着社会生活的诸多方面。陈梦家对于武威汉简"占书、日禁之书"的分析，也是这一时代文化特征的具体说明。

睡虎地秦简《日书》作为反映民间礼俗信仰的数术书，其发现引起学界的重视。《日书》研究集中了颇多学者的学力，已经多有力作推出③，然而有关研究的奠基之作，应当包括陈梦家对于武威出土"占书、日禁之书"的研究成果。

收入《汉简缀述》的《武威汉简补述》一文，分"日忌简册"和"关于'文学弟子'的考述"两个部分。其第一部分将原以为分属二册的"日忌"简试重拟编为一册，并复原如下：

1. 甲毋置宅不居必荒　乙毋内财不保必亡　丙毋直衣□□□□
2. 丁毋威□□多作伤　戊毋度海后必死亡　己毋射侯还受其央
3. 〔庚辛⋯⋯⋯⋯〕　壬毋□□必得□□　〔癸毋⋯⋯⋯⋯〕
4. 〔子毋⋯⋯⋯⋯　丑毋⋯⋯⋯⋯　寅毋⋯⋯⋯⋯〕
5. 〔卯毋⋯⋯⋯⋯〕〔辰〕毋治丧□□□□〔巳毋⋯⋯⋯⋯〕
6. 午毋盖屋必见火光　未毋饮药必得之毒　申毋财衣不烦必亡
7. 酉毋召客不闹若伤　戌毋内畜不死必亡　亥毋内妇不宜姑公

陈梦家说，以上文字，"都是八字一句，有韵，字体亦相近，故可并为一册。此册至少七简，今失其一"。陈梦家又写道，敦煌莫高窟所出一失题残卷（巴黎，伯2661），《敦煌缀琐》九〇录其文，其中有这样两段文字：

甲不开藏，乙不纳财，丙不指灰，丁不剃头，戊不度□，己不伐

---

① 甘肃省博物馆、中国科学院考古研究所：《武威汉简》，第138页。

② 《鲁迅全集》第九卷，人民文学出版社1981年版，第43页。

③ 参看李学勤《〈日书〉和楚、秦社会》，《简帛佚籍与学术史》，第146—147页；刘乐贤《睡虎地秦简日书研究》，文津出版社1994年版。

树，庚辛不作酱，壬不书家，癸不买履。

子不卜问，丑不冠带，又不买牛，寅不召客，卯不穿井，辰不哭泣、不远行，巳不取妳，午不盖房，未不服药，申不裁衣、不远行，酉不会客，戌不祠祀，亥不呼妇。

其内容与汉日忌简册各有异同。简册可辨者十二条，和残卷相同的是乙、戊、辰、午、未、申、酉、亥等八条。而甲、丙、己、戌四条与残卷不同。陈梦家说，残卷“丙不指灰”可能是“直衣”的误录。“戊不度□”，“度”下所阙应是“海”字。“辰不哭泣”和简“毋治丧”应是一事。《论衡·辨祟》：“辰日不哭，哭有重丧”，可知东汉已有辰日不哭、不治丧的习俗。又敦煌残卷“申不裁衣”与武威汉简“申毋财衣”同。《论衡·讥日》说“时日之书，众多非一”，又说：“裁衣有书，书有吉凶，凶日制衣则有祸，吉日则有福。”陈梦家注意到敦煌残卷所录“裁衣”之忌：

春三月申不裁衣，夏三月酉裁衣凶，秋三月未不裁衣，冬三月酉凶。

丁巳日裁衣煞人，大凶。

秋裁衣大忌申日，大吉。

申日裁衣，不死巳凶。

凡八月六日十六日廿二日不裁衣，凶。

……

晦朔日裁衣被虎食，大凶。

陈梦家进行对比后还写道：“凡此以申日忌裁衣最多。残卷分别‘寅不召客’、‘酉不会客’而简作‘寅毋召客’，稍异。残卷‘丑不冠带，又不买牛’与简‘戌毋内畜’不同。残卷以丑日不冠，与汉俗不同。”陈梦家又引《论衡·讥日》所谓“造冠无禁，裁衣有忌”，“沐有忌，冠无讳”，指出：“此可证汉代裁衣有忌而造冠与戴冠无日忌，则此残卷所记乃是汉以后始有。"① 有关"裁衣"宜忌的规定多见于《日书》②，而陈梦家在整理武威汉简时即已经有所涉及，是较早关注这一社会生活现象并且进行初步研究的学者。

在题为"关于'文学弟子'的考述"的内容中，陈梦家讨论了在武威日忌杂简背面书写记事中所见"文学弟子"称谓的意义。他指出，"文学弟子"最可能是指郡国文学官的弟子。有关考论探索了西汉"文学"作为一种身份的源流，也涉及当时学校选举制度以及相关的社会文化形态。③

对于狭义的"文化"，陈梦家也多有值得重视的论点发表。例如关于汉代的文书书写形式，陈梦家的简牍学成果中也有考证和说明。

古有"漆书"之说。例如《东观汉记·杜林传》中所谓"于河西得漆书《古文尚书经》一卷"。马衡曾经在《凡将斋金石丛稿》卷七《书籍制度》中写道："至写字所用之材，最初以漆书，其后利用石墨。因为照进化程序而言，应先用天然材料，而后有比较进步之人工制造材料。漆为木汁，无待于发明，文字最初用漆书，应为合理之事实。漆之燥湿不易调节，故又改用石墨，亦即石炭，俗谓之煤。顾微《广州记》曰：'怀化郡掘堑得石墨甚多，精好可写书。'戴延之《西征记》：'石墨山北五十里，山多墨，可以书。'是皆天然之墨，今称燃料曰煤，盖即墨字也。又其后以松烧烟，加胶制墨，则出自人工制造矣。但《后汉书·杜林传》所载'漆书古文《尚书》一卷'，及《后汉书·儒林传》所言'贿改兰台漆书经字'，恐已非真漆书。盖后汉时人造书墨已盛行，不应尚用漆

---

① 陈梦家：《武威汉简补述》，《汉简缀述》，第285—286页。

② 如睡虎地秦简《日书》甲种有所谓"折衣常"。整理小组释文写道："折衣常（裳）。"又整理小组注释："折，读为裂，即制字。"刘乐贤说："此简之'折衣常（裳）'在'衣篇'中作'裂衣'（二六正贰）。银雀山汉简中制字作折、裂，证明整理小组之说正确。"（刘乐贤《睡虎地秦简日书研究》，文津出版社1994年版，第37页）李家浩释文："折（制）衣常（裳）。"（湖北省文物考古研究所、北京大学中文系：《九店楚简》，中华书局2000年版，第186页）今按："裂"字原有之义是裁、断。《管子·大匡》："裂领而刎颈者不绝。"尹知章注："裂，谓掣断之也。"戴望《校正》："丁云：裂，折之俗字。《说文》：'折，断也。'"又睡虎地秦墓竹简《为吏之道》："三曰擅裂割。""裂"也可解为"裁"。如此，则"折衣"、"裂衣"似乎以释为"裁衣"更为妥当。银雀山汉简中也可见"制"字作"折"之例以及"制"字作"裂"之例，后者"裂"字，其实也可作"裁""断"解。

③ 甘肃省博物馆、中国科学院考古研究所：《武威汉简》，第286—290页。

书，或此为相传古本，非汉时所书也。"① 东汉"漆书"所谓"为相传古本，非汉时所书"的推测看来没有什么根据。虽然"漆为木汁，无待于发明"，但是既然有"天然之墨"，则不必用墨书在用漆书之后。陈梦家《由实物所见汉代简册制度》文中说到《后汉书·杜林传》及《儒林传》两例，指出："凡此漆书，恐怕仍然是墨书。"② 但是后来还有学者认为，"简牍的书写，应以墨的使用，漆的生产和笔的发明为前提条件"③。李学勤指出，据考古发现，"所有简上的文字，都是用毛笔写的，蘸的是黑色的墨。完全没有用漆写的"④，"古人有'漆书'之说，前人已指出'漆'是指墨色黑而有光，并不是用漆写字"⑤。这里所说的"前人"，似至少应当包括陈梦家。⑥

《汉书·艺文志》共著录当时公家秘府所藏 38 种图书，计 597 家，其中有的以"篇"计，有的以"卷"计，以"篇"计的大约占 72%。实际计有 8842 篇，4340 卷，篇数超过篇卷合计数的 67%。有的著作则又各有分别以"篇"、"卷"计的情形⑦，按照一般的理解，帛书以"卷"计，简册以"篇"计。这种情形，可能是同一书兼有帛书和简册两种本子。马衡指出："《汉书·艺文志》撮录群书，或以篇计，或以卷计。以篇计者为竹木，以卷计者为缣帛。卷之数不如篇多，又可见西汉时代缣帛虽已流行，而其用尚不如竹木之广。"⑧ 陈梦家《由实物所见汉代简册制度》则提出"以篇计者为竹木，以卷计者为缣帛"的说法是可以商榷的。例如《后汉书·杜林传》"漆书古文《尚书》一卷"，既是简册而又称

---

① 马衡：《凡将斋金石丛稿》，中华书局 1977 年版，第 267—268 页。

② 甘肃省博物馆、中国科学院考古研究所：《武威汉简》，第 62 页；陈梦家：《汉简缀述》，第 300 页。

③ 高敏：《简牍研究入门》，广西人民出版社 1989 年版，第 3 页。

④ 李学勤：《失落的文明》，上海文艺出版社 1997 年版，第 209—210 页。

⑤ 李学勤：《古文字学初阶》，中华书局 1985 年版，第 55 页。

⑥ 对于"漆书"问题，陈直则写道："至于文献记载，竹简多有称漆书者，细看出土不同时代之各竹木简，皆用墨书，不见有漆书者。但不能因其未见漆书的即断定无漆书，这一点尚有待于将来地下材料之发掘。"《六十年来我国发现竹木简概述》，《文物考古论丛》，天津古籍出版社 1988 年版，第 240 页。至于书写时以漆调墨以及漆器上的"漆书"，可参看李均明、刘军、刘绍刚说，见李均明、刘军《简牍文书学》，广西教育出版社 1999 年版，第 23—24 页。

⑦ 例如："《尚书古文经》四十六卷。为五十七篇。""《礼古经》五十六卷，《经》十七篇。""《春秋古经》十二篇，《经》十一卷。""《尔雅》三卷，二十篇。"

⑧ 马衡：《凡将斋金石丛稿》，中华书局 1977 年版，第 262 页。

"卷"。又如《史记·司马相如列传》说,司马相如去世,天子使者前往取所著书,其妻说道:"长卿未死时,为一卷书,曰有使者来求书,奏之。无他书。""其遗札书言封禅事。"也是简册称"卷"的实例。出土汉简也有称"卷"的例子。如居延汉简(8.1 和 46.7)是两册簿书的署检,称"吏病及视事书卷",可证簿札之成编者可以称为"卷"。又如居延汉简(208.5)在署检上端写一"卷"字,这已成为后世档案卷宗的滥觞。按照这一认识推断,《汉书·艺文志》中"以卷计者",可能其中也有相当一部分也是简册,而并非缣帛。那么其中简册本图书所占的比例,还会大大超出我们前面所作的估算。事实更可以充分证明"西汉时代缣帛虽已流行,而其用尚不如竹木之广"。缣帛的价格是相当昂贵的,皇家图书档案中收藏的书籍尚且以简册为主,民间流行的书籍当然以简册本更为普及。

陈梦家《由实物所见汉代简册制度》一文推断,"在刮削平整,打磨光滑以后,书写之前,似经过一道用特殊液体涂染的手续"。武威汉墓"出土木简表面有光亮,似涂胶质者"[①]。这一发现,对于认识当时的文书制度,也是有意义的。

《史记·孔子世家》说,孔子老而读《易》,"韦编三绝"。《汉书·儒林传》也写道:"晚而好《易》,读之韦编三绝。"颜师古注:"'编',所以联次简也。言爱玩之甚,故编简之韦为之三绝也。"有人据此以为"古者用韦编简",不过,文物考古资料中始终没有看到"韦编"的实例。[②] 也有人认为用韦编简与用丝麻不同,是由简牍的穿孔编贯。清代学者李淳在《群经识小》卷四《论方策》中就推测说,简狭而长,编简者大约是在简的端部穿孔,"按其次第以韦穿之",孔子读《易》,韦编三绝,说的就是这种情形。陈梦家指出,"敦煌出土《急就章》,'第一'两字刻在觚端斜削之处,而'第'与'一'之间作有穿束之孔。此'第一'之'第'犹'卷一'之'卷',最初是名词,后来引申为次第的形容词。简册所称'第一''第二'乃是'册一''册二'之义。由此可知书册分'第'之法由于韦束,而韦束乃编束木札或木觚之上端穿孔之用,

---

① 薛英群则根据对居延汉简的考察指出,"木简表面未见有'特殊液体涂染手绩'"。薛英群:《居延汉简通论》,甘肃教育出版社1991年版,第127页。"手绩"似为"手续"的误写。

② 李学勤说:"用韦即皮条编组的简,目前还不曾发现。"《古文字学初阶》,第55页。

不宜作为编缀编册的绳纶。因如以韦编册，则卷用不便"。而王尧等考察新疆出土吐蕃简牍时，确实发现，简牍"在右端常有一洞，可以用绳子穿联在一起"，研究者以为"即所谓'韦编'"①。

陈梦家《由实物所见汉代简册制度》一文还通过武威汉简《仪礼》的实例考察了当时简牍书写时每一简容字大致的定规：

> 甲本木简七篇是占数最多的，其中大多数以六十字为常例，当然每简容许有一二字的上下。《泰射》一篇百十四简，最为严谨，多数简为六十字，较少的为五十九字或六十一字。《少牢》一篇的前四十一简，每简字数略多于六十字而不超过七十字。只有《特牲篇》第四十一至五十三的十三简，是利用旧简，一行八十字上下，和七篇中其它部分不同。
>
> 乙本木简短而狭，字也小，故一简容字一百至一百零数字，其第十七简最多，为一百二十三字，几乎为甲本一简的倍数。
>
> 丙本竹简的字数很参差，多者五、六十字，少者二、三十字。这由于它是分章的《丧服》经，每章另行起，故新章前一行多不足行；又由于因避竹节要多空一些，否则它也是以六十字为标准的。

《后汉书·光武帝纪上》李贤注引《汉制度》说到帝王下颁的文书有策书、制书、诏书、诫敕四种形式。"策书"又有篆书和隶书两种书体："策书者，编简也，其制长二尺，短者半之，篆书，起年月日，称皇帝，以命诸侯王。三公以罪免亦赐策，而以隶书，用尺一木两行，唯此为异也。"王国维《简牍检署考》指出，简牍书体有这样的等级差别，"事大者用策，篆书；事小者用木，隶书"。陈梦家《由实物所见汉代简册制度》一文也讨论了汉代简牍书体，他认为，当时大致有这样四种情况：

> 一是篆书，用于高级的官文书和重要仪典的书写。
> 二是隶书，用于中级的官文书和一般经籍的书写。
> 三是草书，用于低级的官文书和一般的奏牍草稿。
> 四是古文，用于传习先秦写本经文。

---

① 王尧、陈践：《吐蕃简牍综录》，文物出版社 1986 年版，第 5 页。

有的研究者提出，事实上，古代书体是随时代不同、场合不同而有复杂的变化的。因而王国维和陈梦家的说法各有不完善之处。不过，我们今天考察简牍的文体，尽管存在皇帝诏书有时也书写草率，而习字之作有时竟颇为工雅的情形，但从总体来说，篆书、隶书、草书在汉代文书形式中大体已经形成了等级差别的事实，是确实存在的。